中国-东盟法律研究中心

重庆市人文社会科学重点研究基地

最高人民法院东盟国家法律研究基地

本书是中国-东盟法律研究中心规划课题成果

中国法学会法治研究基地
China Law Society Research Institute for Rule of Law

东盟国家外国投资法研究

主　编：张晓君
副主编：冷开伟　温　融
撰稿人：张晓君　王晟峰　THIN THIN OO
MOE CHO　王　欢　高宝宇
阮氏河　温　融　倪一帆
李　航　陶学兰　万诗雨
罗　易　谢凡星

厦门大学出版社 XIAMEN UNIVERSITY PRESS
国家一级出版社
全国百佳图书出版单位

图书在版编目(CIP)数据

东盟国家外国投资法研究/张晓君主编.—厦门:厦门大学出版社，2018.4

(中国—东盟法律研究中心文库)

ISBN 978-7-5615-6733-3

Ⅰ.①东… Ⅱ.①张… Ⅲ.①外国投资法-研究-东南亚 Ⅳ.①D933.022.9

中国版本图书馆 CIP 数据核字(2017)第 256657 号

出 版 人 郑文礼
责任编辑 邓 臻
封面设计 蒋卓群
技术编辑 许克华

出版发行 厦门大学出版社
社 址 厦门市软件园二期望海路 39 号
邮政编码 361008
总 编 办 0592-2182177 0592-2181406(传真)
营销中心 0592-2184458 0592-2181365
网 址 http://www.xmupress.com
邮 箱 xmup@xmupress.com
印 刷 厦门集大印刷厂

开本 720mm×1000mm 1/16
印张 21.75
字数 370 千字
插页 2
版次 2018 年 4 月第 1 版
印次 2018 年 4 月第 1 次印刷
定价 68.00 元

厦门大学出版社
微信二维码

厦门大学出版社
微博二维码

中国—东盟法律研究中心文库

总序一

中国与东盟的关系是中国实施周边外交战略的重要内容。2003 年 10 月第七次中国—东盟领导人会议，时任中国国务院总理温家宝与东盟领导人签署了“面向和平与繁荣的战略伙伴关系联合宣言”，至此中国正式加入《东南亚友好合作条约》。2013 年 10 月，在印尼国会发表的演讲中，国家主席习近平首次提出“携手建设更为紧密的中国—东盟命运共同体”的倡议，标志着将中国与东盟国家合作推动至更高的阶段，预示着再创中国和东盟合作黄金十年的辉煌前景。

2013 年恰逢中国与东盟建立战略伙伴关系 10 周年。回首过去展望未来，正如国务院总理李克强在第十届中国—东盟博览会开幕式所指出的，中国与东盟携手开创了合作的“黄金十年”，必将创造新的“钻石十年”。为此李总理提出开创未来宏伟蓝图的五点倡议：打造自贸区升级版；推动互联互通；加强金融合作；开展海上合作；增进人文交流。这进一步表明，中国未来仍将坚定不移地把东盟国家作为周边外交的优先方向，坚定不移地深化同东盟的战略伙伴关系，坚定不移地与东盟携手，共同维护本地区的和平与稳定。“中国—东盟法律研究中心文库”正是在这样政策指引与时代背景下出版问世的。

作为文库编辑单位的中国法学会中国—东盟法律研究中心，是由中国法学会在 2010 年第四届“中国—东盟法律合作与发展高层论坛”期间创设，依托西南政法大学建设的专门从事中国与东盟法律法学界交流合作的重要平台。“中国—东盟法律研究中心文库”是中心规划课题成果，聚集中心研究员的最新研究成果，围绕本区域的法律变革、合作与发展的问题，整合中国与东盟法律法学界的专家学者，以突出现实问题为导向、服务国家战略为根本，开展对中国与东盟法律的系统性、基础性和前瞻性的研究。文库已成为展示研究中国与东盟法律制度的最新成果平台，也将为政府、社会组织、商业团体和其他机构提供基础性资料参考与前沿性理论分析。

“中国—东盟法律研究中心文库”的出版，为中国—东盟法律研究中心的实体化建设及其目标的实现书写了浓墨重彩的新篇章。我期盼并相信“中国—东盟法律研究中心文库”能够助推中国—东盟法律研究中心在开展中国与东盟法律法学交流中发挥领军作用，为促进本地区的法律交流与合作繁荣，为中国实施周边外交战略提供重要的智力支持。

全国人大法律委员会副主任
中国法学会副会长　　张鸣起
中国—东盟法律研究中心理事长
2014年6月

总序二

自2013年10月，习近平主席提出携手建设更为紧密的中国—东盟命运共同体倡议以来，中国与东盟及各成员国的合作发展进入一个崭新的历史时期，由中国—东盟法律研究中心规划的“中国—东盟法律研究中心文库”，正是在主动呼应这一时代背景和现实需要的条件下出版的。

中国—东盟法律研究中心是中国法学会依托西南政法大学于2010年成立的智库型研究机构。2012年，中国法学会又将“中国—东盟高端法律人才培养基地”落户西南政法大学，依托西南政法大学开展对东盟法律人才的学历和非学历教育培养活动。中国—东盟法律研究中心始终以“问题导向、紧贴地气、协同创新、引领前沿”为理念指引，以国家战略需求为指针，以国内国际协同创新机制为重要平台，以期成为国家推进周边安全与外交战略和“一带一路”建设的重要智库机构。

2013年，中国—东盟法律研究中心被评定为重庆市人文社科重点研究基地，2016年被评定为中国法学会首批重点法治研究基地。中心自成立以来，着力从科学研究、人才培养、社会服务三个方面开展工作，整合中国与东盟法学界法律界资源，打造中国和东盟国家学术界和实务界专家合作交流的重大平台，逐渐形成鲜明的“东盟军团”特色。中心围绕东盟区域的法律变革、合作与发展问题，以突出解决现实问题为导向、以服务国家和区域战略为根本，广泛开展对中国与东盟法律的系统性、基础性和前瞻性研究。“中国—东盟法律研究中心文库”是中心规划课题成果，集中体现了中心研究员的最新研究成果，亦是教育部国别和区域研究中心——东盟研究中心的成果。

作为中国—东盟法律研究中心和中国法学会首批重点法治研究基地的重要依托，西南政法大学是新中国最早建立的高等政法学府之一，被称为中国法学教育的“黄埔军校”。在新时期，西南政法大学正全面开展“双一流”建设工作，中国—东盟法律研究中心的建设将突出特色、中国立场和国际视野，提升研究水平和平台集聚功能，为促进区域法律交流与合作繁荣，服务国家“一带一路”建设提供重要的智力支持。

中国—东盟法律研究中心秘书长
西南政法大学国际法学院院长、教授　张晓君

2016年3月

目　　录

第一章　东盟经济共同体法律制度 …… 1

一、东盟经济共同体概述 …… 2

二、东盟经济共同体贸易法律制度 …… 16

三、东盟经济共同体投资法律制度 …… 27

四、东盟经济共同体竞争法律制度 …… 34

五、东盟经济共同体法律制度的不足及其完善 …… 41

六、东盟经济共同体法律制度对 CAFTA 建设的影响 …… 46

第二章　文莱外国投资法 …… 49

一、文莱外国投资法概述 …… 49

二、文莱外国投资法准入制度 …… 56

三、文莱外国投资促进制度 …… 59

四、文莱外国投资形式 …… 67

五、中国企业投资文莱的法律风险与对策 …… 72

第三章　柬埔寨外国投资法 …… 82

一、柬埔寨外国投资法概述 …… 82

二、柬埔寨外国投资准入制度 …… 89

三、柬埔寨外国投资促进制度 …… 96

四、柬埔寨外商投资形式 …… 103

五、中国企业赴柬埔寨投资的法律风险及对策 …… 108

第四章　印度尼西亚外国投资法 …… 114

一、印度尼西亚外国投资法概述 …… 114

二、印度尼西亚外国投资法准入制度 …… 120
三、印度尼西亚对外国投资的促进和保护 …… 126
四、中国在印度尼西亚投资现状及策略分析 …… 131

第五章　老挝外国投资法 …… 143
一、老挝外国投资法概述 …… 144
二、老挝外国投资准入制度 …… 148
三、老挝外国投资促进措施 …… 155
四、老挝外资保护制度 …… 159
五、老挝投资法律风险防范 …… 164

第六章　马来西亚外国投资法 …… 172
一、马来西亚外国投资法概述 …… 172
二、马来西亚外国投资准入制度 …… 177
三、马来西亚外国投资鼓励与保障制度 …… 184
四、马来西亚外国投资企业制度 …… 192
五、外国投资者视野中的马来西亚外资法 …… 198

第七章　缅甸外国投资法 …… 203
一、缅甸外国投资法概述 …… 203
二、缅甸外国投资准入制度 …… 211
三、缅甸外国投资鼓励和优惠制度 …… 218
四、缅甸外国投资保护制度 …… 224
五、缅甸外国投资法视野下的中方对缅投资 …… 230

第八章　菲律宾外国投资法 …… 236
一、菲律宾外国投资法概述 …… 236
二、菲律宾外国投资准入制度 …… 242
三、菲律宾外国投资促进制度 …… 249
四、菲律宾外国投资保护制度 …… 253
五、中国企业赴菲律宾投资的风险及对策 …… 258

第九章　新加坡外国投资法……263
一、新加坡外国投资法概述……263
二、新加坡外国投资准入制度……267
三、新加坡外国投资促进与保护制度……272
四、新加坡外国投资争端解决机制……276

第十章　泰国外国投资法……283
一、泰国外国投资法概述……283
二、泰国外国投资准入制度……288
三、泰国外国投资管理制度……297
四、泰国外国投资鼓励和保护制度……302
五、中国企业在泰国投资的法律风险及法律建议……310

第十一章　越南外国投资法……315
一、越南外国投资法概述……315
二、越南外国投资准入制度……320
三、越南外国投资管理与监督制度……323
四、越南外国投资保障制度……326
五、越南外国投资优惠与扶持制度……328
六、越南外国投资法的评析……330

第一章

东盟经济共同体法律制度

东盟与中国相邻，是东亚地区最早着手进行一体化进程的次区域组织。东盟对外开放水平的提升和经济持续快速的增长，使区域经济合作的外部条件和内在动力获得了统一。东盟在经济全球化和全球经济治理中占据重要地位，成为国际上发展中国家合作的一个典型代表。自 1997 年亚洲金融危机之后，东盟的主要发展重心从政治安全转变为经济一体化，但是由于东盟各方经济基础、资源禀赋、经济法律制度存在较大差异，因此东盟经济一体化建设之初发展缓慢。随着东盟一体化的不断深入，东盟各国也对进一步增强经济等领域的合作表现出更高的共同期望，于 2003 年提出建设东盟共同体的目标与设想。

东盟共同体有三个相互联系的支柱，即经济、政治安全、社会文化。[①] 其中“经济共同体”的发展是东盟共同体最引人瞩目的首要目标。东盟早在成立之初就开展了经济合作，设立了东盟自由贸易区，之后又提出了东盟经济共同体的发展方向。经济的发展是东盟发展永恒不变的旋律。要实现“经济共同体”的持续发展，东盟需要完备的符合本地区特色的法律制度来约束和引导区域内各个国家的立法与行为。东盟自成立至今，每一次首脑会议都会通过相

① 在文件中表述为：“东盟经济共同体由三大支柱组成，分别是‘经济共同体’、‘政治安全共同体’和‘社会文化共同体’。”

应的法律文件和政策文件，其内容均凸显着"东盟特色"。作为亚洲地区第一个次区域共同体，东盟共同体成立后，东盟国家在政治安全、经济和社会文化领域的一体化水平不断提升。

东盟作为中国重要的贸易伙伴，其共同体的建设对中国的影响也是十分重要的，主要表现在中国对外的贸易投资额中，东盟国家占有较高比例份额。已于2015年底建成的东盟经济共同体，各项制度规则在紧张的推进中，东盟的经济合作水平也跨越了一个重要的节点。因此，在这个时间节点上对东盟经济共同体进行研究，对东盟各国的经济法律制度进行研究，既对中国自身，又对CAFTA未来的发展有着重要的意义。

一、东盟经济共同体概述

(一)从"东盟"到"东盟经济共同体"

1.东盟的成立

20世纪随着经济全球化与经济区域一体化的浪潮，出现了许多令人瞩目并且取得了显著成绩的区域经济一体化组织，1967年，"一衣带水"的东南亚诸国签署了具有里程碑意义的《曼谷宣言》(即《东南亚国家联盟成立宣言》)，成立了东南亚国家联盟。

自1967年成立以来，东盟已成为世界上成功的区域组织之一。通过创造性地运用"东盟方式"，实施大国平衡战略，以小国联盟的形式取得了一系列重大的外交成果。东南亚国家多为小国，历史上常在大国之间求生存。二战之后，东南亚国家纷纷取得民族独立。在"冷战"时期，为抗衡大国的压力，东南亚国家通过整合力量形成"外交共同体"，进而通过一致行动获取国际支持，以维护地区和平、保障经济发展、抵制外部干扰。东南亚国家大都有被外来殖民或侵略的历史，因此对民族独立和国家主权非常看重。在对外政策上，东盟秉承"地区问题地区解决"的外交理念，不愿意受到外来力量的干涉。在内部合作上，东盟各国承认各国国情和自主发展道路，主张互相尊重和互不干涉。与西方不同，东盟并未签署限制国家主权的条约，目前也没有任何超国家的制度约束机制。东盟内部磋商机制的核心是“东盟方式”——区域内国家间以平等对话和充分协商为前提进行交往，重要特征是协商一致的行为方式，进行非正式化和软机制性地交流，以灵活和自愿的方式开展国家之间的合作。根据美国管理学家阿兰·克林斯的研究，东盟的协商原则包括3个方面的内涵：一是一致决策；二是协商不成，则搁置问题；三是成员国利益应该服从于组织的利益。东南亚地缘关键，位处亚洲、大洋洲之间印度洋、太平洋交汇地带。东盟长期实施“大国平衡”战略，平衡大国在成员国的利益；成员国采取对外中立的态度；拒绝外部大国干涉成员国的内部事务，在中、美、日、俄等大国间纵横捭阖。

2. 东盟经济共同体的构建历程

东盟的区域经济一体化，经历了从特惠贸易安排到自由贸易区，再向经济共同体迈进的发展历程。自1978年起，东盟特惠贸易安排实施了15年的时间。1993年东盟自由贸易区的进程正式启动，2010年1月1日东盟自由贸易区正式建成。2003年10月，各国同意建立东盟经济共同体。2007年11月，第13次东盟首脑会议上通过了《东盟经济共同体蓝图》，由此东盟经济共同体进程正式启动。自启动后，该共同体的建设历时八年，于2015年底如期建成。[①] 经过了50年发展的东盟，形成了高度自由化的东盟经济共同体。从以单一目的为出发点的“东南亚国家联盟”到现如今以经济、政治安全、社会文化三足鼎立的东盟共同体，其有着印记可循的发展轨迹。东盟经过50多年的发展，整体上可以分为五个阶段，不同阶段也签署了属于本阶段的里程碑式文件。

(1)《曼谷宣言》

走向一体化之前的东盟地区，有着复杂的地区形势。各国的经济基础、政治环境、文化背景均存在较大差异。如从文化角度来说，东盟各国就有着多样性的文化来源、复杂的政治文化、较为强烈的地区民族主义、多样性宗教信仰等多方面问题。但就政治文化而言，二战结束前，除泰国外均为西方国家的殖

---

① 王勤：《东盟经济共同体与“一带一路”倡议》，载《海外投资与出口信贷》2017年第1期。

民地，即使摆脱殖民体制后也依旧保持着各自的意识形态[①]。但是区域经济一体化以及全方位的合作就必须超越文化形态等多方面的异同，否则各国永远只能是“单打独斗”。面对这种情况，各国必须按照和平共处五项原则的要求处理和发展成员国彼此之间的关系，否则便会丧失区域合作前提和基础。因此 1967 年 8 月 8 日，印、马、菲、新、泰在曼谷举行会议并发表了《曼谷宣言》，标志着东盟的正式建立。

《曼谷宣言》全文总共有 5 条内容，其对东盟当时的宗旨、目标及机构设置进行了原则性的规定。《曼谷宣言》极力淡化东盟的政治意图与性质，其诸多内容强调经济合作，促进区域经济整体发展与社会现代化，以显示东盟是以经济发展为核心的经济合作组织。在经济领域具体而言，该文件的第三项[②]具体说明其经济职能。可见，东盟成立之初就将经济领域的合作作为该区域性组织的重要职能之一，因此《曼谷宣言》也就成为了东盟经济合作的基石与源泉。但是由于 20 世纪 60 年代的东盟尚处于“婴儿”阶段，当时的国际环境也正处于美苏争霸的两极社会，因此宣言内容是原则性、框架性的，操作性不强。

(2)《新加坡宣言》

20 世纪 90 年代初，随着苏联解体而导致的两极格局的瓦解，使得世界政治经济格局朝着多极化变化。东盟国家间从政治意识形态与军事上的对抗逐渐演变成为经济上的合作，符合世界整体潮流。在世界经济全球化的过程中，形成了诸如欧洲共同体、北美自由贸易区这一系列的区域经济合作组织。1992 年，当东盟发展处在这样的“十字路口”时，在新加坡召开了第四届东盟国家首脑会议。在这届会议上东盟根据整个国际社会的发展潮流，结合自身情况，签署并发布了第二个具有里程碑意义的《新加坡宣言》。

这个宣言中，从经济、政治、安全合作等多角度对东盟日后的发展提出了规划。在经济合作领域最显著的成果就是为了进一步加快和加强东盟内部经济合作，东盟应当积极采取新的经济措施，努力建设东盟自由贸易区(AFTA)。《新加坡宣言》全文囊括五章，共八个条文。无论是从条文数量上还是细致程度上都远远要比《曼谷宣言》规定的更为翔实。该宣言在第二条中

---

① 东盟国家现行政治制度大体可分为四类：君主制(泰、马、文、柬)，又分为君主立宪制(泰、马、柬)和绝对君主制(文)；总统制(菲、印)，东南亚的总统制都有军人专制的经历；人民代表制(越、老)；共和制(新加坡)。

② “促进经济、社会、文化、技术、科学和管理等多领域的相互合作和支援。”

阐述了东盟在两极格局解体后其区域内外的政策发展方向:寻求更进一步的、全方位的区域合作,促进区域内国家共同发展与繁荣;为应对发达国家间形成强大的经济组织,应不断寻求保障其整体利益的途径,特别是通过在该地区建成一个开放的国际性的经济体制以及刺激经济相互合作的途径(以上是截取该宣言中对经济合作与共赢的表述)。可见东盟在这个"十字路口"的处境中更加寻求与世界经济保持一致的心态。这也就解释了在这个时间之后,东盟努力与中国、日本、韩国、印度等国家建立自贸区以及东盟各国陆续加入WTO的原因。

在AFTA建设方面,东盟更将其主要目的确定为促进区域内货物贸易自由化的目标,确立特惠关税计划为主要实现机制,通过成员方对计划的认可与执行,通过15年的时间,争取将关税降至5%以下,同时还提出了其他的经济合作方式。之后为了能更加促进区域内国家的发展,东盟将15年减至10年。东盟在同年按照GATT1994的第24条的规定,向WTO进行了备案,使其真正成为一个合法的区域经济合作形式。自贸区的设立与建设为之后东盟经济共同体的建设做好了相关的基础铺垫。

(3)《东盟协调一致第二宣言》

1997年亚洲金融危机使得东盟国家经济几近崩盘,同时伴随着"9·11"恐怖袭击、"巴厘岛恐怖袭击"等严重的非传统安全因素也引起了东盟各国重视。同时区域内的SARA、失业、环境污染给东盟各国及整体的经济带来了很大的负面效应。为了有效应对新形势下的挑战,化解区域内潜在的危机,东盟在21世纪初明显加快了全方位、宽领域合作的步伐。2003年10月第9届东盟峰会通过了《东盟协调一致第二宣言》,也称为《第二巴厘宣言》。在该《宣言》中正式提出建设"东盟共同体"的目标并在前言部分中明确定义了"东盟共同体"概念[①],东盟经济共同体是东盟共同体的重要组成内容。

(4)《东盟经济共同体蓝图》

东盟国家领导人2007年11月20日在新加坡举行的第13届东盟首脑会议上签署宣言,通过了《东盟经济共同体蓝图》。"蓝图"是东盟经济一体化建设的总体规划,也是一份指导性文件。

---

① 东盟共同体应当由"三大支柱"构成,即政治和安全合作、经济合作、社会文化合作,它们之间密切相连相辅相成,其目的是确保地区持久的和平稳定与共同繁荣。

《东盟经济共同体蓝图》的目标是到2015年在东盟地区内形成统一市场和生产基地，在其框架下实现货物、服务、投资和技术工人的自由流动，以及更自由的资本往来。同时，确保经济平衡发展、消除贫困和社会经济差距。东盟经济共同体由4大支柱构成，即一个统一的市场和生产基地，一个极具竞争力的经济区，一个经济平衡发展的经济区，以及一个与全球经济接轨的区域。特别是在投资方面，《东盟经济共同体蓝图》强调完善东盟关于投资的现有协议，争取就此达成一项涵盖开放、保护和促进投资等领域的全面协议。之后2009年8月15日东盟即在泰国曼谷签订了《中华人民共和国政府与东南亚国家联盟成员国政府全面经济合作框架协议投资协议》，促进东盟与中国之间投资流动，建立自由、便利、透明和竞争的投资体制。东盟的经济一体化建设有了指导方向。

(5)其他重要文件

除了第13届东盟首脑会议，2003年之后的几届东盟首脑会议的议题基本上都涉及由经济、文化和安全共同体三个支柱支撑的东盟一体化，也形成了一些重要文件。在2007年《东盟经济共同体蓝图》签署之前的2007年1月，第12届东盟首脑会议决定将东盟共同体建设提前至2015年完成，并正式启动东盟宪章的起草工作，为东盟共同体建设寻求法律保障。2014年在缅甸内比都召开的第25届东盟首脑会议的《关于东盟共同体在后2015年发展愿景的内比都宣言》中更加关注东盟经济共同体在国际社会的影响。东盟始终围绕着经济合作与共同体建设而努力。

2015年11月22日东盟十国领导人在吉隆坡共同签署了《2015年建成东盟共同体吉隆坡宣言》和《东盟迈向2025年吉隆坡宣言：团结奋进》，宣布东盟共同体于2015年12月31日正式成立，同时设立2025年东盟的发展路线图。马来西亚总理纳吉布在签署仪式上宣布："今天我代表参加第27届东盟峰会的各成员国，我宣布东盟共同体于2015月12月31日正式成立。"在东盟自贸区框架下，各国目前已经基本上消除了关税壁垒，这意味着东盟区域内的制造业将会在国际市场上更具竞争力。但与此同时，东盟各国还需要进一步消除仍然阻碍经济发展的壁垒，深化合作以拓展更广阔的经济前景。东盟共同体宣告建成是东盟地区历史性的转折点。东盟成立以来，取得的成就超乎前人想象，但"这只是开始"，东盟共同体的成立并不意味着区域建设的终结，东盟各国仍然要在三大支柱的框架下团结起来，全面实现一体化。

（二）“一带一路”、RCEP 与东盟经济共同体

1. 东盟经济共同体互助“一带一路”战略

2013 年 9 月 7 日，习近平在哈萨克斯坦纳扎尔巴耶夫大学发表演讲，提出了共同建设“丝绸之路经济带”的畅想。同年 10 月，习近平出访东盟，提出共同建设“21 世纪海上丝绸之路”。这二者共同构成了“一带一路”重大倡议。“一带一路”的合作重点是，实现沿线国家之间的“政策沟通、设施联通、资金融通、民心相通”，并“要坚持共商、共建、共享原则，积极推进沿线国家发展战略的相互对接”。实现“一带一路”倡议与沿线国家的发展战略和投资规划相对接，具有现实意义。

从《东盟共同体 2025 年愿景》的规划看，东盟共同体与“一带一路”倡议有许多契合点。东盟共同体包括政治安全共同体、经济共同体和社会文化共同体，涵盖政治安全互信、区域经济融合、社会文化交流，而“一带一路”倡导政治互信、经济融合和文化包容，构建责任共同体、利益共同体和命运共同体；东盟的互联互通规划包括基础设施互联互通、机制互联互通和民间互联互通，而“一带一路”合作重点涉及政策沟通、设施联通、贸易畅通、资金融通和民心相通；东盟优先推进的区域十大产业合作部门，与我国实施的国际产能和装备制造合作的重点部门行业相关性较大。①

“一带一路”倡议与东盟经济共同体的发展战略对接与合作具有重要意义，这既是过去中国—东盟经济合作发展的结果，又是未来双边经贸关系进一步发展的方向，更是东盟经济共同体发展的新动力。“一带一路”与东盟经济共同体的对接，不仅仅是一个投资和基础设施建设问题，更包括宏观政策（经济发展、金融合作与全球治理）沟通与协调。在中国官方文件中，“对接”意味着中国首先提出“倡议”“呼吁”，再由其他国家做出相应的回应并对合作项目和机会作出评估，共同对有关的政策或计划进行沟通、协调和修正，是一个双方积极互动的过程。这种良性互动能为东盟经济共同体的未来发展带来新的

---

① 王勤：《东盟经济共同体的形成与发展——兼论东盟经济共同体与“一带一路”倡议》，载《人民论坛·学术前沿》2016 年第 19 期。

活力和推动力。“一带一路”战略可与东盟经济共同体发展愿景进行对接与互补,“一带一路”战略的重点是促进中国与欧亚之间的跨地区、跨大陆的互联互通,与东盟经济共同体2025愿景中“提升互联互通、加强部门合作”的发展方案相对接。①

2. 东盟经济共同体是东盟主导RCEP的基础

区域全面经济伙伴关系(简称RCEP)是东盟十国首次提出,并以东盟为主导的区域经济一体化合作,是成员国间相互开放市场、实施区域经济一体化的组织形式。2012年11月,第21届东盟峰会上,来自东盟10国和6个对话伙伴国澳大利亚、中国、印度、日本、韩国和新西兰领导人宣布启动RCEP谈判。RCEP旨在形成一个人口约达30亿、GDP总和约为21万亿美元、占世界贸易总量大约30%的贸易集团。②

本世纪初,由于“多哈回合谈判”受阻,WTO为代表的多边贸易体制发展停滞不前,各国要想在当前世界经济形势中有新发展,需要加强区域经济一体化。各国纷纷转向通过构建双边贸易体制或区域贸易体制以实现经济发展目标。东盟为避免在东亚自贸区建设中落后,发起了RCEP。2012年11月20日,在柬埔寨金边举行的东亚领导人系列会议期间,东盟十国与中国、日本、韩国、印度、澳大利亚、新西兰的领导人,共同发布《启动〈区域全面经济伙伴关系协定〉(RCEP)谈判的联合声明》,正式启动这一覆盖16个国家的自贸区建设进程。东亚更大范围的经济一体化迈出了关键一步,充分展现东亚各国加速整合并推进区域经济一体化的坚定决心。各国将在现有经济联系的基础上,通过《区域全面经济伙伴关系协定》谈判,达成一个全面、高质量、互惠的区域自贸协定,从而加强相互间经济合作,拓宽和深化经济一体化,推动区域经济增长和平等发展。协定的内容将涵盖货物贸易、服务贸易、投资和经济技术合作等广泛领域。同时,协定还将设立开放准入条款。在谈判结束之后,其他经

① 赵洪:《一带一路与东盟经济共同体》,载《南洋问题研究》2016年第4期。

② 《东盟一体化建设进程及RCEP谈判》,新华网,http://news.xinhuanet.com/world/2017－04/26/c_1120876483.htm,访问日期:2017年5月14日。

济伙伴可申请加入协定。[①] RCEP谈判进展迅速，近期谈判成果颇丰。2016年10月11—21日，第15轮谈判在中国天津举行，其间完成经济技术合作章节。[②] 2016年12月2—10日，第16轮谈判在印度尼西亚唐格朗举行，与会各方在本轮成功结束中小企业章节的谈判。[③] 2017年5月2—12日，东盟在菲律宾马尼拉举行了RCEP第18轮谈判，本轮谈判各方继续深入推动货物、服务和投资市场准入谈判，并加速知识产权、电子商务、法律机制等各领域的规则案文磋商。[④]

RCEP的推动需要依靠东盟的整体力量，而东盟经济共同体是东盟共同体的基石[⑤]。2015年12月31日，东盟轮值主席国马来西亚外长阿尼法发布声明宣布东盟共同体当天正式成立[⑥]，意味着东亚区域经济一体化进程又迈上了一个新台阶，为RCEP谈判推动奠定了基础。

东盟经济共同体建设的重中之重是构建单一市场和生产基地，促进生产各要素在东盟区内自由流动，实现区域内商品、服务、资本和技能劳动力相对自由的流动[⑦]，为RCEP的推动夯实经济基础。东盟内部平均已有95.99%的货物取消了关税，其中文莱、印尼、马来西亚、菲律宾、新加坡和泰国为

---

① 《〈区域全面经济伙伴关系协定〉谈判进程正式启动》，中华人民共和国中央人民政府网站，http://www.gov.cn/gzdt/2012－11/21/content_2272126.htm，访问日期：2017年5月15日。

② 《〈区域全面经济伙伴关系协定〉(RCEP)部长级会议在菲律宾宿务举行》，商务部网站，http://www.mofcom.gov.cn/article/ae/ai/201611/20161101603057.shtml，访问日期：2017年5月16日。

③ 《〈区域全面经济伙伴关系协定〉第16轮谈判在印度尼西亚唐格朗举行》，商务部网站，http://www.mofcom.gov.cn/article/ae/ai/201612/20161202215096.shtml，访问日期：2017年5月16日。

④ 《〈区域全面经济伙伴关系协定〉(RCEP)第18轮谈判在菲律宾马尼拉举行》，商务部网站，http://www.mofcom.gov.cn/article/ae/ai/201705/20170502574345.shtml，访问日期：2017年5月17日。

⑤ 王勤：《东盟跨入共同体时代：现状与前景》，载《厦门大学学报》(哲学社会科学版)，2016年第5期，第86页。

⑥ 《东盟跨入共同体新时代》，中国社会科学网，http://www.cssn.cn/zzx/gjzzx_zzx/201603/t20160310_2914731.shtml，访问日期：2017年5月17日。

⑦ 王勤：《走向2025年的东盟经济共同体》，载《南洋问题研究》，2016年第3期。

99.2%,柬埔寨、老挝、缅甸和越南为90.86%。[①] 通过促进各生产要素在区内自由流通,利用市场以最合理方式对其进行配置,实现各要素在区域内高效利用,进而降低区域内贸易成本,实现区域内国家经济增长;最终增强区域经济竞争力,促进区域经济均衡发展,提升东盟主导 RCEP 的经济能力。单一市场和生产基地的深化,有助于协调统一东盟各国发展差距及对自由贸易开放的态度,同时增加区域内市场之间的相互依赖程度,促使东盟实现以统一经贸政策、共同市场形象主导 RCEP 建设。东盟经济共同体的成立,对内将增强东盟内部凝聚力,对外提升东盟谈判实力,有助于东盟主导 RCEP 建设的功能发挥。

(三)东盟经济共同体的法律分析

1."一体化"与"共同体"

"一体化"和"共同体"皆为描述区域贸易协定。截至 2017 年 5 月 3 日,WTO 备案生效的 RTAs 已达 290 项[②]。向 WTO 通报的 RTAs 分为这样几种类型:FTA(Free Trade Agreement)、CU(Customs Union)、EIA(Economic Integration Agreement)、PSA(Partial Scope Agreement)。在 GATT1994 第 XXIV 条中所允许的发展经济一体化的形式有自由贸易协定和关税同盟,即 FTA 和 CU。在 GATS 第 V 条中所定义的经济一体化协定形式即 EIA。而 PSA 形式在现有的 WTO 协议框架中并没有具体规定和说明,PSA 协定形式须依据授权条款向 WTO 进行通报。

随着国际经济的快速发展,区域经济一体化这个概念逐步走进了人们的视线。区域经济一体化是与经济全球化相伴相随的一个概念,其是指一个区域内的国际法主体的经济职能以法律形式联合起来,并通过国际组织的形式存在。区域经济一体化的发展常常经历自由贸易区、关税同盟、共同市场、经

---

① ASEAN Secretariant(2015),ASEAN Economic Community 2015:Progress and Key Achievements,Jakarta:ASEAN Secretariant,第 10 页。

② 在 WTO 体系中,RTAs 是指两个或两个以上的成员间订立的互惠贸易协议,与之相对的概念是 PTAs,即单方的贸易优惠,例如普惠制和其他 WTO 总理事会批准的非互惠特惠安排。

济联盟等阶段，不同的阶段代表一体化的程度也不同。在WTO备案中数量最多的形式就是自由贸易区形式，其原因在于自由贸易区是经济一体化的初级形式，其一体化程度较低，较易实现。自由贸易区仅要求各成员方取消来自成员方货物的关税以及对取消关税有具体的实施计划和时间表，截至2017年年初，东盟在WTO备案中登记的仍是AFTA形式，即自由贸易区形式。

"共同体"一词的"年龄"远远大于"自由贸易区"，其最早见于古希腊的著作中，在历史的发展中，"共同体"一词被赋予政治、经济、文化等多维含义，这也就意味着"共同体"不仅仅指某一领域的一体化或者合作，更是全方位、多领域的整合。现实中也正是这样的，最典型的就是"欧洲联盟"的前身"欧洲共同体"，随着多年的发展，"欧共体"已经演变成为成员国让渡各自的部分主权，组成了一个综合性、覆盖多领域的区域组织——欧盟。回归经济范畴，"共同体"状态不仅仅要求取消关税和有计划时间表，而更多地要求实现商品、劳务、资金等生产性要素在成员国之间的自由流动，并实行统一对外的贸易与关税政策，进而统一货币和实行统一的经济社会政策。

2. 东盟经济共同体的法律人格

东盟经济共同体的英文全称是ASEAN Economic Community。东盟经济共同体是指东南亚国家联盟（ASEAN）成员国，鉴于地理位置的集合性、存在着互惠互利、相互依存的目标与命运，在坚持平等互利、求同存异的基础上，通过减免和消除贸易、投资、竞争壁垒，签订一系列经济合作协议以形成一个共同的愿望和集体的意志（即维护地区的持久和平、安全稳定，促进区域经济持续增长，确保成员国及其人民共享繁荣以及继续推动社会进步），以促成东南亚国家联盟内部经济事务实现有效的自我管理的联合体。

何为国际组织的法律人格，虽然在UN和WTO的文件中并没有进行明确的定义，但是许多的专家学者，如著名国际法学家梁西先生都有个人的观点[①]。而各位学者的观点整体可以分为两种观点：

① 梁西先生认为："国际组织的法律人格，就是它依法独立享受权利和承担义务的一种资格。没有这种资格，国际组织就不可能成为法律关系的主体，从而无法在其成员国领域及国际社会内开展有效的组织活动。有了这种资格，它才能参与法律关系，才有可能在实现其宗旨和执行其职能中具有法定的行为能力，即能以自己行为依法行使权利及履行义务的能力。"

第一，称之为“实在法”观点。持这种观点的学者认为确定一个国际组织是否有法律人格关键是看设立该组织的法律文件中是否明确规定了该组织的法律人格，其法律人格的实质是来自于组织内各个成员国的授予与让渡。也就是说国际组织在国际交往过程中并不一定、也不全都是具备法律人格的，法律人格不是由组织本身可以决定的，关键还是要看设立其的法律文件和组织章程的表述和规定。从这个角度来讲，东盟经济共同体并不具备法律人格。纵览东盟法律文件可以看出，东盟仅在《东盟宪章》中明确规定了东盟具备法律人格，而在之后的历次宣言和决议中只谈到东盟要在经济领域建成东盟经济共同体，并未“授予”其法律人格。

第二，称之为“自然法”观点。持该观点的学者认为一个国际组织的法律人格无需通过设立其的法律文件进行明文授予，认为法律人格是一个国际组织所固有的、不以成员国意志为专一的法律状态。因此，在这种观点下，国际组织就有必然存在的行为能力，可以从事国际交往活动。

在此，笔者个人倾向确定一个国际组织的法律人格，应当以“实在法”为基础，综合考虑国际组织的设立依据、组织架构、制度体系等多方面因素，因此可以称之为“职能性原则”。东盟经济共同体是“东盟”这个区域性国际组织一体化所达到的某种程度。“东盟”经历了数年的飞速发展，已经被赋予了法律人格，这是毋庸置疑的。东盟的法律人格在《东盟宪章》中首次以法律文件的形式确定下来。[①] “东盟自由贸易区”在 1992 年 1 月 28 日向 WTO 完成了备案工作，也具备国际法主体法律人格。但是至今，我们仍未在 WTO 所公示的“Agreements List”中找到“AEC(东盟经济共同体)”的影子。那么东盟经济共同体是否具备法律人格呢？

(1)东盟经济共同体的国际法依据

国际法领域关于区域贸易安排的规定最早见于 GATT 1947 第 24 条。

① 《东盟宪章》第 3 条规定：东盟作为政府间组织，在此被赋予法律人格，可以作为国际法主体而存在。

东盟自由贸易区、东盟经济共同体均是根据 GATT 1947 第 XXIV 条(第 24 条[①])的规定而产生发展的。GATT 1994 第 24 条完全继承 GATT 1947 第 24 条规定,又对第 24 条进行了补充,达成了《关于解释 GATT 1994 第 24 条的谅解》。但是,整个第 24 条及其《谅解》都只是根据一体化程度的不同将区域贸易协定分为自由贸易区和关税同盟这两大类型。截至 2017 年 5 月,查阅 WTO 所公示生效的"Agreements List"可知,仅有东盟自贸区(ASEAN Free Trade Area),并未发现东盟经济共同体(ASEAN Economic Community),换句话说,"东盟经济共同体"这个词至今没有被国际组织所认可,其法律效力也只是推定的。

(2)东盟经济共同体的东盟法依据

在《东盟宪章》中,东盟各国首脑一致同意将"东盟作为政府间组织,在此被赋予法律人格"这句话明确规定在《宪章》中,这说明了在东盟看来,所采用的是"实在法"观点,也就是说法律人格必须明确规定在设立其的法律文件之中。而 2003 年所签署的《东盟(巴厘)第二协调一致(协约)宣言》的前言部分中明确提到了"东盟共同体",阐释了"东盟经济共同体"作为其三大支柱之一的关系。并且日后的历次东盟峰会、东盟经济部长会议等一系列相关会议中均采用了"东盟经济共同体"的表述,同时近些年的《东盟年度报告》中也采用了这个说法。但是我们必须注意,依据"实在法",从区域法的角度也难以找到其具备法律人格的依据。

(3)东盟经济共同体的组织结构

法律上的"人"分为自然人和法人,自然人由各个器官组成了自己的身体,而法人也有自己的"器官",这就是法人的组织机构。一般而言,法人由其决策、执行、管理三个机构组成。东盟经过多年的发展,形成了一套具有"东盟特色"的决策机构、行政机构和协调机构。现有文献均是对东盟的组织结构进行了分析,本章着重从东盟经济共同体的角度进行分析。

第一,东盟首脑会议和东盟经济部长会议是东盟经济共同体的决策机构。

---

① 根据第 24 条的规定,自由贸易区是指满足以下条件的两个以上关税区的群体:(1)其组成区成员对原产于各该区产品的贸易,实质上取消了关税及其他限制性贸易规章;(2)各组成区成员对非成员的缔约各方(指 GATT 缔约方)征收的关税与实行的其他贸易规章,不得高于或严于未建立该自由贸易区或临时协定时各组成区所实施的关税和贸易规章的限制水平。另外,GATT 1947 第 24 条还对关税同盟及立自由贸易区或者关税同盟的临时协定作了规定。

东盟首脑会议又称为东盟领导人会议，按照《东盟宪章》的规定，东盟首脑会议是东盟的决策机构，这是很典型的"东盟特色"，采取"国际会议式"的决策机构。按照《东盟宪章》的规定，东盟区域内涉及成员国的关键性问题和事项均要提交东盟首脑会议进行处理，而东盟经济共同体的建设属于东盟当前的第一要务，许多重要决策均要求由国家元首亦或是政府首脑决定，因此东盟首脑会议在东盟经济共同体中起到重要的决策作用。

东盟经济部长会议已经召开了 48 届，其会议分为正式会议与非正式会议。由于东盟经济共同体的建设不同于欧洲共同体所采用的制定一个统一的制度规范来达到经济一体化的目的，这种方式俗称"硬法"模式。东盟所用的更多是成员国间进行协商，以改变国内立法，达到一体化的目标。这就要求由一国的经济部长来进行掌控和承诺，因此经济部长会议也是重要的决策部门。

从上文分析，我们不难看出，东盟经济共同体中的决策机构和东盟本身是重合的，并未成立独属于共同体的决策机构，其发展的重要事项依旧是"听从"东盟的"安排"，因此，东盟经济共同体不具备决策机构。

第二，东盟经济部长会议旗下的各理事会和东盟秘书处是东盟经济共同体的行政机构。根据东盟不同的协议，均成立了不同领域的理事会。截至 2014 年，东盟在经济领域有 11 个专门理事会——东盟自由贸易区理事会、东盟能源部长会议、东盟农林部长会议、东盟财政金融部长会议、东盟投资区理事会、东盟矿业部长理事会、东盟科技部长理事会、东盟—湄公河流域开发合作会议、东盟交通部长理事会、东盟电信部长理事会、东盟旅游部长理事会。这些理事会作为东盟经济共同体的不同领域，落实经济部长会议在不同领域的要求，制定和执行相关决议，因此属于东盟经济共同体的行政机构。

第三，东盟经济共同体理事会、东盟协调理事会是东盟经济共同体的协调机构。二者的作用主要是协调和链接不同部门之间工作的连贯性，处理工作衔接上的可能出现的问题。

综上所述，我们不难看出截至现在，东盟经济共同体暂无国际法与区域法的法律人格"授予"的文件，同时也并未组成属于共同体自身的组织机构，尤其是决策机构，东盟经济共同体主要是与之后要形成的东盟安全共同体、东盟社会文化共同体一起在东盟的框架下所要形成的区域经济一体化的状态与目标。东盟经济共同体并不具有国际组织法律人格，也不是一个独立的国际组织，其应是东盟的重要组成部分。

(四)东盟经济共同体法律制度的"东盟特色"

东盟经济共同体作为区域经济一体化的重要组织,但其不具备国际法法律人格。正是由于东盟本身具备"东盟特色"的组织方式,而其发展经济一体化的过程中,形成了一套具有"东盟特色"的法律制度。所谓"东盟特色"是从东盟国家间的经济合作形式出发,东盟是在其发展过程中不同于欧盟的"超国家式"的"硬法"经济合作方式,而采取的是各国通过协商而形成的"软法"合作方式。所谓软法,学界还未有统一的定义,但如程信和教授[①]、罗豪才教授[②]、翟小波博士等学者均在各自的著作中提出了自己对于"软法"概念的定义。而对于东盟经济共同体本身而言,其调整对象、制度体系等具有区域经济组织法律制度的一般特征,而其立法程序、运行机制具有明显的"东盟特色"。

1.调整对象与制度体系

东盟作为区域合作的典型代表,其上位概念就是区域经济一体化。而欲研究东盟经济共同体的法律制度,就要对区域经济一体化的法律制度中的共性部分进行分析,因为这些共性的制度同样适用于东盟经济共同体。

调整对象上,区域内政府间或政府与国际组织间的关系自然成为区域经济一体化过程中法律制度调整的对象,但同时还包括区域内国家、国际组织、自然人、法人间的法律关系。因此东盟经济共同体法律制度不仅调整东盟十国之间的法律关系,同时对十国内的自然人和法人均有效力。

法律制度上,东盟经济共同体和其他区域经济合作组织有一定的共性。其法律制度既包括国际法规范,同时包含依经济一体化法律制度改变或调整的国内法规范,同时还有区域组织本身的含有超国家因素的法律规范,其中既

---

① 程信合教授在其专著《硬法、软法与经济法》中认为:软法可概括为国家法之外的具有相当于或类似于法律的约束力的行为规范体系。

② 罗豪才教授在其专著《软法与公共治理》中认为:软法是一个概括性的词语,被用于指称许多法现象,这些法现象有一个共同特征,就是作为一种事实上存在的可以有效约束人们行动的行为规则,而这些行为规则的实施总体上不直接依赖于国家强制力的保障。

包括公法方面的组织规范还包括私法方面的制度设计。[①] 本章除竞争部分所论及的范围主要是东盟经济共同体法律制度中涉及的国际法以及区域本身的制度规范的部分。由于在竞争方面，东盟将制度的范围主要确定为各国国内法律规范，因此在竞争领域的制度规范，主要是讨论和分析现有国家国内竞争立法的情况。而从法律制度内容方面，杨丽艳教授认为"区域经济一体化法律制度包括经济一体化中各经济领域的法律制度、与经济一体化相关的机构法、与经济一体化有关的国际法"。而本章侧重于对第一部分的研究。

2. 立法程序与运行机制

前文已经述及东盟是典型的"软法式"经济一体化方式。所谓"软法"，美国学者孔慈认为这也是国际法的原始性特征，而这种原始性特征始终存在于国际法的发展过程中。著名国际法学者梁西先生认为："传统国际法之所以被视为一种'软法'，主要是由于它表现为一种缺乏主体机构及保障机构的"无组织之法"，是一种颇不系统的'零散之法'。"对于东盟经济共同体而言，其决策机构是东盟首脑会议和东盟经济部长会议，它这些会议制定和通过东盟的法律制度和政策，这体现了以"软法"为特征的协商机制。

而作为世界经济合作"榜样"的欧盟，采取了截然不同的立法方式。欧盟采取的是"硬法式"的经济一体化方式，充分利用国际组织的特点，建立了一套体系完备、职能健全的超国家性组织机构，其中就包括具有立法职能的欧洲议会。欧盟法最主要的就是欧共体法，而在这其中有大量的实体规范都是通过欧洲议会的严格立法程序制定出来的，具有高度的集中性。

二、东盟经济共同体贸易法律制度

《东盟经济共同体蓝图》中提到，东盟经济共同体的首要目标就是建设一个统一的生产加工基地和市场。而在经济共同体的实现过程中东盟国家间的经济合作最初起于外贸领域，东盟国家间的贸易将不同国家、不同民族、不同文明的人联结在一起，促成了东盟经济共同体。传统意义上的对外贸易仅指

---

① 杨丽艳：《区域经济一体化法律制度与我国的法律对策》，载《国际经济法学刊》2005 年第 12 卷。

有形货物贸易，而随着世界贸易的不断发展，现代贸易法律制度将贸易形式拓展到服务贸易（金融服务、运输服务等）、技术贸易形式，但由于东盟将贸易与投资自由化分别列为两个发展目标，因此本章将分别予以论述。

（一）货物贸易法律制度

实现东盟内商品自由流动、货物贸易自由的主要手段之一就是共同体建设的目标之一：建设一个单一市场和生产基地。东盟经济共同体通过打造一个货物贸易的单一市场，也将促进在该地区的生产网络的发展和提高东盟作为全球生产中心和全球供应链的一部分的能力。东盟自 1993 年形成东盟自贸区之后，首先在货物贸易方面形成了多项机制并取得了显著成果。

在货物贸易自由化领域，其现行最主要的法律制度是 2009 年制定的《东盟商品贸易协定》（ATIGA 协定），该协定依据 1992 年东盟各方所达成的《共同有效优惠关税计划协定》（CEPT 协定）的第 92 条第 2 项的内容对 CEPT 协定的修正，现已全面生效。

在 CEPT 协定中东盟各方仅仅以削减和取消关税作为当时东盟自贸区货物自由化流动的主要机制。然而，货物贸易自由化不仅仅要求零关税，更要求去除非关税贸易壁垒和实行有利于货物自由流动的货物贸易便利化措施，如简化海关手续，建立东盟单一窗口制度，不断促进和落实“共同有效优惠关税”计划（CEPT），以及包括具体操作程序和规则，统一的标准和一致性程序的原产地规则。

因此，在东盟经济共同体目标提出后，东盟就根据 CEPT 协定中的修正条款对其进行了“升级改造”，形成了如今的 ATIGA 协定。该协议的内容并未仅限于关税削减的方式，而采用的是“法典式”的立法方式，将一般性问题和具体措施规定在一个法律文件中。

1. ATIGA 协定的主要框架内容

由于 ATIGA 协定作为东盟经济共同体货物贸易自由化的主要实现机制，因此对其整体内容的把控是十分重要的。ATIGA 协定由 11 个部分，98 个条文构成，具体分布如下表 1-1 所示。

表 1-1

第一部分	第一部分,第 1－18 条主要规定了 ATIGA 协议的一般性规定和原则。如:目标;概念定义;货物分类;产品的适用范围;最惠国待遇;区内税收与管制措施上的国民待遇;进口与出口费用;一般例外;安全例外;保障措施;通知程序;贸易法规的公布和执行;交易信息库;机密性;交流沟通;促进成员国的参与;能力建设;区域、本地政府以及非政府机构。
第二部分	第二部分,第 19－24 条主要规定了"关税自由化"相关制度安排。如:减免进口关税取消关税税率配额;法律规则的颁布;享受优惠等内容。
第三部分	第三部分,第 25－39 条主要规定了"原产地规则"的相关制度安排。如:原产地标准;原产地证书;原产地制度中的相关计算公式等内容。
第四部分	第四部分,第 40－44 条主要规定了"非关税措施"的相关制度安排。如:非关税措施的适用;取消数量限制;取消其他非关税壁垒;外汇兑换管制;进口许可程序等内容
第五部分	第五部分,第 45－50 条主要规定了"贸易自由化"的相关制度安排。如:贸易自由化的原则;东盟特色的"单一窗口"制度等内容。
第六部分	第六部分,第 51－70 条主要规定了有关"海关"的制度安排。如:目标;海关工作程序;风险管理;信息技术的应用等内容。
第七部分	第七部分,第 71－78 条主要规定了"技术标准"的规则。如:标准的定义;技术的管控等内容。
第八部分	第八部分,第 79－85 条主要规定了"卫生与植物检疫措施"的管理措施。如:目标;一般措施;紧急情况与应急处置;合作等内容。
第九部分	第九部分,第 86－87 条主要规定了"贸易补偿措施"。
第十部分	第十部分,第 88－90 条主要规定了"制度条款",解决协定本身的执行力问题。
第十一部分	第十一部分,第 91－98 条主要规定了"最后条款",主要解决协定订立后所依据法规而产生的纠纷。

通过对上表的条目分类统计可知,《东盟商品贸易协定》内容的完备性与

体系性是较好的。而对于贸易自由化而言，关税和非关税贸易壁垒构成对自由化的最大威胁，因此下文将对这两部分进行分析。

2. 消除关税

关税作为一国管理对外贸易和保护国内产业的重要措施，从产生至今始终是 WTO 谈判及区域贸易谈判的重要内容。无论是从 WTO 多边角度，抑或是从区域贸易安排角度，各国都旨在建设一个高度自由化的货物流动平台，因此坚决反对关税作为贸易壁垒的存在。

WTO 从成立至今，同样把关税减让作为谈判的首要内容。由于东盟十国均为 WTO 成员国，因此 WTO 所确立的原则和制度均构成东盟经济共同体的贸易制度。首先关税减让原则表现在 GATT1994 的序言中；同时要求成员方在平衡利益的基础上做出本国的关税减让承诺，之后适用最惠国待遇原则，将其关税减让适用到所有成员国之中。而若区域经济组织中有特殊规定的除外。

在 2009 年的 ATIGA 协定的第二部分规定了取消关税的内容，但其内容十分简单，主要原因是 ATIGA 协定是以 1992 年在新加坡召开的第四届东盟峰会上通过的 CEPT 规则为基础的。CEPT 的主要目标是在 15 年内预计将工业制造产品和初级农产品的关税税率减至 0～5%，直至 1994 年东盟经济部长会议决定将预先计划的 15 年缩短为 10 年。根据 CEPT 规则，其采用四大目录制度。即关税就地削减目录(Inclsion List)、临时暂停削减关税目录(Temporary Exclusion List)、永久保留目录(General Exception List)、敏感商品目录(Sensitive)。东盟各方是以 CEPT 规则作为贸易自由化的起步和落实各项货物贸易自由化的工具。根据联合国贸发会(UNTAD)规定，关税管控措施。价格管控措施、财政措施、垄断保护措施和技术措施等措施的确定须经东盟内部通过。

在《东盟经济共同体蓝图》中，东盟经济共同体将根据在 CEPT 协议及其他有关规定的时间表和承诺协议/协议中的规定，在所有东盟各国内部实现货物"零关税"。在实现经济共同体的过程中，东盟内部分为两个部分，不同部分的国家的贸易要求和实现期间也不尽相同。一部分国家称为"ASEAN－6

(东盟六国)",另一部分称为"CLMV"。[①]之所以这样安排是合理的,因为保证了不同国家间的实体公平。

首先按照时间表,东盟各方首先被要求消除所有产品的进口关税,除了东盟六国[②] 2010年所签署的敏感产品清单和CLMV四国为了符合《蓝图》的要求而在2018年之前对敏感产品清单的修正。其次取消东盟六国应在2007年实现的《东盟整合优先领域框架协定》内产品的进口关税,这其中有11个领域[③]列为了优先降税领域。而CLMV四国则须在2012年前完成调降关税至零。再次不同国家在不同时间内逐步完成将其余的产品划入CEPT协议的敏感商品目录并将这些货物的关税减少至0～5%。最后各国完善永久保留目录,使其符合CEPT协议的要求。

3. 消除非关税贸易壁垒

东盟在消除关税方面已经取得了良好成效,根据2014年东盟峰会报告的数据显示,ASEAN－6中较发达的东盟国家取消了99.65%的货物进口关税,CLMV四国将98.86%的货物进口关税税率降至5%以下。但是非关税贸易壁垒依旧是比较艰难的部分。

(1)"非关税壁垒"与"非关税措施"

经过细致梳理东盟《蓝图》、ATIGA协定等有关决议和文件,不难发现其使用了两个不同词语Non－Tariff Barriers (NTBs)和Non－Tariff Measures (NTMs),翻译成中文就是非关税壁垒和非关税措施。在国内的大部分国际经济法学科的教材之中,基本上都是将两个概念等同。但是东盟之所以分别论述肯定有其意义。

首先从WTO的规范性文件中来看,其所使用的是"Non－Tariff Barriers"的说法,并在WTO的官方网站"Understanding the WTO"版块用专门的网页介绍"Non－Tariff Barriers"的概念和具体内容。而在2012年世贸组织年度报告中又使用了"Non－Tariff Measures"说法,可见WTO并没

① ASEAN－6系东盟原始成员国,包括文莱、印度尼西亚、马来西亚、菲律宾、新加坡、泰国,而CLMV系东盟新成员国,包括柬埔寨、越南、老挝、缅甸。

② 文、印、马、菲、新、泰等六个原始会员国。

③ 农业产品、航空运输、汽车、资讯技术、电机电子、渔业、医疗保健、橡胶产品、纺织成衣、旅游业和木制品领域。

有明显区分这两个词语的使用。

其次从区域经济合作组织中典型代表 NAFTA 而言。在其第三章所用的标题为“Non－Tariff Barriers”，并在第 309－315 条内对非关税措施进行了具体的定义。另外在 EU 的文件中同样用到“Non－Tariff Barriers”和“Non－Tariff Measures”的两种说法。

最后，相对而言比较有说服力的说法。在 2009 年 5 月 18－19 日在 WTO 总部召开了经合组织（OECD）的一个关于“Non Tariff Measures”的研讨会。在会上，主讲人对两个概念进行了区分并且系统梳理了其对贸易的影响。

“NTM ＝ policy measures，other than ordinary customs tariffs，that can potentially have an economic effect on international trade in goods，changing quantities traded，or prices or both. Some of these measures may constitute non－tariff barriers.”非关税措施就是除了普通关税以外的政府措施，这些措施可能对国际货物贸易产生经济影响，并会改变交易数量、价格，其中的部分措施构成非关税壁垒。

“NTB ＝ Non － tariff measures that have a protectionist intent. Examples：quotas，licensing regimes，price bands.”非关税壁垒是带有贸易保护意图、造成削减贸易流量的非关税措施。如配额制度、许可证制度、价格管控。

由此可以看出，非关税壁垒并不完全是非关税措施的同义词，前者应被包含在后者中；非关税措施可以分为一国为进行贸易监测而实行的合法措施与可能造成实质贸易损害的贸易壁垒，两个词之间是有区别的，不是所有的非关税措施都是非关税壁垒。由于非关税壁垒会造成贸易的不良发展，因此国际上诸国际组织为避免滥用非关税措施而导致非关税壁垒的状态，非关税措施成为区域经济规则谈判中的重要谈判内容。

（2）非关税壁垒的法律规制及问题

非关税壁垒对东盟经济共同体的实现有着重要的影响。在东盟经济共同体的实现过程中，东盟各方通过对通知程序的遵守以提高透明度同时设立一个有效的监督机制；遵守有关非关税措施中止与削减协议的承诺；对于不同国家设定了不同的取消非关税壁垒的时间要求，如对于 CLMV 四国而言要求在 2018 年前采取符合《蓝图》的措施；提高非关税措施的透明度。以上是东盟各方用专章所进行的规定，但依旧存在一定问题。

（3）原产地规则法律制度

货物的原产地被称为货物的"经济国籍",而各国和各经济组织制定了判断货物来源的原产地规则①。由于原产地规则涉及海关计征、最惠国待遇等问题,许多国家制定了纷繁复杂的原产地规则,因此原产地规则也被视为一国的非关税措施。

东盟各国为了使各国原产地规则有利于统一的共同市场的形成,制定了比较系统的《东盟自贸区原产地规则》,其主要内容体现在三个方面:原产地标准、直接运输和原产地证书。在东盟经济共同体的发展过程中,东盟依旧采取的是 AFTA 时代的原产地规则,因此本规则也构成了东盟经济共同体法律制度的重要组成部分。

第一,在原产地标准方面。按照世界通行做法,原产地标准采取"完全获得标准"②和"实质性改变标准"③两种形式。"完全获得标准"主要适用于矿产品和农林牧渔等初级农产品;而"实质性改变标准"主要适用于加工、制造的产品。具体到东盟现行的原产地规则,其规定了 10 类产品可认为是在其成员国完全取得的,采取"完全获得标准"来认定原产地。

关于实质性改变标准,目前存在三种基本标准:税则归类改变标准、当地含量标准和加工工序标准。这三种具体的实质性改变标准均存在一定的制度缺陷,没有一个是完美无瑕的。鉴于此,各国一般采取的做法是以其中的某一种标准为主要适用标准,同时辅以另外的一种或者两种一起适用。但是,东盟经济共同体并非采取这种适用规则,其只适用了一种实质性改变标准,即"当地含量标准"。

---

① 原产地规则,指的是一国根据国家法令或国际协定确定的原则制定并实施的,以确定生产或制造货物的国家或地区的具体规定。为了实施关税的优惠或差别待遇、数量限制或与贸易有关的其他措施,海关必须根据原产地规则的标准来确定进口货物的原产国,给以相应的海关待遇。

② 对于完全在一国(地区)获得的产品,如农产品或矿产品,各国的原产地认定标准基本一致,即以产品的种植、开采或生产国为原产国,这一标准通常称为"完全获得标准"。

③ 对于经过几个国家(地区)加工、制造的产品,各国多以最后完成实质性加工的国家为原产国,这一标准通常称为"实质性改变标准"。实质性改变标准包括税则归类改变标准、从价百分比标准(或称增值百分比标准、区域价值成分标准等)、加工工序标准、混合标准等。

第二,在直接运输规则[①]方面。从世界范围看,直接运输规则是优惠性原产地规则及普惠制的通行要求,其目的在于防止受惠产品在转运过程中被用其他产品假冒。东盟现行的直接运输规则中,将3类情况下的产品运输视为从出口国到进口国的直接运输[②],但在这3类情况下的产品运输必须要符合3条原则[③]。

第三,在原产地证书方面。在国际贸易中,原产地证书被称为打开国际市场的"金钥匙"。出口产品要想享受进口国的优惠关税待遇,必须具有进口国所要求的原产地证书。东盟现行所采用的是D类原产地证书,成员国凭此证书可以享受优惠关税待遇。

以上对东盟现存的原产地规则进行了分析,但其依旧是在东盟自贸区的背景下制定的相关规则。在《东盟经济共同体蓝图》中,东盟强调:在东盟经济共同体实现的过程中,需要不断改革和调整CEPT项下原产地规则的规定,如增加先行裁决制度,使其能够应对区域经济发展的变化;简化CEPT项下原产地规则的操作程序,确保其可操作性及促进作用的不断增强,如原产地证书的电子化处理,以及在可能的范围内,协调各自国家内的手续。在符合各自和整体利益的情况下,开始探索累计原产地标准制度。这些规则和制度的形成均有利于东盟经济共同体的形成。

4. 海关一体化与单一窗口制度

在东盟经济共同体实现货物贸易自由化的过程中,剔除关税和非关税壁垒之后,其进入了"后关税时代",东盟国家间货物贸易的低效率性已成为阻碍

---

① 直接运输规则(Direct Consignment)是指在普惠制与特惠税规定中,通常,受惠国的原产品须从该受惠国直接运至进口给惠国。但是,由于地理的原因或运输的需要,也允许货物经过产品原产国以外的第三国(地区)的领土,不管是否在过境地转换运输工具或暂存于仓库,其条件是:(1)货物一直处于过境地海关的监督之下;(2)未投入当地市场销售或交付当地使用;(3)除装卸和为使货物保持良好状态而作的必要处理外,未经任何再加工。

② (1)产品运输是通过东盟成员国之间相互来进行的;(2)产品运输没有经过任何非东盟成员国;(3)产品运输经过了一个或多个非东盟成员国,在该非东盟成员国经过了短暂存储或经过转运。

③ (1)有理由证明过非东盟成员国境内运输是因地理原因或只因考虑运输要求而产生的;(2)运输的产品未在非缔约方内交易或消费;(3)除卸货并重新装货或其他为使产品保持良好状态的操作外,产品在非缔约方内未经任何其他人为操作。

其要素跨境流动的隐性壁垒。为适应经济共同体发展的需要,《经济共同体蓝图》中提到各国海关通关一体化及建设单一窗口制度。这个现象在区域经济一体化的过程中是非常常见的。欧盟就在 2008 年适时通过了《共同体现代化海关法典》,为其货物贸易自由化的实施提供了制度保障。欧盟的成功经验对推进东盟的贸易自由化实践提供了有益启示。

东盟海关一体化制度措施整体由两个主要部分组成:一方面是区域内国家所达成的区域海关协定;另一方面随着老挝于 2007 加入世界海关组织(WCO)后,东盟十国全部成为 WCO 的成员国,因此作为 WCO 的基础性文件《全球贸易安全与便利标准框架》中许多关于海关通关一体化的制度同样是作为东盟经济共同体海关一体化的制度措施。

(二)服务贸易法律制度

如果货物贸易是有形商品在成员国之间的流动,那么服务贸易就是无形商品在成员国之间的流动,这二者作为贸易的“两条腿”在区域经济一体化的过程中是一起发展的。

服务贸易自由化同样是实现东盟经济共同体的重要组成部分。随着人们生活水平的日益提高,对别国的服务需求不断增强。例如对于医疗服务领域而言,区域内国家由于经济发展程度、社会外部环境和医疗服务业的发展水平与技术存在比较大的差异。一方面,新马菲印四国的医疗服务行业发展较快且相对成熟,从而吸引了大量的东盟国家与非东盟国家的患者到这些国家进行医疗消费,为其创造了客观的外汇收入和经济利润;另一方面,越柬老缅四国的医疗服务水平发展较慢且相对落后,主要体现在医疗资源稀缺、医疗技术不强,难以满足本国公民需求。

1. 东盟经济共同体服务贸易自由化立法现状

东盟于 1995 年 12 月签署了《东盟服务业框架协定》(ASEAN Framework Agreement on Services, AFAS),该协定作为规制成员国之间服务领域开放和服务贸易自由化的专门性法律文件;同时在各个服务领域中,发布各领域一体化路线图和议定书,如:《东盟医疗服务一体化路线图》等,其数量较多;最终在《东盟经济共同体蓝图》中明确规定了诸多对实现服务贸易自由化的制度规定。由于服务领域的类型多元化,对总体服务贸易的原则和制度主要规定在《东盟服务业框架协定》以及《东盟经济共同体蓝图》这两个法律文件之中。这些全部构成了东盟经济共同体服务贸易自由化法律制度的内容。但由于领域繁杂，故选取各领域的共性规定以作述评。

《东盟服务业框架协定》(AFAS)签订于1995年，该文件所遵循的基本规则恰恰是在1994年WTO所形成的《服务贸易总协定》(GATS)，而在AFAS中同样规定了“兜底条款”，若本协议未规定的内容，可适用GATS的规定。因此AFAS总体上采用了GATS的术语和表达。AFAS将服务贸易分为四种形式，即跨境消费、境外消费、商业存在、自然人流动以及最惠国待遇、国民待遇、透明度等基本原则。

由于东盟所采取的是“框架协议＋具体领域协议”的立法方式，因此在AFAS制定后，又陆续签订了一系列的一揽子协定。截止到2014年6月，东盟已经形成了8个一揽子承诺，各成员国对相关服务领域的开放逐步提高。但是，成员国做出的承诺与各国当前实际执行的市场准入规则及开放水平并不相同，实际开放的部门要多于AFAS及一揽子协定中承诺的部门，开放的水平也要高于AFAS。因此，对AFAS及一揽子协定项下各国承诺的内容并不能反映各成员国中相关服务部门的真实开放水平。

但是AFAS及一揽子协定的规定中，各方承诺的水平的确是不高的。这就导致了东盟各方在开放各自服务领域过程中制度上的“缺位”，导致了“无法可依”的尴尬局面。因此在《蓝图》中，东盟各方对AFAS项下预计开放的服务领域制定了具体的时间表来进行推进，同时在历届的东盟经济部长会议(AEM)、服务业合作委员会(CCS)中又形成了一系列的措施，已弥补AFAS的“空洞性”，尽可能地使服务开放领域与世界接轨。

2. 专业资格认可制度

随着人们对服务需求的提高，人们越来越重视服务贸易的质量。而服务贸易质量的提高往往又与服务提供者的素质、资质以及从事本行业的经验息息相关。因此，各国都对某些服务业实行某种程度上的限制，要求服务提供者获得相关行业的资格证书或许可。这就对服务贸易的自由流动产生了一定的阻碍，不利于东盟经济共同体的形成。

然而东盟却没有让此成为自然人流动的障碍，东盟确立了专业资格认可制度。此制度最早是在1998年由各国签署生效的《东盟相互认可框架协定》(ASEAN Framework Agreement on Mutual Recognition Arrangements)中确立的。从2002年至2014年，东盟各方不断努力，至今已经达成了10项资格互认领域，包括：电气与电子设备职业资格、工程服务资格、护理服务资格、建筑服务资格、测绘资质认可、牙科医生资格、医疗从业人员资格、具备良好生产规范的药品制造商、导游资格、会计服务资格。同时在《东盟服务业框架协定》、《蓝图》这两个重要的法律文件中同样规定了这个原则。

(三)贸易法律制度评析

贸易自由化是东盟区域经济一体化的"排头兵"，成果国之间通过减免关税等方式促使区域经济一体化的进程发展，其法律制度也是东盟为实现共同体而最先制定实行的。东盟在贸易领域的自由化法律制度具有一般经济一体组织的制度特点，但更需要关注的是其制度设计存在一定的问题。

第一，东盟并未正确认识、客观理解非关税措施与非关税壁垒的概念与"双重性"，将非关税措施"泛壁垒化"。历届东盟峰会与经济部长会议，各成员国更多关注的是非关税措施对跨国贸易的消极限制作用，却忽视其对维护国际贸易秩序的积极作用，更多的是讲"技术壁垒""绿色壁垒"，却没有采用国际经贸领域内所应通常使用的"技术标准""环境要求"的立法用语。这种不同的表述客观上促使了东盟在法律文件的拟定上更多采用"壁垒"的说法，更多寻求他国取消这种"壁垒"，这是十分不科学的。东盟各方应当对现行《东盟商品贸易协定》《东盟经济共同体蓝图》中的非关税措施与壁垒进行明确定义与划分，而不能用消极对抗的态度，单纯地拒绝非关税措施。

第二，东盟自身并没有对非关税措施及壁垒问题进行研究，由于非关税措施发展快，其措施的类型、实施的方式、产生的"负外部性"等特征都会随着国际以及区域经济形势的变化而变化。而东盟在其《东盟商品贸易协定》中所规定的内容多为配额、垄断、许可证等较传统的贸易壁垒类型，而对SPS措施、TBT措施、反倾销措施等新型贸易壁垒没有系统规定，仅是框架性说明，不利于之后执行。由于东盟10国均为WTO成员国，因此东盟各国特别要认真研究WTO规则，吸取WTO最新研究成果，结合区域内国家实际制定更为细化的消除贸易壁垒的措施。

第三，东盟虽然要求各方通过对通知程序的遵守以提高透明度，同时设立一个有效的监督机制，但是从现实情况来讲，东盟解决贸易壁垒所面临的最大障碍就是"人"与"物"的缺乏。所谓"人"的缺乏是指缺少对贸易壁垒判断和分析的人才，致使不能准确判断和迅速提交贸易壁垒调查报告；而“物”的缺乏主要是指现有监督机制的缺位和软性，同时缺乏系统性的监督机构，因而对于贸易壁垒的处理始终处于被动应对状态。

第四，对于服务贸易而言，东盟国家间缺少更为优惠的贸易制度，简单地将 WTO 中的规则直接予以适用，体现了东盟各方仍不能让渡各自权利的现状。东盟若有意实现经济共同体，则应更加完善服务贸易规则。

三、东盟经济共同体投资法律制度

东盟经济共同体的建设有两大支柱，其一是以贸易为核心的东盟自由贸易区（AFTA）的建设，其二就是以投资为核心的东盟投资区（AIA）的建设。“东盟投资区”是东盟的一个具有区域特色的表述，最早见于 1995 年东盟峰会。1995 年之前东盟成员国之间主要是通过贸易进行经济合作，在投资领域主要是工业领域的投资合作项目，其主要目的正是为了提升贸易数量；1995 年第五届东盟峰会上，各国领导人在达成的《曼谷宣言》中首次使用了“东盟投资区”概念，至此，东盟投资区的建设成为东盟经济合作，乃至当今东盟经济共同体建设的应有之义。

（一）东盟经济共同体投资法的渊源

东盟国家间的投资制度最早见于 1987 年所签订的《促进和保护投资协定》，在这个协定中确立了以东盟为基地的跨国公司能够在成员国间获得公平待遇的原则，但实施效果很不明显。直至 1995 年第五届东盟峰会提出建立东盟投资区（ASEAN Investment Area，AIA），随后东盟修订并通过了新《促进和保护投资协定》。新《协定》的主要内容是围绕简化投资审批程序，提高投资法律政策的透明度来修正的。1998 年正式签署了《东盟投资区的框架协议》，在该协议第3条明确提出了东盟投资区的发展目标[①]。

2009年东盟各方达成了《东盟全面投资协议》(ACIA协议),该协定是1998年框架协定的升级版,内容更加详实。2014年在缅甸内比都峰会东盟各方又达成了《关于修正东盟全面投资协议协定》,对2009年所达成的协定有进一步修正,使其符合东盟经济共同体投资区的发展目标。

从国际法渊源的角度,对于国际法渊源的内涵,不同的国际法文件有着不同的规定,不同的学者也有不同的解释,但是有一点是共同的:根据国际法的特点,各方均认为国际条约和国际习惯构成国际法渊源。国际条约按照性质又可以划分为造法性条约和契约性条约,所谓造法性条约是各国制定的统一行为准则,对缔约国有强制约束力;而契约性条约是两国或者两国以上为解决某一特定事项,如领土变更、引渡罪犯而达成的条约,其是否构成国际法渊源尚有争议。但东盟在投资领域的制度均属于造法性条约,现从不同的层次分析东盟各国在形成投资区的过程中所遵守的法律规则的立法现状。

1.国际法

国际法层面的制度主要包括:(1)WTO协议框架体系内的《与贸易有关的投资措施协定》(TRIMS协定);(2)《多边投资担保机构公约》(汉城公约/MIGA公约);(3)《解决国家与他国国民投资争议公约》(ICSID公约即华盛顿公约)等多边性的和投资内容相关条约。

第一,由于东盟各国均为WTO成员国,因此东盟各国彼此之间、非东盟国家与东盟国家之间的投资可以适用TRIMS协定。因此在投资中,如果涉及违反《TRIMS协定》的情形,则当事国可以援引WTO争端解决机制进行解决。

第二,《MIGA公约》主要是为了鼓励生产性、建设性投资项目向发展中国家流动。MIGA为没有国内投资担保机构的资本输出国提供了投资担保的平台。对于东盟而言,由于存在ASEAN-6和CLMV两类国家的划分,而这两类的划分恰恰又是将东盟国家按照发达和发展中国家的基本状态进行了

① 《东盟投资区的框架协议》第3条:"在东盟成员国间营造一个更自由、更透明的投资环境,以便增加东盟和非东盟国家对东盟的投资流量;联合促进东盟成为一个最具有吸引力的投资区;加强和提高东盟经济部门的竞争力;逐步减少和取消阻碍东盟投资流动和投资项目运行的投资管制和限制;确保在2020年前实现资本的自由流动。"

划分。对于 CLMV 四国，由于各国国内政治经济环境复杂，投资风险较大，各国国内又缺少投资担保机构，因此 MIGA 公约的签署，使得东盟投资者到区内国家投资有了重要的保障。截止到 2014 年 12 月 2 日，MIGA 共有 181 个成员国，东盟国家中除文莱外，均为 MIGA 成员国。因此 MIGA 中的权利义务也就成为东盟经济共同体投资区的重要法律规范。

第三，ICSID 公约主要是为了解决缔约国之间和其他缔约国国民之间的投资争端提供一种调解和仲裁的便利机制，是投资争端的非政治化解决。截止到 2014 年，ICSID 成员国共有 159 个，东盟国家中菲、马、文、印、柬、新六国系 ICSID 的成员国，泰国签署了 ICSID 公约但是其国内未批准通过加入，因此仅是缔约国而不是成员国。缅、老、越至今还未签署 ICSID 公约。因此 ICSID 公约也成为东盟经济共同体投资区的重要法律规范。（参见表 1-2）

表 1-2

	WTO 成员国	MIGA 缔约国	ICSID 缔约国
文莱	√	○	√
菲律宾	√	√	√
马来西亚	√	√	√
印度尼西亚	√	√	√
缅甸	√	√	○
老挝	√	√	○
越南	√	√	○
泰国	√	√	○
新加坡	√	√	√
柬埔寨	√	√	√

2. 东盟区域法

在上文已经提及《东盟全面投资协议》（ACIA 协议）、《东盟投资区的框架协议》（AIA 协议）、《东盟经济共同体蓝图规划》三个法律文件，由于东盟所有国家均为缔约国，因此对十国均有强制约束力。其中属《东盟全面投资协议》（ACIA 协议）制定的时间最晚，内容最为详实，其全面规定了有关投资的法律规范，作为《东盟投资区的框架协议》(AIA 协议)的升级版。

ACIA 协议全文分为 3 个部分，共 49 条。第 1—27 条为第一部分，内容涉及东盟投资的一般原则与制度；第 28—41 条为第二部分，内容涉及东盟成员方间的投资争端解决制度；第 42—49 条为第三部分，内容为 ACIA 协议本身协议问题。(参见表 1-3)

表 1-3

第一部分	东盟投资的一般原则与制度	第 1 条目标；第 2 条指导原则；第 3 条适用范围；第 4 条相关概念定义；第 5 条国民待遇；第 6 条最惠国待遇；第 7 条履行要求禁止规则；第 8 条高级管理人员与理事会；第 9 条保留；第 10 条承诺的修改；第 11 条投资待遇；第 12 条冲突赔偿；第 13 条投资转移；第 14 条征收与补偿；第 15 条代位追偿；第 16 条国际收支平衡保护措施；第 17 条一般例外；第 18 条安全例外；第 19 条利益拒绝；第 20 条特殊手续与信息泄露；第 21 条透明度；第 22 条投资者与核心员工的入境、短期停留与工作；第 23 条对东盟新成员的特殊与不同的待遇；第 24 条投资促进；第 25 条投资流动性；第 26 条提升东盟一体化；第 27 条成员国之间的争端解决。
第二部分	东盟成员方间投资争端的解决	第 28 条定义；第 29 条受案范围；第 30 条调解；第 31 条磋商；第 32 条成员国投资者的要求；第 33 条要求的提出；第 34 条提出要求的条件和限制性规定；第 35 条仲裁员的遴选；第 36 条仲裁的行为；第 37 条合并仲裁制度；第 38 条专家组报告；第 39 条仲裁过程的透明度；第 40 条准据法；第 41 条裁判文书。
第三部分	ACIA 协议本身协议问题	第 42 条机构安排；第 43 条成员间磋商；第 44 条和其他协议的关系；第 45 条附件，计划与未来安排；第 46 条修正；第 47 条有关于 IGA 与 AIA 协议的过渡性安排；第 48 条协议生效；第 49 条受托人。

而在 2014 年东盟峰会上，形成了《关于修正〈东盟全面投资协定〉的协定》，对 ACIA 协议的第 9 条第 4 项，第 10 条第 1、4 项，第 42 条第 3 项等三条进行了修正，并增加了 6 条内容的附件三。

3. 各国国内法

从国际法原理而言，意想国际法产生实质性的法律效力，最有效的途径就是使其在各成员国内有与之相对应的国内立法。从国际法学理上来说，国内法应包括国际条约和协定。但本章在此仅讨论狭义层面的国内法，也就是各国现有并有效的国内投资法。东盟各国除了新加坡没有一部投资法典，而是采用针对不同投资领域进行政策安排，其余各国均有各自的外商投资法或投资法。但综合而言，法律水平不高，其内容并没有与所签订的国际条约或区域规则相统一，没有达到投资区应有的法律制度设计。因此各国投资法的改革是目前东盟建设投资区进程中的重要一环。

《东盟投资区的框架协议》《东盟经济共同体蓝图规划》《东盟全面投资协议》中蕴含多项投资者权利与东道国义务，是一份典型的法律性质的文件，为打造东盟经济共同体下的东盟投资区提供了最基本的法律保障。以下就东盟投资区所涉及的法律、条约中关于市场准入、国民待遇和最惠国待遇、例外条款等主要内容作简要介绍和分析。

(二)东盟经济共同体投资法的主要内容

ACIA 协议作为东盟区域投资规范，是由东盟各国基于公平公正的状态下协商一致达成的行为准则，其性质上属于造法性条约。同时 ACIA 协议是世界经贸领域中由发展中国家主导的投资规则，其内容和特点不同于 NAFTA、EU 等发达国家为主导的投资规则，并且其内容在 2014 年进行了修正，因此对其进行深入的研究，并与其它投资规范进行对比，对未来东盟投资规则的发展和中国东盟自由贸易区投资规则的推动是大有裨益的。因此以 ACIA 协议中的有关投资范围、投资待遇、投资保护、争端解决等对于投资规则最为重要的四方面进行比较分析，以探明东盟现行的投资规则对共同体实现的影响及未来的发展趋势。

1. 投资范围

《东盟全面投资协议》(ACIA 协议)第 3 条对 ACIA 的适用范围进行了规定。ACIA 协议适用于成员国采取或者使用的关于下列情形的措施：(1)来自其他成员国的投资者；(2)其他成员国在其领土范围内的投资。ACIA 协议对已经存在的投资和在协议生效后产生的投资均有法律效力，也就是 ACIA 协议具有法律溯及力。

ACIA 协议不适用：(1)除第 13、14 条以外的税收措施；(2)成员国给予的补贴和补助；(3)政府采购；(4)属于 AFAS 项下的服务贸易措施。

在原先 AIA 协议中的第 2 条对协议的适用范围同样进行了规定：AIA 协议的适用范围为直接投资，不包括证券投资（国际投资中的间接投资）和其他东盟协议所调整的投资，如前文述及的《东盟服务贸易框架协议》(AFAS)。我们不难看出，在 ACIA 协议中，东盟未提及间接投资的问题，但是在其所排出的情形中并无间接投资，可见东盟默认许可了间接投资是 ACIA 协议所调整的对象，也就是说“投资”的定义有所扩大，受保护和享受利益的范围也有所扩大，这是符合国际投资发展趋势的。以 NAFTA 投资规则为例，NAFTA 项下的投资定义是广泛的，其不仅保护直接投资和间接投资，同样还指出包括但不限于交钥匙合同、技术转让协议、建筑工程合同等领域。

2. 投资待遇

在 ACIA 协议第一部分之中丰富了 AIA 协议中对于投资待遇的制度规范。第 5 条对投资中的国民待遇进行了原则性的规定。依据 ACIA 协议要求：每一个成员国给予其他成员国投资者的待遇不低于本国投资者在准入、设立、收购、扩大、管理、运作、销售等同等环境下所受到的待遇。ACIA 协议废除了 AIA 协议第 7 条[①]有关于允许存在例外清单的规定[②]。以上产业开放和

---

① AIA 协议第 7 条：Each Member State shall submita Temporary Exclusion List and a Sensitive List, if any, with in 6 months after the date of signing of this Agreement, of any industries or measures affecting investments(referred to in paragraph1 above) with regard to which it is unable to open up or to accord national treatment to ASEAN investors. These lists shall form an annex to this Agreement. In the event that a Member State, for justifiable reasons, is unable to provide any list within the stipulated period, it may seek an extension from the AIA Council. 见 http://agreement. asean. org/media/download/20140119040024，访问日期：2015 年 3 月 11 日。

② 根据 AIA 协议的规定，各国允许提交不能向投资者开放或不能实行国民待遇的临时例外清单和敏感清单。两类清单存在一定的不同：临时例外清单具有“临时性”，不能在投资区内长期施行，也就意味着会逐渐失效。而敏感清单具有不同于临时例外清单的特点，其在立法时采取的是“保留”原则，但要定期接受投资区理事会的重审。

国民待遇的制度措施是针对东盟成员国投资者的，对于非东盟国家的投资者，ACIA 协议并没有修正 AIA 协议所确定的期限——2020 年前给予所有的非东盟投资者以国民待遇及产业开放政策[①]。

ACIA 协议第 6 条、AIA 协议第 8 条均对投资中的最惠国待遇[②]进行了规定。最惠国待遇涉及到所有影响投资的措施，包括但不限于投资准入、实体设立、企业并购、企业管理与经营和投资分布等措施，这体现了外外平等的基本精神。《AIA 协议修订协议(2001 年)》在这一条款的基础上进行了补充："考虑到新成员国加入时间较晚，越南可以在本协议生效 3 年后，柬埔寨、老挝和缅甸 5 年后对其他成员国给予最惠国待遇。"

在 ACIA 协议的第 16－18 条、AIA 协议的第 13－15 条中东盟整体参照 WTO 协议的做法，规定了三种类型的例外条款。第一种是一般例外条款，第二种是安全例外条款，第三种是收支平衡保障措施条款。ACIA 协议规定了 6 项国家基于下列原因之一，可以限制或禁止国际投资的情况：基于保护公共道德和维持社会秩序的需要；基于保护人类、动植物的生命健康；基于保障对与本协议不符合的法律、规则的遵守的需要，这些规则包括国家安全、阻止投资欺诈、保护个人隐私三个方面；确保对成员国投资者征缴直接税的公正和有效的措施；强加给国民待遇保护措施的艺术、历史、考古学价值。对于保障措施而言，协议要求各成员国在采取保障措施时首先要做到非歧视原则，同时必须符合国际货币基金组织(IMF)所提出的相关要求，采取措施的时候要避免对其他成员国造成实质性与可能性的损害，最后这个措施的实施必须保持在一定限度之内，且要规定具体的实施期限，切不可长期实行。

ACIA 协议第 7 条规定了投资履行要求禁止原则。国际投资中的履行要求是指东道国为管理和引导外国投资而采取的一系列国内措施。表现在促使外国投资者在购买、制造、销售等一系列过程中做出符合东道国经济发展的措施，已达到东道国对其限制的效果。国际投资中的"履行要求禁止原则"最早

---

① AIA 协议第 4 条第 2 项：National treatment is extended to ASEAN investors by 2010 ,and to All investors by 2020 , subject to the exceptions provided for under this Agreement. 见 http://agreement. asean. org/media/download/20140119040024，访问日期：2015 年 3 月 11 日。

② 每个成员国应立即无条件地向其他成员国的投资者及其投资项目给予不低于在本区域内给予任何其他成员国投资者和投资项目的优惠待遇。

见于美式投资协定,其是指投资国不应设置履行要求的条款,保障投资的自由化。

在ACIA协议的第7条中认为,本协议对TRIMs中的条款并没有做出特别的修正,因此应当予以适用,并在细节上做出必要的修改;成员国应当在协议生效的两年内对成员方的履行要求进行联合评估。评估的目的应当包括已经实行的履行要求和条款项下正在被考虑实施的附加承诺的必要性。

3. 程序性规则与争端解决机制

在争端解决方面,ACIA协议是颠覆性的,其完全推翻了AIA协议的立法思路,同时促进了东盟的争端解决机制的发展。在AIA协议中,并未提及争端解决的方式和途径,只是在其第17条之中,说到如果有“必要”作为本机构的组成部分,可以成立一个争端解决机构,可见在AIA协议的立法思路之中,东盟更加重视自身的作用和职能,不允许外界势力的干预和影响。

但在ACIA协议中用专章规定了有关投资的争端解决方式,最主要体现在第33条之中,在这条之中赋予了争端当事人与国家之间的投资争端的解决途径的选择权。在第33条之中,争端当事人若符合ACIA协议第32条所规定的的要求和条件,可以在以下方式中进行选择:(1)当事人可以提交成员国法院或者行政法庭;(2)如果符合ICSID项下的争端,可以提交ICSID解决;(3)可以提交联合国贸发委仲裁庭解决并使用其规则;(4)可以提交吉隆坡区域仲裁中心等东盟区域内的仲裁中心解决;(5)如果当事双方同意,可以采取其他仲裁方式。可见最后的兜底条款是把争端解决方式的选择权完全给予了当事方。

除了争端解决方式的选择,还规定了提出仲裁要求的条件和限制性规定以及仲裁员的遴选、仲裁的行为、合并仲裁制度、准据法等相关法律问题,其内容与ICSID等国际通用的仲裁规则基本一致。

四、东盟经济共同体竞争法律制度

随着东盟自由贸易与投资制度的“完备性”越来越强,各国国内市场的开放程度也越来越高,这达到了东盟经济共同体的基础目标,但这只是拓宽了“准入”的通道。由于东盟国家的政治意识都很强,在前文分析到东盟不同于欧盟国家让渡国家主权的一体化形式，因此东盟各国均对国有行业和私有产业进行严格的管控，使外国经营者不能与国内经济主体平等参与市场经济活动。因此在《东盟经济共同体蓝图》中东盟的性质与目标还有一个很重要的部分就是将东盟建设成为一个“有竞争性的经济区域”，这个目标包括实行切实有效的竞争制度、对消费者进行保护、对知识产权进行保护、基础设施与公共建设的发展、避免双重征税、电子商务的发展。这些目标的核心内容就是实行有效的竞争制度。

(一)东盟经济共同体竞争法的渊源

东盟最早重视竞争法律与政策问题始于第 42 届东盟经济部长会议[①]，这次会议将东盟自由贸易区(AFTA)的竞争法律与政策问题列为了重要议题。同月 24 日，东盟竞争专家小组(AEGC)制定并发布了《东盟区域竞争政策指引》和《为东盟企业服务的竞争政策和法律》两个重要的法律文件，为将东盟建设为有竞争性的经济区域的共同体提供了法律基石。而按照《蓝图》的要求，东盟各国要全面制定和实施各国竞争法，在东盟各国间反对不正当的竞争和垄断，以便对共同体内的跨国公司的经营活动进行监管，保证良性的竞争环境。这些文件的颁布，都意味着东盟将竞争法律制度列为其推进共同体发展的内容。

按照《蓝图》的要求，在机构设置上要设立一个官方的组织或者代表处以论坛的形式讨论并协调各国的经济政策；在制度设计上要制定一个基于各成员国的情况和世界先进经验的区域竞争政策大纲；对东盟成员国进行竞争领域立法的能力建设，营造法律氛围环境。

东盟于 2013 年 5 月 31 日发布了第一份竞争法律制度的区域性协定——《东盟商业竞争政策与法律手册(2013 版)》(以下简称《手册》)。根据《手册》内容，共同体的竞争法律体系由两个部分(PARTS)组成：一是东盟竞争政策与法律的基本原则，二是不同东盟成员国国内竞争法律与政策。并且设立官方网站[②]，发布区域以及各国竞争法律规范，做到制度上的透明性原则。同时

① 第 42 届东盟经济部长会议于 2010 年 8 月 22 日在越南岘港召开。

② www.aseancompetition.org，访问日期：2015 年 3 月 7 日。

具备三个附件，附件一案例研读；附件二相关网站和联系方式；附件三竞争法律对比表。

1. 东盟区域竞争法律制度

在东盟竞争政策与法律的基本原则中有两章内容，第一章是概览，第二章是竞争法的适用范围。第一章中重点内容是东盟在制定统一的竞争规则过程中的一个重要机构——东盟竞争专家小组(AGEC)。东盟竞争专家小组是由东盟各成员国中负责各国竞争法律与政策制定的部门组成的官方机构。

第二章主要分析了竞争法律体系的构成和具体规制了哪些反竞争行为。根据协定，一般来说竞争实体法与程序法主要是指"Primary law"，也就是名为《竞争法》的成文法以及相关的判例和裁决。但是东盟认为，还应包括"Secondary legislation"次要(派生性立法)以及软法措施，如：指导方针或者其他没有强制性的措施。由于东盟各国法律发展水平不尽相同，并不是每一个国家都有完备的竞争法典(具体内容下文详细阐述)，因此东盟认为在还没有通过竞争法的国家，由于没有专门的机构和法律规制反竞争行为，因此可以将其划入民法和刑法进行调整。

另外一块主要内容就是明确了哪些属于反竞争行为，按照协议内容，反竞争协议(横向/纵向限制竞争协议)、滥用市场支配地位、反竞争性的企业合并均构成反竞争行为。同时明确了竞争程序法律规范，也就是如何去禁止反竞争行为，以及适用例外的情形。

2. 东盟各国竞争法律制度

由于东盟各国的竞争法律与政策同样构成了东盟经济共同体竞争制度的重要组成部分，因此研究各国的立法情况是十分有意义的。依据东盟竞争网的数据，目前东盟只有六个国家(泰国、印度尼西亚、越南、新加坡、菲律宾、马来西亚)形成了竞争法典，总的来说，这些国家在其经济竞争政策上比文莱、柬埔寨、老挝和缅甸更先进①。由于各国实行竞争法律环境差异较大，因此有必要将各国竞争法律与

① 文莱有丰富的石油资源，是世界上富有的国家之一，但是它没有正式的市场经济环境；老挝虽于 1986 年引入新经济机制的改革，它仍然是世界上最贫穷的国家之一；柬埔寨在多年战争后已经开始经济重建；缅甸仍然是在军政府统治下，面临国际经济制裁。因此这四个国家在竞争法律环境下的经济发展较为缓慢。

相关政策进行梳理。

表 1-4

东盟国家	竞争法	竞争法主管机关	主要竞争法律
泰国	生效	贸易竞争委员会	贸易竞争条例(2016 修订) 贸易竞争法(1999 年);商品与服务价格法(1999 年);电信企业法(2001 年)
印度尼西亚	生效	商业竞争监管委员会	印度尼西亚共和国 1999 年第五号法令——关于禁止垄断行为和不公平商业竞争法(1999 年)
新加坡	生效	竞争委员会	竞争法(2004 年);电信法(1999 年);电力法(2001 年);天然气法(2001 年)
越南	生效	竞争管理署 竞争委员会	竞争法(2004 年)
马来西亚	生效		竞争法(2010 年)
菲律宾	生效	贸易与产业部;管制与消费者保护局;公平贸易司	竞争合作法(2010 年)
文莱、缅甸、柬埔寨:无明显发展			

从上表(表 1-4)可以看出,泰国、印度尼西亚两国是最早制定和发展竞争法的国家。其竞争法立法是由于外部原因强加的。在 1997 年亚洲金融危机的背景下,由于接受国际货币基金组织的财政援助的交换条件,根据当时所签订的意向合同(LOI),两国政府才制定了确保竞争自由和公平的法律。而新加坡、越南在 2004 年颁布竞争法律,均是由于两国分别与美国签订了自由贸易协定,而自由公平竞争法律环境均是其协定中的重要内容。综上,可见东盟国家竞争法的发展更多的是由于外动力的原因,内动力不足导致各国法律制定与更新较慢,这更加体现了国家主权的色彩浓厚。而马来西亚、菲律宾均是在协定签署与发布之后,为履行协定义务而制定的。

(二)东盟经济共同体竞争法的主要内容

“竞争”一词有很多涵义,既包括政治、经济、文化等多方面软实力与硬实力的竞争。但是作为“竞争法”语境下的“竞争”,我们更应该赋予其“经济竞争”或“市场竞争”的含义。因此竞争的内容应该围绕着经济与市场。

1.限制市场竞争协议

所谓限制市场竞争协议[①],又称之为垄断协议、卡特尔协议。在美国《谢尔曼法》当中也是明确禁止的。根据《手册》内容:限制市场竞争协议不仅仅限于企业之间正式的、强制性的书面协议形式而存在,同时还包括企业之间非书面的一致性行动(concerted practices)以及商业经营者协会的决定。

限制竞争协议是东盟经济共同体竞争机制功能受到妨碍的主要因素之一。由于这种协议会有损未直接参与共谋协议的企业利益,同时消费者不能自由充分地比照和选择不同企业的价格,而是被动接受定价。最严重的是,限制竞争协议的存在往往会误导生产和消费,提供虚假的市场情况。因此规制限制竞争协议就成为了东盟各国为营造充分竞争的法律环境的首要之举。

着眼世界各国立法以及《手册》对其分类,限制竞争协议分为横向限制竞争协议和纵向限制竞争协议,而其中的横向协议[②]是各国立法中重点规制的对象。如果该协议具有限制竞争的效果,则认为其是非法的。企业之间通过协议固定产品的销售价格,划分市场和消费者、控制销售数量等行为,其主要目的是为了消灭彼此之间的竞争,从而达到维护自身利益的目的。因此这种协议被绝大多数国家认定为非法或者是无效的。

在东盟各国现有的竞争法律制度中,新加坡《竞争法》第34条至第41条,印度尼西亚《禁止垄断行为和不公平商业竞争法》的第4条、第5条、第9条、第11条、第13条、第20条,泰国《贸易竞争法》第27条,以及越南《竞争法》第8条均对横向限制竞争协议的非法性和豁免进行了规定,但具体内容则有一

---

① 是指由两个或者两个以上的具有竞争关系的企业之间达成的旨在排除和限制竞争的协议。

② 所谓横向限制竞争协议,是指两个以上(含)具有竞争关系的企业在同一产品市场或地域市场关于确定商品价格的竞争协议。

定区别。

而纵向限制竞争协议[①]的内容最主要就是限制转售价格。在这几个国家之中，除越南之外无一例外的都将其列入了禁止的范畴。

限制竞争协议对统一市场的形成会产生一定的影响。但就对限制竞争协议的规制原则并不一致。印度尼西亚、泰国采取的"本身违法原则"，而新加坡、老挝采取的是"合理原则"。所谓"本身违法原则"，是指当判断一个行为是否违法时，仅从其行为本身出发，而不考虑其所对市场带来的实质性损害。而"合理原则"是指对协议要进行综合分析其主体、主观、行为、后果等才能认定其是否合法。因此"合理原则"更加科学，但也带来了认定上的复杂性。

《手册》规定：如果协议产生了反竞争的效果，则协议被禁止。可见，东盟采取的是"合理原则"来认定限制竞争协议的违法性，未解决其所带来的认定程序上的复杂，东盟认为："只需证明卡特尔存在通过某种方式达到限制竞争目标或者意图，如通过两个公司关于确定价格的邮件，虽然高价还没有产生，但是其应受到竞争法的处罚，因为邮件已经印证了其固定价格的意图。"（参见表 1-5）

表 1-5

	泰国	印度尼西亚	新加坡	越南
限制生产和销售数量	√	√	√	√
固定价格	√	√	√	√
划分市场	√	√	√	√
串通招投标	√	√	√	√
独家代理	√	√		
限制购买新技术			√	√
改变供应来源				√
联合抵制		√		
限制转售价格	√	√	√	

① 所谓纵向限制竞争协议，是指某一拥有市场支配地位的企业通过强制性的手段要求与其有上下游供应关系的经营者签署的限制竞争协议。

2. 滥用市场支配地位

一个企业滥用市场支配地位是指企业凭借已经获取的市场份额进行市场垄断的行为。前提就是判断一个企业的市场份额是否具有支配地位，也就是支配地位的含义。由于东盟在《蓝图》中明确禁止各成员国企业滥用市场支配地位，因此现已有成文竞争法的国家均禁止这种行为。

根据《手册》内容，对于“支配地位”概念的理解，各国立法是不尽相同。一般是指某一市场经营者在没有考虑其他现有的或者是潜在的经营者的做法时，有足够的经济实力去操控市场。为了认定“支配地位”，需要参考市场份额和一系列的经济结构数据。由于东盟将此处对“支配地位”的认定权交予了东盟各国，因此在市场支配地位的认定上各国存在一定的差异。泰国①、印度尼西亚、越南采取的均是明确定义的方法。这其中属越南《竞争法》第11条规定的最为详细。本条共由两款组成，第一款规定了确定单个企业支配地位的方法②；第二款规定了确定多个企业(企业集团)支配地位的方法③。

而新加坡竞争法的规定比较特殊，其并没有明确定义市场支配地位，而认为“市场支配”不一定带来不利于竞争的结果。因此在其《竞争法》的第47条，并不禁止市场支配地位，而是禁止滥用市场支配地位。而一家企业是否具有市场支配地位，将交由新加坡竞争委员会或者法院决定。

3. 企业合并

企业合并又称为“经营者集中”，在竞争法领域，其含义并不能完全等同于商法意义上的“公司合并”。根据《手册》规定：企业合并的类型包括合并、兼并和合资。在东盟国家现有的竞争法中，其含义整体应从两个方面进行理解。

一方面是狭义上的资产转移型的合并。如泰国《贸易竞争法》第26条第

---

① 泰国《贸易竞争法》的第24条的规定：“如果一个企业的产品的市场占有率超过75%则可以认定为其具有支配地位。”

② 如果一个企业在相关产品市场中拥有30%以上的市场份额或者实质上能够产生限制竞争的效果，则该企业被认为存在市场支配地位。

③ 如果多个企业(企业集团)以限制竞争为目的而采取一致的行为，并且符合下列情形之一的，则可以认定这些企业(企业集团)存在市场支配地位：(1)两个企业在相关市场上的市场份额不低于50%的；(2)三个企业在相关市场上的市场份额不低于65%的；(3)四个企业在相关市场上的市场份额不低于75%的。

1 项规定:禁止生产商、销售商、服务提供者彼此之间为形成一个企业而新设一个企业或者终止其他企业的行为,这在商法中也被称为新设合并和吸收合并。但是各国所采用的用语并不一致,如越南的《竞争法》称为“企业合并”,新加坡称为“兼并”,印度尼西亚称为“合并”。但所表达的意思和欲达到的法律结果是一致的。

另一方面是竞争法、反垄断法意义上的经营控制型的合并。所谓一个企业通过各种法律形式,如持有其他公司股份、联营、人事安排等方式对另一个公司产生支配性影响。如印度尼西亚的《关于禁止垄断行为和不公平商业竞争法》中规定:禁止经营者从事可能造成垄断或者导致不公平竞争环境的收购其他企业股份的行为。这一点在各国均有规定。

但是对于企业合并的处理,东盟各国表现出不同的态度。除新加坡外,各国竞争法认为企业合并一旦导致经济垄断就要被禁止,而新加坡由于国土狭小,高度集中的企业市场是不可避免的,因此规定“兼并”本身并不违法,只有当极大地损害了竞争效果,并且没有补偿措施时才会被禁止。

五、东盟经济共同体法律制度的不足及其完善

系统分析了东盟经济共同体在贸易、投资和竞争领域的法律制度后,随着东盟经济一体化的进程不断深入,其法律制度的缺陷也逐渐显现出来,其制度缺陷一定程度上有损东盟经济共同体的发展。这些缺陷也为东盟经济共同体未来的制度设计指明了发展的方向。

(一)东盟经济共同体法律制度的不足与缺陷

在东盟经济共同体发展过程之中,其制度的完备性也在不断的增强,但是其一体化的效果却在很高程度上不如欧盟等其他区域性国际组织,究其原因是因为其制度本身存在一定的不足与缺陷。

第一,法律体系上,东盟经济共同体法律制度现属于“零星散乱”状态,成员国之间未有基础性、原始性、宪法性的条约与协定。从东盟整体法律出发,《东盟宪章》作为调整东盟成员国的基础性文件,毋庸置疑。但是东盟经济共同体现有法律制度主要围绕《东盟经济共同体蓝图》中所提出的目标进行,在

经济领域内,并未形成一个宪法性的法律文件来统领不同领域的经济立法,同时未有法律明确规定东盟经济共同体的法律体系结构。这就导致了东盟经济共同体的法律制度无法系统性地呈现在世人面前。

而反观欧盟,其通过欧洲议会制定了《欧洲经济共同体条约》,该条约与《欧洲煤钢共同体条约》《欧洲原子能共同体条约》三者共同构成了欧盟法律制度的基础法律。但就《欧洲经济共同体条约》而言,其全面地规定了欧盟在组织、贸易、投资、竞争、争端解决等方面的法律制度。这样的规定有很大的优势:一是欧盟的国际法律人格更加凸显,更符合一个国际组织应有的法律制度形式;二是有利于区域内成员国及国民能够全面了解和熟悉区域内规则,以及不同规则之间的适用关系;三是有利于区域外的贸易方与投资者做到更为便利的外国法查明。

第二,制度内容上,东盟经济共同体法律制度具体规则不够详细和完整。东盟经济共同体立法上采取的法律框架为"框架协议+具体领域协议"的方式。所谓《框架协议》就是将成员方达成的期待性目标先行签署框架协议,之后再不断的按照框架协议的要求制定相应的法律与政策,以及成员国不断修正各国内部法律。这样的模式对于东盟来说有一定的合理性,主要是由于区内的国家发展程度差异较大,因此东盟会划分 ASEAN-6 和 CLMV 两组国家,对不同情况的国家实行不同的期限要求。但是这样也会带来很大的问题就是制度内容不够详细和完整。所谓不够详细是指已经达成的协议制度中的表述不够清晰,如 ACIA 协议中对市场准入的规定依旧是原则性的规定。所谓不够完整是指东盟已于 2015 年底形成东盟经济共同体,但是东盟网站的"Legal Instrument"版块,其协议和法律制度的数量尚有完善空间。

而欧盟采取的《欧洲经济共同体条约》最大的特点就是"法典化"立法,其将区域内贸易、投资、竞争、争端解决等制度以及区域内法律的适用规则一体性地规定在条约中,保证了内容上的完整和详细。国际法有一个源远流长的原则就是"约定必须信守"原则,欧盟各方出于对条约的信守,必将改变各国国内不符合区域条约的内容,促使整个共同体的发展,因此若想做到有法必依,必须先做到有法可依,东盟在此仍有不足。

第三,制约效力上,东盟经济共同体法律制度对成员方的制约性略显不足。由于东盟采取的是协商一致的方式进行共同体的推动,并未设立一个有效的、超国家性的监督机构。这导致东盟各国对共同体实现过程中的框架性协议和具体领域协议并未良好地落实,同时也未修正本国法律。因此区域内规范对东盟各国制约效果并不非常显著。

(二)东盟经济共同体法律制度的发展与完善

东盟经济共同体自成立至今,也经历了数年的发展,其间出现的问题也显而易见。东盟经济共同体的实现也迫切的需要有更强有力的、完整的法律制度进行保障,因此东盟可以从以下几个方面对其经济领域的法律制度进行完善和发展。

1.调整东盟经济共同体的组织架构,设立常设性的组织机构

东盟经济共同体在当今的状态依旧是东盟项下的一个组成部分,但是按照世界上经济一体化的成功经验,若想实现实质性意义上的一体化,虽说确实要与其他方面协同发展,但是单独领域内的发展架构同样重要。

另一方面,东盟经济共同体的法律制度的发展更多的是依靠每年召开的东盟经济部长会议以及每 2 年或 3 年召开的其他部长会议,这些"国际会议式"的发展模式有其有益的一面——保证各国平等表达自己意愿,但同时也带来效率低下、成果甚少的尴尬局面。与之相对,一个常设性的职能部门对推动法律制度的发展就是十分必要的。

需要阐明的是,区域性国际经济组织不一定要采取设置常设性机构的做法。

因此,东盟经济共同体在运行过程中,可以考虑单独成立一套组织机构,修改《东盟宪章》,将现有的东盟经济共同体理事会从协调机构变为经济共同体的决策机构,由各个国家派驻代表,将理事会总部常设在某一成员国内。这样就能大大提高工作效率,对于东盟经济共同体法律制度的发展大有裨益。同时形成强有力的监督执法机制,设立一个常设性的监督机构,监督各成员国履行区内规则的情况,使规则切实落实。

2.整合规则拟定《东盟经济共同体条约》

上文分析了,东盟经济共同体缺少一个宪法性、综合性的条约,这会导致规则碎片化。在此可以借鉴欧盟的成功经验,欧盟在经济共同体的建设过程中首先制定了具有宪法性质的《欧洲经济共同体条约》(《罗马条约》)。在《罗马条约》中共用 6 章 248 个条文,外加 11 份议定书和 3 个专约,若干清单,系统规定了欧洲经济共同体的基本制度和欧盟法的适用原则,为日后的具体制度的制定与实行确定了基本“基调”。

就东盟而言,从宏观出发,应制定《东盟经济共同体条约》,在这个条约中主要规定两方面内容,一是整合现有的贸易、投资、竞争领域的法律与政策,将已失效的制度剔除出现有制度框架,同时拓展更多领域的合作,如:劳工、环境、知识产权等。二是制定东盟区域内法律适用规则,加强东盟区域法在区域内的“直接适用性”。

但就短期而言,还有一种更加符合、更加适合东盟发展的方式,就是进一步统一各个经贸领域的法律体系,使东盟经济共同体的法律制度体系化。由于共同体建设过程中现所采取的立法方式为“框架协议+具体领域协议”的方式,那么在短期内,如果不能指定《东盟经济共同体条约》,那么至少应该在各个领域按照这种立法方式进行规则指定。而不能像竞争领域一样,作为东盟经济共同体建设过程中的重要部分,至今尚不存在该领域的框架协议,更不要谈具体领域协议了。不同领域的立法进程不一样,会大大阻碍经济共同体的建设。

3. 东盟经济共同体应采取更高度化的法律制度

经过上文分析,我们不难看出东盟现有的法律制度中,大部分规则都是援引 WTO 的直接规定,亦或是直接参照 WTO 规定。但是,我们需要注意东盟作为在 WTO 备案的区域贸易安排,应该是和大部分区域贸易安排有一个共同的特征,就是采取更高层次的法律制度。

由于东盟在多个协议与宣言中,均采取了“伞形条款”,或叫做“兜底条款”作为法律文本的收官之句。意思是若本协议在此问题上无规定,则可援引或享受 WTO 项下的权利和待遇,履行 WTO 项下的义务。而这样的规定,会直接导致未来东盟在经济领域合作的“空洞化”,或者彼此之间依赖性减弱。因为 WTO 虽然倡导贸易、投资自由化,但同时也附加国更高的法律义务。东盟 10 国现已全部加入 WTO,但是我们历数 WTO 争端解决案例,我们会发现 ASEAN－6 的国家还会出现在 WTO 的多边经济交往中,也会利用 WTO 争端解决机制维护自身权益,这说明其更加愿意采取“国际法治”的方式;而反观 CLMV 四国却从加入 WTO 后很少利用 WTO 机制与制度维护自身权益,这说明四国有意回避或消极对待多边国际贸易安排。因此若长此以往,东盟经济共同体没有更适合自身的、更有利于自身的法律制度的出台,那么东盟经济共同体的建设将举步维艰。

4. 丰富法律渊源的形式，向“硬法”模式过渡

经上文分析，我们不难看出，东盟经济共同体现有的法律制度更多的是以“宣言”“政策”“协议”等字眼存在的，那么从这些形式不难看出：其一内容上缺乏权利与义务性规范，更多的是提出设想与目标；其二效力上缺乏强制执行效力，“软法”性更强。

但是我们也看到了东盟在立法制度上的发展，梳理东盟经济共同体项下的“legal instrument”，可以查到在 2014 年东盟峰会上通过了 *ASEAN Agreement on Medical Device Directive*，这是东盟第一次采取“法律指令”立法的方式，所谓“法律指令”立法在欧盟等成熟的国际组织中较为常见，其是指共同体提出一个法律发展目标，不论成员国采取什么手段，只要达到这个目标即可。我们可以看出，东盟虽然在渊源形式并没有改变其本质——缺乏统一性、强制性的权利和义务规范，但是其开始注重法律效果，更加关注对共同体建设有益的实践。

但是这个法律渊源方式的进步远远不能满足一个经济联盟的需要。反观欧盟，欧盟的整体的法律体系一方面为宪法性制度文件，其表现为“条约”形式；另一方面表现为具体的法规，其表现为“条例”“指令”“决定”“建议与意见”等形式。从这些形式中我们不难发现，其强制执行力都是非常强的，因此也就更加有利于欧盟经济一体化。在这方面，东盟仍需进行改变。

5. 注重与政治安全共同体、社会文化共同体协调，打造全方位合作的区域性国际组织

三个共同体本身并不具备国际法律人格，三者具有相互依存、相互转化的特性。那么就产生了一个比较重要的问题：在建设共同体法律制度的同时，如何做好共同体之间的协调与发展。

第一，在形成另外两个共同体过程中，需要注意本章所提及的这些对于经济共同体的建议。如在打造安全共同体过程中，东盟可以尝试设立常设性的安全部门，建设统一的防务机制合作，抑或形成统一的安全防务条约或规则。

第二，在不同共同体制度的建设过程中，需要注意要为其他共同体的建设提供相应的制度保障。如在安全共同体建设时，就应当把保护贸易与投资的安全写入到相应的法律文件之中，这样可以为经济共同体的实现形成诸多的保护机制。

第三，东盟应适时的修正《东盟宪章》的内容和具体用词，厘清三个共同体之间的关系与彼此的关联，能够让区内、区外的商人和投资者更加了解东盟共同体。

6. 小结

综上，东盟经济共同体现在存在的最严重的问题，即东盟本身存在的最严重的问题，乃是东盟的“东盟方式”。所谓的“东盟方式”就是东盟国家松散的、无主导国、成员国之间差异性和层次性明显的区域合作形式。因此为了东盟共同体的顺利发展，上述五个措施无论从必要性还是可行性都是可供东盟借鉴和参考的。

六、东盟经济共同体法律制度对 CAFTA 建设的影响

东盟共同体自身的高速发展的同时，东盟始终并没有“自娱自乐”，其以区域组织为主体积极参与国际交往活动。如现有的 6 个“10＋1”的自贸协定，以及正在谈判过程中的“10＋6”合作机制(东盟与中国、日本、韩国、印度、澳大利亚、新西兰)，即“区域全面经济伙伴关系”(RCEP)等。可见东盟的对外合作具有其特殊性，采取的是“主权国与区域性国际组织或联盟”的对外合作形式。因此，对东盟经济共同体的研究，我们最终可以着眼于中国与东盟之间组成的、世界上面积最大的自由贸易区——CAFTA，来探讨东盟作为成员方的一个国际组织，其自身规则的变化与发展会对自贸区规则未来的发展产生什么样的影响。

(一)CAFTA 经济合作与东盟经济合作的比较

上文已经分析，东盟作为缔约方的一方其自身变化会影响 CAFTA 未来规则的变化，那么对于两者之间的合作应当进行分析，找出共同点，分析不同点，这样才能让两个机制进一步融合和调节。

1. 经济合作目标

首先,东盟经济共同体经济合作与CAFTA经济合作总体方向和目标是一致的,都是建设一个"具有竞争力的、平衡发展的、与世界经济接轨的经济区域"。单从两者而言,东盟经济共同体的合作更多考虑到了区域内国家的团结和安全,使其作为一个整体能够在未来多边关系,如TPP,RCEP中拥有更高的话语权;而CAFTA的经济合作更多从区域贸易发展的角度进行考量。

2. 经济合作方式与形式

对于东盟经济共同体的经济合作方式,其具有"东盟方式"的特点,强调各成员国主权的绝对独立,东盟作为区域组织不得介入成员方的双边冲突;同时东盟采用的是多层次的合作方式,包括东盟国家间的磋商方式、次区域经济合作机制和3个"10+1"合作方式、东盟地区论坛、东盟拉美论坛等机制,其主要目的是想和世界主要经济体发生关系;同时还存在《东盟宪章》和《东盟经济共同体蓝图》等组织文件。

而CAFTA是东盟区域合作的附属机制,两者之间的合作基础是睦邻友好合作与共同发展,而合作方式遵循了"东盟方式",以协商为主要的合作形式。合作的内容也不如东盟全方位的合作内容,仅限在经济领域。

3. 经济合作领域

东盟经济共同体的合作是全方位的,涉及面非常广,不仅包括10国之间的区域经济合作,还包括东盟南增长三角、东部增长区等为代表的次区域经济区。而涉及的领域更是十分广泛,如既有传统的贸易、投资,还有能源、交通等新领域的合作。而CAFTA的经济合作主要是依据三个区域法律文件《投资协议》《服务贸易协议》《货物贸易协议》,在三个协议中确定了以投资、信息、农业为代表的10个重点开发区域,同时截2014年,形成了交通等6个领域的合作备忘录。虽然CAFTA项下开放的领域还不如AEC项下开放的领域多,但是随着CAFTA规则升级版的谈判,相信定能推动CAFTA项下合作领域的深化与拓展。

(二)东盟经济共同体法律制度对CAFTA建设的影响

1. 形成区域经济合作的主导国

东盟国家彼此的经济合作尚处于一个较低层次,且经济合作是东盟国家彼此间最为成熟的合作领域,也就可以"管中窥豹",在其他领域的合作就更低了。而在CAFTA协定中的另一方——中国,现作为世界第一大经济体,那么就应当在坚持和平共处五项原则的前提下,担负起CAFTA规则升级的重任。

所谓的"大国的责任意识",在CAFTA这个语境中是符合经济学当中的"智猪博弈"的理论模型①。在这场博弈之中,中国就是"大猪",东盟就是"小猪",而东盟十国就是一群"小猪","小猪"的境况就是正在"长肉",但是要想和"大猪"同日而语还需要很长一段时间。因此中国作为"大猪"要不断的去按"按钮"推动彼此的进步与发展,同时要提出不断的升级区域经济一体化的合作形式,从现有的自由贸易区向共同市场的目标前进。

2. 东盟:逐步让渡国家主权,设立常设性的组织机构

如今CAFTA的发展最为掣肘的一个问题就是"东盟方式",如在CAFTA项下相关协议的签署均是由东盟各国的国家元首或者经济部长签署,其签字权和授予权均没有让渡给东盟组织,掣肘可见一斑。

而对于一个经济合作组织而言,组织机构的建设是必不可少的一个部分。因此CAFTA可以设立一套职能性显著的、体系性的组织机构。这个机构未来可以由东盟轮值主席派代表常驻,中方由商务部进行主管,双方可以将经济法律的制定纳入常规性的工作流程,同时采取"管理层级制",下设各领域的委员会,收集成员方的经济数据,提供法律文本的草案,为自贸区的建设做好基础工作。

---

① 在博弈论(Game Theory)经济学中,"智猪博弈"是一个著名的纳什均衡的例子。假设猪圈里有一头大猪、一头小猪。猪圈的一头有猪食槽,另一头安装着控制猪食供应的按钮,按一下按钮会有10个单位的猪食进槽,但是谁按按钮就会首先付出2个单位的成本,若大猪先到槽边,大小猪吃到食物的收益比是9∶1;同时到槽边,收益比是7∶3;小猪先到槽边,收益比是6∶4。那么,在两头猪都有智慧的前提下,最终结果是小猪选择等待。

第二章

文莱外国投资法

文莱以富含油气资源而闻名，是东南亚第三大石油生产国，世界第四大天然气生产国。作为东盟十国中最后一个独立的国家，文莱于 1984 年独立后开始发展符合自己国家特色的贸易。为了降低对油气资源的过度依赖，文莱正大力实施经济多元化战略，积极吸引外国投资者，努力发展进口替代型和出口加工型工业以及农业、渔业和旅游、金融、信息服务等产业。到目前为止，文莱积极参与区域经济合作，是东南亚国家联盟(ASEAN)、跨太平洋战略经济伙伴协定(TPP)和区域全面经济伙伴关系协定(RCEP)的成员，与全球主要经济体已经签署或正在商谈自由贸易协定、投资保护协定或避免双重征税协定。

自 1991 年建交以来，中国和文莱两国经贸合作快速发展，双方在投资、税收、贸易促进方面都签署了相关协定或备忘录。随着我国“一带一路”的提出，2013 年 10 月，国务院总理李克强出访文莱，决定与文莱加强海上合作。文莱作为海上丝绸之路的沿线国，在“一带一路”战略实施中扮演着重要的角色。

一、文莱外国投资法概述

文莱外国投资法于 1975 年便已经颁布，但是由于文莱在 20 世纪 90 年代之前一直大力发展国内油气资源，忽视对外资的引进，直到 2001 年才颁布了新的投资促进法，开始重视吸引外资。

(一)文莱外国投资法的沿革

1.立法探索时期(1971—1984年)

文莱全称文莱达鲁萨兰王国,是东盟十国中最后一个独立的国家。自1888年沦为英国保护国后,经历了二战期间被日本占领及二战结束后被英国恢复控制,直到1984年1月1日才获得完全独立。自1929年英国壳牌石油公司在文莱发现丰富石油资源后,文莱的经济发展方式开始慢慢向单一的殖民地经济模式转移,除了石油工业部门之外,其他产业部门均极为落后。在石油领域,由文莱政府与英国壳牌石油公司合资的文莱壳牌石油公司完全垄断了文莱的采油业;在天然气领域,由文莱壳牌石油公司、文莱政府和日本三菱公司合资建立的lumut液化天然气厂是文莱唯一的天然气厂。[①]

在英国控制时期,文莱的石油、天然气产业得到大力发展,其他产业部门均未获得什么发展。石油与天然气工业部门产值在文莱国内生产总值所占的比重在1980年以前一直在80%以上,1980年以后,此项比重稍有下降。以1982年的数字看,石油与天然气的采掘部门产值占国内生产总值的67.2%,制造业部门产值(其中绝大部分又是液化天然气工业和石油精炼工业部门的产值)占9.9%,农业部门产值占0.8%,在其余的产值中,又绝大部分是属于用石油、天然气的出口收入支持发展起来的公用事业部门(电力,供水等)和建筑业部门、交通运输业部门。[②]

1971年,文莱获得"完全自治权",除了军事与外交事务由英国干涉外,其余事务均恢复自治。在这段时期,受第一次石油危机影响,国际市场石油价格开始上升,这种趋势更加刺激了文莱对石油天然气的依赖性发展,而忽视了转变单一模式的经济增长方式。在这种时代背景下颁布的1975年投资促进法,由于受到国内产业结构单一、石油天然气工业垄断开采的影响,无论是在促进本国投资还是在吸引外资方面,作用都是十分有限的。在这一阶段,文莱的外国投资立法还处于探索时期,立法权尚未独立,不能算作真正独立的外国投资

① 陈臻:《文莱金融初探》,载《南洋问题研究》1989年第2期。

② 汪慕恒:《文莱的经济发展战略及展望》,载《南洋问题研究》1998年第4期。

立法。

2. 立法发展时期(1984—2001 年)

1984 年 1 月 1 日,文莱获得完全独立。一周后,即加入东盟。纵观同时期的世界局势,石油需求日趋疲软,并且由于之前的过度开采,文莱国内的油田在慢慢减产,经计算还能维持 20—30 年的开采。鉴于此,文莱政府决定转变经济发展方式,开始朝着经济结构多样化的方向转变。(参见图 2-1)

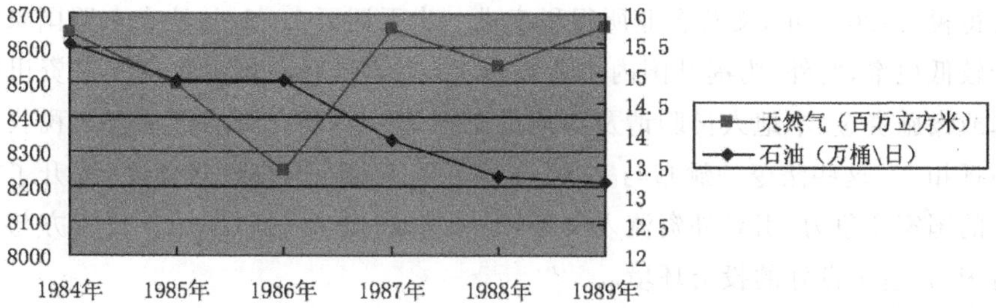

图 2-1　文莱石油与天然气产量

资料来源:《文莱 1989 年年鉴》。

根据这一发展思路,文莱在第五个五年计划中提出了大力吸引外国投资、发展进口替代工业的设想,并派出代表团访问欧洲。在法律规定上,1975 年的投资促进法令开始得到重视,其中规定的"先锋企业"、税收优惠的概念都成为吸收外资的招牌。但是由于文莱国内产业结构单一的状况在短时间内难以改变,基础产业部门发展薄弱,所吸收到的外国投资极为有限。

2001 年,文莱政府在 1975 年投资促进法的基础上颁布了新的投资促进法令。新的投资促进法进一步延长了对部分鼓励投资产业的税收优惠期,在内容方面涵盖了包括先锋企业、贸易和投资推动、国际资本信贷、风险投资、进出口贸易服务和高科技产业等内容。此外,文莱政府还根据世贸规则颁布了《进口商品估价协定》。并在首相府下设立了文莱经济发展理事会(Brunei Economic Development Board),向外国投资者推荐文莱的投资项目。同年开始实施第八个五年计划,主要内容是调整单一经济发展结构,实现经济发展多元化,减少油气产业比重,促进油气下游工业、石油天然气化工、炼油、旅游、国际金融中心、农业、渔业、清真食品等重点领域的发展。经过不断调整,文莱非油气产业在GDP比重逐渐上升，非油气产业已占整个GDP的32%左右，越来越多的外国企业落脚文莱。

3.立法完善时期(2001年至今)

随着2001年投资促进法的颁布，文莱的投资环境得到了改善。但吸引外资不能仅仅依靠投资促进法，其他配套的法律规范也应该同步完善与改进。2006年，文莱政府颁布了多部新法令，包括2006年银行法、2006年保险法、2006年分期付款法、2006年金融公司修改法；2010年，文莱政府又颁布了新所得税法；2015年，文莱企业所得税率进一步下调至18.5%，这在东盟国家属于较低税率，此外，为提升国内企业竞争力，文莱政府还规定允许先进资讯技术或设施资金、本地人员聘请及本地员工培训经费等支出均可从公司税收入中抵扣。[①] 这些法令的颁布与完善，丰富了文莱的外国投资法体系，提升了文莱的国家竞争力，引导外资流入文莱，另一方面，也规制和保护着投资方与东道国，营造了良好的投资环境。

(二)文莱外国投资法的立法模式

一般来说，世界各国和地区关于外国投资法立法主要有三种模式。第一种不针对外国投资专门制定基本法或专门法律，外国投资直接使用国内法。即内外资统一立法，是一种统一的“单轨制”立法模式。发达国家或开放程度比较高的国家或地区多采取这种立法模式，例如美国、荷兰等。[②] 第二种是制定一部专门的外国投资法为基本法，以规制外国投资者，同时以其他有关的部门法作为辅助。这种立法模式又被称为“简单双轨制”。这种立法模式可以统一体现一国对外国投资的态度与立场，一般为很多发展中国家采用。第三种模式没有采取统一的外国投资法模式，而是以一个或几个专门法律或特别法

① 中华人民共和国商务部.(2014－03－05)[2015－12－12]] http://www.mofcom.gov.cn/article/i/jyjl/j/201403/20140300517474.shtml.

② “单轨制”立法模式，在整体上实现了内外资法律适用的一致性，从制度上对内外资在国内市场上进行公平竞争提供了基本保障，在最大限度上体现了市场经济对法律制度统一、公正、透明适用的基本要求。从这个意义上来讲，“单轨制”立法模式既是市场化最彻底的立法模式，也是对一国市场经济发展水平要求最高的立法模式。

规、法令作为规制外国投资的基本法或法群，辅之以其他部门法以构成外国投资法律体系。[①] 这种立法模式被称为“复合双轨制”，采取这种立法模式的有中国、泰国等。

文莱的外国投资立法模式属于上述第三种，即没有一部统一的外国投资法，而是以一部或几部相关的专门法律组成“外资法群”。在立法立场上，体现的是一种对外资的鼓励与限制。这与文莱特殊的国情是分不开的，文莱作为世界上少有的政教合一的国家，为了维护本土化、马来化，国家干预的力量是不可忽视的。自 1984 年文莱独立以来，文莱苏丹便主张将“马来伊斯兰君主制”作为建国的基本原则，宣布文莱“永远是一个主权、民主和独立的马来伊斯兰君主国”，文莱苏丹主张在现代化建设中保持伊斯兰教原则。因此，相比于东盟十国中其他信奉伊斯兰教的国家（如马来西亚、印度尼西亚），文莱在某种程度上更显保守与传统。这点在投资立法领域也可以见得。文莱的外国投资法体系，由 2001 年颁布的《投资促进法》为主体，《公司法》《公司名称法》《所得税法》《土地法》《海关法》以及一系列涉及食品安全和清真要求的相关的法律规定辅之。

（三）文莱外国投资法法律体系

自 1984 年文莱脱离英国的保护而独立，文莱政府开始重视发展多元化经济，吸引外国投资开始在政府历个五年计划中被提及；虽然作为一个伊斯兰君主国，文莱也不是完全闭关自守。1984 年文莱加入东盟；1994 年，文莱又加入了世界贸易组织，并与多国缔结了双边、多边贸易条约。从独立以来，文莱慢慢形成了一个由内有国内投资法律制度。外有双边及多边投资条约组成的综合投资法律制度体系。这都表明了文莱政府决意吸引外资，改变国内单一经济环境的立场，同时在外国投资法的内容方面规定了许多的投资优惠条件，提升了文莱的投资吸引力。

1. 国内立法

文莱外资立法未采取统一立法形式，而是由各种专门立法及相关的单行

---

① 王玉梅：《中国的外国直接投资法律制度研究》，法律出版社 2003 年版。

法、法规相互联系综合形成的一个外国投资法体系，即以2001年颁布新的《投资促进法》为基础，同时辅以相关配套的法律来共同调整外国投资，例如《公司法》《所得税法》《土地法》《海关法》等相关的法律法规。包括了纵向层次和横向层次互相联系的各项专门法律和相关法规、规章，从而形成一个有机的和系统的外资法体系。纵向层次可分为宪法中的相关条款、中央专门立法以及地方性法规或具体实施细则；横向层次可分为针对外国投资不同领域所制定的不同部门法，还包括具有同等效力的与外国缔结的国际条约、投资保护协定等。

文莱在独立前，于1975年颁布了《投资促进法》，之后很长时间都没有对该法进行修订，为了适应时代的变化，满足多元化经济的发展要求，文莱政府于2001年颁布了新的《投资促进法》。新《投资促进法》共分为十六章，对投资优惠、投资保护、投资补贴等都有详细规定，并在1975年《投资促进法》基础上对某些鼓励投资产业的免税优惠期进行了延长，延长后的优惠期最高可达20年。文莱于1995年开始实施《海关法》，并于2006颁布了《海关管理条例》以辅助海关法的施行，对特别关税、关税返还、处罚方式等做了规定。2010年，文莱颁布新的《所得税法》，取代了1949年颁布的《所得税法》。新所得税法的实施，为文莱政府与其他国家签署避免双重征税协议，履行在信息交换方面满足国际标准的承诺提供了法律依据。自2008年起，文莱政府接连下调公司所得税，从30％降至目前的18.5％，目的是提升国家竞争力、吸引外国投资者；并针对年利润低于25万文元的小企业以及新成立公司给予税收优惠。2011年，文莱对1957年《公司法》第138款关于在文莱注册公司对董事会构成的有关规定进行修改，根据新法案，在文莱注册公司的董事会构成中，至少两位中的一位（如仅两位董事），或者至少两位（如超过两位董事）必须为本地公民，而修改前法令规定本地公民数量在董事中所占比例须超过一半，这更有利于吸引外国投资。

2. 缔结或加入的国际投资条约

文莱政府以“在多边贸易规则的范围内追求自由开放的贸易”为原则，支持建立一种开放的、非歧视的、以规则为基础的多边贸易体制，把“开放的区域主义”这一理念作为实现多边贸易自由化的基石。

（1）加入的多边条约

全球化浪潮带来的是区域贸易自由化程度的加深以及多边贸易制度的逐

渐构成。多边投资条约根据签署和参加条约的国家的分布,可以分为全球性多边投资条约和区域性投资条约。[①] 迄今为止,文莱加入的全球性多边投资条约包括《关于解决国家与其他国家国民之间投资争端公约》(简称《华盛顿公约》)及《多边投资担保机构公约》。其中,文莱于2002年加入《华盛顿公约》,这为投资争端的解决提供了新的渠道,改善了文莱国内的投资环境,有利于外国资本流入。文莱也是《多边投资担保机构公约》的成员国,虽然文莱人均收入世界排名靠前,但是综合考虑其国内经济产业格局以及经济国际化水平[②],文莱仍不能算作发达国家。加入该公约有利于吸引外资,改善文莱对石油工业的依赖程度,保护外国投资者。在区域性投资条约方面,文莱作为东盟成员国之一,既要遵守东盟内部签订的包括关税、服务与贸易便利化等方面的协议,例如《东盟促进和保护投资协定》《共同有效优惠关税协定》(CEPT);同时也要遵守东盟与中国、韩国、日本、澳大利亚、新西兰等其他国家签订的投资条约。迄今为止,东盟与中国签订了《全面经济合作框架协议》(2002年)、《全面经济合作框架协议争端解决机制协议》(2004年)、《全面经济合作框架协议投资协议》(2008年);与日本签订了《东盟与日本全面经济伙伴关系框架协议》(2003年);与澳大利亚及新西兰签订了《东盟一澳大利亚一新西兰自由贸易协定》(2009年),这些协议加强了双方合作,促进了文莱吸引外国投资的能力。此外,文莱作为东盟国家,推动着东南亚区域经济全面伙伴关系协定(RCEP)的建立;同时也作为P4(由文莱、智利、新加坡和新西兰四国组成)成员,发起了跨太平洋战略经济伙伴协定(TPP)。

(2)签订的双边协议

双边投资协议是东道国与投资国为了促进与保护投资而缔结的条约,主要规定外国投资的范围与定义、投资准入、外国投资的待遇、利润汇出、政治风

① 史晓丽:《国际投资法》,中国政法大学出版社2005年版,第17页。

② 洪功翔教授在《政治经济学》一书中认为,发达国家的经济特点主要取决于四点。一,生产力水平高度发达,国民生产总值和人均国内生产总值远高于其他国家,产业结构先进,在国民经济结构中第三产业所占比重一般大于60%。二,经济运行机制比较成熟,市场机制和市场体系健全,并有比较完善的宏观经济调控体系。三,国家垄断资本主义高度发达,国家垄断资本主义在社会经济生活中占有重要的地位和起着重要作用,社会保障制度比较完善,保障水平较高。四,经济国际化程度较高,外贸依存度大大高于发展中国家,外贸在世界贸易总额中占据较大份额,金融市场高度国际化,跨国公司高度发展。

险的担保、征用和补偿投资争议的解决等事项。[1] 双边协定的最主要特点是缔约时可以充分考虑缔约双方的利益，基于互利共赢而达成共识。为了吸引外国直接投资，文莱与日本于2007年签订了《文莱—日本经济合作伙伴协议》(BJEPA)[2]，该协议旨在为文莱商品和服务市场提供更多机会，吸引更多的投资进入文莱。协议共分为11章，对货物贸易、投资、服务贸易、能源、税收、争端解决等方面进行了规定。

二、文莱外国投资法准入制度

对东道国而言，投资准入指东道国允许外资进入的自由度。其内容包括投资的领域、投资的申请和审批、管理投资的机构、投资的条件等。[3] 在国际投资法理论与立法上，通常把外国投资活动以外国投资机构建立为准，大致划分为两个阶段，即外资准入阶段和外资运营阶段。外资准入的实质是东道国有权从本国利益出发，自行决定是否允许外国投资进入的领域和条件。[4] 发展中国家与发达国家在外资准入方面的立法模式不同，发展中国家主要采取概括式或列举式。前者是指明确一定目标，凡符合此目标者均属于允许或鼓励投资的行业；后者是指根据本国经济发展目标，明确列举出允许或者鼓励投资的部门或行业。文莱由于国内经济发展模式转变的需要，对吸引外国投资采取开放的态度，在外资准入方面限制较少。

（一）投资管理机构

文莱主管国内和外国投资的机构是工业与初级资源部（Ministry of Industry and Primary Resources）以及经济发展局（The Brunei Economic Development Board）。前者于1989年成立，主要负责贸易政策的制定与市场准入，工业与初级资源部下设工业发展局，主要职能是在文莱建设工业园

① 史晓丽：《国际投资法》，中国政法大学出版社2005年版，第17页。
② 该协议于2007年6月18日签署，2008年7月31日生效。
③ 史晓丽：《国际投资法》，中国政法大学出版社2005年版，第58页。
④ 徐泉：《略论外资准入与投资自由化》，载《当代法学》2003年第4期。

区,吸引投资,发展制造业;后者则主要以吸收投资、建立充满活力的多元化经济环境为目标,在执行层面予以管理,根据《文莱经济发展条例》第104条,经济发展局主要在吸引投资、加强本地企业竞争力、鼓励研究开发与创新、提供重要基础设施项目等四个关键领域发挥作用。

1. 工业与初级资源部的组织机构

工业与初级资源部下设七个司,包括管理与金融司、政策规划司、建房和制造业创新中心、国家标准中心、创业发展中心、野生动物司、清真产业创新中心,各司有单独的负责人,由部长统一领导。此外,工业与初级资源部另设有五个执行局,包括农业局、森林局、渔业局、旅游局和工业发展局(BINA)。其中管理与金融司主要负责国有资产的管理;政策规划司主要负责国内外贸易政策的制定与实施。工业发展局设立目的是鼓励本地中小企发展、吸引外国投资,充分利用土地供应,以满足市场的业务发展趋势,从而确保国民经济进一步的增长和可持续性。

2. 工业与初级资源部的职责

目前文莱行政机构网上办公得到很大程度的普及,一般投资者如果需要办理相关业务,可以选择在相关政府网站上下载表格填写相应信息,待审核通过后即可进行下一步申请。工业与初级资源部的网上办公系统(E-MIPR)为投资者提供一站式服务,引导外国投资者和当地经营者开展经营活动,监督与维护国家食品安全及促进就业,推动经济多元化持续增长。

此外,工业发展局(BINA)在吸引外国投资方面也发挥着重要作用,它的职责是帮助投资者规划其投资的工业地址,为投资者提供相关的建议,从而实现投资便利化。具体而言,包括协助办理相关许可证、外籍劳工雇佣执照,协助办理投资者来文签证,协助机械工业和设备制造业的免税办理,协助进口水泥和矿泉水的许可办理等相关事务。此外,工业发展局还负责与移民部、海关署、环保部、能源部、市政委员会等相关政府部门沟通,从中协调。工业发展局以规划和完善最适合投资需求的基础设施方案为目标,创造了有利的投资环境。

目前,文莱外资准入管理机构设置还不够优化,在外资准入方面,经济发展局、工业与初级资源部及其下设的工业发展局之间存在着管辖范围重叠的问题,缺乏一个统领性的外资准入职能机构进行领导。文莱近年大力倡导打造良好的营商环境来吸引外资,并决定在2016年设立外国直接投资和油气下游产业委员会,如果这一决定能够实现,将可以改变文莱现有的外资准入阶段管理机构混乱的局面。其次,文莱各级政府机构办事效率低下,项目审批需要经历较长时间,这阻碍了外国投资者在文莱顺利高效地开展商业活动,降低了文莱的投资吸引力。因此提高政府机构办事效率也成为目前文莱政府改革的重点。

(二)投资申请与审批

就东道国而言,外国投资是一个引进外资并加以利用的资本输入问题,东道国与投资国为调节国际私人直接投资关系,保护投资者投资利益,通常会签订双边或者多边投资保护公约或条约。外资审批,即东道国对外国投资进行审查和批准,主要是通过法定程序确定外国投资者及其设立企业的法律资格,审查和批准投资合同。[①] 进入20世纪90年代,由于全球经济一体化和全球贸易自由化趋势加强,以及发展中国家对外部资金的需求增加,发展中国家基本上都会对外资准入进行审查,并进行自由化外资立法改革。自由化外资法改革在外资准入、外资待遇、履行要求、投资保护、争议解决等方面加以改变。在立法原则上,从"原则限制,例外自由"向"原则自由,例外限制"转变;在投资领域上,开放原来禁止外资进入的敏感行业;在外资控股比例方面,大大削减本地资本所占比例要求,甚至取消外资占股比例限制;在投资程序上,简化原有的繁琐审批程序,建立"一站式"的审批程序。

自由化外资立法改革在文莱外国投资法中也可以体现。工业与初级资源部是文莱投资项目申请和审批的机构,对于在文莱进行投资的私人项目,必须向文莱工业与初级资源部提出申请,申请通过后投资方便可取得投资许可证并享受投资优惠。工业与初级资源部对外资的审查主要集中在合法性与规范性上。在世界银行2016年国别经济概况中,文莱在开展商业活动方面得分有了较大提升,主要原因在于文莱政府简化了设立与合并公司的流程,推广网上办公系统(E-MIPR),为投资者提供便捷的申请通道。投资者可以在规定的范围内自由选择投资的形式与方向。在"公司注册"方面,文莱也进行了改革,

① 张晓君:《国际经济法学》,厦门大学出版社2012年版,第129页。

一方面实行公司名称电子注册系统，使得公司名称可以在网上搜索查询；另一方面，梳理数据库，优化机构配置，将企业和公司名称监管局划归财政部管理。文莱政府还提供尽可能的便利措施方便外资进入，设立一站式投资中心，便利外资快速通过审查。对文莱而言，上述优势有利于优化国内投资吸引力，提高了投资的自由化和便利化程度，达到了《中国—东盟投资协议》第十九条对缔约方投资法律法规透明化与公开化的要求；这也与文莱转变经济发展模式、吸收外国投资的目标相符合。但是文莱国内官僚作风仍旧存在，一些政府机构办事效率低下，这也说明了文莱在努力开放国内投资领域的同时，仍受国内宗教及文化影响，开放进程较其他东盟国家而言更为缓慢。

(三)投资领域

投资领域是指东道国允许外国投资者进行投资的行业。一般而言，每个国家的外国投资法都对外国投资的领域进行了规定。之所以要规定投资领域原因有二：一方面，把关系到国计民生和国家安全与利益的领域排除在外商的投资领域以外；另一方面可以引导外资流向东道国发展薄弱、技术落后的领域，依靠外资发展自身经济，同时使外资的发展与本国自身经济的发展保持一致。①

随着贸易自由化的加深，文莱国内实行较为自由的贸易政策，不过由于宗教信仰的原因，与伊斯兰教义相悖的行业不允许投资。文莱完全禁止投资的行业包括武器、毒品以及与伊斯兰教义相悖的行业；限制投资的行业包括林业，木材制品；鼓励投资的行业包括化工、制药、制铝、建筑材料以及金融业等行业，2001 年《投资促进法》又将部分产业纳入先锋产业②，投资享受税收优惠。

三、文莱外国投资促进制度

外国投资促进制度是指在当代国际投资中，发展中国家或发达国家通过

① 姚海镇：《国际投资法》，武汉大学出版社 2011 年版，第 30 页。

② 详见下文第三章“文莱外国投资促进制度”中“税收优惠”部分。

法律、政策等形式依据本国国情而对外国投资承诺不同程度的鼓励或者优惠条件,也是吸引外国投资以发展本国经济的重要手段。相对于发达国家而言,发展中国家更需要的是技术与资金,因此在相关领域的鼓励和优惠措施力度更大。文莱提倡开放自由的投资理念,自80年代以来,为扭转国内单一的经济发展模式,文莱政府决定实施经济多元化战略,在《文莱达鲁萨兰国长期发展计划(2035年远景展望)》中,文莱政府宣布设立经济持续增长基金,用石油收入盈余部分支持推进经济多元化发展计划;大力发展油气产业链上下游企业、伊斯兰金融业、清真食品产业、高新科技产业,推动基础设施建设;加速国内现有重点基础设施项目的建设进度;同时加大对农业领域的投入,提出到2015年,争取将粮食自给率提高到60%。其2001年颁布的《投资促进法》详细规定了对特定行业予以投资激励。

(一)投资待遇

吸引外国投资者进行投资,东道国首先要拥有稳定、透明的法律环境。其中包括明确外国投资和外国投资者的法律地位以及清楚界定其权利义务。[①] 国际投资待遇是指东道国对外国投资者给予的法律上的待遇标准。主要包括国民待遇、最惠国待遇和公平公正待遇。[②]

1. 国民待遇

投资待遇中的国民待遇指的东道国有义务保证不论相关的法律法规属于何种性质或涉及何种经济领域,这些法律法规及其执行应对本国和外国人一视同仁,一般而言,国民待遇主要在国内法或国际条约之中予以规定。早期BIT中的国民待遇条款集中在准入后投资的保护,东道国一般会承诺外资运营阶段的国民待遇,以确保东道国对其征收行为的全额赔偿。[③] 随着经济全球化的发展,BIT中的国民待遇逐渐向准入前阶段延伸,越来越多国际投资协定规定在外资准入阶段要求实现国民待遇,具体而言,在外资投资领域、设立

---

① 杨慧芳:《外资待遇法律制度研究》,中国人民大学出版社2012年版,第48页。

② 张晓君:《国际经济法学》,厦门大学出版社2012年版,第124页。

③ 韩冰:《准入前国民待遇与负面清单模式——中美BIT对中国外资管理体制的影响》,载《国际经济评论》2014年第6期。

过程以及相关的实体和程序条件方面，外国投资者都享有不低于东道国国民的待遇。

在文莱与日本签订的《文莱－日本经济合作伙伴协议》之中，第15条对国民待遇予以明确规定："各缔约方应根据国民待遇给予根据GATT第3条中所规定的货物以国民待遇，纳入并作为本协议的一部分。"2015年10月公布的TPP协议文本中采取了"准入前国民待遇加负面清单"的模式，这表明作为缔约方的文莱也接受了这一模式，这一举措有利于外国投资者最大限度地享受国民待遇，体现了文莱政府在开放市场、吸收外国投资方面所做的努力。

2. 最惠国待遇与公平公正待遇

最惠国待遇是指东道国对外国投资者给予的待遇不低于其已给予或将给予第三国投资者的待遇。最惠国待遇是国际贸易关系中最基本原则。公平公正待遇是对国民待遇和最惠国待遇的修正，具有独立性。目前，在世界各国签订的国际投资条约中绝大多数都规定了最惠国待遇。例如中国与东盟签订的《全面经济合作框架协议投资协议》在序言中规定"重申各缔约方在世界贸易组织(以下简称为WTO)和其他多边、区域及双边协议与安排中的权利、义务和承诺"，第九条规定"中国自本协议签字之日起应给予所有非WTO成员的东盟成员国符合WTO规则和规定的最惠国待遇"。文莱作为东盟成员国，遵从《投资协议》的规定，给予外国投资者最惠国待遇与公平公正待遇。

在2015年10月达成的TPP协议文本中，第九章对投资做了规定，第9.4条至9.6条分别规定了国民待遇、最惠国待遇以及为符合国际法惯例的投资提供的最低待遇标准。总之，文莱的外国投资法在投资待遇方面，在投资准入前便已经实施了准入前国民待遇，在投资过程中实行了国民待遇、公平公正待遇和最惠国待遇，这符合国际通常做法，也体现了文莱政府开放国内市场以吸引外资、转变经济发展模式的决心。但是文莱在参与TPP这类高标准、高门槛的高度自由化经济协定时，国内中小企业与国企将会受到巨大冲击，在国内企业与外国投资者之间作出平衡也是文莱将要面临的问题。

(二)投资优惠

由于国内转变经济发展方式的需求，文莱对外国投资的优惠力度较大，主要集中在税收优惠方面。文莱政府实施了一系列优惠政策，包括免除个人所得税、进出口税、销售税、营业税和生产税。2001年《投资促进法》对鼓励产业的类型进行了规定，引导外资流向这些行业，包括航空食品、制药、化工、纸巾、纺织品、玩具等许多领域，其中大部分为制造业和高精尖行业。

1. 税收优惠

(1)先锋产业及其税收优惠

2001年《投资促进法》第二章第四条规定了先锋产业的定义："部长可以宣布一种产业为先锋产业，在该产业范围内的所有产品为先锋产品。这种产业需满足公众福利，充分符合文莱经济需要且尚未形成规模。"先锋产业的资格既可以被部长主动授予，也可以由企业申请而得到。第五条第一款规定："如果一个公司致力于先锋产品的生产，那么按照规定形式与程序向部长提交申请，以获得先锋企业的资格。"第二条则规定了部长确定一个企业是否为先锋企业的判断标准："只要他认为这是以公众利益为目的的正确举措，特别是考虑到在文莱实现从其他形式的生产向创新型产品生产的转换是必要的。"

先锋企业的免税期分为5年、8年和11年三种类型。其中5年的免税期适用于固定资产投资不少于50000文莱元但不多于2500000文莱元的企业，8年免税期适用于固定资产投资多于2500000文莱元的企业，11年免税期适用于在高新技术园中的企业。享有5年免税期的企业在免税期最后一年固定资产投资仍未超过2500000文莱元的，部长可以将该企业免税期自投产日起延长至8年；其他先锋企业(位于高新企业园内企业除外)可以申请将其免税期延长，但免税期合计不能超过11年；位于高新企业园内的先锋企业可以申请进一步延长其免税期，但是每次不超过5年，总计不超过20年。

(2)先锋服务型公司及税收优惠

2001年《投资促进法》第17条对先锋服务型公司的范围予以规定，一共17项，包括工程或技术服务、计算机信息服务、工业设计的开发与制造、休闲娱乐经营活动、出版、教育、医疗、农业技术、仓储保管、展览会议的组织与管理、金融、商务咨询管理与服务、风险资本金服务、公交系统管理与运营、拍卖、私立博物馆的经营与维护等。先锋服务型公司的免税期可以达到8年或8年以上，但不得超过11年。

(3)后先锋公司及税收优惠

2001年《投资促进法》第21条、第22条对后先锋公司予以规定，1975年1月1日后成立的先锋公司、先锋企业或先锋服务型公司、在免税期结束前已成为先锋企业的出口型企业均可以向部长提交申请，成为后先锋公司。后先锋公司的免税期为6年，可以延长，但是最长不得超过11年。在免税期内，后先锋公司开展经营范围之外的贸易或者商业应当独立进行核算。

总之，文莱在税收优惠方面，给予大范围企业以很长的免税期，有效地吸引了大批外国投资者来文投资。同时，文莱征税种类少，为企业经营节省了成本。在世界银行2016年经商评分[①]中，文莱在税赋方面一项得分高居东盟国家之首，这得益于文莱政府对税收的改革以及不断下调公司税，吸引投资。

2. 投资补贴

根据2001年《投资促进法》第十一章第八十条、第八十二条，投资补贴的申请方应符合以下经营范围：(1)公司运营的项目是为了产品生产和产量的提高，(2)为了提供专业化的工程或技术服务，(3)为了研究和开发，(4)为了建设运营，(5)为了家庭和工业废弃物的回收和利用，(6)本法第十七条[②]中所列举的经营活动，(7)为了文莱旅游业的推广。若满足前文(1)－(6)款中任何一款，从部长批准的投资日起五年内，投资补贴的比例不超过批准项目中每一个子项目上固定资本开支的100%；若符合前文第(7)款，从批准的投资日起11年内，投资补贴的比例不超过批准项目中每一个子项目上固定资本开支的100%。部长对于固定资本开支具体子项目的确定和投资补贴的最高上限比例具有决定权。

文莱《投资促进法》对投资补贴的申请范围做了规定，经营范围主要集中在高科技、金融、休闲娱乐、教育等领域，这也是文莱目前着力发展的领域。条文中可获得"固定资本开支的100%"的额度在东盟国家中也属于较为优越的条件。但是条文规定部长具有某些事项的决定权，从而使投资补贴的细则规定不够详尽，这在某种程度上影响了外国投资者的投资信心，同时对外国投资者进行补贴某种程度上会影响国内企业的竞争力。因此需要进一步明确投资

---

① *Doing Business* reports for these years. (2015－12－20)[2015－12－24], http://www.doingbusiness.org.

② 2001年《投资促进法》第十七条规定了合乎规定的经营活动，包括工程或技术服务、计算机信息服务、工业设计的开发与制造、休闲娱乐经营活动、出版、教育、医疗、农业技术、仓储保管、展览会议的组织与管理、金融、商务咨询管理与服务、风险资本金服务、公交系统管理与运营、拍卖、私立博物馆的经营与维护等。

补贴的具体额度与上限，使投资补贴的相关规定更加规范透明。

3. 利润汇出优惠

文莱没有外汇管制，外国投资者可以自由地将源于在文莱投资产生的盈利、股息或者任何收入汇出。银行允许非居民开户和借款，外资企业在文莱开立外汇账户应按要求向主管部门提供公司注册文件、法定代表人护照复印件等相关材料，个人及公司外汇经说明原因后可以自由汇出。此外，文莱于2000年建成了文莱国际金融中心，政府希望通过成立该中心为投资者提供金融增值服务，以此吸引外来投资，提升文莱的投资吸引力，带动国内经济发展。[①] 金融中心实行双司法体制，国际立法与国内立法均可适用，上诉可以提交至伦敦。文莱现行相关法律完备，有《反洗钱法》《国际业务公司法》《国际合伙公司法》《证券法案》《注册代理和受托执照发放法案》等。此外，文莱与新加坡签订了货币互换协议，根据该协议，文莱货币与新加坡货币等值流通。文莱于2011年成立了国家金融管理局，对货币政策、金融体系运作进行监管。

简而言之，文莱的外汇管理十分宽松，这极大地便利了外国投资者对文莱进行投资；此外文莱货币与新加坡货币实行等值互换，在两国使用另一国货币无需兑换，有利于双边投资的促进。

(三)投资保护

完善的投资保护制度是树立投资者信心、吸引投资者资金流入的有效手段，在实践中，保护外国投资采取多种办法，包括投资母国与东道国单方面采取的措施、双边和多边条约等。鉴于投资母国和投资东道国在促进外国投资方面有共同利益，许多国家以签署双边投资协议的方式来促进和保护外国投资，同时，为促进跨国资本流动，国际社会也会以多边投资协议的形式来保护投资。

1. 投资争端解决机制

投资纠纷解决机制是投资法的有机组成部分。处于经济发展上升期的文

① 中国驻文莱大使馆经商处：《文莱金融中心》(2003－03－10)[2015－12－26]，http://bn.mofcom.gov.cn/article/ztdy/200303/20030300072178.shtml.

莱,在投资争端解决方面的法律不是很健全,突出表现在法律透明化程度不高,法律执行效率低下。文莱政府在“2035 年宏愿”中表示将会“确保现代法制,引进国际先进政府管理经验”,近年来,文莱投资纠纷的解决方式不断规范化和法制化,既受到国内法的约束,又受到双边协定、区域性协定、国际条约等多层次法律约束。

外国投资者在文莱遇到投资争端,可以选择国内途径和国际途径解决。国内途径即通过传统的调解、仲裁、向法院起诉等方式解决投资争端,文莱在 2001 年《投资促进法》中并未列举出投资争端具体的解决途径,但是在《仲裁法》中规定了具有“商业”性质的争议都可以纳入仲裁范围。国际途径方面,文莱于 2002 年加入《关于解决国家与其他国家国民之间投资争端公约》,也是《承认及执行外国仲裁裁决公约》的成员国,其他缔约国的国民同文莱之间的投资争端可以提交给解决投资争端国际中心(ICSID)进行调解和仲裁。文莱作为《华盛顿公约》的签署国,必须遵守其加入承诺,在与他国投资者发生投资争端时,除了 ICSID 中心无管辖权或者文莱加入时所作保留的两种情况之外,只要争端双方均为公约缔约国,即可将争端交由 ICSID 仲裁。此外,文莱作为东盟成员,也应遵守东盟与中国之间签订的《争端解决机制协议》和《投资协议》,争端解决的核心方式是采用准司法性质的仲裁[①]。《投资协议》第十四条规定了缔约方与投资者之间争端的解决方式,即争端所涉方应尽可能通过磋商解决争端,若提出磋商和谈判的书面请求后 6 个月内,争端仍未解决,除非争端所涉方另行同意,则应当根据投资者的选择,将争端移交诉讼或仲裁程序。在仲裁方面,《投资协议》规定投资者可以向 ICSID 提起、根据联合国国际贸易法委员会规则进行仲裁,或者向争端方同意的其他仲裁机构或者按照争端方同意的仲裁规则进行仲裁。文莱作为《投资协议》的签署国,向外国投资者提供多种渠道的投资争端解决方式有利于文莱吸引外资,稳定投资者信心。

2. 投资保证协定

在国际实践中,广义上双边投资协议主要有三种,包括友好通商航海条

---

① 谷昭民、施文:《建立中国—东盟自由贸易区仲裁中心的设想》,载《中国—东盟法律评论》第 2 辑。

约、投资保证协定和促进与保护投资协定。其中投资保证协定为美国首创,在国际实践中适用较为广泛。文莱与多国签订了投资保证协定。以中国与文莱于2000年签订的《中国待遇和文莱政府关于鼓励和相互保护投资协定》为例,协定对投资者的保护涵盖了投资待遇、征收、损失的补偿等多方面,在程序和实体方面都有所规定。协定第三条规定了最惠国和公平公正待遇;第四条规定了除非为了公共目的,各缔约方的投资者在缔约另一方领土内的投资不得被直接征收、间接征收或采取类似措施;第五条规定了因战争、武装冲突、全国紧急状态、骚乱而遭受损失的补偿;第六条规定了投资方投资、收益的自由转移;第七条规定了代位权;第九条规定了争端的解决方式。此外,文莱还是《多边投资担保机构公约》的成员,就货币禁兑、战争、内乱、征用及政府违约等非商业风险为投资者进行担保,增强投资者的信心和保障投资的安全。

3. 其他保障

除了上述各方面的保障之外,文莱现行法律还对劳工问题、土地使用、环境保护、知识产权、宗教信仰等方面进行了规定和保护,避免了不必要的投资纠纷。文莱现行的《劳动法》针对终止雇佣、医疗、产假及工商补偿等进行了规定;政府目前实行了工人准备基金以保护所有的工人,外国人到文莱就业则需要向劳工局申请为期两年的有效的工作准证;在土地使用方面,文莱于2012年修改了《土地法》,规定土地归国王所有,国民可以购买和使用,彻底禁止非文莱公民拥有永久地契的地产①,外国投资者可以购买分层产权房产以及租用土地或房产,但不可以买卖土地。土地使用需要经过土地规划管理部门的规划,经过规划的土地方可使用;在环境保护方面,文莱环保法仍在拟定中,现行相关文件为环境园林及公共娱乐局颁布的《文莱工业发展污染控制准则》,投资商在项目计划初期应对环境因素予以考虑,并提交有关治理污染、环境评估、废料处理与管控等方面的材料。自2010年起,文莱新建项目必须经过环境评估,并向负责评估的文莱发展部环境与公园司提交评估报告;在知识产权保护方面,文莱国内相关法律则稍显欠缺,目前文莱尚未颁布《知识产权法》,也不是《马德里协定》的成员国,现行有关规定为1999年颁布的《紧急(商标)

① 中华人民共和国驻文莱大使馆经商处:《文莱现行土地政策不妨碍外来直接投资》(2016－03－17)[2016－03－18],http://bn.mofcom.gov.cn/article/jmxw/201603/20160301277341.shtml

条规》。在英国、马来西亚和新加坡申请的专利，在文莱注册后三年内有效，在文莱申请注册的专利，有效期为七年，可延长至十四年；在宗教方面，若投资食品加工等行业，必须得到宗教部门的批准方可开展。《公共食品与卫生条规》规定，无论是进口货物还是本地产品，都要安全可靠，具有良好的品质，符合伊斯兰教清真食品的要求。

总体来说，文莱现有的外国投资法在投资保护方面做了应有的努力，对于吸引外国投资者，丰富本国经济增长模式很有帮助。但是，文莱较为重视对本地因素的保护，体现在投资方面是外国投资者在土地、劳工的适用方面都受到一定限制，在成立商业实体方面，也对外国投资者持有股权做了相关规定。文莱目前未规划经济特区，没有地区优惠政策，仅设有工业园区。这些都是不利于吸引外国投资的，需要予以完善，加大投资吸引力。

四、文莱外国投资形式

外国投资形式是外商获得准入之后应该考虑的另一个问题。一般来说，一国的外国投资法主要规制的是国际间的私人直接投资活动。国际私人直接投资的形式多样，包括私人投资者在东道国独自或合资经营[①]、以获得控制权为目的参与东道国企业的经营活动、单独或联合投资以开发东道国自然资源、BOT 投资等等。不同于国际间接投资，国际直接投资一般意味着投资者对企业拥有管理权与控制权。[②]

（一）独资或合资企业形式

在国际投资中，设立外商企业又可以分为独资经营企业与合资经营企业。文莱没有专门对外国投资予以规制的外国投资法，在设立公司方面，主要遵循文莱《公司法》，《公司法》序言中规定“这是一部……规定文莱以外的公司在文莱开展业务的条件，总的控制文莱当地注册公司或在文莱开展业务的公司之

① 独资经营包括在东道国境内设立分支机构、设立子公司或直接收购东道国公司等形式；合资经营是指在东道国设立国际合资企业，合资方来自两个或两个以上的国家。

② 张晓君：《国际经济法学》，厦门大学出版社 2012 年版，第 118 页。

运作条件的法律”，第三条规定“本法适用于在文莱注册的每一个公司，无论公司的业务在哪里开展”。在文莱达鲁萨兰国经营公司需遵守《公司法》《公司名称法》《营业执照法》①、《制定誓证法》《雇员信托基金法》所列的法律要求，并遵守企业和公司名称监管局对公司注册及注册后的工作流程。②

1. 外商企业设立形式

在文莱可以设立以下几种形式的企业：①个体经营企业，这类企业无需缴纳税款，但对于公司债务也要以个人名义自行承担。这种企业一般不允许外籍人员注册申请。②合伙企业，该类企业分为私人、本土公司和外国公司分支机构。允许的最大合伙人数为20人，且其中至少有一方为文莱人或文莱永久居民。但是，在特殊情况下，监管局也可能批准外籍个人注册合伙企业。合伙企业也不需要缴纳所得税。③私营公司(Private Companies)，包括股份有限公司、担保有限公司、股份及担保有限公司和无限公司四种类型。股东人数应在2—50人之间，股东转让股份受到一定限制，禁止向公众发行自由转让的股票，没有企业最低股本限制，此外还应指定当地在册的会计师并逐年提交资产负债表。④上市公司(Public Company)，是指可以向公众发行自由转让股权的股票的公司，这类公司不受以上关于私营公司的任何限制条件所制约。

在企业的形式选择方面，文莱的相关法律规定总体与国际做法相符，即可以以独资或合资企业的形式进行投资。除了个体与合伙形式受到限制以外，外国投资者可以选择其他形式包括股份有限公司、担保有限公司、股份及担保有限公司和无限公司以及上市公司进行投资。

2. 外商企业的注册与运营

外国投资企业在选择了投资形式之后，应按照规定通过财政部③下属专门网站(www.roc.gov.bn)办理企业名称及公司注册登记事务，通过监管局

---

① 2015年1月1日，《营业执照法》取代了《杂项许可法》，在许可、监管及特定商业场所和活动控制方面对注册企业予以规制。

② 人民网：《文莱工业和初级资源部部长叶海亚发表主旨演讲》(2015—09—09)[2015—12—30] http://gx.people.com.cn/n/2015/0908/c373010—26288397.html.

③ 企业与公司名称监管局原归文莱检察署主管，后为了理顺流程，简化注册程序，其主管机关变为财政部。

的审核之后，应在 30 天内向公司注册处提供公司合作协议、章程、董事名单、情况说明、所有股东及董事身份证或护照复印件等规定文件，统一缴纳 300 文元注册费。所需文件可在网上（www. mof. gov. bn/index. php/downloadable－forms）下载完成，并上传到门户网站。根据 2015 年 1 月 5 日新颁布的营业法规，允许企业先注册公司，再确定业务性质和营业地点。凡不涉及公共安全的小微企业，均可注册获得有效期一年的营业执照，注册成功次日便可开展经营活动，待确定营业性质、内容及地点后，于一年内向注册单位报告。① 2015 年，文莱政府在公司成立手续方面进行了大刀阔斧的改革，改善了在线程序，简化了注册及注册后的要求，开办新企业的平均用时由 2014 年的 104 天大大缩短为 14 天。（参见表 2-1）

表 2-1　文莱开办新企业所需步骤

序号	具体内容	所需时间	所缴费用
1	审核公司名称唯一性，若通过，便可保留公司名称	一天	名称申请费：5 文元 名称保留费：15 文元
2	提交注册文件，缴纳注册费用	七天	注册费用：300 文元
3	对公司章程及公司章程备忘录予以证明	一天	章程及备忘录按页计费，每页 4 文元
4	申请配股回报	一天，与之前步骤可同时开展	10 文元
5	在财政部税务司对股票加盖印章	一天，与之前步骤可同时开展	无
6	制作公司公章	三天	185 文元
7	注册员工公积金	一天，与之前步骤可同时开展	无

资料来源：世界银行"Doing Business－Brunei Darussalam 2016"。

① 中国驻文莱大使馆经商处：《文莱大力改善经商环境鼓励企业发展》(2015－01－08)[2015－12－30]. http://bn. mofcom. gov. cn/article/jmxw/201501/20150100858149. shtml.

受历史条件影响，文莱《公司法》受英国法律影响深远，并且对本地马来人利益予以保护，比如在成立的商业形式中，个体与合伙的形式一般情况下只对文莱当地人开放。这些规定植根于文莱“马来化、伊斯兰化、君主制度”的治国理念，对保护本地投资者，活跃本国经济有一定作用。但是从某种程度上，也限制了外国投资者进入文莱国内市场，不利于吸引外资。在企业的设立方面，文莱政府在2015年做了很大的改进。这些改进也得到了世界银行的认可，根据世界银行2016年对文莱经商环境的评估，在“商业开展”这一项文莱的世界排名从第181位上升至第74位，并超过了中国（第136位），在东盟国家中仅次于新加坡与马来西亚。这些改进主要体现在对冗长繁杂的审批过程的简化上，开办一家企业的平均时长从104天大大缩短为14天，另外还提供了多种线上办理的途径。这对于外国投资者在文莱开展投资是极为有利的改变。文莱的投资环境正在一步步改善，近年来成立了中小企业发展基金用来鼓励中小企业发展，还成立了文莱国际金融中心以促进国内国际金融及相关产业的发展，文莱苏丹在2016年新年致辞上还表示将建立外国直接投资中心和油气下游产业委员会，加大招商引资力度。

(二)BOT形式

BOT是对“建设－拥有－移交”或“建设－经营－移交”两种形式的简称，通常又指后一种含义，用以表示以政府特许为根据，由专门机构融资建设、经营公共基础设施等公共项目。其实质是国家让渡基础设施的建设经营权而最终获得项目所有权[①]。BOT方式是一国政府为缓解经济发展对基础设施的迫切需求与该国财政无法支持之间的矛盾，而由政府许可私人投资者投资建设基础设施的方式，因此，它是一种“两权分离”的投资方式，建立在政府特许的基础上。

文莱目前无明文对BOT投资加以规定，文莱供水、供电、废物回收等公用事业很高程度上得到政府的补贴，道路交通设施完全由政府出资修建。近年来，随着东盟“互联互通”建设的开展以及文莱国内对其他产业的重视，文莱

---

① 张晓君：《国际经济法》，厦门大学出版社2012年版，第122页。

政府在基础设施建设方面也开始逐渐开放。

(三)工程承包

文莱对外国工程承包方面无专门法规予以规制，而是沿用英国法有关规定。政府基础投资项目必须采取招投标形式，政府工程不直接对外国建筑公司开放，外国建筑公司必须采取以下方式参与投资：①与文莱当地公司合作，共同投标工程项目。在文莱承包工程须带资承包，而一些较大的工程项目对金钱要求较高，适合有实力或者融资能力的企业参与，文莱当地企业多数在资金上比较困难，外国投资者可以选择与当地企业合作，共同投标；②分包单项工程，即向已经中标的文莱公司分包工程；③与本地公司合资成立建筑公司。这种方式适合在文莱进行长期投资或者进行长期发展的外国企业，如要成立合资公司，应该向发展部公共工程局申请建筑工程执照。文莱的政府工程会在公告栏及政府公报上刊登招标公告，承包企业可以向有关部门索取或购买招标文件，较大或者较新项目还要接受资格审查。文莱政府工程项目均无预付款，支付方式一般采用按工程进度支付，承包商应垫资支付。在私人工程方面，一般不对公众进行招标，外国企业承包私人开发项目不需要获得政府建筑执照，但必须得到劳工局的批准才可以申请公司职员和技术人员进入文莱的工作准证，后者可以通过在本地注册的公司协助办理。

主管承包工程的部门是发展部。近年来，文莱经济发展局作为推进文莱经济多元化的重要机构，在承包工程方面也发挥着重要作用。文莱建筑企业实行分级制度，共分为六级，不同的分级对当地马来人股份有不同的要求，允许承包合同的金额也依次递增。一级建筑企业和二级建筑企业要求当地马来人最低占股100%，三到六级建筑企业要求的本地占股比例依次下降。除了一级与二级建筑企业可以以独资、合伙、私人有限公司或合资公司为注册形式，其余建筑企业只能以私人有限公司或合资公司作为注册形式。

中国企业在文莱的工程承包开始得较晚，但是发展得比较迅速。2010年，中国水电集团与文莱百科地公司开展合作，承建文莱都东水坝项目，合同额约为9356万文莱元；2013年，中交三航局承建文莱特里赛—鲁木高速公路，合同额约为1亿文莱元；2015年4月，中国港湾中标文莱PMB大桥项目，合同额约为1.65亿文莱元；2015年9月，中国建筑股份有限公司中标文莱

temburong 大桥 CC4 段施工项目,合同额约为 4.48 亿文莱元。[①] 中国企业越来越多的参与文莱项目的建设,在解决就业、技术转移、基础设施建设方面都起到了重要作用。

总的来说,在法律层面,文莱国内与投资相关的法律法规体系仍有待完善,在具体的公司设立等实务操作方面,缺乏一部统一的立法予以规制;文莱在 BOT 投资方面并未出台相关立法,在文莱开展 BOT 投资暂时缺乏相应的法律保护;文莱国内规定政府基建项目必须有本地公司参与,并对本地公司最低占股做出不低于 20%的要求[②],这些都不利于吸收外国投资、不利于引进先进技术与管理方式。

五、中国企业投资文莱的法律风险与对策

文莱国家富裕,宏观经济平稳,财政状况良好。国内经济结构正在逐渐从以单一油气产业拉动转变为多元化经济发展模式,文莱政府近年来推出一系列措施,设立了国家经济发展局,整顿金融秩序,削弱政府开支,在鼓励延伸油气产业链的同时对政府所属企业和公用事业实行私有化,鼓励创新企业和中小企业的发展,着力吸引外资,大力发展旅游业。文莱作为东盟国家,以及东盟东部增长区(BIMP－EAGA)[③]中唯一的主权国家、跨太平洋伙伴关系协定(TPP)的发起国,市场潜力较大。

① 人民网:《中国企业助力文莱经济发展》(2013－04－05)[2016－03－01]http://world.people.com.cn/n/2013/0405/c1002－21030696.html.

② 中华人民共和国驻文莱大使馆经商处:《文莱建筑市场继续向本地倾斜》(2012－10－17)[2016－03－03]http://bn.mofcom.gov.cn/aarticle/jmxw/201210/20121008387161.html

③ 东盟东部增长区是东盟内三个次区域合作之一,包括文莱、马来西亚东部、印尼北部以及菲律宾南部,于 1994 年成立。其余两个次区域为印度尼西亚—马来西亚—泰国成长三角和柬埔寨—缅甸—老挝—越南经济发展区。

(一)投资现状

1.投资概况

在文莱独立(1984年)以前乃至独立后的一段时间内，中国与文莱之间基本上没有直接的贸易通商往来，而是在香港、新加坡等地进行转口贸易。双方贸易关系发展缓慢，贸易额也长期处于较低的水平，主要是由文莱向中国进口食品、轻工业制品等，中国则几乎没有从文莱进口的货物。中国与文莱自建交以来，不断拓宽合作领域。进入21世纪，双方经贸合作进一步加强，自2000年起，中国开始向文莱进口石油。[①] 2014年中文贸易额19.36亿美元，增长7.96%，中方从文莱进口的商品主要是原油，向文莱出口的商品主要为家具、纺织品、建材和塑料制品等[②]。两国在投资、承包劳务等方面合作成效显著。截至2014年11月底，文累计对华实际投资26.2亿美元，中国累计在文非金融类直接投资7633万美元。[③]

目前中国企业在文莱的投资处于发展阶段，已先后有华为、中兴等公司在文莱设立办事处，中海油、中铁等央企在文莱注册公司开展经营活动。此外还有一批工业项目在文莱陆续开展，比较知名的有恒逸石化在文莱的“文莱PMB石油化工项目”以及七星国际投资集团有限公司在文莱投资的钢管厂项目。恒逸(文莱)石油炼化项目是文莱历年来最大的海外直接投资项目，系由恒逸集团与文莱达迈控股公司合资兴建，位于文莱大摩拉岛，2011年获得苏丹批复，计划2017年年底建成，占地面积260公顷，一期投资43亿美元，建成后可年产800万吨芳烃产品及汽油、柴油等燃料，并创造800个工作岗位，该项目的建设发展将为文莱本地企业提供大量商机；合资方达迈控股公司是文莱财政部下设的国家战略发展基金专为恒逸(文莱)石化项目所设立的，拥有

---

① 聂德宁：《中国与文莱经贸关系发展的现状及前景》，载《南洋问题研究》2008年卷。

② 海关信息网：《双边商品份额贸易查询》[2016－03－01] http://www.haiguan.info/onlinesearch/TradeStat/StatOriSub.aspx? TID=2

③ 商务部网站：《中国同文莱的关系》(2015－07－09)[2016－01－04] http://wcm.fmprc.gov.cn/pub/chn/pds/gjhdq/gj/yz/1206_33/sbgx/t5997.html.

雄厚的政府背景，根据协议，达迈控股将以 3000 万文莱元现金认购恒逸文莱实业新增的 3000 万股股份，将拥有 PMB 项目 30％的股权，恒逸化工则持有 70％的股权。[①] 钢管厂项目是中国企业在文莱的第一个实业投资项目，2014 年签署，预计 2017 年投产，届时会为文莱提供约 300 个就业岗位，项目位于文莱沙兰比嘉工业园，设计年产 10 万吨焊接钢管，每年出口至约 10 亿美元。[②]

2. 投资前景

单一的油气资源促成了文莱以能源出口为导向的经济结构。尽管丰富的石油资源给文莱带来了高额的财富，但过于单一的石油经济显得十分脆弱，文莱政府对此高度重视。受 2008 年全球经济危机以及国际能源价格下跌的影响，近年来，文莱政府大力发展非石油产业经济，将油气收入投入到其他领域的工程建设项目中，项目主要涵盖交通运输、能源电力、建筑业等。此外，为了促进中小型私人企业的发展，文莱财政部规定外资在高科技和出口导向型工业项目（不包括直接利用文莱国内自然资源例如石油、天然气、渔业资源的项目）可以拥有 100％的股权。为促进中小企业的发展，文莱政府设立了中小企业发展基金，在资金方面支持中小企业发展。截至 2013 年底，文莱吸收外资存量为 142.1 亿美元。

中文两国自 1991 年建交以来，双边经贸合作不断加强，在区域性乃至国际性问题上都有密切的合作。中文两国在许多方面存在互补的优势，比如在人力资源、市场、农业等方面中国具有优势，而在石油天然气、资金方面文莱则具有更大的优势。双方政府向来重视利用对方优势，创造双赢的贸易。近年来在中国—东盟自由贸易区建设的大框架内，中国与文莱的经贸合作开辟了新的渠道和途径。2014 年 9 月，文莱与中国广西省签署了《文莱—广西经济走廊经贸合作谅解备忘录》，旨在充分发挥文莱清真产品认证、资金充裕和联通广大穆斯林市场的优势，以及广西自然和劳动力资源丰富，研发、制造、工艺技术先进等优势，在农业、工业、物流、清真食品加工、医疗保健、制药、生物医

① 环球网：《文莱四位部长联合考察恒逸石化项目建设情况》（2014－12－09）［2016－01－04］http://china.huanqiu.com/News/mofcom/2014－12/5280659.html.

② （2015－09－12）［2016－01－04］http://www.fmprc.gov.cn/ce/cebn/chn/sgxss/t1310252.htm，

药、旅游等领域开展全面合作①。随着"一带一路"的提出、互联互通建设的开展，中国和文莱在投资领域的前景十分广阔。

(1)在油气及下游产业方面开展合作

文莱油气资源丰富，所产石油大部分用于出口，而中国国内石油产量难以满足现有的需求。自 90 年代以来，中国开始向文莱进口石油，双方在石油领域开展合作。(参见图 2-2)

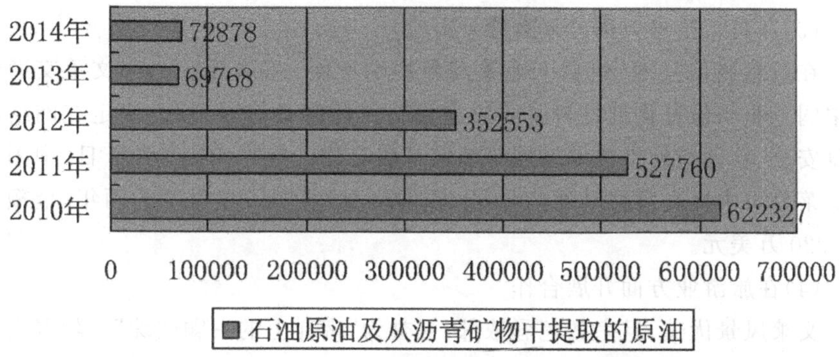

图 2-2 2010—2014 年文莱向中国出口石油金额统计

(单位：千美元)

虽然文莱现在为了扭转国内经济过于依赖石油资源的现状，已开始限制油田产油量、收缩石油出口，所以中国从文莱进口的石油近年来呈现下降趋势，但是文莱政府鼓励延伸油气产业链，鼓励企业向油气产业上游及下游发展。中国恒逸石化 PX 项目作为文莱油气产业链的下游产业，既巩固了文莱石油生产商的地位，又符合了文莱延伸油气产业链的发展要求。2015 年 5 月，中海油服务股份有限公司与文莱国家石油服务公司共同出资成立的文莱中海油田服务合资公司成立，该公司将为文莱"冠军"油田建造 6 座平台，中海油服务股份有限公司将在技术指导、员工培训方面为合资公司提供帮助。

(2)在农业、食品产业方面开展合作

在农业、食品产业方面，文莱国土面积小，种植业不发达，大量农产品需要依靠从东盟其他国家进口，而中国是一个农业大国。因此中国农产品和农用

① 《〈文莱—广西经济走廊经贸合作谅解备忘录〉签署》(2016—01—02)[2016—01—05] http://news.163.com/14/0917/22/A6CKCLP100014AEE.html.

技术的出口可以作为中国与文莱在经贸合作中的一个方面。2009年,双方签订了《农业合作谅解备忘录》。目前已经有中国企业和文莱企业在大田作物和生物技术方面展开合作,参加文莱沃森大米项目的开发。此外,在清真产品的加工和销售方面,文莱也着手开发中国这个潜在的巨大市场。目前已有中国宁夏、吉林的清真产品企业与文莱企业在国际清真食品产业领域展开合作与交流。随着2014年文莱—广西经济走廊合作的建立,广西南宁已经开始规划建设中国—文莱农业产业园,并会以“园中园”的形式设立“清真食品园”。

(3)在高新技术方面开展合作

在信息通信技术、信息产业等高新技术方面,2008年10月,文莱交通部与中国工业与信息化部签署了双边电信合作谅解备忘录,双方决定在网络与信息安全、软件与硬件技术发展等领域开展合作。2014年12月9日,中国华为文莱公司中标文莱移动通信公司3G网络改造项目,项目期为两年,金额达到1320万美元。

(4)在旅游业方面开展合作

文莱风景优美,且宗教色彩浓郁,被誉为“南洋上的一颗明珠”。随着交通的便利,中国与东盟国家合作的深入,文莱与中国在旅游业方面的合作前景十分乐观。近年来,文莱大力发展旅游业,重点突出自然、文化与伊斯兰旅游。2015年文莱入境游客达到21万人次,入境中国游客达到3.69万人次,居第二位,占文莱当年入境游客的16.9%,比2014年提高3.7个百分点。①

(二)法律风险

1. 外部法律风险

在进行海外投资时,对东道国法律的熟悉程度,决定着能否成功规避法律风险,从而顺利开展投资。不同国家具体国情不同,面临的法律风险也各不相同。本文结合文莱国情的特殊性,从立法、执法、司法三个层面来分析在文莱投资的外部法律风险。

① 中国国家旅游局:《中国游客拉动文莱2015年入境游客同比增长8.6%》(2016-02-29)[2016-03-03] http://www.cnta.gov.cn/xxfb/hydt./201602/t20160229_761792.html

从立法层面来说，由于历史原因，文莱受英国法影响深远，现有的法律体系尚不完备，某些缺位的部门法（如招投标领域的部门法）按规定可以直接使用英国法律的相关规定。这种规定在短期内可以起到解决国内法不完备的问题，但却不是长久之计。另一方面，文莱的法律法规透明程度有待改进。笔者访问文莱政府门户网站，除了 BEDB（文莱经济发展局）对 2001 年《投资促进法》以解读的形式予以公布外，其他的政府部门均未在网站上公布本部门相关的法律，并且在世界银行的官网中，除文莱之外的东盟九国的法律均收录在“图书馆”这一栏中，唯独缺少文莱的相关法律。这不利于在文莱开展投资业务的外国投资者了解相关领域的法律规定。且文莱虽然国内有立法院，但是不享有真正的立法权，法律最终的执行与颁布由苏丹决定，立法院议长也由苏丹任命。2004 年通过的宪法修正案赋予苏丹无须经立法院同意而自行颁布紧急法令等法令的权利。此外，文莱是政教合一的国家，在某些方面宗教教义的地位与法律相当甚至有些会超过法律，这也对立法造成一定的影响。

从执法层面来说，不同于东南亚另外一个受伊斯兰教影响深远的君主立宪制国家马来西亚，文莱作为君主专制国家，文莱苏丹既是国家元首也是宗教领袖，权力很大。目前文莱国内许多法律缺乏相关的实施细则，仅以苏丹政令、部门文件予以解释与指导，缺乏稳定性与持续性。此外，文莱作为宗教国家，宗教假日较多，也造成了执法过程中缺乏连贯性与及时性。在 2015 年以前，文莱设立企业的流程繁杂冗长，被广为诟病，2015 年文莱开展了针对企业设立流程的简化改革，将设立企业的时间大大缩短。简而言之，文莱政局稳定，社会安定，这对于法律得到有效的执行是有利的；但文莱作为君主专制国家，苏丹的旨意很高程度上决定了国家的发展方向，在法律执行层面缺乏足够的约束。且文莱国内官僚主义作风严重，一些政府机构办事效率低下，也是需要改进的地方。

从司法层面说，文莱苏丹集财政、军事、立法大权于一身，最高法院首席大法官和总检察长由苏丹任命。文莱实行两套平行的司法体制，即世俗法律与伊斯兰法律。这两套法律互相平行，相互独立。文莱的法院体系包括最高法院、地方法院、土著法院及宗教法院[1]，宗教法院又称伊斯兰法庭，与最高法院

---

① 尤乐：《论东南亚七国的立法权、司法权与行政权之关系》，载《华侨大学学报》，2014 年第 2 期。

同等地位，适用于穆斯林的宗教案件的审理。文莱于1971年取得了司法独立，根据文莱与英国之间的司法安排，从1995年1月31日起，文莱上诉庭取代英国枢密院成为刑事案件最终上诉庭，但是民事案件仍可以继续上诉到英国枢密院，而东盟中其他曾被英国殖民统治的国家（如新加坡、马来西亚）近年来已废除枢密院的终审权①，这表明文莱的诉讼管辖权在某种程度上依旧受到英国的影响，并未拥有完整的司法主权。此外，在文莱的许多地区，伊斯兰教法代替普通民法成为断案的依据。② 这体现了伊斯兰教法在文莱司法活动中的重要地位。

纵观文莱自独立以来的历史，文莱苏丹积极参与国内外事务，推行多项改革，着力扭转国内单一经济模式，文莱并未出现因苏丹独掌大权而导致的政局动荡问题。随着全球民主化生活方式的普及，治国理念向宪政转变，有理由相信文莱在限权、立宪、法制方面会做得更好，但是也要警惕因政治动荡引起的法律风险（如印尼、菲律宾的历史上出现的独裁统治时期③）。

2. 内部法律风险

内部法律风险是指对外投资中企业内部在管理运营过程中所产生的法律风险，如环保、劳务、合同纠纷、知识产权等方面的风险。引发这些风险的原因可能是企业对东道国投资环境调查不够全面，或者在某些领域（譬如宗教、生活习俗）等方面了解的不够深入。因此，控制与防范内部法律风险在对外投资中显得十分重要，以下从几个方面作简要阐述。

首先，法律意识观念淡薄，缺乏对东道国法律详尽的认识。尽管文莱在国际、区域内都很活跃，积极参与各项事务，但投资者对文莱的了解仍然有限，这不仅因为文莱本身仍很高程度上保持着宗教色彩，而且也因为中国企业对文莱开展投资起步较晚。近年来中国企业投资海外，大多集中在能源领域和基础设施建设领域，而从事这一类领域的业务往往涉及与东道国政府或者代表

---

① 林甲：《论十九世纪英国枢密院司法委员会的流变与英属殖民地普通法系的扩张》，华东政法大学，2014：48－49[2016－2－22].

② 黄云静：《伊斯兰教与当代文莱政治发展》，载《当代亚太》2007年第4期。

③ 苏哈托（1963—1998年在位）作为印度尼西亚第二任总统，在位期间建立了强大的中央集权政府，通过高压手段打击政治异己来巩固自己的统治；马科斯（1965—1989年在位），菲律宾前总统，在位期间以腐败的裙带资本主义及政治打压而闻名。

政府的国有公司谈判并签署长达几十年的长期合同。政府在这类关系中既作为交易的参与者，同时也作为交易规则的制定者，同时这类投资往往会涉及东道国国计民生的项目，因此在处理与政府、与当地居民的关系上，中国企业应该尤为重视。

其次，劳工问题及劳务合作纠纷问题。文莱本地劳动力十分短缺，因此在文莱开展投资所需雇佣劳动力具有一定难度。当地劳动力以菲律宾、印度尼西亚等外来人口为主。外资企业如需招募本地员工，需要开展必要的劳动技能培训，如果引进外籍劳工，在工作准证申请方面需要向文莱劳工局申请，工作准证的申请规定比较严格，中资企业可以通过当地合作伙伴或者聘请当地具有丰富经验的律师协助办理相关手续。在劳务纠纷方面，中国在文莱的劳务人员不多，但是也出现过劳资纠纷，主要由于中国劳务人员在来文莱前并未进行咨询，不了解用工单位的要求。

(三)法律防范

中国企业赴海外投资时往往会技术队伍先行，商务队伍次之，最后才是律师或公司法务人员[①]。这样既不利于对东道国法律环境的研究，也不利于企业产生法律纠纷后问题的解决。在文莱进行投资，从外部环境上来说，存在着法律体系不健全、法律执行不及时等问题；从内部环境上来看，企业对文莱的投资环境缺乏全面了解，文莱存在劳动力短缺等现象。不过在为了促进国内经济发展，摆脱对油气资源的依赖，文莱政府在吸引投资方面也采取了积极的态度，不断出台新的政策以配合投资者在文莱的投资。

1. 事前防范

事前防范是指在企业赴文莱开展投资之前，应先对文莱的投资环境、法律法规等进行了解。可以通过聘请专业的律师团队或者由文莱当地律师协助，做好尽职调查，出具专门的法律意见书、风险识别与防范意见书等文件。首先，在委托律师团队进行尽职调查时，可以要求尽可能地开展实地考察，与文

① 中国律师网：《中国企业海外投资八大法律风险防范策略》(2015－10－23)［2016－01－02］http://www.acla.org.cn/html/lvshiwushi/20150129/19573.html.

莱当地主管部门进行交流，通过对东道国项目的实地考察，发现项目本身潜在的、无法通过简单的书面资料审查发现的问题。其次，投资者应该充分了解相关法律，包括文莱国内的法律政策、中国在对外投资方面的法律法规、中国与文莱之间签订的双边条约、中国—东盟自由贸易区以及东盟内部的相关法律、中国与文莱均加入的国际条约等等。通过对这些法律进行体系性分析，详尽了解文莱外资准入制度、税收、外汇管制、劳工制度、环保要求等等，以避免不必要的法律纠纷；在选择投资形式时，应该基于之前对文莱投资法律的了解，谨慎选择投资形式。文莱不允许外国投资者以个体与合伙为形式设立企业，因此在文莱投资时应注意避免采取这两种形式。此外，无论是中国还是文莱，都处于法制不断完善的阶段，因此投资者需要实时更新法律条文，密切关注文莱国内的法律动向，采取相应的应对措施。

2. 事中管控

当投资者已经做好了对投资市场的法律风险分析，选择进入该市场开展投资，那么在投资运营中应该对存在的法律风险进一步进行管理与控制。简而言之，事中管控分为企业层面与员工层面。在企业层面，应强化内部法律顾问设置，可以与文莱当地律师事务所、会计师事务所合作。其次，做好法律文件的归档工作，若遇到法律纠纷，应积极应诉。目前，中国企业在文莱尚未发生过因投资引发的法律纠纷，文莱政府对外国投资者前来办厂投资也持鼓励态度，但这并非意味着投资者可以忽视企业法律层面的管理。在员工层面，应加强对员工的法律意识教育，重视伊斯兰教法在文莱社会生活中的影响。文莱的法律与我国有着很大不同，并且信仰伊斯兰教，许多看似平常的行为却触犯了伊斯兰教义（比如饮酒），员工若不加注意，触犯当地法律，则会给企业带来许多不利后果。

3. 事后救济

当投资者已经在事前做好了尽职调查与风险防范、在事中已经做到了对风险的管控与防范却仍无法避免法律风险的发生时，就需要采取事后救济措施。中国企业在文莱遇到因投资引发的法律纠纷时，不能消极处理，可以采取国内法与国际法双重救济途径。国内途径即可以先协商，若协商不成可通过向文莱法院提起诉讼的途径解决；国际途径包括援用双方都签署的国际条约、中国与文莱签署的双边投资协定、中国—东盟投资协定等，也可以向 ICSID

提交纠纷来解决。另外，在文莱投资的项目多集中在能源及基础设施建设方面，而能源领域是政治风险高发的领域，近五十年来，发生在能源行业的强征事件占了总数的40%[①]。若在文莱投资时发生政治风险，一定程度上可以通过投保的方式来获得救济，承保机构包括中信保、世界银行下设的多边投资担保机构(MIGA)。在遇到政治风险的时候，这类保险机构可以给予赔偿。

简而言之，外国投资者在文莱进行投资会遇到各种法律风险，对法律风险予以规避首先要熟悉文莱国内的法律，提高自身的风险防范意识，与当地或者中国国内专业法律团队合作，在经营中严格遵守文莱相关领域的法律，谨慎地分析和进行投资决策。

---

① 中伦律师事务所:《海外投资的政治风险》(2015－03－13)[2016－01－09]http://opinion.caixin.com/2015－03－13/100791037.html

第三章

柬埔寨外国投资法

柬埔寨地处中南半岛南部，东部和东南部同越南接壤，北部与老挝交界，西部和西北部与泰国毗邻，西南濒临暹罗湾，地理位置重要。作为最不发达国家之一，柬埔寨所有出口欧盟产品享受零关税，出口美国产品享受低关税。柬埔寨基础设施落后，产业配套支持不足，既成为制约经济发展和吸收外资的不利因素，又成为扩大开放、促进发展的潜力所在。柬埔寨市场高度开放，几乎所有领域都向外资敞开大门。由于柬埔寨经济刚刚起步，基础设施建设、农产品加工、矿业开发、工业体系建设、旅游综合开发等领域的市场机遇较多。

中柬之间具有深厚的传统友谊，为拓展双边经贸关系奠定了坚实基础。中柬经济互补性强，两国在自然资源、产业结构上的差异使双方各具比较优势，在产业内和产业间都形成很强的互补特征。“一带一路”倡议提出后，柬埔寨各界多次表示支持。柬埔寨稳定的政局、开放的市场、相对低廉的劳动成本也吸引了众多中资企业来柬埔寨投资兴业。柬埔寨没有专门适用于外国投资者的投资法，《柬埔寨王国投资法》是一部既适用于本国投资者又适用于外国投资者的法律。

一、柬埔寨外国投资法概述

在东盟十国中，柬埔寨长期处于战乱，国内政治经济矛盾十分尖锐。自

1993年柬埔寨王国政府成立以来，柬埔寨实行了市场经济，同时推行了经济私有化及贸易自由化，实施了经济自由化战略和对外开放政策。这些举措促进了柬埔寨引进外资，同时柬埔寨在改善投资环境和完善外国投资法律制度上也做了极大的努力。

(一)柬埔寨外国投资法的历史沿革

1.兴起与摸索阶段

在1975年郎诺政权垮台前，柬埔寨的外国私人投资资本几乎为零。① 在其传统支柱橡胶行业中，仅有的贸易伙伴是法国。1975年4月红色高棉夺取政权后，柬埔寨施行了自给自足的闭关锁国政策，取消了商品市场，禁止了货币流通，拒绝外国的投资。1979年红色高棉建立的“民主柬埔寨政府”被推翻后，柬埔寨建立了人民共和国，在这个时期，柬埔寨也不允许外国投资。到了1989年，柬埔寨国内政治形势有所缓和，经济发展的矛盾比较突出，金边政权颁布了《外国在柬埔寨投资法》。当时，这部法律的内容几乎没有涉及宗教、政治、民族，这对于一个政局刚刚稳定的国家来说，具有历史的进步性。这是柬埔寨第一次以法律的形式规定了外国的投资方式和外国投资的优惠政策，同时该部法律还详细规定了跨国汇款和投资保障。自1989年《外国在柬埔寨投资法》颁布以来，由于经济上的对外开放，政局的相对稳定，投资环境的大为改善，柬埔寨成功吸引了诸多外国投资者。在《外国在柬埔寨投资法》颁布后的三年内，柬埔寨收到了外国投资者的200多项投资申请。

2.发展阶段

1993年5月，柬埔寨在联合国驻柬临时权力机构的组织和监督下举行了大选，柬埔寨王国政府的正式成立标志着柬埔寨进入了和平重建时期，自此，柬埔寨的历史翻开了新的一页。② 在柬埔寨王国时期，柬埔寨实行市场经济，推行贸易自由化、便利化，实施了经济自由化战略和对外开放政策，逐步改善

① 杨建学:《柬埔寨外商投资法律制度分析》，载《东南亚纵横》2008年第11期。

② 朱振明:《柬埔寨:经济重建与恢复》，载《印刷世界》2003年第2期。

国内投资环境。柬埔寨国会于 1994 年 8 月颁布了《柬埔寨王国投资法》，随后又颁布了《柬埔寨王国移民法》。投资法以法律的形式重申了对外国投资的经济开放政策。这两部法律的颁布，为外国投资者提供了较为优惠的条件和必要的保障。外国投资者纷纷到柬埔寨进行投资，主要来自新加坡、日本、泰国、越南、中国、马来西亚、美国、瑞典、瑞士等国家。1994 年投资法相较于 1989 年投资法，其优惠政策更多，被称为"亚洲最优惠的一部外资法"。[①]

3. 逐渐完善阶段

外商投资是柬埔寨经济发展的主要经济来源和动力，为了给投资者创造更为优越的投资环境和优惠的投资政策，第二届柬埔寨王国政府不断改善投资环境，完善投资法律，其中一项重要的举措是对投资法律结构进行调整，进而更加适应日益变化的投资环境。同时，柬埔寨还致力于提升法律法规的透明度来促进外国投资。柬埔寨对《柬埔寨王国投资法》进行了三次修改，分别是 1997 年、1999 年、2003 年，为外国投资者提供了更加优惠的政策和投资保障。[②] 目前，1994 年《柬埔寨外国投资法》、2003 年《柬埔寨王国投资法修正法》是柬埔寨王国生效的投资法，该修正法统一适用于柬埔寨人和外国投资者。2005 年 9 月，柬埔寨颁布了《柬埔寨王国投资法修正法实施细则》，该细则是对《柬埔寨王国投资法修正法》的补充。该修正法和实施细则拓宽了投资领域，除涉及国家安全领域外，所有的领域均向外国投资者开放，在进出口、价格、贷款等方面给予具备资格的投资者更为优惠的政策，消除了投资者加入柬埔寨私营部分的屏障。这些投资优惠政策的施行，使得柬埔寨在吸引外国投资方面更具有竞争力。同时，柬埔寨不断改善国内法律投资环境，颁布并修改了适用于外商投资的《建设—经营—移交(BOT)合同条例》《土地法》《税法》《劳工法》《外汇法》《商业企业法》。目前，柬埔寨已形成以《柬埔寨王国投资法修正法》及其实施细则为基础，再辅以《建设—经营—移交(BOT)合同条例》《土地法》《税法》《劳工法》《外汇法》《商业企业法》等相关配套法律制度的外国投资法律体系。

---

① 漆思剑:《柬埔寨外国投资法律政策研究》，载《河北法学》2008 年第 2 期。

② 1997 年 12 月 29 日颁布了《关于执行柬埔寨王国投资法的法令》，1999 年 6 月 11 日对该法进行了修改，2003 年 2 月 9 日对《柬埔寨王国投资法》进行了修改。

(二)柬埔寨外国投资法的立法模式

柬埔寨没有专门适用于外商的投资法,柬埔寨投资法适用于本国人、外国投资者。柬埔寨选择制定统一的投资法,有其特殊的原因。(1)内外资统一立法的实行必须具备两个方面的条件,一方面是有较为完善的市场经济体制;另一方面市场主体有很强的竞争力。目前,柬埔寨的市场经济还处于发展的初级阶段,因此,柬埔寨明显不能适用于该种立法模式。(2)由于柬埔寨长期处于战乱,国内的市场秩序十分混乱,法制在柬埔寨也是举步维艰,更无法达到法律关系的统一性,同时柬埔寨的法律没有明确的分工,没有专门的部门法,关于投资、贸易的法律缺乏尤为明显,在这样的情形下,柬埔寨本国的投资法律关系是没有办法得到很好调整的,同时由于柬埔寨王国成立以来,柬埔寨王国政府实行革新开放,在这样的情势下,一部既适用于外国投资者又适用于本国投资者的投资法典显得尤为需要,采用这样的立法模式是柬埔寨特殊国情的产物,同时这种立法模式可以大大降低立法成本,也能保证国家立法体系的统一性和完整性。[①] 柬埔寨选择了制定了一部统一的投资法——《柬埔寨王国投资法》及其实施细则,并以其他法律辅之,例如《外汇法》《土地法》《税法》等。

(三)柬埔寨外国投资法的体系

自 1993 年柬埔寨王国成立以来,王国政府进行了大刀阔斧的经济改革,以发展经济为目标,力图改变贫困的局面。尤其在吸引外资方面,柬埔寨不断改善投资环境,制定了一系列外国投资法律规范,同时实行对外开放政策,与诸多国家签订了多边、双边条约。为了吸引外国投资者到柬投资,柬埔寨的法律基本同时适用于本国人和外国人。因此,经过多年的持续努力,柬埔寨慢慢形成了一个由双边投资保护协定、多边投资条约、国内投资法律制度组成的综合投资法律制度体系。这都表明了柬埔寨鼓励外国到其投资的诚意,同时也

---

① 陈志波、米良:《东盟国家对外经济法律制度研究》,云南大学出版社 2006 版,第 29 页。

为外国投资者提供了相当多的优惠政策，提升了柬埔寨吸引外国投资的竞争力。

1. 国内立法

经济全球化是现代国际社会的一种趋势，在经济一体化的过程中，每个国家都在努力实现投资的便利化和自由化。柬埔寨于1994年制定了一部统一的投资法——《柬埔寨王国投资法》，该法经过三次修改，目前生效的是2003年修改的。柬埔寨的外国投资法律体系是以《柬埔寨王国投资法》及其实施细则为基础，同时辅以相关配套的法律来共同调整外国投资，例如《外汇法》《土地法》《知识产权法》《保险法》等。

柬埔寨2003年修改的《柬埔寨王国投资法》及其实施细则是柬埔寨管理外国投资的根本依据。这两部法律对柬国投资进行了详尽的规定，具体从投资申请到投资审批，从投资准入到投资撤离，从投资鼓励到投资保障，从外汇到知识产权。该投资法是柬埔寨促进外国投资的重要举措，其优惠政策之多，幅度之大，被称为“亚洲最优惠的一部外资法”。1997年颁布的《柬埔寨王国税法》(2003年修改)，柬埔寨实行全国统一的税收制度，并采取属地税制。目前，柬埔寨征收的主要赋税是工资税、利润税、财产转移税、最低税、进口税、预扣税、增值税、土地闲置税、专利税、出口税等。柬埔寨1997年颁布了《柬埔寨王国劳工法》，其中关于劳动用工有几点注意事项：第一，严格禁止强迫或强制劳动；第二，雇主雇佣或解雇工人时，应在雇佣或解雇之日起15日被向劳动主管部门书面申报。柬埔寨于1992年颁布了《柬埔寨王国土地法》，并于2001年8月修正。2001年土地法修正案主要目的是明确不动产所有权体制，以保障不动产所有权与相关权益。在所有权规定方面，严禁外籍自然人和法人拥有土地，但合资企业可以拥有土地，但是其中外方合计持股比例最高不得超过49%。同时允许外国投资者以特许、无限期长期租赁和可续期短期租赁等方式使用土地，投资人有权拥有地上不动产和私人财产，并以之作为抵押品。2005年，柬政府颁布的《经济土地特许权法令》规定外国投资者以租赁方式使用土地年限最长可以为70～99年，且期满可申请继续租赁。2010年12月，柬埔寨内阁通过了《外国人不动产产权法》，该法规定允许外国人购买柬埔寨业主房屋一楼以上的房屋，并出售和出租。柬埔寨王国于1998年颁布了《建设—经营—移交(BOT)合同条例》，该条例同时适用于本国人和外国人。外国投资者在柬埔寨投资基础设施项目可以采取 BTO 形式。[①] 2005 年柬埔寨颁布了第一部综合性的公司法——《柬埔寨王国商业企业法》，该法律共有八章三百零四条，对促进柬埔寨国内外投资、建立证券市场、进行合法集资都有十分重要的意义，主要目的是为了改善和巩固柬埔寨的商业投资环境。该法律同样适用于外国公司。外国公司可以通过设立代表处、分支机构或是子公司的形式在柬埔寨境内开展义务。[②] 1997 年柬埔寨颁布了《柬埔寨外汇法》，其对允许居民自有持有外汇做出了明确规定，并强调通过授权银行进行的外汇业务不受管制，包括转账和国际结算，但单笔转账资金在 1 万或 1 万美元以上的，授权银行应当向国家银行进行报告；汇率由市场调节，允许美元在市场流通。同时还规定，在已经向汇出国家银行申报的前提下，可以对未加工的黄金、宝石或其他贵重金属进行自由进出口，但支付价格超过一万美元或等值货币的，应向海关申报。这些配套的法律制度，在一定程度上是对投资法的补充，使得柬埔寨外国投资法律制度更加完善，有利于改善柬埔寨的投资环境。

2. 缔结或加入的国际投资条约

除了完善国内外国投资法律制度，柬埔寨王国政府实行自由市场经济和改革开放的策略，柬埔寨积极参与国际事务，加强国际合作，努力吸引外国投资者到其投资来发展自身的经济，因此缔结和加入了诸多双边和多边国际条约。

(1)加入的多边条约

条约必须信守是国际社会必须共同遵守的原则，因此东道国也必须遵守国际法，保障加入的条约在国内得到有效的执行。多边投资条约是国际组织为了促进投资而制定的投资规则。[③] 多边投资条约根据签署和参加条约的国家的分布，可以分为全球性多边投资条约和区域性投资条约。[④]

首先，全球性多边投资条约主要是《解决国家与他国国民间投资争议公约》(简称华盛顿公约或 ICSID 公约)、《多边投资担保机构公约》(简称汉城公约或 MIGA 公约)，这两个公约是由世界银行制定的。这些公约都是对投资

---

① 关于 BOT 的内容在本文第四章有详细论述。

② 李轩志:《柬埔寨社会文化与投资环境》，世界图书出版公司 2012 年版，第 94 页。

③ 金成华:《国际投资立法发展现状与展望》，中国法制出版社 2009 年版，第 20 页。

④ 史晓丽:《国际投资法》，中国政法大学出版社 2005 年版，第 17 页。

最有影响的多边投资条约。柬埔寨于2005年正式加入华盛顿公约，为柬埔寨的外国投资者到其投资增加了安全感，同时也优化了柬埔寨的投资环境。柬埔寨于1999年加入了汉城公约，柬埔寨是发展中国家，通过加入公约对到其投资的外国投资者进行保护，增强了外资者的安全感，同时促进了资源向柬埔寨的流动，加入汉城公约增加了外国投资者对柬埔寨的了解和信任，加强了国际合作。

其次，在柬埔寨参与的区域性组织里，与中国和柬埔寨都有密切关系的是东南亚国家联盟，即东盟。东盟是一体化程度较高的区域性组织。柬埔寨于1999年4月30日成为东盟的会员，中国于1996年与东盟成为全面对话伙伴。自此以后，在调整相互投资方面，中国和东盟签署了《全面经济合作框架协议》(2002年)、《全面经济合作框架协议争端解决机制协议》(2004年)、《全面经济合作框架协议投资协议》(2008年)，这些协议都致力于实现投资的自由化、便利化。同时使中国与东盟之间的投资更加透明、便利、自由。与此同时，在投资自由化与便利化方面，东盟内部也取得一些成果，包括《东盟促进和保护投资协定》《东盟投资区域框架协定》等。柬埔寨是东盟的成员国，因此要遵守东盟内部的关于投资的协定，同时也要遵守东盟与其他国家签订的协定。

(2)签订的双边投资协定

双边投资协定是两国为了促进和保护投资而缔结的条约。[①] 双边投资协定主要规定外国投资的范围和定义、投资准入、外国投资的待遇、利润汇出、政治风险的担保、征用和补偿投资争议的解决等事项。[②] 双边投资协定主要包括双边投资保证协定、友好通商航海条约、促进和保护投资协定。[③] 双边协定的最主要特点是缔约时可以充分考虑缔约双方的利益，也利于在互利共赢的基础上达成共识。双边协定的内容既有权利义务的实体性规定又有关于纠纷解决的程序性规则，这样利于双方实际解决争端。柬埔寨为促进外资的引进，与中国、马来西亚、泰国、新加坡、瑞士、韩国等国家签订了促进和保护投资的双边协定，与中国和泰国、美国、印尼等国签订了双边贸易协定。与我国签订的双边投资协定有《中柬贸易协定》(1996年7月)、《中柬关于促进和保护投资协定》(1996年7月)等。中柬双边投资协定保护了双方投资者的利益，为

---

① 金成华:《国际投资立法发展现状与展望》，中国法制出版社2009年版，第23页。

② 史晓丽:《国际投资法》，中国政法大学出版社2005年版，第17页。

③ 赵学清、邓瑞平:《国际经济法》，法律出版社2005年版，第142页。

投资者提供了便利。柬埔寨与很多国家签订双边投资协定是为到其投资的外国投资者设立投资规则,同时也打消外国投资者投资过程中关于法律方面的顾虑。[①] 可以说,双边投资协定改善了柬埔寨的投资法律环境。

二、柬埔寨外国投资准入制度

对东道国而言,投资准入指东道国允许外资进入的自由度。其内容包括投资的领域、投资的申请和审批、管理投资的机构、投资的条件等。[②] 对投资者而言,投资准入指投资进入东道国的机会和权利。目前,国际上关于外国投资准入分为自由型、宽松型、限制型三个类型。柬埔寨属于发展中国家,但是其致力于发展自身经济,实行革新开放,大力吸引外资,为外资提供大量的优惠和鼓励政策。因此,在投资准入制度上,柬埔寨实行的是宽松型的模式,既鼓励外资,同时又对其进行必要的限制。

(一)投资管理机构

东道国对外国投资和外国投资者进行监管基于东道国的经济主权,每个国家都会设立专门管理投资的机构。柬埔寨发展理事会是柬埔寨管理外国投资的机构。《柬埔寨王国投资法》规定,柬埔寨发展理事会是柬埔寨政府负责投资和重建发展综合事务的政府机构,负责对各项投资活动及项目进行评估和决策,并提供"一站式"服务[③]。《柬埔寨王国投资法》同时适用于外国投资者,因此柬埔寨发展理事会也是管理外资的政府机构。柬埔寨 2001 年颁布了《组建柬埔寨发展理事会之职责与运作法令》,并且在 2005 年和 2008 年进行了修改。该理事会设联合主席,副主席由商业部长、经济财政部国务秘书长担任,委员由政府各部门的部长或其代表,以及国家银行、公共事务国务秘书处、民航国务秘书处、军队、警察、宪兵部队、金边总商会、各省市的代表组成。除

---

① 徐崇利:《双边投资条约的晚近发展评述》,法律出版社 2000 年版,第 275 页。

② 史晓丽:《国际投资法》,中国政法大学出版社 2005 年版,第 58 页。

③ "一站式"服务指发展理事会下设的投资委员会为私人领域投资相关事宜提供检查、讨论和建议等。

官方机构外，柬埔寨总商会、金边总商会是柬埔寨王国投资和重建发展综合事务的半官方机构。柬埔寨发展理事会是柬埔寨政府负责投资的官方机构。

1. 发展理事会的组织机构

柬埔寨发展理事会下设3个委员会，即柬埔寨投资委员会、柬埔寨重建与发展委员会和2005年成立的柬埔寨经济特区委员会，分别负责监管和处理私人投资、公共投资和经济特区的业务。柬埔寨投资委员会主管私人投资业务，由于柬埔寨王国的投资法同时适用于柬埔寨人和外国投资者，因此柬埔寨投资管理委员会是外国私人投资的管理机构。柬埔寨重建与发展委员会主管公共投资（政府发展项目、接受外援等）业务，两个委员会均设有各自的秘书处、秘书长及相关办事机构，负责日常事务。作为私人投资主管机构的柬埔寨投资委员会是外商赴柬埔寨投资的重要服务性机构，也是投资项目的审批部门，其成员主要来自设计投资活动的各政府部门，包括公关促进私人投资项目处、资料与新闻管理处、投资项目分析与鼓励处、环保评估处、部际事物协调处、私人投资战略分析处、法律与投资法处和行政处。

2. 发展理事会的职责

发展理事会为投资者提供“一站式”服务，它的职责有：审批重建与发展各项投资计划；指导拟订柬埔寨经济发展的战略目标；负责指导与分配公共资源与私人资源的使用；为支援者和投资者创造便利条件等。柬埔寨发展理事会是柬埔寨投资审批机构，但是，在涉及审批以下投资项目时，须呈交内阁办公厅审议与决定：有政治影响的项目；投资金额超过5000万美元以上的项目；可能破坏环保的项目；基础设施项目，包括BOT、BOOT①、BOO② 和BLT③；勘探和开采矿产和自然资源项目；长期开发战略等。

---

① BOOT即建设—拥有—经营—转让，项目公司对所建项目设施拥有所有权并负责经营，经过一定期限后，再将该项目移交给政府。BOT演变的一种投资方式。

② BOO即建设—拥有—经营，承包商根据政府赋予的特许权，建设并经营某项产业项目，但是并不将此项基础产业项目移交给公共部门。

③ BLT模式即私建公营的“建设—租赁—转让”模式，即由私人投资者投入项目建设所需的全部资金，在建设完成后租赁给政府经营与管理，政府每年付给私人投资者相当于租金的回报，租赁期结束后，整个项目完全归政府所有。

柬埔寨发展理事会在管理私人投资方面的任务是为“一站式服务”机制服务，并对投资项目进行审查并审批；分析柬埔寨对国际市场竞争的有利条件，提出柬埔寨私人投资方面的指南，拟定私人投资战略，为私人投资提供各方面的投资项目方案；向投资者宣传、提供政府对各项投资的计划、项目、法律程序；筹划和协调政府授予优先发展区的管理工作；草拟并向政府建议制定有关改善私人投资方面的法律、法规和其他官方文件，以便为投资者创造便利条件，从而提高私人投资效益；编写私人投资的资料和其他官方文件，以便在国内外作宣传工作。外国投资者在向发展理事会申请投资项目的时候可以参考发展理事会的职责和任务来解决投资中的问题。

(二)投资申请与审批

有了管理投资的机构，接下来就是投资的申请和审批问题。对外资进行审批是东道国管制外资的第一步，审批的目的是东道国可以根据自身经济的发展，有计划有策略地利用外资，也可以排除有可能危及国家的安全与国家利益的外资进入东道国，也能充分发挥外资推行经济的作用，促进东道国自身经济的蓬勃发展。在目前的国际实践来看，发展中国家基本上都设立了外资准入的审查制度，外资进入东道国必须得到政府批准，这样才算合格的投资；发达国家规定了投资准入的程序性事项，与此同时，它们也保留了拒绝外资的权力。发展理事会是柬埔寨投资项目申请和审批的机构，但具体到外国投资者的投资，投资委员会是外商赴柬投资的重要服务性机构，也是投资项目的申请和审批部门，其成员主要来自涉及投资活动的各政府部门。对于在柬埔寨进行的非经济特区的私人项目，任何资金都必须向柬埔寨发展理事会及其下属投资委员会提出申请，以供其审议和决定，待通过后，项目申请人方可取得投资许可证并享受投资优惠。关于投资申请的格式、内容以及审议的程序和时限都有严格的要求。

1. 申请

柬埔寨的投资环境比较宽松，除了其禁止外国投资者进入的领域外，外国投资者都可以进行投资。根据《柬埔寨王国投资法》第 7 条和实施细则，在柬埔寨进行的非经济特区的私人投资项目，任何资金来源都必须向柬埔寨发展理事会及其下属的投资委员会提出申请，以供其审议和决定，待通过后，项目申请人方可获得投资许可证并享受优惠政策，关于投资申请的格式、内容以及审议的程序和时限都有着较为严格的要求。(1)向投资委员会起草提交文件。[①] (2)申请备案，并交纳第一阶段费用[②]。(3)陈述项目，并与审批机构会谈。(4)提供补充文件。文件完整，发展理事会会在28个工作日内作出同意或拒绝的通知。(5)投资项目获得通过，交纳第二阶段费用。[③] (6)向银行交纳履约保证金，通常这个额度是投资总类的1.5%～2.0%，在项目完成30%后退还。(7)登记注册，登记机关为商业部。(8)获得投资许可证。(9)投资者必须在6个月之内开展投资项目。

2. 审批

柬埔寨发展理事会可根据申请人提交的材料对项目作出评估和决策，对投资项目的审批应遵循以下规定：第一，柬埔寨发展理事会或省/市投资委员会应在受理投资申请之日起31个工作日内完成审批。[④] 第二，针对项目颁发许可证或批准书，而非投资人或投资企业。第三，投资优惠自动获得批准。当投资项目成为合格投资项目且属于投资优惠的项目时自动获得投资优惠。第四，柬埔寨发展理事会应作为"一站式"服务机构，代表投资人从相关部委获得有条件注册证书规定的许可。第五，有些项目柬埔寨发展理事会没有审批权，必须提交内阁办公厅进行审批。[⑤]

投资项目拟获得合格投资项目许可的，外国投资者可以在柬埔寨发展理

---

① 起草的文件：(1)柬埔寨投资局的申请表和相关文件；(2)投资企业的章程或BCC、BOT合同；(3)经济技术可行性研究报告。

② 该费用为：(1)不超过100万美元的投资项目，该费为100美元；(2)超过100万美元的投资项目，该费为200美元。

③ 该费用为：(1)不超过100万美元的投资项目，该费为500美元；(2)超过100万美元的投资项目，该费为1000美元。

④ 根据2003年《柬埔寨王国投资法修正法》的规定，发展理事会在受理投资建议之日起3个工作日内，应向申请人出具有条件注册证书或不予批准函；如未能在三个工作日内出具有条件注册证书的或不予批准函的，视为自动批准有条件注册证书；自核发有条件注册证书之日起，其上列明的负责办理证照及核准手续的政府机构应在28个工作日内出具所需文件。

⑤ 投资额超过5000万美元、涉及政治敏感问题、矿产与自然资源勘探与开发、可能对环境产生不利影响、涉及长期发展战略或是包括BOT、BOOT、BOO、BLT在内的基础设施项目，柬埔寨发展理事会需提交内阁办公厅进行审批。

事会或省/市投资委员会注册，并取得最终注册证书。（参见表 3-1）

表 3-1

行为人	程　序	备　注
申请人	向柬埔寨发展理事会或省/市投资委员会提交投资建议书	完整填写申请表 缴纳 7000000 瑞尔申请费
柬埔寨发展理事会或省/市投资委员会	1 核发"有条件注册证书" 一投资建议书提供的信息完整 —属于可享受投资优惠项目，且与国家利益、环境敏感问题无关 2. 出具"不予批准函" 如投资建议书不符合上述条件，3 个工作日内未核发"有条件注册证书"或出具"不予批准函"的，"有条件注册证书"可视为已自动获得批准。	提交投资建议书后 3 个工作日内核发"有条件注册证书"，对合格投资项目运营所需的证照和其他核准手续，由负责办理上述事项的政府部门作出说明。 "有条件注册证书"确认合格投资项目可享受的优惠政策，并认可此合格投资项目的法人章程。 "不予批准函"应明确说明投资建议书未被批准的原因，以及柬埔寨发展理事会或省/市投资委员会核发"有条件注册证书"所需的补充信息。
柬埔寨发展理事会或省/市投资委员会	代表申请人从相关部委机构获得有条件注册证书规定的许可。	自核发"有条件注册证书"之日起，政府机构应在 28 个工作日内出具所需文件。
柬埔寨发展理事会或省/市投资委员会	核发"最终注册证书"	自"有条件注册证书"核发之日起 28 个工作日内核发。"最终注册证书"核发日即为合格投资项目启动日。

资料来源：《2008—2009 年柬埔寨华商资讯》，柬埔寨华商日报社，2010 年第 49 页。

（三）投资领域

投资领域是指东道国允许外国投资者的投资范围。一般而言，每个国家的外国投资法都规定了外国投资的区域。[1] 东道国对外资的范围予以限制有两个重要的原因：一是把关系到国计民生和国家安全与利益的部门与行业排除在外商的投资领域以外；二是可以引导外资到东道国亟待发展的领域，靠外资发展自身经济，同时使外资的发展与本国自身经济的发展保持一致。[2] 柬埔寨对外国投资领域限制比较少，随着时间的推移，投资领域的开放程度越来越高，同时柬埔寨对外资的优惠越来越多。《柬埔寨王国投资法》及其实施细则中以列举的方式规定了王国政府完全禁止的领域、限制的领域、鼓励投资的重点领域、鼓励投资的项目、不鼓励投资的项目。

1. 禁止投资的领域

柬埔寨完全禁止外商投资的领域是：(1)精神以及麻醉物品的生产及加工；(2)使用外国进口废料加工发电；(3)使用国际规则或世界卫生组织禁止使用、影响公众健康及环境的化学物质生产有毒化学品、杀虫剂、农药等；(4)森林法禁止的森林开采业务；(5)法律禁止的投资活动。

2. 限制投资的领域

对外商投资有限制的领域有宝石开采、电影产业、酿酒、香烟、出版业、利用当地原材料加工的木制产品等。这些领域由有关部门管制或如果有外商参与必须经过柬埔寨政府的批准或柬埔寨国家的参股。

3. 鼓励投资的领域

柬埔寨鼓励外国投资者在以下重点领域进行投资：(1)创新和(或)高科技产业，这可以提升柬埔寨科技竞争力，带来先进的技术和管理经验；(2)旅游业、基础设施及能源产业，这可以增加柬埔寨的就业机会，同时刺激经济增长；(3)出口导向型产业，这可以增加柬埔寨的外汇收入；(4)农业、加工业，农业本身是柬埔寨的优势产业，鼓励投资者进入农业、加工业可以充分发挥资源优势的同时也促进传统农业的改进；(5)促进农村发展的行业、涉及环境保护的行业、在特别经济区投资，这些领域可以促进柬埔寨全面发展，环境与经济同步

---

① Campbell McLachlan, Laurence Shore, and Matthew Weiniger, *International Investment Arbitration: Substantive Principles*, Oxford University Press, 2007, p. 77.

② 姚海镇：《国际投资法》，武汉大学出版社 2011 年版，第 30 页。

发展。除了重点投资的领域，柬埔寨政府还详细列举了鼓励投资的项目是：农业、工业、水产业、纺织业、建筑业等。

4. 不鼓励投资的领域

柬埔寨不鼓励外商投资的领域包括商业活动、旅游服务、媒体活动、赌场和赌博业务、运输服务、货币和金融业务、专业服务、烟草制品和地产项目等。

(四)评析

柬埔寨外国投资法在投资准入方面的规定有力地促进了外国投资者到柬投资。从投资管理机构来看，柬埔寨设立了专门管理外国投资的机构，同时对投资程序和投资手续进行了不断的简化，实行"一站式"投资审批程序，提高了外国投资者的投资效率，促进了投资的高效便利。从投资申请和审批来看，柬埔寨外国投资法对外国投资者进行投资流程做了详尽的规定，提升了对外国投资者的透明度和公开度，这同样也是《中国—东盟投资协议》的要求。[①] 从投资领域来讲，柬埔寨不断放开投资领域，只有涉及到国家安全和国计民生的重要领域才不对外国投资者开放，其余领域都鼓励外国投资者进行投资，同时给予外国投资者众多优惠。这提高了柬埔寨外国投资者的投资积极性，有利于促进外国投资者到柬进行投资，这也是柬埔寨外国投资法设立的目的。但是，柬埔寨的外国投资准入制度也存在着一些不足之处。首先，柬埔寨虽然设立了专门管理投资的机构，但是没有设立专门管理外资的机构，外资管理职能部门只是投资管理机构的一个组成部分，说明对外资的重视程度还不够。其次，虽然柬埔寨已经在投资的申请和审批方面简化了很多程序和手续，但是总体来说流程还是比较复杂，这些繁杂的手续不利于外国投资者到柬投资，这也与柬埔寨政府吸引外资的立法目的相违背。

---

① 《中国—东盟全面经济合作框架协议投资协议》第十九条对缔约方投资法律法规的透明度提出了要求。该条要求缔约方公布关于或影响投资的所有相关法律、法规、政策和普遍使用的行政指南并及时通报它们的变化。

三、柬埔寨外国投资促进制度

柬埔寨王国政府成立以来，实行对外开放和经济改革政策。自此以后，王国政府不断改善投资环境，持续拓展投资领域，加大投资优惠，以此来鼓励外国投资者到柬投资，促进柬埔寨引进先进的技术和管理理念，增加就业机会等。其颁布的《柬埔寨王国投资法》详尽规定了对外国投资的待遇、保障和优惠政策。

(一)投资待遇

外国投资者的投资待遇指东道国对外国投资和外国投资者给予的法律上的待遇标准，也就说外国人投资东道国所承担的义务与享受的权利。外资的投资待遇包括外国投资者在东道国的法律地位、外资企业在东道国的法律地位、投资监管与投资保护的程度、权利与义务标准以及国有化和征收的补偿标准等。外国投资者的投资待遇是外国投资法的重要内容。柬埔寨的外国投资者待遇主要有最惠国待遇、国民待遇、公平公正待遇。

1. 国民待遇

国民待遇是指东道国给予外国投资和外国投资者的待遇应不低于其给予本国投资和投资者的待遇，一般而言，国民待遇规定于国内法或者国际条约中。柬埔寨没有专门的外国投资法，本国人与外国投资者统一适用《柬埔寨王国投资法》，除了土地所有权购买方面外国投资受到一定的限制外，柬埔寨政府对外资和内资基本给予同等的待遇。同时，在签订国际条约的时候，国民待遇都是这些协定的核心条款，例如在《美国－柬埔寨贸易与投资框架协议》中第二条非常具体地规定了国民待遇条款，即：(1)各方都应以这样一种方式来管理贸易的关税和非关税措施，以便为第三国、本国竞争者以及对方国家的产品和服务提供有意义的竞争机制。(2)相应地，任何一方都不得直接或间接地向对方国家进口到其国境内的产品征收超过其对本国产品直接或间接地征收的任何形式的税款或收费。(3)在影响产品的国内销售、发售、采购、运输、分拨等的所有法律、法规和要求方面，各方都应授予来源于对方国家境内的产品不低于本国产品的待遇。国民待遇的基本实现也为柬王国把最大限度地吸引外资投入国家建设作为促进国内投资的主要原则，同时也给赴柬投资的外资带来最大优惠。

2. 最惠国待遇与公平公正待遇

最惠国待遇是一种特别优惠的待遇，它着眼于东道国内的所有外国人应享有同样的优惠待遇。公平公正待遇是对国民待遇和最惠国待遇的补充和修正。柬埔寨在与其他国家签订国际条约的时候，最惠国待遇和公平公正待遇条款都会包含在其中，例如中国与柬埔寨签订的《促进和保护投资协定》[①]，中国与东盟签订的《全面经济合作框架协议投资协议》中也明确规定要给予双方投资者最惠国待遇、公平公正待遇。同时，在柬埔寨投资的外国投资者同样可以享受美国、日本、欧洲等28个国家或地区给予柬埔寨的普惠制优待。总的来说，柬埔寨给予外国投资者国民待遇、最惠国待遇、公平公正待遇，目的在于最大限度地促进外资的引进，发展自身经济。

(二)投资保障

外商投资面临的风险很多，包括商业风险，如物价波动、货币贬值等，也面临政治风险，如外汇限制、战乱、国有化征收等。商业风险在所难免，因此，政治风险是外国投资者首要考虑的问题。因为政治风险直接影响外国投资者的资金和投资活动安全，同时也影响投资收益。对于政治风险，无论东道国还是资本输出国，无论从东道国吸引外资的政策出发，或者以保护国民海外投资安全为出发点，或者促进整个国际社会的资本流动，加强国际间的经济交往与合作，都有必要对外国投资者进行保护。对外资进行保护可以分为国内法意义上的保护和国际法意义上的保护，国内法意义上的保护是指东道国和资本输出国通过国内立法对投资者进行保护，国际法意义上的保护是指东道国与资本输出国缔结国际条约来提供保护。柬埔寨政府为了吸引外国投资者到其投

---

① 中国与柬埔寨签订《促进和保护投资协定》规定："1. 缔约任何一方的投资者在缔约另一方的领土内的投资和与投资有关的活动应等受到公平与公正的待遇和保护。2. 本条第一款所述的待遇和保护不应低于其给予任何第三国投资者的投资及与投资有关的活动的待遇和保护。"

资，不断改善投资环境，同时为了打消外国投资者面临政治风险的顾虑，柬埔寨提供了一系列对外国投资者的保障政策：第一，针对国有化问题，柬埔寨不实行对投资者财产有损害的国有化政策；第二，柬埔寨政府对已批准的投资项目不进行产品价格和服务价格的管制；第三，不实行外汇管制，允许投资者从银行系统购买外汇转往国外，以此用来清算其与投资活动有关的债务。[①]

1. 国有化与征收问题

征收与国有化是指东道国基于无论政治上还是经济上的动机，将外国投资者财产置于东道国主权管辖范围以内。强制性是征收与国有化的本质属性，征收的财产不仅具有物质性同时也是无形的财产权。《柬埔寨王国宪法》第四十四条没有直接禁止国家将私有财产国有化，而是有条件的征收，即是为了公共利益才发生征收，并且还要支付公平、公正的补偿。另外，《柬埔寨王国投资法》第九条也有关于国有化政策的类似规定。[②] 在柬埔寨，实行征收或国有化是有条件的。首先，实行国有化必须为了国家利益或社会公共利益，而不是个人或集团利益。虽然国有化会损害私有财产权，但是为了国家或公共利益，这种侵害是允许的。其次，禁止实施差别原则。这个原则要求实行国有化的过程中，对本国人与外国人要一视同仁，同时也要求对国内的外国人同等对待。最后，实行国有化必须对财产损失者给予合理的补偿。对外国人财产进行国有化，必须进行合理的补偿。也就是说，柬埔寨对外国投资者征收或国有化的前提是基于公共利益，同时禁止实施差别原则，且要进行公平、公正的补偿。

2. 投资纠纷解决问题

投资者到外国投资除了关心投资环境和投资优惠外，东道国投资纠纷解决机制也是他们所关心的一个重要方面。毕竟，在进行投资的过程中，发生投

---

① 与投资有关的债务包括产品进口支付及还贷、各种开支、税务及管理服务费用的支付、利润转移和投资资本汇出等。

② 《柬埔寨王国投资法》第九条规定：政府不实行损害投资人个人权益的的国有化政策。

资纠纷是不可避免的。[1] 东道国的投资纠纷解决机制与其自身的法律和相关政策相关,同时也直接关系到投资者最关心的投资收益问题。在二十一世纪之前,外国投资者在柬埔寨发生投资纠纷是非常麻烦的,因为柬埔寨当时法律体系不健全,法制也不是很完善,在执行中又存在着执法不严的情况。但是,近年来,随着柬埔寨政府不断改善投资环境,尤其注重投资纠纷的解决,因此这种情况有所好转。目前,柬埔寨解决投资纠纷的方式主要有调解、谈判、诉讼、仲裁等。关于纠纷解决方式,主要有国内法和国际法两个层面来调整。

(1)国内法规定的方式

《柬埔寨王国投资法》中规定,外国投资者在柬埔寨发生投资纠纷,可以采取协商、协调的方式解决,如果未果,可以将纠纷提交柬埔寨投资管理机构——发展理事会来处理,或者通过柬埔寨国内法律程序和国际法来解决。[2] 在 1998 年制定的《柬埔寨王国关于 BOT 合同的法规》规定,在柬埔寨进行 BOT 形式投资发生纠纷后,应按照合同和特许协议的条款,通过谈判或仲裁的方式裁决争端。[3] 从国内立法来看,柬埔寨解决投资纠纷的方式包括调解、谈判、诉讼、仲裁。2003 年柬埔寨通过了《柬埔寨商业仲裁法》,该法律规定了国家仲裁中心的设立,虽然国家仲裁中心目前没有投入使用,但是法律明确规定了仲裁也是解决纠纷的一种方式。同时,当外国投资者对柬埔寨政府发生纠纷,如果有协议的话,则可以利用 ICSID 的裁决来解决纠纷。

(2)国际法规定的方式

柬埔寨是东盟的成员国,根据《中国—东盟全面经济合作框架协议争端解决机制协议》的规定,投资者与东道国发生投资纠纷可以采取磋商、仲裁等方式来处理,而磋商是最为鼓励的方式。这种纠纷解决方式既节省成本,又不伤双方的和气,有利于进一步推进贸易合作。同时,柬埔寨是《华盛顿公约》的成员国,当投资者与政府发生投资纠纷时,可以利用 IDSID 来解决。投资纠纷

---

① Macro Bronckers and Reinhard Quick (ed), *New Dictions in international Economic Law*, Netherlands: Kluwer Law International, 2000, p. 552.

② 《柬埔寨王国投资法》第 20 条规定:与投资者在柬埔寨王国投资有关的纠纷,如涉及到投资法所规定的权利与义务时,可由纠纷各方通过协商,协调解决;如果通过协调纠纷未能得以解决,该纠纷则可由柬埔寨发展委员会提供解决办法;或者通过柬埔寨王国法律程序由法庭裁决;或者由纠纷各方协议,根据国际法加以解决。

③ 《柬埔寨王国关于 BOT 合同的法规》第 14 条规定:所有 BOT 合同下的纠纷应按照合同条款通过谈判和仲裁及时、友好地解决。

解决方式的多元化增强了外国投资者的安全感，同时促进了资源向柬埔寨的流动，增加了外国投资者与柬埔寨的了解和信任，加强了国际合作。

3. 投资利润汇出问题

一般而言，每个国家都有权对国内的通货进行管理，对外汇也是如此。外国投资原本和利润能否兑换并自由汇出是外国投资者最为关心的问题，许多国家的投资法对此作了直接的规定。国际上有两种类型：一是允许外资原本及利润自由汇出，二是对外资原本及利润的汇出有一定的限制。《柬埔寨王国投资法》第 11 条规定，政府允许外国投资者从银行购买外汇汇往国外，但必须是用以清算与投资活动有关的债务。① 即只有以下用途的支付才被允许汇出：用以支付进口及偿还国际贷款本利，用以支付版税和各项管理费用、转移盈利等。总体来说，柬埔寨政府对外汇管理是比较宽松的。外国投资者的投资原本和利润是可以自由汇出的。随着柬埔寨外国投资保障制度的不断完善，为外国投资者提供了更加切实可行的法律保障，为投资者免除了后顾之忧，促进了外资的引进。

(三)投资优惠

柬埔寨外国投资法采取的是发展中国家的投资法模式，其目的是为了吸引外资，鼓励与限制并存是柬埔寨对外国投资者的投资政策，但鼓励是重点。柬埔寨外国投资法是以鼓励为主的投资法，其为外资提供了以优惠为主的投资环境。柬埔寨在 2005 年颁布的投资法实施细则附件一中详细列明了不享

---

① 《柬埔寨王国投资法》第 11 条规定：根据有关法律及柬埔寨国家银行公布的有关规定，王国政府允许投资者从银行系统购买外汇转往国外，用以清算其一投资活动有关的财政债务。

受优惠政策的投资项目。[①] 也就是说，只要不属于附件一中的投资项目，都可以享受投资优惠。

1. 税收优惠

给予外国投资者税费上的部分或全部豁免是发展中国家吸引外资的重要举措。税收优惠指基于外资企业的投资领域、规模、地域等具体情况，东道国减少该企业的进出口关税、营业税、增值税等税种额度。对外资企业的税收优惠有利于最大限度地促进外资的引入，同时改善东道国的管理技术、增加就业机会、改善经济结构。总之，对外国投资者的税收优惠有利于改善东道国的投资环境，促进东道国某一地域或领域的经济发展。

税收优惠是柬埔寨鼓励外资的一项重大举措，根据《柬埔寨王国投资法》第 13 条和 14 条规定，只要是属于可以享受投资优惠的项目，都可以享受到税收优惠待遇：a. 免征进口关税的投资项目是：内销型、出口型、配套产业合格投资项目进口生产设备、建筑材料、原材料、半成品及配件。b. 投资后可享受 3—8 年的免税期[②]，如果连续亏损 5 年，则允许以其亏损额冲减利润；免税期后按税法交纳税率为 9%的利润税优惠利率[③]。c. 投资者利润可以再投资，免征利润税，分配红利，均不征税。d. 享受优惠待遇的投资项目免征出口税。柬埔寨的税收优惠幅度很大，基本涵盖了外国投资者所有投资领域，最大限度地吸引外资。

2. 地区优惠

柬埔寨的经济特区亦称为“特别经济区”。2005 年 12 月 19 日，柬埔寨颁

---

① 不享受投资优惠的投资活动有：(1)商业活动、进口、出口、批发、零售，包括免税商店；(2)运输服务，包括水运、陆运、空运，铁路系统投资除外；(3)国际标准酒店外设立的饭店、卡拉 OK 厅、酒吧、夜总会、按摩室、健身室；(4)旅游服务、旅游代理、旅游信息及旅游广告；(5)赌场、赌博业务及服务；(6)货币、金融业务及服务，包括银行、金融机构、保险公司及其他金融媒介；(7)报刊及媒体业务，包括电台、电视台、新闻、杂志、电影、视频制作或复制，影剧院、演播室及相关业务；(8)专业服务；(9)危及生物多样性、人类健康及环境的改性活生物体；(10)有国内合法原材料供应渠道、使用天然林木生产加工木材制品项目；(11)烟草制品生产等。

② 经济特区最长可达 9 年。

③ 国家自然资源、森林、湖泊、金矿和宝石等的勘探和开采项目除外。

布《关于柬埔寨发展理事会组织机构和职能的第147号令》,对柬埔寨发展理事会进行机构重建,设立专门的“经济特区委员会”,负责经济特区的申请、建设和管理工作。同时,《关于经济特区设立和管理的第148号次法令》也相应出台,柬埔寨经济特区管理的法律框架初步构建成形。迄今为止,柬埔寨政府正式批准了14个经济特区。柬埔寨的经济特区分布广泛,主要分布在国公省、西哈努克省、柴帧省柬越边境区、班迭棉吉柬泰边境区、贡布省、金边市等地。发展较快的有西哈努克港寂静特区、曼哈顿柴帧经济特区、金边经济特区等,其中发展最快的是由中国公司投资在西哈努克港建立的西哈努克港经济特区,简称“西港特区”。

《关于经济特区设立和管理的第148号次法令》和《柬埔寨王国投资法》都规定了特区内的投资项目享受的投资优惠。[①] 投资柬埔寨经济特区的外资厂商,除了按照投资法和相关法律享有租赁国有土地70年免税的优惠外,还能取得特区内设厂7年免税、特区内“单一窗口”提供的“一站式”服务,以及政府给予的其他在土地使用、能源供给、交通运输、税收等方面的优惠政策和投资保障。而且根据规定,特区投资者应获得的税务优惠权将按现行的柬埔寨王国法律在给特区投资者出具的最终注册证书有所体现。无论是经济特区的开发商、入驻特区的投资商,还是在特区就职的外籍员工,都依法享有将纳税后的合法收入汇往国外的权利,不受任何外汇限制。特区开发商享有盈利税豁免优惠最长9年,特区基础设施建设所需物资、设备、建材免征进口税及其他赋税,以及依法取得边境或独立地区土地特许用以建设经济特区并出租的权利,特区内投资商还会获得关税优惠和包括减免增值税等其他税务优惠。柬埔寨在地区设立优惠是为了更大程度地促进外国投资者到柬埔寨进行投资,从而促进柬埔寨区域的发展与整体发展。

(四)评析

柬埔寨外国投资法在投资促进方面的规定符合《中国—东盟全面经济合作框架协议投资协议》,同时在某些方面高于投资协议。就投资待遇而言,柬

---

① 特别经济区次法令规定特别经济区委员会应向特别经济区提供优惠政策;《柬埔寨王国投资法》规定,位于特别经济区的合格投资项目有权享受与其他合格投资项目相同的法定优惠政策和待遇。

埔寨外国投资法在投资准入前和投资过程中实行国民待遇，同时在条约中实行最惠国待遇和公平公正待遇。这与国际通行的做法是接轨的，促进了外国投资的引进。在投资保障方面，柬埔寨规定了国有化的严格条件，同时不对外资进行商品和服务价格的管制和不对外汇进行宽松管制，这些规定有力地消除了外国投资者到柬投资的后顾之忧，增加了柬埔寨吸引外国投资的竞争力。在投资优惠方面，柬埔寨既规定了税收优惠又规定了地区优惠，双管齐下的优惠政策是柬埔寨吸引外国投资的砝码，有力促进了柬埔寨外国投资的稳步向前发展。总体来说，柬埔寨外资促进制度有利于外资的引进，但是柬埔寨的优惠幅度还不够大，并不是所有的地区都有优惠，这样不利于外国投资者到除优惠区之外的区域进行投资，应扩大优惠的范围，使地区优惠扩大到整个国家，且投资优惠的力度和范围还不够大。同时，对外国投资者的保障力度还不够，与东道国发生纠纷后或者发生劳资纠纷时，投资者的救济途径有限。这些方面都在某种程度上降低了外国投资者到柬投资的积极性。

四、柬埔寨外商投资形式

外商投资形式是外资准入后的首要考虑问题，不同的投资方式导致外国投资者的权利义务是不同的。柬埔寨王国法律允许的外商投资形式包括外商独资、合资经营、建设—经营—移交(BOT)以及法律所允许的其他形式。由于柬埔寨经济落后，基础设施相对较差，很多投资者到柬埔寨投资选择了BOT形式。这有利于柬埔寨扩大基础设施建设，也有利于外国投资者获得长期投资收益。因此，笔者在这个部分主要论述了外国投资者到柬埔寨进行BOT形式的投资。

(一)外商独资企业

外商独资是指外国公司、企业、其他组织或者个人，依照柬埔寨王国法律在柬埔寨境内设立的全部资本由一名或几名外国投资者所拥有并由他们自己管理公司的外国投资者投资的企业。这种形式是国际直接投资的一种传统投资方式。一般来讲，生产规模大、技术水平高，在国际市场竞争中处于优势地位的大型跨国公司可以以独资企业形式对柬埔寨王国进行直接投资，这便于实现价格转移而获得最大的整体利益，避免外国投资者与柬埔寨合作者因经营理念不同、利益冲突等所造成的矛盾，影响经济效益，同时保持自己所拥有的先进技术在国际市场上的竞争地位。柬埔寨对外商独资企业的设立限制较少，法律规定外商独资企业的章程必须包括以下内容：(1)外国投资者的姓名和住址；(2)公司在柬埔寨注册登记的办公室的名称和地址；(3)公司目的；(4)投资资本总额；(5)社会资本总额；(6)公司运作期限；(7)管理和控制公司的实体名称以及公司法定代表人的姓名；(8)公司所采用的会计方法。在柬埔寨投资采用独资形式的投资者基本都是经济实力比较雄厚的企业，设立独资企业，可以使投资者获得最大收益，也可以使投资者有最大的经济自由主动权。

(二)合资企业

《柬埔寨王国投资法》规定外商投资企业的形式可以为合资经营模式。合资企业可由任何国籍的投资者组成，也可包含其他合资企业或政府。柬埔寨王国规定的合资企业属于设立新企业类型，相当于国籍投资合资企业。无论合资企业的投资者国籍，对于控股者的控股比例不应设限，投资者趋向拥有土地所有权或拥有土地方面的利益的除外，只有在合资企业中的外国控股不超过投资总额的49%才可以拥有土地所有权。对合资企业的性质和法律地位，各国根据其国情在法律上一般都会做出规定，但说法各不相同。有些国家认为合资企业属于一种合伙关系，否认合资企业的法人性质，例如英美普通法对合资企业及合资契约的解释不属于法律实体，而是类似于合伙契约的一种法律行为，属于合伙关系的一种，但因其不形成实体、营业范围单一、存续期间较短等，它与合伙在一定程度上又有着差异。

从《柬埔寨王国投资法》对合资企业的规定来看，柬埔寨王国的合资企业实际相当于股权式合资企业。世界各国的合资企业发展较为迅速，已成为资本输入国和国际投资者看好的投资方式，对双方均有利。特别是在柬埔寨王国进行投资，投资者可选择此种类型的投资方式，一方面可以避免和减少政治风险，避免受柬埔寨国家法律、政策变化的影响，如果遇到政治风险，也可使损失减少到最低的限度；另一方面可以利用柬埔寨国家合作伙伴对本国政治、经济、文化、风俗习惯的了解优势，实现其投资的目的。

在出资方面，柬埔寨王国政府希望外国投资者多投入一些货币，并允许投资者用机械设备、厂房、建筑物、原材料进行出资。虽然柬埔寨外资法规定了外国投资者可用货币出资,但是没有具体规定是否可以用本国货币以外的货币出资且没有规定货币的折算率问题。对资金的投人,柬埔寨王国是没有限制的,但是,对出资的财产应以市场价格计算,如果离于市场价格,柬埔寨发展理事会有权用市场价值作为申请评估的出资价值。投资者对出资的任何装置、机械或设备等财产,必须符合安全标准,以保证劳工的安全。柬埔寨政府对诸如专利权、商标、商业秘密和其他技术等无形资产是否可以作为出资的方式,并没有做出明确的规定。

对于外国投资的期限,世界各国在法律上一般都不作硬性规定,由投资双方在合同和公司章程中约定。柬埔寨王国政府允许外国投资者将其股份进行转让,《关于执行柬埔寨王国投资法的法令》第 3 章对此做了规定,"每位投资者均有权把自己在这个投资企业中的股份转让给这个投资企业中的其他投资者,如果本投资企业中的股东不愿意购买这些股份,持有者可把本人的股份转让给其他人"。合资企业是很多投资者会选择的投资形式分散了,因为采用合资形式,投资者的资金压力和经营压力,同时可以充分利用柬埔寨本国人的信息优势和劳动力优势。

(三)BOT 形式

建设一经营一移交(Build-Operate-Transfer,简称 BOT)方式,是指政府将基础设施专营权以特许协议授予投资者,由其投资建设,并享有一定时间的经营权,特许期届满时,该基础设施无偿移交给东道国政府。由于 BOT 方式是缘于一国政府为解决由于经济增长对基础设施的迫切需要与该国财政不堪承受的矛盾,由政府许可私人投资者投资建设基拙设施的方式,因此,它是一种在政府特许的基础上的直接投资方式,它将私人资本注入到一国的基础设施建设中,缓解了政府在基础设施建设中因巨额资金投入形成的沉重财政负担,并有利于引进市场机制,分散经营风险,提高经济效率。但是 BOT 形式的投资具有高风险性、长期性、复杂性等特点,因此,需要国家以相应的法律法规来予以规范。柬埔寨王国于 1998 年制定了《建设一经营一移交(BOT)合同条例》。该条例适用于柬埔寨人和外国投资者。目前在柬埔寨开展 BOT 项目的主要是中国公司,涉及的行业包括输变电网、水电站等,特许经营期限没有特别限定，水电站的经营期限一般是30年到40年。①

1. BOT项目的适用范围

柬埔寨位于中南半岛南部，与其毗邻的国家有泰国、老挝、越南。由于柬埔寨一直饱受战乱之苦，国内的经济发展一直停滞不前，因此，国内的基础设施非常薄弱。同时，柬埔寨拥有着丰富的自然资源，进入和平重建后的柬政府把经济发展当作当务之急，而基础设施建设是发展经济的前提和基础。因此，柬政府热衷于基础设施的建设和完善，其也成为了很多外国投资者到柬投资的一个投资热点。在BOT适用的范围上，柬政府1998年颁布的《建设—经营—移交(BOT)合同条例》规定，以下基础设施建设项目可以适用BOT合同：(1)交通运输：道路及汽车专用路、铁路、港口、机场、大坝；(2)能源开发：发电厂、水电站、洁净水生产厂、固体废物处理厂；(3)城市及住宅开发：新城市、住宅开发、工厂；(4)旅游开发：旅游胜地；(5)公用事业：医院、学校、体育场；(6)通信：通信网络。从法律的规定可以看出，柬埔寨政府对BOT投资的项目类型规定得很细致，基本涵盖了柬埔寨的所有大型基础设施项目，这也反映了柬埔寨吸引外资，促进自身经济发展的决心。

2. BOT特许协议

柬埔寨王国《建设—经营—移交(BOT)合同条例》的规定，BOT特许协议包含的条款有项目主体、项目的基本内容、特许权的期限、BOT项目框架内发生的基础设施建设费用承担、政府或特许权的合法授予人收取的许可费或者其他收入、特许权受让人获取收入的方式、履约保证、特许权受让人转让及延长期限的条件、风险分担、政府保证、税收和保险事项、项目移交的期限、违约责任、法律适用及争议解决等内容。

在特许协议签订的主体上，柬埔寨王国允许所有的投资者，包括柬埔寨籍或外国籍的自然人或法人，或者上述人员建立的财团与政府签订特许协议。柬埔寨王国政府负责基础设施的部、机构或当局、国有法律实体有权代表柬埔寨政府，根据《建设—经营—移交(BOT)合同条例》的条款和条件与之订立BOT合同；在基础设施建设费用上，BOT项目的基础设施建设费用全部由特

① 张玲：《柬埔寨BOT投资法律环境研究》，载《法制与经济》，2010年第4期。

许权受让人承担，政府不可能来承担此费用；在特许权的期限上，柬埔寨王国法律规定特许权受让人单独管理基础设施项目最高期限为30年，但是，允许双方在特许协议中约定延长条件及期限。

在特许权受让人权利的转让上，柬埔寨王国法律允许特许权受让人经柬埔寨王国政府批准，有条件地将其在BOT合同中产生的权利转让给第三方，这个条件就是合同中规定的总投资至少已经完成了30%，且特许权受让人与第三方对合同规定完成的项目承担连带责任。同时，该转让行为还必须经过柬埔寨王国政府或任何特许权合法授予人的批准；在特许权受让人获取收入的方式上，应当在合同中约定特许权受让人有权获取收入的方式，其内部收益率还必须报柬埔寨政府或授予特许的公共法律实体事先批准。

之所以对BOT协议的内容规定得如此详尽，是因为BOT投资方式面临的国际工程承包市场是极具风险性的。虽然BOT投资形式会带来丰厚的的利润，但是利润与风险是并存的，要获得高利润就必须承担高风险。BOT形式的投资大都涉及到大型的基础设施项目，参与的主体多、项目的周期长、成本高、风险大。以BOT形式投资的项目中，会遭受着商业风险和政治风险，因此对BOT协议的详细规定会给外国投资者以安全感，促进外国投资者到柬以BOT形式进行投资。

3. BOT的审批

在柬埔寨进行BOT方式的投资，是需要经过一定程序的。一般来说，柬埔寨王国BOT合同的特许权受让人是通过国际性或全国性招标程序获得特许权，但是在流标的情况下，且基础设施项目又需要其必要的技术，要求选择特殊标准的特许权受让人的，可以通过谈判程序获得柬埔寨王国BOT合同的特许权。在柬埔寨投资，发展理事会是其投资审批机构，但是涉及到BOT项目的时候，必须经过柬埔寨政府的批准。

根据金额的不同等级，审批机构也是不同的，第一，项目投资额低于或等于500万美元的，由主管有关项目的部长、经济财政部部长和柬埔寨发展委员会联合决定；第二，项目投资额低于或等于1000万美元的，由首相根据主管有关项目的部长、经济财政部部长和柬埔寨发展委员会的联合提议做出决定；第三，项目投资额超过1000万美元的，由部长会议根据主管有关项目的部长、经济财政部部长和柬埔寨发展委员会的联合提议，做出决定。通过招标或者谈判程序成为特许权受让人后，由特许权受让人根据柬埔寨王国《经济财政部关于实施本条例的决定》,存入履行项目的保证金之后,由批准该项目的部门发给特许权受让人BOT许可证,并根据BOT许可证与特许权受让人签订合同,约定缔约双方的权利和义务。

(四)评析

投资形式是外国投资者到柬投资最先考虑的问题,柬埔寨外国投资法对外国投资者的投资形式做了详尽规定。独资、合资、合作经营、BOT是外商投资的常见形式。对于柬埔寨在一些大型基础设施方面允许外国投资者以BOT的方式进行投资,一方面有利于柬埔寨自身基础设施的建设,增强自身的经济实力和综合竞争力,同时也有利于外国投资者投资的多元化和投资渠道的多样化。在柬埔寨设立企业,无论是设立程序还是出资形式,柬埔寨外国投资法都基本与国际接轨,同时符合《中国—东盟投资协议》的相关规定,增加了外国投资者投资的便利化和自由度。但需要注意的是,柬埔寨的公司治理结构与中国公司的治理机构有不相同的地方,柬埔寨的公司治理结构采取的是英美法体系,公司的机构只有股东会、董事会,公司权力集中于资方,同时注重资本在流动中提高效率。因此,股东会为最高权力机构,公司的重大决策由股东会选举的董事会行使,且公司的高管由董事会的人员担任,通常公司也不专门设监事会。公司可以设独立董事,在某种程度上来上,柬埔寨的公司治理结构属于董事会中心主义。而我国的公司治理结构采用的是大陆法系类型,公司设有董事会、监事会、股东会,特点在于吸收劳方参与公司的治理,并且强调公司的稳步发展。对于BOT形式,虽然有高回报但是BOT形式的投资风险很高,投资周期长。投资者在投资的时候要准确把握投资形式。

五、中国企业赴柬埔寨投资的法律风险及对策

2010年中国—东盟自贸区的全面建立给柬埔寨带来了前所未有的发展机遇。同时,自贸区的建立也加速了中国与东盟国家的贸易往来,同样也为作为东盟成员的柬埔寨拓宽了经济发展的渠道和机会。自贸区建立以来,中国与东盟之间在资金、人才、技术、资源等方面的流动率显著上升,双方都致力于

实现高水平的经济一体化，中国和柬埔寨的合作将达到前所未有的高度。[①]

（一）中国企业在柬埔寨投资的现状

自1993年柬埔寨顺利举行全国大选以来，中柬两国经贸关系发展迅速，合作领域不断拓宽，两国贸易迅猛增长，贸易往来日益密切，中国逐步成为了柬埔寨最大的贸易合作伙伴之一，截止到2012年，中国是柬埔寨的第二大外资来源国。[②]《柬埔寨王国投资法》的颁布、《中柬政府关于促进和保护投资协定》和《中柬政府贸易协定》正式签署，为中国投资者到柬投资提供了基础保障，极大地推动了柬埔寨对华资的引入。2000年11月，《中柬关于成立经济贸易合作委员会的协定》在金边签署，为两国贸易合作又注人了一针强力兴奋剂。从柬埔寨王国成立至今，中国都是柬埔寨重要的外资来源国之一，目前，中国有数以万计的投资者到柬埔寨进行投资。2016年4月19日，瑞峰国际有限公司在柬埔寨柏威夏省投资建设的糖厂举行正式投产仪式。[③]

越来越多的中国投资者到柬埔寨进行投资，投资领域和投资行业不断地拓宽，同时投资的形式也变得多元化。早期的时候，中国企业在柬埔寨进行投资的领域主要是劳动密集型领域，如制衣行业、纺织业、农业行业、食品行业、木材加工行业、医药化工行业、机械组装行业等。[④] 随着时间的发展，柬埔寨王国不断改善投资环境，加强基础设施建设，同时中国企业在柬埔寨投资的经验也有一定的积累，从2005年开始，中国投资者投资的领域不只局限于加工贸易等劳动密集型产业，同时也开始投资科技密集型产业，例如建设水电站、投入基础设施建设、能源开发等。当然，投资形式也发生了改变，从一开始的直接投资慢慢转向技术投资、BOT等形式。目前，中国企业在柬埔寨主要在纺织服装、房地产、能源矿产、通信、水电、农业、服务业等领域进行投资。但

① 杜小璞：《试析中国—东盟自由贸易区的发展概况》，载《经营管理者》2009年第22期。

② http://cb.mofcom.gov.cn/article/zxhz/sbmy/201301/20130100017057.shtml，访问日期：2014年2月5日。

③ http://cb.mofcom.gov.cn/访问日期：2014年1月20日。

④ Wong, John and Sarah Chan, *China — Asean Free Trade Agreement: Shaping Future Eeonomic Relations*, *Asian Survey*, Vol. 43, No. 3, 2003, pp. 507-526.

是，中国企业在柬埔寨规模最大的投资行业依然是纺织品服装业，这是由于柬埔寨的特殊国情造。柬埔寨地处热带地区，自然资源十分丰富，同时柬埔寨是发展中国家，劳动力资源丰富且廉价。

(二)中国企业投资柬埔寨的法律风险

在柬埔寨投资的法律风险，主要有以下三个方面：第一，法律体系不健全。主要表现为法律制度不完备，缺乏相应的法律部门或者法律体系比较混乱，缺乏统一的明确的法律体系。第二，执法的随意性。第三，企业的法律风险防范意识不强。

1. 法律体系不健全

近年来，柬埔寨国内政局日趋稳定，为外国投资者提供了良好的政治环境和投资环境。为了促进本国经济的发展，柬埔寨于2004年成功加入世界贸易组织，成为第148个成员国，同时，随着中国—东盟自由贸易区的全面建立，作为东盟成员的柬埔寨为自身的经济赢得了难得的发展机遇，但也给柬埔寨国内的相关法律制度和政策带来了挑战。[①] 入世并加入东盟后的柬埔寨根据承诺，不断改变国内立法以符合WTO和自由贸易区的要求，同时也调整了自身关于外商投资的相关立法。虽然柬国民议会对柬埔寨的所有法律文件进行了全方位的梳理、修改、废止，同时制定了大量的法律法规，尽量使柬埔寨的法律体系与入世承诺相一致，但是柬埔寨在外国投资法律体系上仍然不够完善。

2. 执法的随意性

为了吸引外资，柬埔寨在投资领域进行了大刀阔斧的改革，随着2003年《柬埔寨王国投资法修正法》及其实施细则颁布，有力地促进了外国投资者到柬投资。虽然柬埔寨关于投资的基本法律制度已经建立起来，但是法律在实际的执行中出现了执法不严的问题。有法不依给外国投资者带来了相当多的难题。虽然柬埔寨法制越来越健全，执法越来越严，游戏规则也日渐国际化，

① 姜南：《中国与东盟自由贸易区的机遇和挑战分析》，载《现代经济》2009年第3期。

但是还是存在不少的不确定性。同时，柬埔寨外国投资法律制度中的很多规定没有具体的实施细则，因此，执法者在执行法律的时候自由裁量权过大，也会造成法律的随意性。同时，处于转型期的发展中国家所面临的政府腐败问题在柬埔寨也是存在的。[①]

3. 企业的法律风险防范意识不强

很多中国企业到柬埔寨投资，几乎对柬埔寨的国情、投资环境都不了解，可以说他们的投资带有一定的盲目性。造成这样的情形的原因主要是中国与柬埔寨在意识形态、经济形势、价值观、生活方式等方面的巨大差异。[②] 很多中国投资者对柬埔寨国内的法律、法规、政策都不是很了解，没有准确把握柬埔寨的外国投资法，没有利用好柬埔寨为外资设立的优惠条件。同时，中国企业在进行管理经营的时候，缺乏法律风险的防范意识，最后使自身的利益受损。

例如，在 1998 年，四川某公司与柬埔寨某公司签订合同，在郊区开展农业合作项目，双方在合同中规定柬方公司以土地使用权出资，而中方公司以现金出资，从事蔬菜等农产品生产，对利润采取平均的方式来分成。后改为合资公司。2000 年金边发了 70 年未遇的大洪水，合资公司遭到重大损失。虽然中方公司断断续续又投资几十万美元，但是却一直惨淡经营，这个投资显然是失败的。[③] 在本案中，中方与柬埔寨合作方签订合同时缺乏风险防范意识。双方合作存在两大法律纰漏。一是双方出资一样多，柬方以其土地使用权和部分设备和固定资产作价出资，但在出资的清单上却没有土地使用权作价这一项。按照清单，柬方并没有用土地出资。二是合同并没有约定土地使用权转让到合资公司，这样一来，合资公司并没有法律上的土地使用权，土地使用权还是柬方公司的。这一问题导致 2006 年金边周边地区地价上涨时，中方不能单方转让土地使用权，制约了中方摆脱困境。这就是中方公司缺乏法律风险防范意识造成的后果。因此，中国企业到柬投资，必须加强法律风险防范意识，保护自身的合法利益。同时，中国企业以 BOT 形式投资的基础设施和交通领域产生的劳工风险以及在投资过程中的土地风险是常见的风险。

---

① Richard Baker，2010 *Cambodia Legal & Investment Guide*，January 12010，p. 77。

② http://kh. china－embassy. org/chn/访问日期：2014 年 1 月 20 日。

③ 赵耀：《柬埔寨王国投资法律风险防范》，法律出版社 2013 年版，第 189 页。

(三)中国企业投资柬埔寨的法律对策

中国企业到柬埔寨投资会遇到很多法律风险,从根本上来说,柬埔寨本身的外资法律体系不完备,又由于执法不严等问题,导致了中国企业到柬埔寨投资得不到切实的保障。同时,中国企业由于对柬埔寨外资法律制度把握不准,导致了很多中国企业投资定位不到位。外国投资者面临投资法律风险是客观存在的,也是不可避免的。因此,中国企业到柬埔寨投资的时候要发挥自身的主观能动性,建立健全企业内部自身的法律风险防范体系,把企业面临的风险降到最低。具体而言,中国企业可以建立事前、事中、事后的法律风险防范体系。

1. 事前防范

中国企业到柬埔寨投资,风险防范意识是企业进行投资的前提。由于外国投资者到柬埔寨投资会面临着法律体系不健全和执法不严的法律风险,因此,中国企业到柬埔寨进行投资之前,要有法律风险的防范意识,要做到知法、依法,要准确把握柬埔寨关于外国投资的相关法律和政策。要对柬埔寨外国投资法中的投资准入问题、投资保障问题、投资优惠问题、外汇问题、税收问题、投资争端解决等问题有全面透彻的了解。在实务操作方面来说,中国企业在进入柬埔寨投资之前,应主动与中国驻柬埔寨的经商机构取得联系,从正规渠道获取投资信息,并进一步对柬埔寨的国情和市场环境做调研,在做出投资决策之前对投资风险有全面准确的了解和把握,防止错误决策。最为重要的是,中国企业到柬投资,除了要运用好柬埔寨的外国投资法,善于利用柬对外国投资者的优惠条件之外,更要遵守其法律约束,不能刻意规避法律甚至违反法律。同时,中国企业可以参加中国的海外投资保险,保障到柬埔寨的投资。中国企业应加强事前防范,强化风险防范意识,提升到柬埔寨投资的安全性。

2. 事中防范

中国企业到柬埔寨投资,在获得发展理事会的审批后,要遵守柬埔寨的法律法规来开展经营活动。首先,投资项目的合同等法律文书要规范操作,要遵守柬埔寨的相关法律法规。对于合同的条款如质量、数量、运输、支付、争议等条款要仔细审查、审慎协商,避免出现合同的漏洞。除此之外,还要严格遵守合同的约定,在产品质量环节、运输环节、交货环节等要谨慎,以免被钻空子,造成企业经济上的损失。合同是投资项目的核心,中国企业应当聘请熟悉柬埔寨外国投资法律制度的专业律师来作为企业的法律顾问,以此来减少企业的法律风险。其次,中国企业在进行项目投资的时候要严格遵守柬埔寨的法律法规,学会保护自己,切勿轻信他人,在经过反复论证拿到政府的批文或者执照后再进行投资。

在以 BOT 方式投资基础设施和交通运输领域时,由于柬埔寨庞大的工会组织和众多的工人力量,工会受国内法的保护并且得到西方发达国家和柬埔寨有关非政府组织的支持,活动较为活跃,经常组织罢工、游行、示威等活动,给企业造成直接或间接的损失。同时在处理劳资纠纷的过程中,往往重劳工而轻资方。针对这个问题,企业应当建立现代企业制度,遵守法律规定,维护劳工的合法权益,以免出现罢工给企业造成损失。在土地方面,柬埔寨法律明确规定土地严禁外国自然人和法人拥有柬埔寨的土地。因此,中国到柬埔寨投资的时候应遵守这一法律规定,不要违背法律,钻法律的空子,靠走关系来取得批文或执照,一旦政府追查下来,投资者会落得人财两空的下场。

3. 事后防范

尽管在投资经营的过程做到了事前和事中防范,但是发生投资纠纷企业也要积极应对,不能消极处理,尽量把损失降到最低。发生投资纠纷时,要通过法律手段来保护自身的合法权益。中国企业到柬埔寨进行投资发生投资纠纷,可以采用国际法和国内法双重保护途径。国际法保护包括国际条约、中柬双边投资保护协定、中国—东盟投资协定等。发生纠纷时,协商是第一步,当协商不成时要用法律手段。可以把纠纷诉诸柬埔寨的法院或者利用 ICSID 来解决纠纷。同时,对于大的投资项目,例如 BOT 项目而言,利用 ICSID 是最有效方式。无论采取哪种方式,中国企业都可视情况而定,采取对自己最有利的纠纷解决方式,保护自身的最大利益。

第四章

印度尼西亚外国投资法

印度尼西亚(简称“印尼”)是世界上最大的群岛国家。近年来,由于政局稳定,自然资源丰富,经济增长前景看好,有丰富、廉价的劳动力,市场化程度较高,金融市场较为开放等原因,印尼经济保持稳定增长,吸引外资持续较快增加,特别是2008年国际金融危机以来,每年保持13%以上增速。作为东南亚最大的国家,印尼已成为东盟10国中最具吸引力的投资目的国之一。

印尼与中国于1990年恢复外交关系,并于2000年建立长期稳定睦邻互信的全面伙伴关系。2014年两国贸易额达到683.5亿美元,同比增长3.23%,同时两国在双向投资、工程承包和劳务合作等领域也获得快速发展。中国目前已经成为印尼非油气产品第一大贸易伙伴。作为东南亚区域人口最多的国家,印尼的市场潜力巨大,是推进“一带一路”战略中东南亚地区的关键国家。

一、印度尼西亚外国投资法概述

(一)印度尼西亚外国投资法立法演变

外国直接投资(FDI),印度尼西亚人称为PMA(Penanaman Modal

Asing-Foreign investment)，最初由专门性的法律，即《1967 年第一号外国投资法》来规范；其实施有特定的历史背景，彼时亚洲经济正处于第一轮经济腾飞，东南亚各国及日本以及中国香港、台湾，凭借有利的地理位置及充裕、低廉的劳动力市场吸引欧美投资。印尼颁布独立的外资法正当其时，加之世界经济格局正在加速调整，印尼顺应历史潮流，从而赢取了 70 年代末经济的快速发展。

1967 年外资法分十四章共三十条，主要内容包括：外资企业组织形式及住所，外国投资领域、外资企业权利义务、土地使用、经营期限、税收优惠、国有化及补偿以及内外资合作等。根据该法规定，外国投资是指外国投资者使用现金、机器设备、专用技术等在印尼境内设立主体承担经营风险的企业，是直接投资而不包括间接投资。该法不仅适用于新设立的外资企业，而且适用于原有外资企业的增资扩股和技术改造。[①] 该法为外资提供了较为清晰的法律指引，相比此前繁杂、模糊、矛盾的法律文件，该法比较系统地明确了外国直接投资的基本内容。印尼这一时期外国投资立法形式是与印尼当时的经济发展水平相符合的，但内外资享受不同待遇，世界经济形势不断变化，国家间经济往来不断加深，《1967 年第一号外国投资法》必将为历史所淘汰。

在 1967 年到 2007 年第 25 号印尼投资法颁布期间，印尼规范外国投资的法律主要有《印度尼西亚共和国 1967 年外资法》及其 1970 年修正案、《印度尼西亚共和国 1968 年内资法》及其 1970 年修正案、《印度尼西亚 1994 年投资条例》及其 2001 年修正案、《1999 年关于投资程序的总统令》《2000 年关于禁止和开放投资目录的总统令》及其修正案。这些法律文件总体上基本能够规范在印尼的内外资投资活动，但法律伴随经济的变化而变化，2005 年 3 月 2 日苏西洛总统公布了印尼政府新制定的关于投资配套措施的第 3 号总统令，旨在进一步改善印尼投资环境、促进内外投资发展。在此期间，印尼外国投资法并无根本性的变动，仅作了简单的修正与调整，当然与其经济水平发展程度密切相关，进行整体性修改的时机并未成熟，国内产业实力依然羸弱，无法承受大量外国资本涌入后的强烈冲击。当然，此时的印尼受限于其经济、法律、政治等多方面问题，并未进入全球投资市场的热门选择之地。随着世界各国经

① 杨眉：《印度尼西亚共和国经济贸易法律指南》，中国法制出版社 2006 年版，第 48 页。

济往来的加深，印尼不可逆时代潮流，逐步放开自身市场，不仅是国内市场的需求，也是国际市场的热需求。因此，调整旧有法律与现行经济的不适应之处已是题中之义。

原有投资法已难以适应时代经济的发展，不断缩小法律和社会现实之间的差距是一国立法行为的必然趋势，于是，为适应内外市场经济发展需求，加速国内经济发展，印尼国会于 2007 年 3 月 29 日通过了《印度尼西亚 2007 年第 25 号投资法》，印尼政府展开了系列经济改革措施，此次修订已不再局限于对既有法律的局部修改，而是将 1967 年《外国投资法》和 1968 年的《国内投资法》两部法律合二为一，明确规定外资和内资享有同等法律地位，将国内外投资统一于一部法律之下进行管理，这已提高外资立法到相对较高的层次。该部法律较为系统的规定了投资的相关内容，与现行国际上外国投资立法主体内容大体相似，涵盖了一部投资法律所必备的条款。该法分为 18 章 40 条，包括一般规定、原则与目的、投资基本政策、企业体之形式与地位、投资之待遇、劳工、行业、投资便利、公司之批准与执照、投资政策之协调与执行、投资实务之组织、特别经济区、争端之解决等主要内容，总体而言，是比较完整。同时，《2007 年关于有条件的封闭式和开放式投资行业的标准与条件的第 76 号总统决定》和《2007 年关于有条件的封闭式和开放式行业名单的第 77 号总统决定》对投资领域作出了具体规定，也是投资立法的重要单性法规。在将两部法律整合时，在其中删除或增添内容，如何既要将内外资统一纳入管理，又要进行适当区分，同时在实体和程序层面均做到恰如其分的利益平衡，这是任何一部法律都需要深度考量的问题，2007 年投资法基本上遵循了这样的立法理念，尽管尚有许多不足之处，但其对印尼国内外投资者具有重大影响。

从以上论述可看出，印尼外国投资法立法基本上经历了两个阶段，即专门立法模式到内外资统一立法模式的转变，这与其内部经济变化及国际经济形势变动不可分割。印尼外国投资的立法演变基本上反应了国际投资法理论中关于一国投资立法所应遵循的基本规律。尽管法律应当具有超前性，但亦绝不可脱离时代背景而陷入自身的假想之中，外国投资法的立法历史即揭示了经济基础与上层建筑永恒的不变关系，两者互促互进，不可割裂。

(二)印度尼西亚外国投资法立法模式

印尼 1967 年前是采取内外资分别立法模式，制定单独外资法，与那时印尼的经济发展水平是密切相关的；随着印尼经济的飞速发展，全球经济产业格局调整，亚洲国家成为吸引大量外国投资的热土，印尼即为其中之一。原有的外资法立法已明显滞后于时代经济的步伐，印尼随即于 2007 年 3 月颁布一部内外资统一管理的投资法，这部投资法已有多年的历史，其在印尼基本上得到贯彻实施，但由于诸多法律、经济、文化等各方面原因，外国投资者并未充分享受到该法所带来的诸多权益。问题的原因包括法律本身不可避免的缺陷，以及法律的实施环境，如经济发展不均衡、政治环境不够稳定、文化的开放性和包容性不够强等，多种因素的综合作用之下，导致印尼外国投资法名义上向外国投资者抛出的诸多权益并未落到实处；极大程度上打击了外国投资者信心，削弱了印尼的投资吸引力，既不利于印尼经贸发展，又不利于投资者。

一国外资立法模式随着其经济发展而发展，顺应外界经济环境变化而变化，不同的经济发展程度对应不同外资立法模式，印尼外资立法即充分体现了这一规律。就理论层面而言，印尼投资法采取内外资统一立法的模式是国际投资立法的基本方向。其内容安排上也相对合理，建立了较为完善的投资法制度；无论是从外国投资进入，还是到进入后的保护和鼓励措施等，在投资法中都有所体现。其比较完整的将国际上通行的外国投资立法的基本理论呈现出来，与国际投资立法理论形式上做到了一定程度的紧密结合。回顾 2012—2013 年印度尼西亚政府所陆续出台的与投资相关的一系列政策或法令，总体趋势是朝逐步促进投资便利化和自由化程度方向发展，相关法律、法规、政策的透明度也日益提升。在一定时期内，即印尼仍处于发展中国家阶段期间，印尼外国投资法立法模式将不会有较大变动，当然局部修改是必要的。随着东盟经济一体化进程的加快，印尼对外经贸往来的加剧，印尼现行立法模式的优劣将渐趋明显，当然，根据国情作局部或整体调整是任何国家的法律都必须经历的过程。

(三)印度尼西亚投资法修改亮点

印尼 2007 年投资法较之于之前的 1967 年外国投资法有很大不同，在整合两部立法之时，一方面需要提高原来外国投资及投资者的待遇，但又不能过分扩大，以至于出现超国民待遇等情形，非常不利于保护本国经济；因此，2007 年投资法在平衡国家公共利益和保护外国投资者权益上作出了极大变动，尽管该法依然较为原则化，且并未制定配套的实施细则，实施力度有待增强；但总体而言，该法提高了外国投资的自由化、便利化程度，加大了对外国投资及其投资者权益的保护。仅从印尼目前的经济发展水准而言，该法基本符合国内国际经济发展需求。与之前的两部法律相比，2007年投资法避免此前采取分别立法模式下的矛盾与繁杂，更具稳定性、确定性、灵活性、可操作性及可预见性等。此次根本性的修改有许多值得借鉴之处，虽然相比发达国家、经济基础较强的发展中国家有一定差距，但在东盟十国内部，印尼于2007年修改投资法已超前于其他部分东盟国家。其修改亮点有许多，本文摘取最具代表性意义的几点作简要阐释。

1.土地使用权限变更。该法在土地和建筑使用权上有很大变更，使用期限大幅度加长。外国投资者到另一国家投资，土地使用权问题是非常重要的议题，因为大多数采取直接投资方式，外国投资者直接到印尼投资建立企业，如何获取土地使用权、使用期限、是否会被国有化或征收及其补偿，均是涉及投资者切身利益的问题。绝大多数国家均不允许外国投资者拥有本国的土地所有权，仅具有使用、收益等限制物权。印尼2007年投资法在第22条规定了“土地所有权状”，以“土地耕值权、土地建案权及土地使用权”三种形式表现。如土地使用权，由原来的35年延长到95年，建筑使用权由原来的50年延长到80年，而由地方政府批准的土地使用权最长可达70年。土地法定期限大幅度延长极大增强了投资者信心，使得投资者一定程度上可预期未来投资的持续性和稳定性。

2.内外资统一立法，内外资享有同等待遇及优惠政策。印尼之前的投资法律将内外资分开立法，国内外投资者待遇自然不同，外国投资者进入印尼投资市场后受到诸多限制，既不利于外国投资者发展，也不利于印尼本身的发展。2007年投资法将两部法律合二为一，在第二章“原则与目的”第三条第一款规定“公正且无差别的待遇对待投资来源国”，同时在第五章“投资之待遇”第六条明确规定“政府应对来自任何国家在印尼执行投资的所有投资者给予同等的待遇”，第二款“第(1)款所提之待遇不应适用于与印度尼西亚签有特权协议国家之投资者”，由此可见，其投资法对外国投资及其投资者是采取以公平、公正待遇为基准，国民待遇为补充，其中并未出现最惠国待遇条款。当然，印尼作为WTO一揽子协议的成员，必须遵守WTO协议相关规则，因此最基本的国民待遇、最惠国待遇等条款同样适用于印尼相关经济领域。在该章同时规定了外国投资者可以自由汇回其资金，并详细罗列资金的具体形式包括哪些，这对于提高投资者积极性，增强投资者信心，进一步促进和保护外国投资具有深远影响。在第十章“投资便利”第二十三条规定给外国投资者移民服务和执照便利，以及申请永久居留权问题。该条第三款规定外国投资者可申请两年的居留权并逐渐能转为永久居留权。从诸多条文中都可见该部投资法中外国投资者和国内投资者享有同等法律地位，外国投资者待遇大幅提升。

3. 放宽外资的准入门槛。在外资准入制度方面，包括在实体和程序层面的制度，之前的外资法对外资存在诸多限制，虑及印尼本国各层面存在的诸多问题，一方面经济基础较弱，另一方面外资进入后没有系统性的法律保障，即便外资看准了印尼市场的巨大潜力，也因无法全面对法律风险进行评估而不得不止步。印尼2007年投资法从其立法宗旨到最后罚则等所有规定，法条背后所蕴含的深意都与外资权益密切相关。在对该法全部法条作独立性和整体性分析时，与此前外资法相比，均可看出该法对外资从大方向到细节上的适度开放。在关系一国国计民生的相关领域，对外资设置较高的门槛，以避免出现外资控制本国经济命脉的情形，这一点上，各国对外资进入某些领域均有所限制，只是各国本土经济承受外资冲击能力的高低各有不同，因此限制的程度亦有所差异。自该法颁布至今，印尼不断通过总统令、修订产业目录等投资法配套文件来进一步提高或降低各个投资领域的股权比例。最近一次修改在2013年，印尼大幅度提高和降低部分领域的外资持股比例，与其近期的经济形势密不可分。

印尼2007年投资法除以上明显的变化之外，还有很多的修改亮点。如放宽了许多旧投资法较为严格的外资准入条件；在农业领域、信息通讯领域的外资股权比例限制有所调整；可以把所得税减免、外国管理人员和技术人员的薪金、固定资产折旧费和国有化补偿费按现行汇率兑换成投入时的原货币汇到境外。进一步细化了投资之待遇、劳工、投资者之权利、义务及责任、投资便利、投资实务之组织、特别经济区、争端之解决、罚则等相关内容。2007年投资法获得印尼国内外各界积极反响，舆论界普遍认为2007年投资法将为印尼带来一个崭新的经济高速发展时期，对提升印尼投资吸引力和竞争力起到根本性的推动作用。投资法律环境的放松，准入门槛的降低，都将极大程度上吸引外国投资。尤其是在经济全球化浪潮背景下，自2008年开始的全球经济危机，欧美发达国家正经受经济危机重创，已失去原有的引资优势，因而富余资本观望全球市场，印尼等发展中国家成为目前投资的首选。国际投资市场逐步从发达国家向发展中国家转移，印尼在此特殊时期修订其投资法，将极大程度上推进印尼经济新发展。该法在提升外资待遇、增加投资自由化①和便利化、简化投资手续、加强外国投资者保护力度等方面均有所明确,不仅改善了印尼的投资环境,更提升了印尼在国际市场上的吸引外资竞争力。

二、印度尼西亚外国投资法准入制度

外资准入制度是指东道国对外国法人、自然人进入本国市场从事经营活动所做的限定和规范。它包含实体和程序两个层面,实体层面是指东道国对投资范围的限制,即外资可以进入哪些行业。程序层面指东道国对外资进入的审批制度,指由何种政府机关、依据何种程序对外资进入进行审批。印尼规定了相对较为完善的投资准入制度,其主要采用"负面清单"模式管理外资,且该清单随其国情变化亦在不断调整,最近一次调整在 2013 年 11 月。投资准入反应了一国对外开放程度、国际资本在东道国自由流动的深度和广度。明确投资准入的合法性和合理性,防止一些国家滥用投资准入规则,以保护本国民族经济唯有阻碍外国资本的流入。一国设置外资的准入门槛是其不可剥夺的经济主权,但在现今的经济全球化背景下,任何一个国家都不可能脱离世界市场而独立存在,因此,如何在寻求"合理干预"与"过度干预"之间的界限上,各国根据本国经济情况结合世界经济形势寻求能够在促进和保护外资的同时,也不会损害本国公共利益。

准入门槛的宽严是吸引外资数额的影响因素之一,目前各国总体趋势是放宽外资市场准入,投资自由化是国际投资市场的必然方向,外资在国家之间得以自由流动的首要条件即是准入问题,投资额度也受其影响。然而如何设置准入门槛却是接受外资进入东道国不得不深入权衡的一项议题,发达国家因其经济基础雄厚,对大量外资涌入后导致的对内冲击承受力更强,而经济基础较弱的发展中国家,在放宽与适度收紧准入门槛方面面临更多困惑。如果采取完全开放、自由的态度迎接外资进入,可能猛烈冲击到国内投资企业,尤

① 联合国贸发会议认为,投资自由化是指减少或消除政府对投资主体实施的限制或鼓励措施,对其提供公平待遇,废除歧视性的造成市场扭曲的做法,以确保市场的正常运行;西方著名国际投资法学者托罗斯认为,这一定义包含了推行国民待遇原则和消除履行要求两方面的意思。

其是部分幼稚行业将难以与外资企业相抗衡。外资作为一国经济成分的补充，对一国发展非常重要，但更关键的是本国经济实力增强，能够容纳外资进入后的市场竞争，并保持国内经济成分始终居于主导地位，否则，国内经济将可能为外资所主导，威胁整个国家经济安全，不仅无法发挥其助推国内经济发展作用，反而可能使其成为国内经济发展的障碍。如何在放宽外资市场准入和保护本国基础经济不受冲击之间寻找出适当的利益平衡点，是对外投资关系法律权衡时必须着重考量的。[①]

(一)投资管理机构

印尼负责投资的管理部门为投资协调委员会(以下简称 BKPM)，委员会设主席一名，同时担任投资部长，其性质属于非政府服务机构，不隶属于任何政府机构，而是直接对总统负责。BKPM 是由外国资本投资管理委员会(Badan Pertimbangan Penanaman Modal Asing，BPPMA)和投资技术委员会(Panitia Teknis Penanaman Modal)演变而来。BKPM 主要职能：进行投资审批资格办理，协助和监督重大投资项目运行；协助总统制订和评估投资政策；组织和开展投资促进活动；推动政府机构间投资政策协调发展；执行管理业务。[②] BKPM 不仅负责投资规划与管理，而且为外国投资者提供可行性投资项目信息及寻找合适的本地投资者合作，协助投资者处理投资实施阶段中所产生的诸多问题。其办公地址位于印尼首都雅加达。各地区 BKPM 位于各省省会，同样设主席一人，受省长管理并直接对省长负责。在 2007 年投资法第十二章“投资政策之协调与执行”第 27 至 29 条较为详细地规定了投资协调委员会的相关职责。

绝大多数国家目前均是采取设立专门机构管理外资的模式。印尼投资管理机构特色之处在于其非政府性质，投资市场管理是需要一定的灵活性，政府干预只是适度的监管以有限度地克服市场失灵可能产生的问题。BKPM 的性质决定了其具有一定的灵活性，但任何非政府机构都不可能脱离政府管理，只是程度的高低不同。除了 BKPM 之外，印尼管理投资的部门还有财政部和

---

① Jeffery Atik. Fairness and Managed Foreign Direct Investment，*Columbia Journal of Transnational Law*，Vol. 32 1994 No. 1，p. 25.

② 印尼投资协调委员会网站：http://www7.bkpm.go.id/。

能矿部。印尼对外资管理机构仅就设置方面而言是比较系统、清晰、明确，对机构的职能定位也相对合理；加强服务部门的专业化、精准化、标准化的部门服务，不仅可以避免出现机构之间职能交叉和矛盾，也可以节约执法成本，为投资者提高更为优质、便利的服务。

(二)投资领域

各国关于外资投资领域一般采取允许、限制、禁止三种方式，有的国家采取结合式，有的国家采取分立式。概览发展中国家和发达国家外资立法，比较而言，发展中国家限制和禁止外资进入的领域较多较严，发达国家则较少较宽。印尼对外资进入总体而言比较宽松、开放，准予外资进入多数行业。印尼规范投资领域开放的主要的法律包括2007年《投资法》、2010年第36/2010号总统令《禁止类、限制类投资产业目录》和印尼投资协调委员会(简称BKPM)有关"负面投资名单"的部门规章组成，投资领域分为三种类型，包括鼓励、有条件开放和禁止的领域。鼓励投资领域有22类行业，主要是如纺织、化工、钢铁等基础性工业，这跟印尼目前经济状况急需推动本国基础制造业发展是相吻合的；针对外资有条件开放领域有8类行业，但前提是必须与印尼国内投资者合资。在印尼政府审批许可的条件下，外国投资者可以经营捕鱼、养鱼、证券及印刷等行业。在禁止领域，印尼遵循大多数国家的标准，在关系国计民生领域或绝对或相对禁止外资进入。发达国家及发展中国家，设置禁止投资的目的均是为维护本国基本利益，通常禁止领域外资可以从事对国家和公众有重要影响的行业，包括港口、电力、通讯、航运、空运、铁路、原子能、饮用水供应，但从投产、经营管理十五年后，外资方必须将部分股权转让给印尼公民，至少须转让百分之五份额，但企业性质并不因此改变。投资法中规定外资企业从设立时期有30年的经营期限，但并不意味着期满必须终止，若外资企业在经营期限增加投资或者扩大投资项目将被准予另外30年期限。因此，只要外资公司保持扩大投资项目后重新投资，实际上就一直可以经营下去。原来的《外国投资法》第六条规定，港口、电力、航运、电信、航空、生活用水、铁路、核能开发、大众媒体以及国防工业都属于外商投资的禁止领域。2007年投资法只限制对交通、传播、采矿以及武器装备四大领域的投资。但并不是绝对的禁止，外资可以通过相关联公司或项目中持股，限度比例在百分之二十以下，武器装备领域则绝对禁止外资进入，其涉及公共安全和国防利益，禁止外资进入，符合国家根本利益。

一般而言，对投资领域的安排应该遵循两方面内容，一方面在关系国计民生的领域，可实行投资准入限制，并且随着本国经济实力的增强，可适当的向外国投资开放，但必须限制外资的持股比例；另一方面，在非国计民生领域，在国家经济允许的条件下，可逐渐降低门槛，实行全面的自由化、便利化，但并不意味着对外资采取完全放任的态度，也并不是简单的放开实体条件门槛，更不是放松在行政、司法程序的监管，而是给予内外投资者真正意义上的同等待遇；印尼的产业指导目录尽管在实体程序层面限制外国投资的种类，但并不应在程序层面限制已准入行业外国投资的自由化和便利化，至少要保证外资在被允许进入的行业内享受到充分的投资保障和优惠。为更好地引导本国经济发展，政府进行干预最重要的工具就是制定投资政策。于印尼而言，投资政策发挥有效作用取决于一部突出的产业政策。鉴于一国具体发展需要和资源条件，合理的产业政策可能需要使用产业目标限制投资类型和投资规模，尽管这样的产业政策会禁止、限制特定投资类型，但东道国应在保持投资环境自由和便利的同时，采取各种具体鼓励和保护措施积极引导外国投资。

2007 年投资法在很高程度上改善了印尼的投资环境，并提高了部分限制行业的外资最低控股标准，但是省和区一级政府的执行缺乏效率和力度，限制了 2007 年投资法的效力。印尼的部分部委，如通讯部、卫生部及文化旅游部等各自通过颁发部长令的方式设定投资限制。同时，印尼法律对外资投资领域和投资比例有诸多限制，尤其在能源、矿产、电力以及相关领域，依然绝对禁止外资进入。加上法律法规经常变更，自印尼 2001 年 1 月地方自治法实施后，许多外国投资者即因对法律法规的不了解，不得不停止或撤出在当地的投资项目。总之，目前印尼在各个投资领域还存在各种形式的限制措施。无论是印尼政府出台的法律法规还是具体实施部门出台的指导意见，都规定外国公司必须与印尼当地公司合伙经营，并且必须在印尼当地购买商品和服务。与其他国家的投资法制度相比，印尼相对而言市场准入开放程度尚不够高。印尼在东盟十国中经济发展居于中上水平，但本国经济基础薄弱，仅凭自身力量难以获取长足发展，必须借助外资的推动谋求自身发展。在经济发展战略上，既要从国情出发，又不能因此而阻滞进步，综合衡量国内外政治、经济、法律、文化等多种因素，设立最符合自身发展需求的准入门槛，从而赢取国内外投资的双赢。

(三)设立外国投资企业的审批程序

在印尼投资设立企业的形式包括有限责任公司和代表处,均需得到印尼投资协调委员会(BKPM)的批准,外国投资可以在印尼雅加达由 BKPM 批准,也可由其各地和驻国外的代表机构批准;印尼 BKPM 官网中有专门关于投资程序的规定,简称“程序”,该程序分为四章,包括投资、许可证经营程序、投资计划变动及其他事宜的批准步骤,详细规定了外国投资公司在印尼投资的申请步骤。同时,在 2007 年投资法第十一章“公司之批准与执照”第 36 条第 3 款规定“以有限责任公司之形式而成立企业之外国投资者,应根据法律规定申请核准”,申请执照可经由单一窗口整合服务申请获取。单一窗口整合服务是指从申请阶段到核发文件为止均在一个地方完成。2007 年 8 月始,印尼中央与地方政府开始施行投资审批一站式服务。这极大的便利、简化、明确了投资审批程序,节约了行政执法成本及外国投资者投资成本,提高了投资的便利化程度。

单一窗口整合服务是指政府每个部门都会在该窗口派驻工作人员到投资统筹机构在中央和地方政府的办事处,如此一来,投资者可以在一个地方完成相关文件所涉部门的所有申请、批准、盖章等活动。“投资法明确其 BKPM 负责协调和执行‘一站式综合窗口服务’批准公司成立和核发执照,协助投资者获得服务救济、财政便利和投资资讯。该法这一规定大大简化投资批准程序,提高投资批准程序,提高行政效率,减少部门掣肘,克制程序性腐败,保护投资者积极性。”[①]2008 年,首都雅加达地区采取简化、整合、明确投资手续统一办理部门后,以往从执照申请到颁发需要 156 天完成的工作锐减为 29 天,许可证从十九项改为八项,既节约了政府行政执法成本,提高了工作效率,同时也便利了投资者,节省了时间与成本。印尼在 2012 年 9 月出台了新的投资批准制度以提高投资便利化水平和进一步改善投资服务。印尼投资协调署将出台包括网上交易服务在内的一系列新型投资服务,方便投资者查询申请投资许可的步骤和进程,并加强对投资资金的统计和监管。[②] 为更好吸引投资,印尼

---

① 中越机械网:《印尼〈投资法〉为外国投资者提供新机遇》。

② 源自印尼投资协调署官网 http://www7.bkpm.go.id/。

政府将对地方政府办理外资营业执照特别是办理投资许可证程序进行全面评估和改进，并发布法令，要求从2014年起，营业执照办理时间从现在的17天缩短为10天。[①]

外国投资者可通过在雅加达地区向BKPM提出审批申请，也可以经由各地区BKPM递交，或者由BKPM驻外国代表处批准，投资者可根据情况向任一部门进行申请。但是，在保税区和经济发展特区须分别经由保税区管理机构和经济发展特区管理委员会评估之后，再将评估结果递交中央或地区投资协调委员会。[②] 外国投资者将各种申请文件向中央或地方BKPM机构，或印尼驻各国海外办事处递交之后，必须经过形式或实质审查，根据行业的不同，根据相关法律文件或国家政策规定，对与某些行业尤其是金融部门等相关的申请材料须由BKPM或其他相关机构进行评估；部门在进行评估时有需要由投资申请人澄清的地方，将发专门信给对方，要求申请人提供必要的相关资料；若申请得到批准，将由BKPM投资协调委员会主席、海外代表机构[③]首席代表、或地区BKPM主席颁布投资批准证书。在印尼对其投资程序进行简化，对部门工作进行梳理协调之后，从申请到获取批准证书，全程最多只需十天。获取投资批准证书后，外国投资公司即可按照印尼投资法、公司法以及其他相关法律文件中关于有限责任公司的规定依法成立。

2012年印尼政府推出的投资一站式服务、税收优惠、加大宣传推介等政策和措施，对吸引外资有极大促进作用。印尼投资协调委员会以简化手续、提升服务的方式促进外国投资，加强一站式服务，并建立"电子追溯系统"网上公布投资申办手续的状态及投资信息。印尼工业部、财政部出台税收优惠，以外国投资企业自用设备免征进口关税、出口产品的原材料实行退税、特定行业和大规模投资所得税减免等方式，吸引外国投资。随着印尼经济保持较快增长，其持续向好的经济发展前景和持有的比较优势不断吸引外资涌入。

投资自由化、便利化是当今经济形势发展的必然方向，经济全球化、区域经济一体化进程均在不断加快，资本在国际间流动已成国内、国际市场的必然

① 中华人民共和国驻印度尼西亚共和国大使馆经济商务参赞处，http://id.mofcom.gov.cn/。

② 中华人民共和国驻印度尼西亚共和国大使馆经济商务参赞处，http://id.mofcom.gov.cn/。

③ 印尼共和国海外代表机构，包括大使馆、总领馆和领事馆共有156个。

需求。从20世纪80年代起始,各国顺应经济潮流逐步放松对外资的准入管制,各国对外资政策和法律等均朝自由化步伐迈进。[①] 从各国国内投资法来看,近年来多数国家修订了其外国投资法,对外国直接投资实行自由化和便利化的程度逐步提高,印尼即是其中之一,在其外国投资法制度中,对外国投资进入领域、出资构成、出资比例、投资程序等相关规定都较为合理。自其2007年投资法颁布以来,印尼不断改进和完善其投资环境,既顺应国际经济环境变化需求,也符合国内经济发展的迫切需要。印尼2007年投资法对外资的态度是比较开放的,外资进入后受到的限制和阻碍较少,一定程度上促进了投资自由化和便利化。但由于政治、经济、文化等多重原因,印尼在形式上做到了投资准入的合法、合理开放,而在实践中又呈现另一番景象,要做到理论与实践相统一,不仅要在法律上做到规范化、制度化、标准化,更要在具体实施方面加大监管力度,例如有效的协调各级行政部门、减少政府部门的不当干预以及提高司法透明度等,进而将外国投资准入制度引入正规化、法治化、市场化。

三、印度尼西亚对外国投资的促进和保护制度

(一)外国投资者之待遇

印尼2007年《投资法》第十章“投资之待遇”第六至九条规定了外资所享有的各方面待遇;第六条作为基础条款,规定了给予任何国家在印尼的所有投资者同等待遇;第七条分三款对“国有化或征收”作了原则性规定;第八条则是关于投资者可以以外币转移或汇出资金的规定,其中第三款详细罗列了可以转移或汇出资金的种类。第九条是对尚未解决法律责任转移或汇出资金权利的限制。

1. 投资者待遇解析

国际投资待遇问题一直是国际投资关系中的先决问题,无论在国际投资

---

① 刘笋:《国际投资保护的国际法制——若干重要法律问题研究》,法律出版社2002年版,第86～87页。

法理论还是国际投资实践中，对该问题争议不断。但理论上的分歧并未阻碍实践中的运行，尽管各国根据自身情况会对投资者待遇问题呈现出不同的表现，但总体而言是遵循国际投资法投资待遇问题的基本精髓。给予外国投资者及其投资何种待遇，既涉及投资东道国和投资母国的利益，又关系到国际投资者的权利义务，在两者利益之间寻求平衡，这不仅是实体问题，更是程序问题。目前，国际上在关于跨国投资关系的法律规则中，惯常做法是给予外国投资者及其投资公平、公正待遇，国民待遇或最惠国待遇，但并未做出统一规范或标准要求，最惠国待遇和国民待遇因其政策上对外国投资者更具吸引力而成为投资领域中两种主要的待遇形式。当然，东道国通过区域投资协定、双边投资协定或其他方式给予外国投资的特殊优惠待遇亦为投资者所重点关注。

印度尼西亚投资法第十章“投资之待遇”分四条规定了投资待遇问题；第六条规定“政府对来自任何国家在印尼执行投资的所有投资者给予同等的待遇”。该条第二款同时提到，第一款之待遇不应适用于与印度尼西亚签有特权协议国家的投资者。如一国与印尼签有 BIT 协议，应优先适用双边或多边协议。外资的国民待遇主要指“主权国家在条约或互惠的基础上，授予外国国民或法人在投资财产、投资活动及有关的司法行政救济方面以不低于本国国民或法人的待遇。”[①]外资国民待遇并不意味着对外资与内资在待遇上的绝对、实质上的平等，在目前国际条件下，还没有一个国家给予外资与内资完全相同的待遇。[②] 印尼对外国投资及投资者的待遇是与其自身经济发展水平相适应的，伴随经济全球化发展，投资自由化、便利化以及对外资实行全面的国民待遇是不可阻挡的潮流，但各国经济发展的不平衡，推进的过程必须是渐进式的，发展中国家应当根据本国经济发展的实际水平及对外开放的实际需要，也可以利用 WTO 规则中的例外条款来保护本国经济主权，并逐步提高对外国投资在本国享有国民待遇的标准。[③]

2. 国有化及征收问题

印尼投资法将“国有化或收回投资所有权”规定在投资之待遇一章中，按照国际投资法理论对“国有化及征收”的普遍做法，印尼投资法也规定了除非

① 王贵国：《国际投资法》，北京大学出版社 2001 年版，第 1 页。

② 杨明：《外商投资领域国民待遇问题研究》，郑州大学 2013 年硕士论文。

③ 杨明：《外商投资领域国民待遇问题研究》，郑州大学 2013 年硕士论文。

根据法律,否则不得实行国有化或征收,即便如此,也应以市价金额给予补偿。如果双方就补偿金无法达成协议,则采取仲裁方式解决。该投资法对此规定得较为粗略,比较原则化,关于“国有化及征收”的情形并未罗列,仅以一句“除非法律规定”这样比较笼统、模糊的条文一笔带过,缺乏一定的法律透明度,显然对于外国投资者而言,精确地掌握投资国法律动态至关重要。因此,在这一点上,笔者认为印尼投资法应当进一步细化,毫无疑问在对投资活动实行有效监管的同时应有效保护外国投资者既得利益,应通过协商和沟通谈判的方式,尽可能地将土地征收措施细化,确定一个短期内的具体标准,制定统一协调的更加具体的法律文件来实现,在其中注意区分国家监管权和国有化问题。

(二)外国投资利润汇出管理

外汇管制是一国政府对本国的外汇买卖、国际结算、资本自由流动和外汇汇率进行管理和管制的法律、法令、规章、制度的总和,是国家管理和保护国际收支平衡的主要手段。[①] 印尼投资法第八条规定,投资者可以以外币转移或汇出资金,除非投资者尚未解决法律责任。印尼对外汇的管制是较为宽松的,外国投资者转移或汇出利润是比较容易的,印尼货币可自由兑换外币,外国投资所得利润在没有法律责任、争端问题未处理条件下完税后即可自由汇出。根据印尼中央银行于1999年制定并颁布的《监管银行和非银行金融机构的外汇交易流量法》,印尼基本不存在外汇管制,货币可自由兑换,外资公司的利润等可以自由汇出。印度尼西亚货币为印度尼西亚盾,印度尼西亚盾可与美元、欧元等主要货币自由兑换。印度尼西亚实行相对自由的外汇管理制度,资本可自由转移。印度尼西亚货币实行自由浮动汇率政策,印度尼西亚银行采取一揽子货币汇率定价法,根据印度尼西亚主要贸易伙伴的货币汇率的特别提款权的汇率变化来确定印度尼西亚盾的对外比价,每日公布其汇率。在第八条中规定了投资者可以外币形式转移或汇出资金,对资金的具体形式的罗列较为详细,充分体现了对外国投资者利益的保护。[②] 从上述规定可见,印尼对外汇汇出的限制是比较少的,这将极大的激发外国投资者的热情,提升印尼的

---

① 姚梅镇:《比较外资法》,武汉大学出版社1993年版,第711页。

② 中国产业安全指南浙江站:http://zhejiang.acs.gov.cn。

国际投资吸引力。

(三)外国投资优惠措施

印尼政府有意改善投资环境,准投资者可获得政府承担进口税便利,该奖励生效于国内市场没有备用的产品或原材料,以及有限的产品。印尼工业部向准投资者提供一些许诺,使得他们愿意在印尼设生产基地。所提供承诺,其中如通过修订有关获减免税务(税务优惠)法律保障的62号政府条例,以致凡投资于钢铁与基本金属工业、资本货品工业、再生能源、天然资源及电信工业领域的准投资者将享有税务优惠奖励便利,不过汽车生产商不能享有这种便利。[①] 根据2012年印尼最新的投资促进政策,自2011年12月起,在印尼的投资者可以申请免税优惠,相关的执行准则已经出台。新签署的执行准则中规定,凡有意申请免税优惠的投资者,必须把总投资额10%资金存放在印尼国民银行。投资者可以向印尼工业部或投资协调署提出免税优惠申请。[②] 为有力推进经济市场化转型发展,印尼投资法应将重点放在如何更好的吸引、利用、管理、鼓励及保护外国投资上来,积极引导和规范外国投资行为,提供自由化和便利化的条件鼓励外国投资进入那些能够大大促进本国经济发展的投资类型和投资地区。[③] 因此,在有利于维护国家安全和实现公共政策目标的前提下,印尼投资法应不断提高其立法水准,以进一步适应市场化经济的发展需求。

在印尼投资法第五章"投资便利"专章规定了提供从事特定种类、特定行业、特定地区的投资者以一定便利,形式包括减免所得税、减免进口税、减免或缓课增值税、加速折旧或摊销、移民便利、进口执照便利等,从该章可看出印尼投资法主要是从财政税收政策方面激励投资者投入。外国公司若不具备有限责任公司形式则不能享受以上便利。2010年,印尼对部分行业投资给予财政奖励或税收优惠。印尼政府将对至少10个营业部门提供财政奖励以支持其

① 《印尼贸易投资环境报告2012》(印尼政府网站,http://www.indonesia.go.id/en。

② 《云南日报·东盟南亚周刊》,第9版,2011年12月21日。

③ Petra Mahy. the evolution of company law in indonesia: an exploration of legal innovation and stagnation, *American Journal of Comparative Law*, Spring 2013.

发展。此外,印尼政府还拟对环保型企业、大型投资项目、在落后地区投资的基建项目,以及具有较多附加值、提供广泛就业机会和运用先进科技的工业部门提供税收减免等优惠。2011 年,印尼推出财政奖励政策,大力支持资本和劳动力密集型产业的发展。针对包括原金属、炼油、天然气、有机基础化学、可再生能源和电信设备等 5 个工业部门,投资规模在一万亿盾(约合 1.77 亿美元)以上的,免除其开始商业运行后 5—10 年的税款,对已投资印尼但经营尚不足一年的企业也可以享受到此项优惠税收政策。同时对符合印尼产业导向和优先发展领域的 120 个产业和地区提供相应的税收优惠。

(四)投资争端解决机制

投资纠纷解决机制也是投资法的有机组成部分。在过去,由于处于商品经济初步发展阶段,印度尼西亚的法律不是很健全。表现在法律透明度不高,法律执行效率低下。经过近年的改革开放,目前印度尼西亚的法治环境大为改观。印度尼西亚投资纠纷的解决方式不断规范化和法制化,受到国内法、东盟合作条约、双边协议及 WTO 协议多层面的规范。由于国际经济往来不断增多,其他国家的法律也影响了印尼纠纷解决机制的发展。目前,其投资纠纷解决方式主要包括协商、调解、仲裁、诉讼等。在国内法方面,印度尼西亚《投资法》第 32 条规定,假若政府与投资者在投资部门发生争端时,当事者应首先经由共识解决争端;如果经过协商争端解决无法达成,应交由仲裁解决,或其他争端解决之方法,或经由根据法律规定的法院解决。在第 4 款中规定"假若中央政府与国外投资者在投资方面发生争端时,当事者应经由当事者同意的国际仲裁解决"。该争端解决的规定体现了一种不断完善的机制。

在国际多边协定方面,印尼作为《关于解决国家与其他国家国民之间投资争端公约》(简称《华盛顿公约》)和《联合国承认和执行外国仲裁裁决公约》(简称《纽约公约》)签字国,都将在一定程度上保障投资纠纷的解决以及仲裁裁决的执行。同时,印度尼西亚作为 WTO 成员国之一,必须遵守 WTO 争端解决机制的相关规定。当印度尼西亚违反 WTO 一揽子协议的相关协议时,投资者亦可诉诸 WTO 争端解决机制。

四、中国在印度尼西亚投资现状及策略分析

(一)印尼投资市场简析

作为东南亚最大的经济体，印尼在投资方面表现出色。根据投资统筹机构所发出最新资料，印尼在2015年度的投资落实价值共达545.4万亿盾，比前一年增加了17.8%；在2015年的投资落实总额中，外国投资落实为365.9万亿盾，比前一年增加了19.2%。同时根据印尼投资统筹机构发出的最新报告资料，在2015年期间，中国企业申请投资原则许可证的价值高达277.59万亿盾，在当年外国投资计划总额中占22.96%，中国成为印尼最大的投资来源国。除中国之外，新加坡投资额203.89万亿盾，日本100.64万亿盾，马来西亚69.13万亿盾，韩国60.52万亿盾，美国56.31万亿盾。与此同时印尼国内投资在过去的十年间也迅速发展。稳健的国内投资为FDI的突然下滑提供了缓冲，防止国内经济由于过度依赖外资而受到剧烈冲击。不同于国外投资者，国内投资者更加对一些基础行业感兴趣，包括食品加工业、非金属采矿业与农业，因为这些行业需要的高科技较少。另外由于国家安全原因，一些行业例如电讯行业也只允许国内投资者运营。[①]

印尼利用外资快速增长，作为东南亚最大的国家，其已成为东盟十国中最具吸引力的投资目的国之一。印尼的投资吸引力表现在以下方面：政局较为稳定；自然资源丰富；经济增长前景看好、市场潜力大；地理位置重要，控制着关键的国际海洋交通线；人口众多，有丰富、廉价的劳动力；市场化程度较高，金融市场较为开放。印尼幅员辽阔、人口众多，中产阶级日益壮大，消费需求和消费能力不断增强。长期以来投资印尼汽车、家电、化工等制造业领域的日本、韩国等，近年来逐步加大其投资力度，试图抓住印尼庞大的国内市场需求，凭借印尼劳动力成本低、开发东盟市场便利等优势赢取投资收益。外国投资

① 中国一印尼经贸合作网，http://www.cic.mofcom.gov.cn，访问日期：2014年2月12日。

主要集中于运输仓储、通信、金属机电、机动车及其他运输工具、化学、制药及贸易等领域。受投资环产业结构及政治社会局势等多方面因素制约,FDI 在印尼经济中比重较低。

印尼政府近年来大力改善基础设施条件,出台中长期经济发展规划,着力推动交通、通讯等大型基础设施项目建设,仅 2013 年就计划启动总投资约 545.6 万亿印尼盾(约合 565 亿美元)的基础设施项目,巨大的基建市场也给外资带来投资机遇。印尼国内资本和信贷市场不断完善,经济持续增长,银行系统充满活力,财政状况持续改善,继惠誉[①]于 2011 年 12 月宣布上调印尼主权信用评级至投资级,穆迪公司于 2012 年 1 月也将该国主权信用评级从 Ba1 上调一档至 Baa3 投资级。

印尼吸引外资呈现以下三个特点:一是外资流入行业以资源型、制造业为主;二是新加坡、日本、韩国、美国等为印尼主要外资来源国;三是外资投向区域相对集中在爪哇岛,特别是西爪哇和雅加达特区。据联合国贸发会议发布的 2013 年《世界投资报告》显示,2012 年印尼吸引外资流量为 198.5 亿美元;截止到 2012 年底,印尼吸收外资存量 2056.6 亿美元。[②](主要投资来源国分别为新加坡、日本、韩国等。据印尼经济部门分析,2014 年印尼吸引投资的主要领域为矿业、摩托车和交通工具、机械工业和电器、化工和医药以及食品行业。

经济发展专家赫尔南多·德索托在他的专著《资本的奥秘》中指出:发展中国家并不缺乏资本,相反,发展中国家拥有大量停滞而不能用于生产活动的资本。不同于市场经济体制发达的国家,在发展中国家的这些停滞的资本不具有合法产权及与之相关的法律规则。《资本的奥秘》间接阐述了资本主义市场经济体制及其法律制度是促进经济发展的必然选择。按德索托的观点,任何有志于加入发达国家行列的发展中国家都必须采取市场经济体制运行下的

---

① 惠誉、穆迪评级是两大全球性的评级机构,其提供的信用评级和发布评级、分数,和其他的意见,有关的财务或业务实力。当投资者打算作出投资时即使用评级的风险指标。

② 联合国贸易与发展委员会:http://unctad.org/,2014 年 2 月 17 日访问。

资本运作模式。[①] 印尼总体而言算不上市场化程度较高的国家，其市场更多的依然受到国家的管控，当然这与其当前的经济发展水平是密切相关的。随着全球经济格局的演变，东南亚国家正逐步成为世界各国投资的重要领域，对于投资东道国和投资母国将是一项双赢的活动。

(二)中国在印度尼西亚投资现状分析

中国在印尼对外经贸关系中占据比较重要的地位，双边投资贸易合作呈快速上升趋势。自中国—东盟自贸区于 2010 年 1 月 1 日全面启动，双边贸易投资自由化和便利化程度进一步提高。据中国商务部统计，2012 年当年中国对印度尼西亚直接投资流量 13.61 亿美元。截至 2012 年末，中国对印度尼西亚直接投资存量 30.98 亿美元。2012 年，印尼对中国投资项目 45 个，实际使用外资金额 6378 万美元。随着中国—东盟间经济往来加深，中国－印尼之间相互投资也逐渐增多，但印尼限于其国内经济实力，目前总体而言是以中国企业到印尼投资为主，数额和所涉领域都逐步上升，从小项目投资到大型项目持续出现，互动比较频繁。根据中国商务部数据统计，至 2013 年 7 月底，中国在印尼非金融类 FDI 累积高达 10.5 亿美元。两国投资领域不断拓宽，在政府推动之下，双方加强了工程承包、劳务合作、工业、农业、旅游等诸多领域的深入合作。中国、印尼均是处于高速上升期的新兴经济体国家，得益于政治、经济、文化、地理等多方面的友好沟通与合作，两国经济具有较强互补性，同为中国—东盟自贸区重要成员，经济增长率均居于较高水平，展现出巨大的发展潜力和活力。

矿业作为印尼外国投资的传统热点行业，印尼矿产资源极为丰富，成为国际煤炭及镍、铁、锡、金等金属矿产品市场供应的重要来源，吸引大批外资进入矿业上游行业以稳定原料供应，特别是 2012 年 5 月印尼政府对 65 种矿产品出口加征 20%出口税并要求外国投资者在印尼投资设立冶炼加工厂等措施，刺激了外商对矿产下游行业的投资。2012 年矿业成为印尼第一大外国投资

---

① HERNANDO DE SOTO, THE MYSTERY OF CAPITAL, 2000, Chap. 3 discussing the mystery of capital and Chap. 4 the failure of the political systems to recognize the abundant dead capital resources.

行业，占利用外资总量的六分之一。[①] 印尼矿业的优势在于：储量大；产量大、出口量大；采取露天开采方式，成本低，安全性强，便于管理。然而印尼 2009 年颁布了《矿产和煤炭矿业法》，详细规定了煤炭开采的市场准入，限制较多，随后渐趋改善。但 2014 年 1 月 12 日印尼出台禁止 65 种原矿出口的禁令，2017 年以前 66 家矿业公司可继续出口精矿，镍矿和铝土矿仍被禁止，新政策不但会对印尼经济造成不利影响，而且政策的模糊性将对外国投资者产生消极影响。

东南亚各国拥有大量钛、铜、铝、镍、钾盐、石油、铁矿石、天然气等资源，是全球矿业资源输出量较大的地区。但近几年，印尼、越南等东南亚国家渐渐扩大对矿业出口限制，印尼 2014 开启"禁矿令"，更是加剧了全球矿业出口锐减。新矿业政策也给中国造成了一定负面影响，中国镍矿和铝土矿的大量进口均来自印尼，据五矿化工进出口商会统计，2013 年 1 到 11 月，中国共进口镍矿 6200 万吨，从印尼进口 3400 万吨，说明其中一半来自印尼。

印尼是中国最大的镍矿和铝土矿进口来源地，占进口总量份额分别达到 70%和 50%以上。然而，镍矿和铝土矿均在印尼被禁出口行列，国内的一些矿业公司可能面临资源缺乏的局面。此前，还有一些中国企业争取在原矿出口禁令实施前运回向印尼矿主采购的原矿，但因印尼当局拒绝签发离港证而使原矿滞留印尼港口。[②] 事实上，印尼 2009 年《采矿法》已决定在 2012 年禁止原矿出口，其后禁令被推迟，2014 年正式实行，在此之前，中国企业已做好相应准备；从海关数据可以看出，2013 年国内大量进口铝土矿，保障了国内企业充足储备。此外，自 2010 年始，我国在斐济、老挝、几内亚、澳大利亚等国家投资建厂，通过降低对印尼矿产资源的依赖程度来缓解压力。但并不是完全没有任何影响，禁令将导致铝土矿价格上涨。中国无法从印尼进口原矿，必须转向其他国家，运输成本大幅度增加；因为此前中国东南沿海发达地区毗邻印尼，运输便捷，运输成本相对较低。禁矿令并未完全阻止中国企业在印尼矿业的投资，只是变更投资方式，转而在印尼着手投资建设冶炼厂，印尼禁矿令之目的便在于吸引外国投资，增加国内就业机会，将矿产加工更多的环节限制在印尼境内；尽管中国企业以投资建冶炼厂的方式降低禁令风险，但一方面必须

---

① 《对外投资合作国别（地区）指南（印度尼西亚）》，商务部网站，http://www.mofcom.gov.cn/。

② 中国日报网，http://energy.chinadaily.com.cn/。

考虑电力、交通、居民安置、政策扶持等的配套问题，从计划到实施大概需要两三年时间，而该禁令还有诸多不确定之处，政策可能再次变动；另一方面印尼基础设施条件极为落后，并不具备大规模建厂的基本条件。

然而，同时应注意印尼的投资机会并不限于矿业。中国企业越发重视印尼市场，政府也不断加强与印尼的政治、经贸、文化往来，以进一步推动企业到印尼投资。目前在印尼登记注册的中国企业有近一千家，投资企业的组织形式和数量均在不断增多，显示出强劲发展势头，而且投资领域更为广泛，已不再局限于矿产、基础性轻工业，也通过与当地投资者合作进入通讯、金融等限制外资较严的领域。尤其是在2010年中国—东盟自贸区全面建成后，中国—东盟自贸区平台的建立与逐步完善，更为中国-印尼扩大经贸合作提供了有利条件，对双边投资起到了非常明显的促进作用。印尼BKPM负责人表示，希望中国加大对印尼的投资，同时印尼也将制定相应的优惠政策以吸引和鼓励中国的投资。据该委员会的统计数据，自中国和印尼建立战略伙伴关系以来，中国在印尼的投资额持续快速增长，根据印尼官方投资统筹机构提供的数据显示，中国成为印尼2015年外国计划投资最大国家，考量到目前中国的经济实力，中国对印尼投资仍有很大增长空间。截至2016年7月底，中国企业对印尼投资累计已超过88亿美元，占中国企业对东盟累计投资总额的七分之一，印尼已成为中国在东盟最大的投资目的地和第二大工程市场。目前，在印尼投资的中国企业已超过1000家，涉及能源、通信、电力、矿产开发、金融、保险、交通、汽车以及农渔业等众多领域。印尼投资统筹机构主任还谈到，中国投资者感兴趣的行业侧重于基础设施领域。最大投资计划是在电力领域，占中国投资计划总额的54.36%，其次是铁路运输领域占26.62%，金属工业领域占6.04%，住房、工业园与办公楼领域占5.03%，以及贸易领域占3.36%。在表示积极吸引中国投资的同时，印尼政府也将制定专门针对中国投资者的优惠政策，其中包括为投资者制定5年免税等相关政策，提供审批、减免税等便利条件，为中国投资者设立特别经济区以及允许其产品在印尼国内销售等。

中国和印尼彼此之间具有很大的互补性，印尼已成为中国在东盟集团内最重要的战略合作伙伴之一。与印度的情况不同，在苏哈托执政时期双方关系中断数十年之后，中国和印尼自上世纪90年代恢复邦交以来，两国的外交关系平稳发展。从中国的角度来看，印尼是具有战略意义的贸易和投资伙伴国，拥有巨大的市场和丰富的自然资源。中国对印尼投资在过去几年快速增长，原因是印尼政府实施多项政策改革措施，涵盖税收、海关、投资框架和金融业，旨在吸引更多外国直接投资。印尼政府确定多个经济特区，如巴淡岛，为海外企业提供优惠税率，对印尼投资金额超过1亿美元的，将享受为期10年的免税待遇。然而目前印尼对中国的投资微乎其微，每年约为4500万美元；目前来说中国充裕的现金状况使投资明显流向东盟国家，制造业可能是印尼未来吸引更多投资的行业。虽然中国以往都是投资于印尼的自然资源和基础设施行业，但印尼政府积极促进制造业投资，制造业一定会成为主要受益行业之一，原因是未来几年中国将逐渐转变其对低成本制造业的侧重。

(三)中国在印尼投资面临的法律风险

1.立法技术不成熟，重复、矛盾立法较为严重

任何法律都是存在缺陷的，印尼作为正处于经济发展上升期的发展中国家，立法技术与发达国家相比必然存在一定差距。虽然近年来其不断改进和完善法律环境，但整体来看，还是很不完善，存在一定问题，在关于投资的很多领域，还是根据政策、总统令、政府部门文件等来规范，一方面稳定性较差，另一方面随意性也较大。这对许多计划在印尼进行长期且较大投资的外国投资者来说并不太有利。印尼政府的法律环境和行政管理不透明，规定笼统、模糊，不同法律之间存在冲突与矛盾，加之执行手续过于繁琐。尽管印尼政府近年来将法律系统现代化作为优先发展目标，但真正形成有效、规范、透明、确定的系统性法律制度还需相当长的时间。印尼政府采取了多项重大措施加快其改革进程，稳步推进国家贸易法律法规建设，不断提高执政效率；然而，印尼政府在法律执行中的不良交易习惯非常严重，中央与地方行政权力分化，行政手续繁多，法律难以贯彻实施等问题依然是阻碍外国投资进入印尼主要因素之一。因此，改善其投资法实施环境是印尼政府亟待解决的问题。

在印尼全国各地妨碍投资的现象极为普遍，尤其是在投资审批①和法律确定性方面。印尼目前的《投资法》相关规定总体而言不够成熟，受其经济发展水平的限制，印尼投资法所采取的立法模式与西方经济发达国家尚有一定

① 外资企业符合法律规定条件后，要经过有关部门审批或核准、登记等程序作外资准入必要程序的最后把关。对当事人的登记申请，由专门负责外资管理的机构依照法定条件和程序，予以审查核准决定是否允许外资进入。

差距，但是比较适应其此阶段的经济发展。其采取内外资统一立法的立法模式，表面上看实现了内外资同等的法律地位，但事实上，其中与外国投资的相关规定大多比较模糊，不够明确，尽管有其他法律文件、总统令等不断进行补充，但过于分散、冗杂，不便于外国投资者及时了解印尼最新的投资法律政策，与现行的国际投资法立法模式还是有相当差距。该法的调整范围、适用对象、投资政策、投资保护、投资者权利与义务、投资方式、投资领域、地区，投资优惠和扶持、直接投资、国家资金的投资、经营、对外投资、国家对投资的管理等等，规定均较为笼统，内容较为原则，法律文件之间相互冲突、重复立法现象严重。在法律文件上所表现对外资的保障和优惠并未落到实处，对外国投资各方面的相关规定不够具体、规范，缺乏可操作性，浮于形式，未切实的给予外国投资以更为实际的法律保护。

2. 政局不稳定，法律执行力度不高

印尼政局不太稳定、政策多变，缺乏规范和透明的法律体系，法制环境差且许多法律规定都不尽合理，有法不依，执法不严的现象严重，外资企业在印尼若遇到纠纷想通过当地司法解决几乎不可能。地方保护主义盛行，行政效率低下现象严重；法律、法规、政策缺乏持续性、确定性及稳定性；地方与中央权力分化严重，中央颁布的法律在地方难以得到有效的贯彻实施。由于印尼审批程序较为繁琐，且司法、执法效率较为低下，在印尼投资设立公司注册手续繁多，审批时间较长；虽然印尼政府修订了《投资法》《公司法》，并完善了相关配套措施，推行一站式审批服务，以促进和吸引外国投资，但执行效果并不理想。法律得不到贯彻执行，法律的制定便毫无意义。自苏西洛总统上台以来，印尼政局渐趋稳定，但既有的问题并未得以根除，法律环境相对而言朝着利好外国投资的方向发展，建立健全较为完善的投资法律体系是一方面，更重要的是提高法律执行的深度和广度。

立法是最基本层面的利益平衡，但正如法律界非常著名的一句话，法律没有国家强制力加以执行，就犹如没有牙齿的老虎；执法和司法是法律生命力的表现，在这两个层面未得以将法律贯彻实施，并在法律允许的范围内修补立法与现实的裂痕，法律将失去其应有的功效。印尼在立法技术上已然存在较大问题，但是政治上的不稳定，导致地方在执行中央颁布的法律时存在诸多与法律相背离的地方。苏西洛任总统以来，印尼政局整体上趋于稳定，但是在各个层面频繁滋生的各类问题并未得以解决；要将法律深入到一国各个地方，这不仅需要中央和地方政府的配合,还需要在法律、法规、政策层面加大法律执行的监督力度。执法和司法未守住正义的底线将会造成外国投资者对印度尼西亚投资环境的怀疑,对国内外的投资者也会产生影响。执法和司法是与立法相生相伴而存在的,立法层面已存在的问题,原本可以通过执法和司法在法律允许范围内加以修正,但如果在这两方面依然未采取补救措施阻止问题的发生,则法律从其制定到实施,难以充分实现其应有的社会效果,法律也就丧失了其最基础的存在意义。

3.劳工法利益协调失衡,加重中国企业投资成本

投资成本包括人力、物力等各方面有形、无形成本,劳工成本是中国投资企业到印尼投资所必然面临的困扰之一。根据印尼2007年投资法第十一章第十条第一款、第二款规定,投资公司应优先雇佣印尼劳工,仅在依据法律,有权为某些职位和专门技术雇用外国专家。雇佣当地劳动力以解决当地就业问题是国际上通行的做法;但并不能以此为由加重投资企业负担。印尼吸引外国投资的一大重要因素即是其低廉、充裕的劳动力,但2013年,外资企业在印尼又面临一些新障碍,如印尼各地区工人最低工资、工业用电、燃油价格等大幅度上涨,资源民族主义和贸易保护主义抬头,基础设施滞后问题越发严重,印尼盾呈再度贬值趋势,造成对已有投资收益的汇兑损失,再加上投资成本的剧增,这些都极大地打消了中国企业的投资热情,削弱了投资力度,放缓了其投资进程。加上华人问题一直在印尼未得到解决,中国企业在印尼所面临的重重障碍更加严峻。

尽管为了吸引外国投资,印尼政府出台了一些投资鼓励政策,但实施效果并不理想,依然无法改变其劳动力市场存在的诸多问题。加上印尼劳工生产效率及劳动技术水平均较为低下,中国企业到印尼投资在劳工职业技能培训方面需要投入更大的成本,而以此为由拒绝或减少印尼劳工的雇佣又违背了印尼投资法相关规定以及中国-印尼双边投资协定或其他与投资相关的双边或多边协定。印尼为保证其国内就业率稳定,在制定劳工法时过度保护其劳工,尽管政府试图为吸引外资修改劳工法,但终因工会组织及工人的强烈反对而未能实现。印尼劳工法规要求过严,工会势力过大,尽管保护劳工利益是任何国家、任何企业不可推卸的责任,劳工与企业相比处于弱势一方,但一旦过度将权利向劳工倾斜,以致工会势力膨胀,各地罢工问题频生。法律即是利益的平衡,印尼劳工法在分配劳工和企业权利义务之时,应当站在绝对中立的立场，既要保证劳工在企业中的权利得以充分享受，也要设置适当的权利限制措施以防止权利被滥用。印尼劳动力市场运作体系僵化严重，影响外国投资者的投资信心。印尼劳工法过于倾向劳工利益，工资刚性显著，裁员极为困难；印尼劳动力市场缺乏弹性规定，造成外国投资企业在印尼面临管理上的不便。

(四)中国投资印度尼西亚应对策略

1. 充分利用好印尼国内法律以及双边或多边国际贸易规则

中国企业到印尼投资首先应注意法律环境问题，印尼的法律体系总体比较完整，但也有很多法律规定模糊，可操作性差，且不同的法律之间存在矛盾和冲突。由于法律环境复杂，中国企业到印尼开展投资合作应当守法经营，密切关注当地法律变动情况，依法保护权利，履行义务。处理关键法律问题，最好聘请专业律师。在印尼，尤其应注意知法守法，中国企业应严格依法注册、守法经营，在必要时还要通过法律手段解决问题，维护自己的合法权益。关于处理与投资纠纷有关的案件，印尼《投资法》规定较为简单，争议双方可首先寻求友好协商解决，如果无法达成一致意见，则既可以申请仲裁，也可以直接向当地法庭起诉。在我国与印尼签订的 BIT 协议中，对中国－印尼相互投资作了较为详细的规定。

同时，中国与印尼作为《中国—东盟全面经济合作框架协议争端解决机制协议》(简称《争端解决机制协议》)的签署国，于 2004 年 11 月签署该协议，2005 年 1 月 1 日协议正式生效。《争端解决机制协议》适用于《框架协议》下各缔约方之间发生的争议，缔约方的中央、地区和地方政府根据《框架协议》所采取的相关措施也在《争端解决机制协议》的管辖范围之内，为各缔约方根据该协议来解决彼此的经贸争端提供了法律依据。继而在 2009 年 8 月，《中国—东盟自由贸易区投资协议》签订，中国、印尼同为该协议签署国，均应遵守该协议关于投资方面的相关规定。

再者，中国与印尼均为《关于解决国家与他国国民间投资争议公约》(简称华盛顿公约或 ICSID 公约)、《多边投资担保机构公约》(简称汉城公约或 MIGA 公约)，还有包括 WTO 一揽子协议中关于投资的协议。这些公约都是对投资最有影响的的多边投资条约，我国投资者可以充分利用这些国内法律、国际条约维护自身利益。

2. 与当地政府建立良好关系，关注印尼对华人政策的变化

印尼实行地方自治以来，地方政府权力不断扩大，很多问题都需依靠地方政府支持来解决，中国企业在印尼开展投资合作，须积极主动与所在地政府建立良好关系，加强沟通，以获取地方政府有力支持。遇到重大问题和事件，及时向当地政府反应的同时，也可及时向我国驻印尼大使馆报告。同时，企业向当地政府部门提交注册文件可聘请专业律师、公证员、投资顾问等专门人员代为办理，但应注意甄选和审核，防止法律文件及手续出现瑕疵。

尽管 2006 年印尼《国籍法》不再将华人视为“二等公民”，但华人在印尼依然受到部分当地人歧视，严重阻碍了中国与印尼之间的经贸往来。因此，无论是国家层面，还是社会层面，都应加强中国—印尼双方的交流与合作；在我国投资者个体层面，应当定期进行员工培训，提高在印尼工作人员的综合素质，倡导尊重和理解当地的文化价值。[①] 与印尼商人打交道，应熟悉那里的风土人情，这对于双方交往是很有帮助的。一个种族繁杂的国家，其人民的风俗习惯也是千差万别的。各国的政治、文化。经济、历史差异大，造成各国的投资环境不同。任何企业，要正确定位和投资才是上策。在东盟各国中，选择印度尼西亚这个有巨大机遇。开放积极、主动吸引投资的国家，我国企业应当结合当地的生活需求，灵活处理各类风险和威胁，方能更好发展。

3. 建立并启动内部风险防控机制

中国企业在赴印尼开展投资合作前，要客观评估潜在风险，针对性地建立内部紧急情况预警机制，制定应对风险预案。尽管印尼无论政治、经济，还是文化等各方面都逐步放开，正努力与国际市场接轨，一方面是其经济发展本身的内在驱动，另一方面也是经济全球化推动的结果。印尼近年来政经形势总体而言较为乐观，但作为较为落后的发展中国家，其投资环境还存在诸多阻碍外国资本安全流动的体制、机制障碍。因此，印尼作为外国投资的最新热土，投资者切忌因缺乏对印尼政策、文化、法律、法规等的深入了解而盲目投入。

鉴于印尼近几年的发展形势，国际货币基金组织及世行均认为印尼将继

① 杨建生、梁智俊：《浅析印尼对外商投资的法律规制》，载《中国与东盟》2009 年第 8 期。

续扮演地区经济发展火车头的角色。印尼国内对未来趋势的预测也普遍乐观，如经济统筹部部长拉加萨估计，印尼可持续发展至2030年，届时该国将成长为全球最大的五大经济体之一，人均收入可升至1.7万美元之多。[①] 同时需要注意的一点，印度尼西亚盾是较为容易受到国际游资攻击的货币之一，币值不稳定，中国企业与印尼企业进行经贸往来时，尽量争取以美元或人民币结算，从而规避汇率风险。

中国和印尼经济互补，在可预见的将来，两国不太可能直接展开激烈竞争。目前遭受基础设施不足困扰的印尼正力求吸引外国直接投资流入，以支持其发展基础设施、制造业和能源行业。而中国方面的资金依然充裕，正在寻求国际投资机会，各种计划，如鼓励企业进行海外投资的“走出去”政策即是明证。中国和印尼在贸易方面也具有巨大的协同效应潜力：中国对自然资源和其他材料投入品的需求很高，而这些是印尼的主要出口产品，印尼进口最多的是中国最具优势的出口类别，即机械和电子产品。两国还具备政治协同效应的理想条件：印尼是东盟集团领导国家之一，是中国在亚洲主要发展地区的同盟，而中国超级大国的地位不断提升，也为印尼提供与该地区最具活力的国家建立联盟的机会。[②] 中国一定会从多个方面更多地从印尼崛起中获益，鉴于经济、社会政治和历史因素，两国建立深厚、互惠互利双边关系的障碍少之又少。近几年中国和印度的关系明显改善，两国政治领导人已将中印关系视为21世纪最重要的双边关系之一。印尼崛起为中国提供与该地区另一个新兴大国建立深厚双边关系的机会，两国之间的协同效应和战略表明，未来数年深化合作和合作伙伴关系将使两国从中受益。

世界经济论坛《2012—2013年全球竞争力报告》显示，印度尼西亚在全球最具竞争力的144个国家和地区中，排第50位。[③] 2011年5月，印尼总统苏希洛颁布《2011—2025年加速和扩大印尼经济发展总体规划》(简称MP3EI)，提出将实施打造六大经济走廊、加快互联互通建设、提高人力资源和科研水平三大发展战略，打破发展瓶颈，实现跨越式发展。在财政税收政策、外汇管理、劳动雇佣、进出口管理等与投资相关的配套设施制度上，都可看出印尼为吸引

---

① 杨晓强、韦忠福林：《印度尼西亚：2010—2011年回顾与展望》，载《东南亚纵横》2011年第3期。

② 财经网：http://comments.caijing.com.

③ 世界经济论坛：http://www.weforum.org/，访问日期：2014年2月17日。

外资而作出的法律法规、政策调整，以更好的适应经济全球化的发展进程。尽管因为其内部经济、政治、文化等原因，其贸易保护主义倾向依然是制约外国投资在印度尼西亚的主要因素。与其他发达国家所采取对外国投资的开放态度相比，印尼尚属初级阶段，但印度尼西亚巨大的投资吸引力，内外部双向需求的契合，印尼投资法制度会迈向将本土化与国际化科学整合的有利方面，为外国投资营造更为自由化、便利化的投资环境。当然，因为历史的原因，印尼的法律、法规并不完善，好在印尼已正视这个问题。政局稳定就为完善政策、法律、法规创造了根本性的条件。对于在操作中的腐败行为，中国企业要坚持有理有节的原则，尽量扩展自身的经营空间。

第五章

老挝外国投资法

老挝位于中南半岛北部，是东南亚唯一没有出海口的国家。老挝属世界上经济最不发达国家之一，基础设施极度落后，但自然资源非常丰富。近年来，老挝经济发展势头良好，2012 年加入 WTO 后所享受到的制度优势和改革红利，更面临难得发展机遇。根据正着手制定的“八五”(2016—2020 年)及中长期发展规划，老挝未来五年国内生产总值增幅将达 8.5%至 9%，人均国内生产总值将达到 3200 美元。

老挝与中国是山水相连的友好邻邦。2009 年 9 月，两国关系提升为全面战略合作伙伴关系，中老关系进入加速发展新时期，双方在经贸、政治、人文、国际和地区事务中的合作不断深化。越来越多的中资企业进入老挝市场，投资领域不断扩大，投资方式呈现多样化。主要投资领域包括矿产、水电、农林、房地产、园区开发、酒店等。老挝充分理解、接受和认同“一带一路”的理念和价值观，期待着将我国的“一带一路”倡议同老挝“变陆锁国为陆联国”战略、中国“十三五”规划和老挝“八五”规划进行有效对接。

一、老挝外国投资法概述

(一)老挝外国投资法的发展

老挝于1975年12月2日宣布废除君主制,成立老挝人民民主共和国,建立了社会主义国家。[①] 1975年至1985年,老挝处在中央计划经济时期,集中进行战后经济恢复,保护发展国民经济,进行基础设施建设,同时照搬苏联模式进行农业、工业社会主义改造。这一阶段,老挝主要与苏联、越南、东欧等社会主义国家进行经济往来,并没有一部完成的外国投资法。直到1988年老挝首次制订颁布了《外国投资法》,将外国投资以法律的形式确立起来。外国投资法是指东道国为引进外国资本、技术、服务以发展本国经济而制定的有关外国投资者待遇与法律地位,鼓励、保护与限制外国投资,以及调整外国投资者与国内投资者间、与本国政府间投资关系的法律规范的总称。[②] 从1988年老挝颁布了第一部外国投资法至今,老挝外资法的发展历程大致可分为三个阶段:

第一阶段:1986年至1993年,老挝外国投资法的起步阶段。1986年11月,以党的"四大"为起点,老挝开始实施新的经济政策。1988年2月,老挝人民革命党召开四届五中全会,明确提出老挝应进一步实施对外开放政策,积极吸引外国投资,学习国外的先进技术与管理经验。[③] 同年7月,老挝制定并颁布了首部《外国投资法》,以法律形式对外国投资活动进行规范,并为外国投资行为提供了法律保证。为更好地实施《外国投资法》,老挝又于1989年颁布《老挝外国投资法实施细则》,对外国投资主体、投资领域、投资形式等进行了较为详细的规定。1991年老挝对宪法进行重大修订,明确规定:"国家保护和发展全民、集体和个人所有权,保护国内资本家的私人所有权和来老挝人民民

---

① 张晓君:《中国—东盟法律评论》,厦门大学出版社2013第3卷第1期。

② 刘颖、邓瑞平:《国际经济法》,中信出版社2003版,第403页。

③ 张瑞昆:《老挝经济结构——老挝经济探析之一》,载《东南亚纵横》2004年第1期。

主共和国投资的外国人的所有权。”[①]

第二阶段:1994 年至 2001 年,老挝外国投资法的初步发展阶段。1994 年老挝国会审议通过了《促进和管理外国在老挝投资法》,即新的外国投资法。2001 年 3 月老挝又针对新的外国投资法颁布了《促进和管理外国在老挝投资法实施细则》,并成立老挝外国投资管理委员会。这期间,老挝又相继制定了企业法、税法、土地法以及相关的法律法规,逐步形成了相对完整的外国投资法律体系。这一阶段老挝外国投资额不断增长。

第三阶段:2002 年至今,老挝外国投资法发展的重要阶段。2002 年起,为了加大吸引外国投资者到老挝投资,并进一步改善投资环境,老挝于 2003 年修订了《老挝人民民主共和国宪法》,进一步明确鼓励并保护外国投资:“国家鼓励外商在老挝共和国进行投资,为其资本注入、技术应用以及在制造、贸易、服务方面引进现代管理制度创造有利的条件。投资者在老挝共和国的合法资产不被征用、侵占或国有化。”[②]2004 年老挝在 1994 年《促进和管理外国在老挝投资法》基础上第二次对外国投资法进行修订,简化了投资审批程序、缩短了投资审批时间,进一步完善了外国投资法。一方面为了履行东盟框架协议以及多边、双边做出的经济承诺,另一方面为加入世界贸易组织做准备,老挝于 2009 年在世界银行的协助下,对外国投资法进行了第三次修改,将原《国内投资法》和《国外投资法》合并,统一为新的《投资促进法》,随后又于 2010 年颁布了《投资促进法实施条例》,使得国内外投资者享受同等的投资政策。同时,为了更好地吸引和鼓励外国投资者,老挝自 2002 年起积极推进经济特区建设,到 2012 年底,老挝政府已批准设立 4 个经济特区和 17 个经济专区。根据老挝经济特区发展规划,到 2020 年要在老挝国内建成 10 个经济特区和 29 个经济专区[③],借鉴中国经济特区发展经验,加大招商引资。

(二)老挝外国投资法的立法模式

老挝外国投资立法的模式经历了从分开立法到统一立法的发展过程,根据 2009 年颁布的《投资促进法》第 99 条规定“本法取代 2004 年 10 月 22 日国

---

① 《老挝人民民主共和国宪法》第 14 条。

② 《老挝人民民主共和国宪法》第 15 条。

③ 陈定辉:《老挝经济特区和经济专区简介》,载《东南亚纵横》2013 年 7 期。

会字第10号《促进国内投资法》和2004年10月22日国会字第11号《促进外国投资法》”，自此老挝实现了内与外投资统一立法的模式，在老挝外国投资法发展历史上做出了大胆创新。总体来说，老挝2009年《投资促进法》改变了发展中国家内外投资分别立法模式，即根据国籍使用不同的法律进行调整。避免了外国投资法律体系复杂、层次不一的确定，为内外投资创造了一个更加透明、更加便利的投资环境，使内外投资者同场竞技，享受相同的待遇。同时进一步简化了投资流程，提供了明确的税收减免政策，可以说2009年《外国投资法》构建了一个崭新的老挝投资法律体系。老挝2009年《投资促进法》在吸引投资方面取得了不错的成绩，仅在2010年，老挝就吸引国内外投资16.41亿美元，超出计划64%。[①]

(三)老挝外国投资法的特点

1.内外投资统一立法

2004年老挝分别颁布了《鼓励国内投资法》和《鼓励国外投资法》，两部法律根据投资主体国籍的不同对国内投资者和国外投资者进行区别管理。这是发展中国家通常采取的立法模式，一方面可以吸引外资，引导外资到需要发展的领域，促进本国经济的发展。另一方面又便于有效管理外资，保护民族工业的发展，掌握国家经济主权，避免外资给国家经济造成的负面影响。2009年老挝颁布了《投资促进法》，将2004年的《鼓励国内投资法》和《鼓励外国投资法》合二为一，制定了一部包括国内投资和外国投资的投资法。这部内外统一投资法的产生主要有以下三方面的原因：

第一、经济发展需要。根据老挝《第七个五年社会经济发展计划》，即2011至2015年期间，老挝要继续保持8%左右的经济增长速度。为完成这一目标，老挝需要在5年内获得大约150亿美元的投资总额，其中一半的投资金额计划来自国内外投资。“七五计划”直接促进了老挝外国投资法律及政策的变化，以期吸引更多的外国投资。

① http://www.chinastock.com.cn/yhwz_about.do?methodCall=getDetailInfo&docId=2573602，访问日期：2015年3月1日。

第二、入世的需要。老挝早在1997年就申请加入世贸组织，2004年正式启动相关谈判。[①] 为加入世贸组织，老挝必然要符合世贸组织对其成员国的要求[②]，具体到投资领域必须符合TRIMs协定关于与货物贸易有关的投资措施的要求，禁止实施与GATT1994第3条国民待遇原则和第11条普遍取消数量限制原则不相符的措施，以及保证与投资相关的法律法规、信息的公开透明。

第三、东盟经济共同体的要求。老挝在1997年7月23日成为东盟成员国，并于1998年加入东盟自由贸易区，一直积极参与东盟事务。为履行加入东盟经济共同体的承诺，老挝需要不断推进市场经济改革，扩大对外开放的行业，逐步实现东盟国家经济一体化。

2. 产业、区域相结合的税收及其他优惠措施

相较于2004年《鼓励外国投资法》关于税收投资优惠措施，2009年《投资促进法》采取了投资产业和投资区域相结合的税收优惠政策。2004年《鼓励外国投资法》未对享受投资税收优惠的行业进行进一步划分，而是简单地按照投资区域的不同，给予享受优惠的投资行业不同的税收优惠政策。[③] 而2009年《投资促进法》将享受投资税收优惠的行业进一步细化，根据投资与解决贫困，提高人民生活水平等将其划分为三级。并根据社会经济发展及基础设施水平，将投资区域划分为三类。结合投资行业级别与投资区域等级，不同行业不同区域给予不同的税后优惠政策，从而形成了多层次多级别的税收优惠措施。同时针对投资建设医院、学校、研发中心等一些公共设施，根据不同投资区域将获得不同的免征国家土地租金或者特许经营费，即一类投资优惠区：将享受免征土地租金或经营特许费15年；二类投资优惠区：将享受免征土地租金或经营特许费10年；三类投资优惠区：将享受免征土地租金或经营特许费3年。

---

① http://news.163.com/12/1029/08/8EVKPU7000014JB5.html，访问日期：2015年3月1日。

② http://www.state.gov/e/eb/rls/othr/ics/2012/191180.htm，访问日期：2015年3月1日。

③ 2004年老挝《外国投资促进法》第18条。

3. 更加便利、开放的投资环境

2009年《投资促进法》一大特点是设立了一站式投资服务机构，为投资者提供投资信息、投资审批、发放企业登记证或特许经营许可证等全方位的投资服务。为了便于执行，2009年《投资促进法》首先明确地对设立一站式投资服务机构进行了职责划分，如有关投资经营特许权经营的、经济特区和经济专区开发的，由计划投资部门确定；有关投资一般经营，由工商部门确定；有关投资特区的，由经济特区和经济专区确定。其次规定了一站式投资服务机构的服务原则，如投资者在何地申请投资即在该地获得答复，给投资者的答复必须按一站式投资服务机构公告的规章载明的期限执行，手续费和服务费必须公示，并且张贴在一站式投资服务的场所。服务必须制度化、规范化、条理化、简明化、透明化，并且可以查询。有关投资的各种问题，必须通过一站式投资服务机构组织会议进行解决。最后规定了一站式投资服务机构的运行机制，如一站式投资服务机构应按时举行周例会，以便研究解决与投资相关的各种问题。通过这些措施，老挝政府为投资者创造了一个更加便利、透明的投资环境。

二、老挝外国投资准入制度

(一)外国投资准入制度涵义

外资准入，通常被认为是纯属于东道国国内立法上的管理事项。从东道国角度看，就是指一国允许外国投资进入的自由程度。包括允许接受何种投资、投资的领域、投资准入的条件以及对外国投资的审批等内容；从投资者角度讲，就是指国际直接投资进入东道国管辖领域的权利和机会。[①] 外国投资准入制度通常包括投资审批与监管、投资领域、投资比例以及本金抽回与利润汇出的限制等。投资审批是指东道国对外国资本进入本国以及具体流入的投资领域进行事前管理。后续监管指外国投资申请被批准后，其实施投资和与

① 徐泉:《略论外资准入与投资自由化》，载《现代法学》2003年第2期。

实施投资有关的活动受东道国的监督。投资领域是指对外国投资活动所涉及的行业加以适当限制，通常分为许可、限制、禁止三种方式。投资比例是指外国投资者和东道国投资者在设立的企业中各占资本的份额或百分比。为了防止大量资金转移，不利于国际收支平衡以及经济发展，多数东道国会对投资本金的抽回与利润汇出给予适当限制。总之，由于各国经济发展水平和相关投资法律完善程度不同，各国对外国投资准入限制各不相同。通常发展中国家对外国投资准入的法律法规较发达国家要严格。

(二)老挝外国投资准入具体内容

1. 外国投资方式

根据老挝 2009 年《投资促进法》第 8 条规定，外国投资者在老挝进行投资可通过三种方式：一是外国投资者独资，指外国投资者单独或者与其他外国投资者共同在老挝某一行业或者某一项目中进行的投资，但外国投资者需要在老挝当地设立企业或分支机构。二是内外资间的股份制投资，是指国内和外国投资者之间在老挝人民民主共和国法律下成立新法人开展经营的共同股份制投资。对于参与该投资方式的外国人，其出资额至少不得低于总投资的 10%。三是合同联营方式，是指未在老挝境内设立新法人或者分支的外国法人与老挝国内法人之间通过合同规定开展的联合经营。参与投资的国内法人应向工商部门、计划投资部进行申报。此外，老挝 2009 年《投资促进法》也明确规定外国投资者可以通过与政府签订特许经营协议进行投资。其实老挝 1994 年的《外国投资法》，就曾规定鼓励外国投资者以包括 BOT、BOOT 在内的多种投资方式、在各个领域投资。[①] 目前老挝开展 BOT 的行业主要有水电、矿产、地产等，特许经营年限水电行业一般为 25 年，矿产业为 30 年。在老挝开展 BOT 的外资企业主要来自中国、越南、泰国。中资企业在老挝建成的以 BOT 形式开发的水电站有南立 1－2 水电站和南俄 5 水电站。[②] 通过前两种方式在老挝进行投资的外国投资者，需要根据老挝《企业法》规定在老挝境

① 涂婷：《外商赴老挝投资的法律环境》，载《法商论坛》2010 年第 2 期。

② 商务部 2015 年《对外投资合作国别指南(老挝)》。

内注册新的企业。[1] 对于从事特许经营的企业，其注册资本不得低于总投资的30%。

2. 投资领域

根据老挝《投资促进法》第13条规定，投资者(包括国内投资者、外国投资者)在老挝进行投资领域主要有三种类型：一是许可经营类，指普通行业，包括监管行业所列但并不属于特许经销的行业。外国投资者的总投资必须不得低于10亿基普。二是特许经营类，是指获得政府批准、按规定开发、开展某一经营，利用国家产权以及其他权利进行投资经营。例如矿产、能源、电力、金融等行业。经营特许类清单由政府制定。三是经济特区和经济专区开发经营类经济特区开发，是指在经济特区内从事基础设施建设、城市建设等投资活动。经济专区开发，是指在经济专区根据实际条件和法律规定，从事建设基础设施、专区开发建设等投资活动，包括工业区、出口加工区、旅游区等。

3. 审批流程

根据2009年老挝《投资促进法》，老挝对外国投资审批分为三种，包括许可经营类审批、特许经营类审批、以及招商引资项目的审批。

(1)许可经营类审批：

从事许可经营的投资者，应向工商部门一站式服务机构递交申请书，按照老挝《企业法》的规定进行企业注册。对于非管控类的许可经营投资申请，应自收到企业提交的登记申请书之日起的10工作日内完成企业注册的相关审批，并发放企业登记证。对于管控类的许可经营类申请，应自收到企业登记申请书之日起30个工作日内完成企业注册的相关审批，并发放企业登记证。对于现有企业的扩大投资经营申请，投资者只需提交扩大经营的相关文件，通常此类申请审批时间较短。企业登记证是企业合法登记注册的法律证明文件。获得企业登记证后，投资者即可开展相关经营活动。

(2)特许经营类审批

从事特许经营的投资者，应向计划投资部门一站式服务机构递交申请书进行初审，通过后提交政府或者省级主管部门进一步审批。对于特许经营类

---

① 邱房贵、植应富：《老挝外商投资企业法律制度的特点与我国外商投资法相比较》，载《法制与经济》2009年第4期。

的投资申请，计划投资部应依法与其他部门、当地主管部门通过招标的方式选定特许经营投资者。初审通过后，投资者应提交《可行性研究报告》《环境和社会的评估报告》《申免进口关税的直接用于生产的交通工具、设备、原料的清单》等，用于进一步研究和审批。通过后，投资者与计划投资部等相关部门进行谈判，并起草投资协议。由一站式服务机构负责审议投资协议，并将审议结果提交政府或省级主管部门进行审批，并告知投资者按规定存入项目保证金，金额视投资类型和规模而定。在获得政府审批后，计划投资部会向投资者颁发特许经营许可证。

项目获得主管部门审批后，计划投资部办公室会向投资者颁发项目特许经营许可证。获得经营特许权登记证，投资者即可开展相关的经营活动。投资者应在 90 日内开展经营活动，未在上述期限内开展经营的，计划投资部将会向投资者进行书面警告。如果投资者在收到书面警告后的 60 日内仍未开展经营，计划投资部有权吊销经营特许权登记证，并没收保证金。特许经营合同由投资者和政府或省级主管部门之间自愿达成的协议。

特许经营合同应规定投资标的、投资金额、投资期限、投资条件、合同双方的权利和义务。涉及特许经营权转让和股份转让的合同，须在法院公证机关予以公证。合同双方协商一致，可以对特许经营合同的内容进行修改、变更或者增补。对于一方提出的非重大事项的修改、变更或增补，计划投资部会同相关部门可以先进行审批，然后报告给政府或省级管理部门。涉及特许经营权转让和股份转让的合同的修改、变更或者增补，必须按《税法》缴税。特许权经营的投资期限，根据有关法律，视特许经营的特点、规模、条件而定。最高不得超过 99 年，但可以经政府或省级主管部门批准，视不同情节延期，如：投资项目为国家创造了巨大的利润、合同被有效地履行，并给地方发展做出卓越贡献的情形。

(3)招商引资类审批

对于招商引资项目的审批，由工商部门或计划投资部按规定对投资者的条件和能力进行综合分析，然后进行直接审批。招商引资的项目通常为经各级部门或地方政府立项的许可经营类或特许经营类的自然资源项目，对国民经济的发展具有重要促进作用。

(二)老挝外国投资准入制度评析

1. 准入制度的理论基础

目前与外资准入制度相关的国际公约只有WTO协定中《与贸易有关的投资措施协定》(TRIMs)和《服务贸易总协定》(GATS)。TRIMs规定了与贸易有关的投资措施,禁止实施与国民待遇不相符的措施,包括当地成分要求、贸易平衡要求、国内销售等。GATS要求在服务市场准入方面,每个成员给予其他任何成员的服务和服务提供者的待遇,不得低于其承诺表中所同意和明确的规定、限制和条件,包括一般义务和具体承诺义务。除了上述多边协定,国际投资领域也存在一些区域性协定或双边投资协定,如北美自由贸易区的投资协定、欧盟投资协定等。总之,目前尚无关于投资的全面性的公约,与国际贸易相比,对外国投资的规制还是基于国内法的调整范围内,国家对外资进行管理和限制的权利基本上还属于一个国家的经济主权。所以,总的来说,除了受条约的有限约束外,任何一个国家都有权自主地决定准许或者拒绝外国投资者的投资,因此可以说外资准入制度还属于一个国家的主权问题。①

2. 老挝准入制度的具体评析

(1)准入阶段的准国民待遇

如上文所述老挝采用了内外资立法统一的"单轨制"立法模式,即统一适用国内、国外投资者,因此准入制度中的投资方式、审批制度均适用于老挝国内投资者和外购投资者。虽然对外投资的管理和限制是一个国家的经济主权事务,老挝通过对《国内投资促进法》和《国外投资促进法》的修改年实现内外资立法的统一,反映了老挝希望能够更好地吸引外资,促进国内经济的发展的强力愿望。据老挝2009年《投资促进法》第8条规定了外国投资者在老挝投资的具体形式,未对特定国家投资者做出限制,符合国际投资中的最惠国待遇原则。目前有些发展中国的投资准入制度中存在对特定国家投资者的限制或

---

① 王宏军:《印度外资准入制度研究—兼论外资法的构建》,法律出版社2013版,第73页。

区别对待,如印度政府禁止巴基斯坦公民或者公司在印度进行任何投资,而对来自孟加拉国的投资者的投资项目,须经过相关部门的特殊审批。根据老挝《投资促进法》第 11 条规定老挝投资的审批制度,按照投资类型分为三类,包括许可类审批、特许类经营以及招商引资项目的审批。并未对国内投资者和外国投资者指定不同的审查制度,从而实现了国内审查和国外审查的统一,给予了外国投资者在这方面的国民待遇。同时通过设立一站式服务机构,大大缩短了审批流程,简化审批手续,为投资者提供了一个便捷、简明的审批流程。无疑,老挝外国投资法在准入制度方面符合国际投资法以及 WTO 的基本要求。同时,相比 2004 年《外国投资促进法》对投资形式要求,2009 年《投资促进法》对投资形式要求有所放松,如针对第三类投资形式内外资间的股份制投资,由 2004 年《外国投资促进法》要求的外国投资者出资额必须至少不得低于总投资的 30%[①]降低到 10%,体现老挝外国投资法的进步。

(2)对投资领域的评析

投资领域是指东道国允许外国投资进入的具体行业。这种限制可以合理的将外资引入亟待发展的行业,同时有利控制外国资本,保证国家经济安全。

目前各国外国投资法关于投资领域的规定主要是通过正面清单和负面清单两种方式。正面清单通常指东道国在投资领域清单中直接列明允许外资进入的行业,如中国在《外商投资产业目录》中直接列明外商可投资的领域。负面清单出现在菲律宾 1991 年的《外国投资法》中,具体是指一份经济活动领域的列表,外国投资从事这些经济活动的企业,其股份不得超过 40%。[②] 目前负面清单通常是指东道国在投资领域清单中直接列明禁止或限制外资进入的行业,除清单所列禁止或限制领域外,外资都可以进行投资。相比较而言,负面清单更加简洁明了,更加清晰透明,有利于更好的吸引外国投资者。

根据老挝 2009 年《投资促进法》第 13 条规定,老挝根据将外资投资领域分为三类:许可行业、特许行业以及在经济特区和专属经济区进行投资。具体许可经营领域和特许经营领域并未在《投资促进法》给予具体规定,只提及政府制定相应的投资清单。可见在具体行业开放的制定上,老挝属于通过正面清单的方式指引外国投资者进行投资。根据老挝规划与投资部提供的资料,

① 2004 年老挝《外国投资促进法》第 6 条。

② 申海平:《菲律宾外国投资负面清单发展之启示》,载《法学》2014 年第 9 期。

老挝对于外资投资领域的规定类似中国的《外商投资产业目录》，将外商投资领域分为鼓励、限制、禁止。鼓励类：水力发电、矿产、旅游、农业经营、建材、轻工业以及服务业。限制类：农业、狩猎及相关服务、林业、手工业、木材加工、木材生产、供水服务、进出口贸易、交通运输、酒店餐饮、邮政、电信、金融、地产、教育、公共卫生等。禁止类（针对全部投资者）：生产武器、毒品。针对外国投资者：制造老挝玩具、金银铜制品，老挝音乐设备，生产棉质毯子、垫子。因老挝拥有丰富的水电、矿产以及农业发展资源，将上述行业列为鼓励类行业并给予优惠政策，有利于将外国先进技术和资金引入上述行业。目前，老挝国内生产总值增长大约有1/3来自水电和矿业。[①]

但老挝关于投资领域的规定也存在着不足之处。第一、鼓励类投资行业，如水利发电需求已经趋于饱和，同时水利发电项目无法创造更多的就业机会。截至2013年1月，已建水电站共22座，总装机达322.69万千瓦。预计到2016年，发电站总数将剧增至47座，总装机将达到755.47万千瓦，[②]预计到2020对周边国家输电的需求基本饱和。因此老挝需要优化外国投资结构，将更多的外国投资引向增长缓慢的农业、服务业，尤其是面向贫困人群的密集型产业。[③] 第二、此类清单并未通过公开途径发布，因此在投资领域指引方面，并未给外国投资者清晰指引。而根据TRIMs协定第6条规定，每一成员方应在TRIMs方面遵守其在透明度和通知方面所承诺的义务。显示，老挝需要在投资领域方面提升其透明度。因此，老挝需要制定并公开发布《外商投资产业目录》，给外国投资者一个明确的指引，或者考虑使用负面清单模式，提高投资领域法律法规的透明化，提高审批效率。

---

① 郭继光：《中国企业对老挝的直接投资及其影响》，载《东南亚研究》2013年第5期。

② 陈定辉：《老挝：2012年发展回顾与2013年展望》，载《东南亚纵横》2013年第2期。

③ 张琦、余国培：《老挝改革开放后经济发展新趋势》，载《世界地理研究》2010年第1期。

三、老挝外国投资促进措施

(一)投资促进措施涵义

投资促进措施是指东道国、母国政府或在其指示下，出于鼓励特定企业或企业类型进行一定的投资行为的目的，向后者提供的可以度量的经济好处，即旨在增加某一外国直接投资的回报率或减少外国直接投资的成本和风险的有关措施。[①] 此定义的投资促进措施包括了东道国和母国两方面的，更加全面地阐述了外国投资促进措施的含义。而本文是以东道国的角度，分析老挝在鼓励外国投资方面实施的促进措施。联合国贸易和发展会议将东道国的投资促进措施分为财政激励措施。金融激励措施和其他形式的激励措施。[②] 财政激励措施通常指为外国投资者提供优惠的税收政策，以降低外国投资者的税收负担。金融措施，如提供优惠的贷款利率、提供金融担保以及现金方式进行资助或补贴。发展中国家通常采取此种促进措施。其他促进措施大多是非财政或金融方式，如基础设施建设、公共服务、外汇便利措施等。

(二)老挝外国投资促进措施具体内容

根据联合国贸易和发展会议对东道国的投资促进措施分类，老挝对外资投资促进措施主要体现在以下四个方面：

1. 财政激励措施

老挝对外国投资的财政激励措施主要体现在税收优惠方面：

第一，所得税：老挝政府根据投资行业、投资区域不同，给予不同程度的企业所得税优惠政策。根据解决贫困、提高人民生活水平、完善基础设施建设、

① 陈晓芳：《投资促进措施的经济学分析》，载《时代经贸(学术版)》2008 年第 15 期。

② UNCTAD Series on Issues in International Investment Agreement: incentives, p. 6.

促进人力资源开发、创造就业等密切性，将行业分为三级：一级、二级、三级。同时根据投资区域的社会发展和地理条件，将其具体划分为下三类优惠区域：一类、二类、三类。根据老挝《投资促进法》第51条规定：投资者在一类投资优惠区投资一级优惠的行业，投资者将享受免征所得税10年；投资二级优惠的行业，投资者将享受免征所得税6年；投资三级优惠的行业，投资者将享受免征所得税4年。投资者在二类投资优惠区投资一级优惠的行业，投资者将享受免征所得税6年；投资二级优惠的行业，投资者将享受免征所得税4年；投资三级优惠的行业，投资者将享受免征所得税2年。投资者在三类投资优惠区投资一级优惠的行业，投资者将享受免征所得税4年；投资二级优惠的行业，投资者将享受免征所得税2年；投资三级优惠的行业，投资者将享受免征所得税1年。所得税免征期从开展经营之日起计算。对于生产新产品、科研和发展新工艺的经营活动，其所得税免征期是从产生利润之日起计算。为了鼓励投资者扩大生产经营，老挝2009年《投资促进法》第52条规定，对于将企业经营所获利润用于扩大生产经营的，会在下一年会计年度中免除企业所得税。对于当年实际发生亏损的企业，税务部门允许该企业在未来3年的企业利润中扣除其亏损后，缴纳所得税。另外，如果投资建设医院、学校、研发中心以及各种公共设施的，还将额外享受5年免征企业所得税的优惠。

第二，关税：除了提供所得税优惠政策外，老挝还对投资者提供关税优惠。根据《投资促进法》第52条规定：对于进口直接用于生产的原材料、设备、零部件以及交通工具等将免征进口关税。对于出口一般货物，将免征出口关税，但出口自然资源及自然资源属性的产品除外。

2. 其他投资促进措施

除了财政激励措施外，老挝还为外国投资者提供以下投资促进措施：

第一，免征土地租金或特许经营费。根据《投资促进法》第54条，投资者投资建设医院、学校、研发中心以及某些公共设施，将获得免征国家土地租金或者特许经营费，具体如下：一类投资优惠区将享受免征土地租金或经营特许费15年；二类投资优惠区将享受免征土地租金或经营特许费10年；三类投资优惠区将享受免征土地租金或经营特许费3年。

第二，投资信息便利化，透明化。一站式投资服务机构设立了投资信息中心，为了投资者及时提供完整、详实的投资信息。投资数据信息中心负责收集、整理各种的投资信息资料，通过网站、手册、杂志、宣传图册以及其他方式，把信息资料提供给老挝大使馆、老挝领事馆或驻在境外的老挝商务代表处，以便提供给需要来投资的人。

第三，土地使用权。老挝政府还向注册资金在50万美元以上的外国投资者提供不超过800平方米的土地使用权，投资者可根据经营需要建设房屋或经营场所。

3. 金融促进措施

老挝金融投资促进措施主要体现在《投资促进法》第53条的融资政策，其规定：国内外投资者可以依法向老挝及外国的商业银行和其他金融机构以贷款方式融资。

4. 老挝经济特区和经济专区

除上述三种投资促进措施外，老挝还借鉴了中国经济特区的发展经验，设立了经济特区和经济专区，加大招商引资力度。根据2009年《投资促进法》第33条规定，经济特区是依照国家法律及特区相关法律法规在不违背国家和社会利益的情况下，以建设成为现代城市为目的的相关区域。根据老挝法律及特区相关法律法规，在该区域进行投资的企业可获得特殊投资促进措施。经济特区可以由经济专区组成，如工业区、出口生产区、旅游区、保税区、科技信息区、边境经济区等其他专区组成。其开发宗旨为建设全套的基础设施，为吸引投资营造良好的环境。有意到经济特区和经济专区进行投资的投资者，必须通过有关经济特区管理委员会和专门经济区管理委员会的一站式投资服务办公室递交申请书，按规定进行审批。在经济特区和经济专区进行投资，没有投资期限的限制。

老挝自2002年起积极推进经济特区建设，到2012年底老挝政府已批准设立了4个经济特区和17个经济专区。根据老挝经济特区发展规划，到2020年要在老挝国内建成10个经济特区和29个经济专区。[①]

（三）老挝投资促进措施评析

与其他发展中国家一样，老挝投资促进措施主要体现在财政激励措施，包

① 陈定辉：《老挝经济特区和经济专区简介》，载《东南亚纵横》2013年第7期。

括减免企业所得税、进出口关税等税收方面的优惠政策，这符合老挝的国情。作为发展中国家的老挝没有雄厚的经济实力，因此不能采取提供现实利益为特征的金融促进措施，而财政促进措施的特征在于东道国通过让渡国家未来的财政收入来使投资者获益。老挝政府所制定的财政激励措施较好地引导了外资的流向，通过投资区域、投资行业的划分，给予不同的税收优惠政策，将外资引导向解决贫困、提高人民生活水平、完善基础设施建设、促进人力资源开发、创造就业等密切相关的行业，和经济发展水平低、基础设施差的落后地区。同时为了鼓励科教文卫方面的发展，老挝政府专门给予投资建设医院、学校、研发中心以及某些公共设施的投资者额外的优惠政策，如免征国家土地租金或者特许经营费。但同时，老挝政府应不断完善并丰富投资促进措施。第一，老挝政府可以加速固定资产折旧，这样使固定资产成本在使用期内加快得到补偿，从而起到延期纳税的作用，增强企业发展后劲。与直线法相比，企业所得税的现值总和就更低，实质上使企业获得一笔无息贷款，有利于缓解企业资金紧张的压力。这有利于促进企业在老挝进行再投资。第二，当前老挝正在大力不断发展基础设施和经济特区，老挝政府可以考虑为绿色建筑提供税收抵扣、抵免税额、财政资助。[①]绿色建筑只需花低效能、密集型材料成本的20%左右。例如，新加坡、韩国都为绿色建筑提供额外的优惠促进措施。

老挝政府借鉴中国经济特区建设的成功经验，积极建设经济特区和经济专业，虽然通过经济特区和经济专区的投资优惠措施吸引了大量国内外投资者，促进了这些地区的基础设施建设和经济发展，但目前在经济特区和经济专区建设中存在很多问题：第一，经济特区和经济专区缺乏统一规划，未形成特区特色。各经济特区和经济专区之间规划和功能趋于雷同，没有形成各自特色。第二，经济特区和经济专区审批混乱，导致一哄而上，造成恶习竞争。第三，经济特区和经济专区缺乏对外招商宣传，未能在邻国甚至地区间获得知名度。迄今只有“金三角经济特区”因博彩业而闻名。第四，一些经济特区和经济专区出现了投机行为。一些投资者进行土地囤积，进行买卖投机行为，大大破坏了设立经济特区和专区的宗旨。因此，老挝政府在积极推进审批、建设经济特区和经济专区的同时，一方面应对经济特区和经济专区进行统一规划，进

① International Institute for Sustainable Development, *Investment incentives for sustainable development: The case of Lao PDR*, February, 2011, p. 10.

行功能划分，形成相互区别的发展特色，加大招商宣传，促进经济特区和经济专区的协同发展。另一方面对已设立的经济特区和经济专区加大管理，制定相关的法律法规，严厉打击各种投机行为。

四、老挝外资保护制度

(一)老挝对外国投资保护的法律形式

保护外国投资者的投资及其利益的安全，维护其合法权益，是东道国应尽法律义务，其中在法律上对下列事项进行保证，是东道国法律保护外国投资的主要内容：外国投资者在其领土内的投资和利益得到法律保护，保证外国投资者的合法利益转移到国外；保证对外国投资及其企业不实行国有化、征收等类似措施或在依法国有化和征收后给予适当的补偿。[①] 在上述这些事项中，非国有化或在国有化时给予补偿的保证是东道国保证的核心内容。老挝对于外国投资者的这些保证和保护主要通过下列法律表现形式。

1. 宪法

东道国用宪法的形式体现本国保护外国投资，表明东道国对外国投资给予高度重视和保护外国投资的严肃性。宪法是一个国家的根本大法，宪法保证对东道国的外资立法起着最高指导作用。老挝宪法明确规定了外商在老挝，其合法权利受老挝法律保护。老挝宪法第 15 条规定：国家鼓励外商在老挝共和国进行投资，为其资本注入、技术应用以及在制造、贸易、服务方面引进现代管理制度创造有利的条件。投资者在老挝共和国的合法资产不被征用、侵占或国有化。[②]

2. 外国投资法

东道国通过外国投资法对外国投资进行保护，主要内容有：征收、国有化

---

① 赵学清、邓瑞平：《国际经济法》，法律出版社 2005 年版，第 128 页。

② 2003 年老挝《宪法》第 15 条。

及其补偿,投资本金与利润汇回,外国投资者的待遇。有的国家外国投资法同时保证上述内容,有的国家则对上述一两项内容予以保证,特别是对国有化的保证。老挝外国投资法对上述保护事项都进行了规定。老挝2009年《投资促进法》第六十一条规定:国家充分承认和保障投资者的投资,不以行政手段加以征收、侵占或转为国有。当政府有必要用于公益事业的情形时,投资者将按移交时的市场价、实际金额以及共同商定的结算方式获得补偿。第六十三条规定了投资者享有的权利,投资者享有以下基本权利:投资自主权、投资经营中的行政管理权、聘劳务权、外国投资者的居住权以及外国投资者把资金、资产、收益转出境外的权利。

3.经济特许协议

经济特许协议是当代国际投资中最常见的一种特殊保证形式,它是为外国投资提供的保证和保护更为直接、具体、有效、可靠的一种国家保证。这种法律形式的保证既可以对外国投资中的保证内容具体化,又可以对外国投资法保证内容进行补充或扩大,也可以在无外国投资法或无其他法律保护时,为外国投资者提供一种独立的保护形式。这类保证的典型例子是1953年印度政府与美国美孚石油公司签订的“美方在印度投资建设炼油厂”的特许权经营协议中印度政府向美国石油公司提供的保证,如至少25年内不征用炼油厂,保证美国石油公司的海外开支、建设资金、设备、原有输出和利润、利息的汇出可利用外汇等。[①] 老挝2009年《投资促进法》对经济特许协议进行了约定,包括投资申请、投资者甄别、投资审批、编制、修改等。其中第二十六条规定:特许经营合同在投资者和政府或省一级政府之间达成一致并在资源的基础上进行编制。特许经营合同必须规定标的、金额、期限、条件、合同双方的权利和义务。有关的特许经营合同,尤其是特许经营权转让和股权转让合同,必须拿到公证机关予以公证。目前,外国投资者在老挝从事矿产、水利等能源开发基本是通过与老挝政府签订特许经营协议的方式进行投资。

① 姚梅镇:《国际投资法》,武汉大学出版社1987年版,第359页。

(二)老挝外国投资争端解决机制

1.国际投资争端涵义

目前关于国际投资争端在学术界主要有广义和狭义两种学说。广义投资争端是指在海外投资活动中所产生的不同国籍的投资者之间、国家之间或投资者与国家之间因投资引起的各类争议的总和;狭义的国际上通常所指的海外投资争端是指国家(政府或机构)同海外投资者(自然人或法人)之间主要因直接投资问题而发生的争端。[①] 本文所研究的是广义国际投资争端,具体分为两种:一、海外投资活动中产生的不同国籍的投资者之间因投资引起的各类争议;二、海外投资活动中产生的外国投资者与东道国之间的各类争议。

2.老挝外国投资纠纷解决方式

(1)国内法规定的解决方式

根据老挝2009年《投资促进法》第七十八条规定:解决有关投资的纠纷,将按以下方式进行:1.以协商方式解决;2.以行政手段解决;3.通过经济纠纷解决委员会解决;4.起诉。同时老挝2010年《经济纠纷解决法》也明确了经济纠纷解决方式:政府鼓励个人、国营和私营商业组织通过调解或仲裁的方式和平解决经济纠纷,个人、法人或团体(国内或国外)有权依法选择经济纠纷解决方案。从事国际贸易或在老挝人民民主共和国设立外商投资企业的任何个人、法人或者其他组织有权依据各方的合意,从国外或国际机构中选择经济纠纷调解,包括有权选择仲裁员、仲裁庭、仲裁依据的法律、议事规则、仲裁地和仲裁使用的语言。[②]

(2)双边、多边纠纷解决方式

目前,老挝已与52个国家签订了双边投资协定(BITs),[③]BITs不仅具有一种调整海外投资关系的最重要的国际法功能,而且也具有充分发挥其促进投资保护投资的功能,为海外投资者的财产所有权和资本转移权提供了国际

① 姚梅镇:《国际经济法概论》,武汉大学出版社1999年版,第375页。

② 2010年老挝《经济纠纷解决法》第4条。

③ 里玛:《中国与老挝外资法比较研究》,安徽大学2014年6月博士学位论文。

法保障，更为重要的是也为投资争端的解决提供了解决机制。如《中老关于鼓励和相互保护投资协定》就对争端解决机制做了规定。对于外国投资者与老挝政府之间的投资纠纷，也可以通过多边争端解决方式进行处理。老挝于1992年4月18日签署了《关于解决投资争端公约》简称《华盛顿公约》，并于1994年3月20日正式批准加入。因此当外国投资者是《华盛顿公约》缔约国国民，且与老挝政府之间因直接投资而产生的法律争端，只要双方同意即可将纠纷提交解决投资争端国际中心(ICSID)进行解决。

(三)老挝外资保护制度评析

老挝通过国内法律和双边及多边条约为外国投资者提供了多方面的保护措施，包括不国有化、不征收保证、利润汇回及争端纠纷解决方式等，体现了老挝政府在经济全球化背景下为吸引外国投资，积极融入世界经济做出的努力。尽管如此外国投资者与老挝政府之间关于征收方面纠纷争端仍时有发生，例如 Sanum Investments 公司诉老挝案，Sanum Investments 公司因老挝当地合作伙伴 ST 集团就合作事项产生纠纷，导致部分资产被老挝政府没收。2012年8月14日 Sanum Investments 公司向 ICSID 中心提起对老挝政府的仲裁请求，以制止老挝政府非法夺取4亿美元的投资[①]。目前此案正在审理中。

对于在争端解决机制方面，老挝为不同的投资争端纠纷提供了不同的解决方式：一、针对投资者之间(老挝国内投资者之间、内外投资者之间)的纠纷，根据老挝2009年《投资促进法》第七十八条的规定，老挝为有关投资纠纷提供了四种纠纷解决方式：协商、行政解决、仲裁、法院诉讼。二、针对投资者和政府之间投资纠纷，应当根据合同中规定的纠纷解决方式进行。也就是外国投资者和政府可以在投资合同中自由地约定纠纷解决方式。为了进一步吸引外国投资，打消外国投资者对于适用东道主当地纠纷解决方式的忧虑，老挝政府放弃了“用尽当地救济原则”。老挝2009年《投资促进法》为外国投资者和政府之间的投资纠纷提供了自由约定纠纷解决方式的权利。同时2010年老挝

---

① 漆彤：《论中国海外投资者对国际投资仲裁机制的利用》，载《东方法学》2014年第3期。

《经济纠纷解决法》为外国投资者提供了自由约定国外仲裁方式的权利。这都体现了老挝政府为积极吸引外资所做的努力。但是老挝在投资纠纷解决机制方面仍存在以下不足之处：

第一、仲裁地位低。根据《老挝投资促进法》虽然规定了投资纠纷中，双方有权选择通过经济纠纷解决委员会通过仲裁方式解决。但是同时第 82 条规定，一旦双方当事人任何一方认为在有关单位的经济纠纷解决中，未受到公平待遇或者由于在某一经营的投资中受损，有权向人民法院提起诉讼，以便按法律规定进行审理判决。同时老挝 2012 年《民事诉讼法》也规定，当事人有权要求人民法院审查尚未被执行的调解或仲裁结果，人民法院会评估仲裁程序或仲裁结果是否符合老挝法律以及是否有利于稳定、和平和社会秩序。[①] 此条对于法院审查仲裁结果的标准过于笼统，容易造成法院对仲裁结果的任意干涉，否定了仲裁一裁终决的效力，使得法院成为最后救济方式，降低投资纠纷解决的效率，使得仲裁失去了裁决的意义。

第二、纠纷解决效率低。老挝 2009 年《投资促进法》第 18 条规定了当纠纷不能够协商解决时，双方当事人有权请求计划投资部门或者工商部门通过行政手段审理解决。但在实际运行中需要经过复杂程序，等待很长时间，必要时还需要聘请当地的律师。这样就给投资者在人力、时间以及财力上增加了沉重的负担。如果通过老挝国内的诉讼程序解决投资纠纷，往往需要承担争议总额的三分之一作为诉讼成本。同时诉讼程序也相当复杂，诉讼周期至少一年以上。据统计，老挝国内相关诉讼程序都多达 42 项，所耗费时间长达 443 天。[②]

第三、争端机制不健全。当外国投资者与老挝计划与投资部产生纠纷，只能向计划与投资部进行投诉。没有独立的机构处理外国投资者和计划与投资部之间的纠纷。因此如果某一公司认为受到计划与投资部不公平的待遇时，并没有独立的解决途径。[③] 因此老挝急需将此类纠纷纳入到仲裁或法院争端解决的范围内，为外国投资者创造一个安全、健全的司法环境。

---

① 2012 年老挝《民事诉讼法》第 194 条。

② 李好：《未来几年老挝投资环境及投资建议》，载《广西大学学报》2014 年 6 月第 36 卷第 3 期。

③ U.S. Department of State 2014 *Investment Climate Statement - Laos*, June, 2014, para. 4.

五、老挝投资法律风险防范

(一)中资在老挝投资现状

老挝位于中南半岛北部,是东南亚地区唯一的内陆国家。自古就与中国保持着睦邻友好关系。进入21世纪以来,两国一直保持着健康、友好、稳定的发展关系。2009年9月,两国关系提升为全面合作伙伴关系,中老关系进入加速发展新时期。近年来,随着中国"走出去"步伐的加大,中国企业对老挝投资迅速增长,大批中国企业进入老挝市场,投资领域不断扩大,投资方式呈现多样化。据老挝统计,截至2013年,中资企业在老挝投资项目815个,投资额为50.85亿美元,在外国来老挝投资国家中排名第1位。据中国商务部统计,2014年当年中国对老挝直接投资流量10.27亿美元。截至2014年末,中国对老挝直接投资存量44.91亿美元。① 主要投资领域包括矿产、水电、农林、房地产、园区开发、酒店等。

老挝虽属世界上经济最不发达国家之一,但与中国经济互补性强,合作潜力很大。老挝北邻中国,南接柬埔寨,东界越南,西北达缅甸,西南毗邻泰国,具有比较突出的地理优势,是我国与东盟各国进行经济交往的重要腹地,也是实现大湄公河区域经济合作的阵地。中国企业可以借助老挝进军其他东盟国家,从1998年开始到2008年依照东盟自由贸易区共同执行具有约束性优惠关税税率已降为0.5%,到2015年降低到0%。② 老挝拥有丰富的自然资源,尤其是矿产、水电、土地资源。老挝矿产地属于中国三江成矿带延伸部分,金、银、铜、铁、钾盐、铝土、铅、锌等矿藏储量可观。水电资源充沛,湄公河水能蕴藏量60%以上在老挝境内,全国200公里以上河流20余条,有60多个水能丰富的水电站建设站点。土地资源丰富,日照时间长,雨水充足,农业开发条

① 商务部国际贸易经济合作研究院,商务部投资促进事务局,中国驻老挝大使馆经济商务参赞处:《对外投资合作国别(地区)指南(老挝)》(2015)。

② 李好:《未来几年老挝投资环境及投资建议》,载《广西大学学报》2014年6月第36卷第3期。

件较好。随着中国“一带一路”的战略，以及中国企业“走出去”和老挝“资源换资金”战略的紧密结合，尤其是在水电、矿产以及农业开发领域，两国的经济合作必然达到新的高度。

(二)中国企业在老挝投资所面临的法律风险

海外投资法律风险是指在特定的海外投资法律环境下，投资主体的作为或不作为与法律的要求或合同的约定不符时，投资主体就存在因违反法律规定或合同约定而承担不利后果的可能性。这些投资法律风险可能是投资前缺乏对与老挝投资有关的法律法规的研究，这些法律包括投资法、环境法、税法、劳工法等与投资有关的法律以及与具体投资项目相关的法律法规，例如矿产法、水利法、农业法、土地法等。或者缺乏对投资项目和投资合作伙伴的尽职调查，导致存在潜在的投资风险，例如投资项目本身存在合法合规上的瑕疵或者合作伙伴自身存在法律风险，这些都会严重影响项目的进展和收益。或是中国企业海外投资时所签署的投资协议以及投资实施过程中因为违反老挝的法律和有关合同的规定而产生的法律风险。也可能是因为投资协议签订后老挝的法律和监管制度发生变化导致对投资本身产生法律隐患，如环境法、劳动法、税法的修改会直接导致成本上升，严重影响投资的预期收益。例如，2012年老挝在税法上增加了对破坏环境的纳税人征收环境税的规定。

按照投资进行的时间顺序可以将中国企业在老挝投资所面临的法律风险概括为：老挝当地的法律环境风险、老挝投资项目本身存在的法律风险、老挝合作伙伴存在的法律风险、投资协议条款的法律风险以及投资项目运营的法律风险。

(三)投资老挝的法律风险防范措施

1. 充分调研老挝当地的法律环境

东道国法律环境风险是指因投资者不了解投资地的法律法规，而做出与法律规定相悖的行为而引发的法律风险。很多中国企业在海外投资时，因没有充分了解东道国的法律法规导致了投资失败。因此，对于赴老挝投资的中国企业而言，投资前一定需要了解老挝有关外国投资的相关法律法规，如市场准入规定、对资源类投资的限制性规定、对投资项目的环保要求以及劳工制度。这些规定可能影响到投资项目是否可行。

第一、对于会给环境造成影响的资源类、制造业的投资项目，中国企业事先了解好老挝有关环保的法律、法规，做好当地的环境保护。目前中国在老挝投资主要集中在资源类项目如水电建设、矿产开发，农业开发，以及制造行业，这必然给当地造成环境影响。中国的海外投资已经有多起因环保问题而被叫停。2015 年 2 月柬埔寨政府因环保问题暂停了中柬大型水坝建造项目①。2015 年 1 月墨西哥环境保护署因“坎昆龙城”项目拖欠砍伐 149 公顷受保护树林的罚款，下令该工程立即全面停工。2014 年 3 月，秘鲁政府因中国公司施工破坏当地的环境，叫停了中国铝业在秘鲁中部的特罗莫克铜矿，该铜矿是中国海外最大铜矿项目。2011 年 9 月 30 日，缅甸政府宣布因环保问题搁置中国投资开发建设的伊洛瓦底江上最大的水电项目——密松水电站。中国企业在老挝投资时，应参照中国商务部和环境保护部共同编写的《对外投资合作环境保护指南》，做好老挝当地的环境保护。

第二、中国企业应处理好与老挝当地员工的劳资关系。咨询当地律师事务所，了解老挝当地关于劳工方面的法律法规。聘用当地员工时，应及时签订劳动合同。因老挝长期接受各类国际组织的援助，劳工法有其独特的特点。根据老挝《劳动法》规定，任何劳动单位的雇员的工作时间均应为每周 6 天。每天工作应不超过 8 个小时，或每周不超过 48 小时。雇主需经工会或工人代表和雇员的事先同意，才可以要求加班。加班时间应不超过每个月 45 个小时或每天 3 小时。对于合同期限不明或合同期限超过一年的雇佣合同下的工人，若其工作时间已超过 1 年的，工人应享受 15 天的年假。同时，老挝人信奉宗教，老挝人生活习惯上比较懒散、崇尚生活，工作中上进心不强的现象，从而导致了效率的低下。② 因此很多外资企业都从母国派遣员工以提高企业的工作效率。但雇佣外籍员工是需要遵守《劳动法》的规定，例如对于体力劳动，劳动法要求劳动单位接受的外籍雇员的人数可占总雇员人数的 15%，对于具体专业知识的工人，允许接受的外籍雇员的人数可占总雇员人数的 25%。若有

---

① http://epaper.dfdaily.com/dfzb/html/2015－02/26/content_967392.htm，访问日期：2015 年 3 月 1 日。

② 2013 年老挝《劳动法》第 51 条。

必要的话，外籍雇员的引进可超过上述比例，但是必须获得政府的批准。[①]

2. 做好老挝投资项目的法律尽职调查

海外投资项目本身存在的法律风险是中国企业海外投资所面临的一个重要问题。很多企业往往因为忽视了海外投资项目存在法律的障碍，导致后期项目无法正常推进，造成前期投入的亏损。因此，中国企业在老挝进行投资时，一定要对投资的项目本身进行可行性研究。聘请专业律师、财务团队，对项目本身的合法性和经济可行性进行专业分析，避免存在法律风险。以中国水利电力对外公司(以下简称“中国水利”)投资老挝南立 1－2 水电站项目为例，此项目是中国水利在老挝投资的第一个项目，于 2007 年 9 月开工，2010 年 5 月竣工，7 月开始调试，并于同年 8 月开始正式进入了商业运营期。[②]在投资决策前，中国水利对南立项目进行了充分的调研，包括：

第一、中国水利对南立项目进行可行性分析。在正式立项前，中国水利多次组织相关专家对项目进行分析和论证，包括地质、水文、移民以及经济效益、法律风险分析，并撰写了项目可行性研究报告。

第二、确定项目的投资方式。项目投资前，充分研究了老挝水利项目的投资方式，最终确定 BOOT(建设—运营—拥有—移交)的方式开发此项目。与老挝国家电力公司组建项目公司“老挝南立电站有限责任公司”，与老挝政府签署了《特许经营协议》。

第三、调研 BOOT 方式进行项目投资的相关规定。如在老挝开发 BOT、BOOT 项目，在正式签署特许经营协议之前，投资者需要出具环境评估报告、社会评估报告、流域管理计划，环境管理和监督计划等并提交给老挝相关部门商讨。

3. 做好老挝合作伙伴的尽职调查

目前中国企业海外投资，越来越倾向选择与当地的企业进行合作，实现“借船出海”。一方面可以通过合作伙伴清晰地掌握投资环境，规避政治、文化、法律风险，另一方面通过合作伙伴打开市场，解决融资问题，降低企业运营

---

① 2013 年老挝《劳动法》第 68 条。

② 靳明伟：《让境外项目投资细水长流——老挝南立 1－2 水电站项目投资工作的总结与思考》，载《施工企业管理》2015 年第 1 期。

风险。澳大利亚必和必拓中国区前总裁戴坚定曾表示，中国企业到海外投资最重要的是选好合作伙伴[①]。因此，选择一个合适的合作伙伴对于中国企业进行海外投资至关重要。如果对合作伙伴缺乏深入了解，可能会直接导致投资失败。2015 年 1 月中国商务部就曾发布老挝预警信息称：国内企业在承建老挝色卡丹 1(Xekatam 1)电站后，因与业主产生纠纷，导致工程款无法结算，银行保函被业主兑付，损失巨大。同时指出，该项目 2013 年也曾发生纠纷，导致项目承包商云南一公司被清场，大量工人工资被拖欠。[②] 对此，中国商务部建议国内企业在老承建或投资电站、道路、桥梁等大型基础设施项目时，与私人业主合作务必谨慎，因老挝经济较为落后，私人业主实力有限。

为了规避此种潜在风险，中国企业在进行海外合作时，一定要对合作伙伴做好尽职调查。法律尽职调查的目的是找出合作企业存在的风险和问题，中国企业应该聘请有经验的律师进行法律尽职调查。目前，海外投资的"借船出海"主要有两种方式。一种为宽泛的合作方式，不参与对方企业的经营活动，只建立业务上的合作。如小米公司进军印度市场，选择与印度领先的电子商务公司 Flipkar 合作进行产品销售。另外一种为并购对方或双方成立合资公司，如中国水利与老挝国家电力公司组建老项目公司"老挝南立电站有限责任公司"，共同开发老挝南立水电站项目。针对后者的合作，尽职调查就显得更为重要。法律尽职调查一般来说是全方位地展示公司的基本情况，涉及目标企业的各个方面，投资者可以根据投资类型，区分侧重点。以中国云铝股份并购老挝中老铝业为例，2015 年 1 月 8 日晚间公告，其拟以全资子公司云铝国际为投资主体，以 2805 万美元收购老挝中老铝业有限公司 51%的股权，并实施年产 100 万吨氧化铝及配套矿山项目。[③] 此次并购的法律尽职调查应至少包括以下内容：第一，中老铝业的设立与存续、股东情况。第二，中老铝业的主要资产、以及财务状况。第三，中老铝业的业务状况，包括对外签订的重大合同。第四，中老铝业的税务状况，有无税务违规。第五，中老铝业的劳动人事

---

① http://intl.ce.cn/specials/zxxx/201105/23/t20110523_22435437.shtml，访问日期：2016 年 11 月 1 日。

② http://la.mofcom.gov.cn/article/jmxw/201501/20150100866733.shtml，访问日期：2016 年 11 月 1 日。

③ http://finance.eastmoney.com/news/1354，20150108465676872.html，访问日期：2016 年 11 月 1 日。

情况。第六，中老铝业的法律纠纷状况，包括诉讼、仲裁等。第七，中老铝业的经营所需的各种许可，如矿产普查、勘探权证以及矿产开发证等。

4. 把控好投资协议的重要条款

中国企业海外投资的另一个重大法律风险就是投资协议具体条款的风险，因此在设计投资协议时，必须严格包括合同本身的风险。投资协议中的每一条款必须清晰明了，避免出歧义。任何一个理解偏差，都会使企业产生风险或损失。因此，制定细致、严谨的法律文件是对企业最起码的要求。对于投资协议中的许多事项，相关的管辖法律不可能面面俱到，且多为非强制性法律法规，许多问题必须由当事人自己做出合同上的约定。在制定投资协议时，应严格把握以下条款：

第一、协议投资主体。任何法律协议都需要有明确的协议主体，投资主体是指投资协议上约定的具体投资方，承担投资协议约定的权利与义务。中国企业在海外投资时应该避免用其中国母公司作为签约主体，以规避母公司的法律风险。可通过在国内或国外设立的特殊目的公司作为签约主体，起到"防火墙"的作用。如在开曼或维尔京群岛设立特殊目的公司作为投资主体，这些地区可以提供便利的公司设立流程和低负税。2013 年中国民营公司万达集团跨国并购美国第二大院线 AMC，其并不是通过万达集团控股 AMC，而是通过一家在海外设立的特殊目的公司对 AMC 进行并购。[①]

第二、退出条款。中国企业在进行海外投资时，无论是风险投资还是战略投资，都应在合同中设计好退出条款。因为任何投资最终都是为了追求回报，都是在"投入—回收—再投入"的不断循环中实现的自身价值增值。同时，海外投资通常面临着各种无法预料的投资风险，尤其是像老挝这种发展中国家，随着社会经济的快速发展，投资环境也会不断变化，会给投资本身带来各种不确定因素。如环境、劳动成本的增加，投资相关的法律法规的变更等，都会直接影响投资的收益，在投资协议中约定好相关退出条款，企业可以据此进行撤资，寻找新的投资项目。因此中国企业一定要在投资协议中设计好退出条款，当投资环境发生重大变化时，使企业拥有选择退出投资的权利。

① http://www. sinotf. com/GB/News/1001/2014 — 07 — 06/4MMDAwMDE3Njg4Mw. html，访问日期：2016 年 11 月 1 日。

第三、争端解决及适用法律。投资协议中的适用法律一般可以由交易双方自行约定。目前比较常见的是约定英国法或美国法,避免适用投资东道国的法律。对于争端解决条款通常采用仲裁的方式。中国企业应避免选择老挝国内的仲裁机构或法院,应尽量选择第三方的仲裁机构。如香港国际仲裁中心,国际商会仲裁院以及伦敦仲裁中心。根据老挝2009年《投资促进法》及老挝2010年《经济纠纷解决法》,外国投资者有权在投资协议中自由约定国内外争端解决机构,并按照其选择的争端解决机构的相关程序进行纠纷解决。因此在投资协议中应尽可能地将仲裁机构约定为老挝以外的仲裁中心,并选择适用第三国实体法律。

第四、稳定条款。稳定条款,指一国通过合同(或立法条款),向外国私人投资者作出承诺,保证外国合同当事人的合法权益不致因该国法律或政策的改变而受到不利影响。① 稳定条款通常包括税收稳定、财产稳定、外汇制度稳定、进出口制度以及与合同相关的法律稳定等。老挝作为一个发展中国家,其存在很大的法律稳定方面的风险,特别在环境、劳工方面,中国企业面临着环境成本、劳动成本不断上升的风险。例如,2012年10月1日生效的老挝《税法》中规定向对环境造成破坏的纳税人征收环境税。② 这些都会使中国企业承担过多的成本与责任,影响中国企业的投资预期利益。因此,在与老挝政府签订的特许经营权协议中,争取加入稳定条款,避免企业在发生税收、财产、外汇等相关制度变化后受到影响。

(五)运营风险

海外投资项目通常投资额巨大、投资项目运营周期长,因此存在较大潜在项目运营风险。中国企业在签订投资协议后,应严格按照协议约定的时间节点履行协议,进行项目投资建设。项目运营过程中,一般涉及的事项众多,除了遵守老挝相关法律法规外,项目运营的最大法律风险来自于与项目运营有关的合同。因此中国企业应建立合同管理机构,定期对合同履行情况进行跟踪、评价,及时发现合同履行中存在的问题并进行纠正。特别是在海外从事工

---

① 余劲松:《国际投资法》,法律出版社2007年版,第87页。

② 隗京兰、李付栋、刘健哲:《海外BOT项目的风险管理——老挝水电市场BOT项目的风险分析及防范措施》,载《国际经济合作》2013年第1期。

程投资，国际海外工程承包合同通常采用菲迪克条款，其结构严密，逻辑性强，内容广泛具体。菲迪克对合同的一般条款、法律条款、商务条款、技术条款、权利和义务（承包商、业主和监理工程师）以及违约条款都有详细明确的约定。因此，在老挝从事工程投资的中国企业应严格按照合同内容进行履行，避免违约。

总之，在海外投资的企业应针对上述法律风险搭建统一的法律风险控制中心，使业务部门与法律管理部门、公司管理层与员工共享法律风险信息。[①]同时法律风险控制中心应负责法律风险识别、法律风险评估、法律风险预警、法律风险管理决策，对海外投资进行全程法律风险管理。

① 祝宁波：《中国企业海外投资的法律风险与法律风险管理探索》，载《华东理工大学学报》2013 年第 3 期。

第六章

马来西亚外国投资法

马来西亚位于东南亚核心地带，自然资源丰富，地理位置优越，是进入东盟市场和前往中东、澳新的重要通道。作为东盟核心成员之一以及“77 国集团”和不结盟组织的创始成员国，马来西亚重视发展同大国的关系，积极推进东亚合作。近年以来，马来西亚经济保持平稳增长。马来西亚政府积极吸引外资，致力于改善投资环境、完善投资法律、加强投资激励。由于马来西亚投资法律体系完备、与国际通行标准接轨、各行业操作流程较为规范，加之其临近马六甲海峡，辐射东盟、印度、中东市场等独特的地缘优势，吸引了众多外资来马投资经营。

马来西亚与中国有着长期友好的外交关系和传统友谊，是第一个与中国建交的东盟国家，也是第一个邀请中国加入“10＋1”的国家。2013 年中马两国将两国关系提升为全面战略伙伴关系。“一带一路”倡议无疑为深化中马全面战略伙伴关系，加强经贸联系，促进中国对马投资提供了重要契机。

一、马来西亚外国投资法概述

(一)产生背景和历史发展

马来西亚于 1957 年脱离了英国的殖民统治。马政府在宣布独立之后即着手根据国家形势制定相应的经济政策，致力于恢复和发展经济。1958年，标志着马来西亚外国投资法兴起的《先导工业法》出台。从制定第一部含有外资规定的立法开始到今时今日的外国投资法体系，马来西亚的外国投资法经历了三个发展阶段。

1.兴起与摸索阶段

50年代后期到70年代中期，可以看作是马来西亚外国投资法兴起和逐渐进行摸索的过程。1958年，使马来西亚工业发展走出第一步的《先导工业法》出台，旨在改变落后的经济状况和打破单一的经济体制，提高国民生产总值。该法主要以减免税收的方式促进新成立的、主要生产进口替代产品企业的设立和发展。在该法的支撑下，马来西亚的进口替代工业得到大力的发展，制造业产量节节攀升，并且出现多元化趋势。到了20世纪60年代中后期，建立在高关税和非关税壁垒基础上的进口替代工业化的弊端日益暴露，国内市场渐趋饱和，工业化必须寻找新的方向①，进口替代战略需要向出口导向工业进行转变。1968年，马来西亚出台《投资激励法》，旨在以减少税负为手段促进投资，促进工业、农业和其他商业企业的建立和发展。1971年，马来西亚又出台了《自由贸易区法令》，据此建立起了数个自由贸易区和出口加工区，当时区内大部分的企业都是外资企业。这两部法没有区分内外资，即外国资本和国内资本一样可以享受新兴工业企业地位以及相应的税收优惠。

2.发展与调整阶段

70年代中期到80年代后期，马来西亚外国投资法处于发展和调整阶段。一直以来，马来西亚强调在引进外资投资的同时，必须遵循原住民优先原则②，在立法上有加强对外资公司股权限制的趋势，已有外资企业的持股比例要降低至50%以下，新设立的外资企业持股比例则被限制在49%以下，以保证将当地企业30%的股份留给土著居民。1975年出台《工业协调法》，主要规定制造业部门的外资活动。1985年，资本主义世界爆发了一次全面的经济危机，依赖外向经济的马来西亚受到不小的冲击，为了挽救国内的经济困境，马

---

① 何勤华、李秀清：《东南亚七国法律发达史》，法律出版社2002年版，第305～322页。

② 汪慕恒：《潮起潮落：马来西亚的外商投资》，载《东南亚研究》1994年第2期。

政府又开始适当地放宽对外资的限制,并且逐渐扩大了税收优惠范围。1986年又出台了《投资促进法》,主要以减免税收和扩大优惠为手段来吸引外国投资,规定了对来自外国的投资的优惠措施和鼓励范围,进一步放宽了对外资的种种限制。马政府及时的组合拳措施推动了1988年以后的外国投资高潮。这部法律也成了马来西亚关于外国投资很重要的一部法律,经过几次修改至今仍然适用。

3.逐渐完善阶段

80年代后期开始,马来西亚外国投资法发展进入逐渐完善的阶段。在这段时期,马来西亚依据当下的经济发展战略和经济政策不断地对外国投资法进行调整和完善,使之适应社会和经济发展的要求,以法律的发展和完善来推动社会目标和经济目标的实现。在这一阶段中,马来西亚对《投资促进法》《公司法》等进行修改,推出修订案,还制定了大量的外国投资优惠和鼓励政策,对外资的流向进行引导,特别鼓励外资流向技术、资本密集型的产业。这些法律修订案的实施以及投资促进措施的制定,丰富了马来西亚外国投资法体系。经过半个多世纪的发展,逐渐完善的外国投资法在外资流入马来西亚的过程中已经发挥巨大的作用,同时规制和保护着投资方与东道国,保障着双方的利益。

马来西亚已经发展成亚洲地区重要的政治经济实体。2015年,马来西亚在全球经济增速缓慢的大背景下GDP增长速度达到了5%,国际贸工部预测2016年GDP增速应在4.0%～4.5%之间①。2016年上半年总投资额884亿马币②,其中,外国直接投资额为282亿马币,占总投资额的31.9%,同比增长31.78%,达到2015年全年外国直接投资额的78.2%,显示出了马来西亚吸引外资的强劲力量③。马来西亚不断调整和完善外国投资法,推行积极的经贸政策正是促成这一成果的重要因素。

① 马来西亚投资发展局官方网站新闻,http://www.mida.gov.my/home/3297/news/miti－maintains－4－4.5－gdp－growth－forecast,访问日期:2016年10月6日。

② 2016年11月15日实时汇率,1马币＝1.5825元人民币。

③ 中华人民共和国驻马来西亚大使馆经济商务参赞处网站,http://my.mofcom.gov.cn/article/ddfg/tzzhch/201609/20160901401585.shtml,访问日期:2016年9月27日。

(二)立法模式

二战之后,随着国际社会逐渐稳定,各国重视经济的发展,社会生产率得到极大提高,国际分工发展逐渐细化,国际直接投资开始迅猛发展。在这样的形势之下,各国的外国投资法也相应开始发展起来。由于各个国家经济、政治以及社会情况各不相同,发展程度大小有别,他们所采用的外国投资法立法模式不一,形态各异,内容结构特点各不相同。

马来西亚外国投资法是以一个或几个关于外国投资的专门法律或特别法规、法令作为外国投资的基本法或法群,辅之以其他相关的法律构成外国投资法律体系。一国的经济发展水平和对外开放程度有着很大的关系,而经济发展水平和对外开放的程度又会影响一国对外国投资法立法模式的选择。马来西亚自独立以来,大力发展社会经济,其间积极吸引外资。一方面不断提高投资管理体制的自由化,大力促进外国投资,特别是制造业、高科技产业以及一些服务业。一方面又设置有限制性的条款,比如限制外资准入的领域,限制外资最高持股比例等,以实现国内的公共政策目标,保护土著的利益,降低外资给本国经济带来的风险。马来西亚的目标是靠人民的团结和稳定发展成为繁荣的国家,外国投资立法是一种媒介,是通过保护和发展人民来联合人民的一种社会—经济计划[①]。由此,马来西亚外国投资立法没有选择较稳定的外资统一立法模式和开放度较高的内外资统一立法模式,而是采用灵活性较大、能够起到一定管制作用的灵活模式,即没有制定一部统一的、系统的外国投资法律或者法典,而是以一个或几个关于外国投资的专门法律或特别法规、法令作为外国投资的基本法或法群,辅之以其他相关的法律构成外国投资法律体系。

马来西亚以《1986年投资促进法》《1990年自由区法》等关于外国投资的特别法律为基本法群,内容涵盖了外商对旅游业、农业、制造业等领域投资活动的批准程序及各种鼓励和促进措施,同时,其国内的《所得税法》《销售税法令》《公司法》《所得税法》《外汇管理法令》《合同法》《劳资关系法》《土地法》《环境质量法》《反腐败法》等与投资、运营相关的部分同样适用于调整外国在马的

① Nazauddin HJ. Mohd Jali Marof Redzuan:《马来西亚的主要政策》,载《法治湖南与区域治理研究》2011年第4期。

投资关系，这些法律也构成了马来西亚外国投资法律体系的组成部分。此外，马来西亚缔结或者参加的国际条约和有关国际惯例也是马来西亚外国投资法的渊源之一。国际条约如马来西亚于1991年加入的《多边投资担保机构公约》(MIGA)，以及WTO框架下的《与贸易有关的投资措施协议》(TRIMs协议)、《服务贸易总协定》(GATS)中的投资部分等。马来西亚也同许多国家签订了双边或多边投资保护协定及税收协定，如1985年同中国签订的《中、马税收协定和议定书》及《中、马关于对所得避免双重征税和防止漏税的协定》，2005年7月开始实行的《中国——东盟全面经济合作框架协议货物贸易协议》，2011年同中国签署的《中、马关于扩大和深化经济贸易合作的协定》等。

(三)特点

1. 逐渐放开对外国投资的限制

马来西亚由于历史发展原因以及不同时期的经济政策不同，在对待外资的态度上经历了一个变化的过程。从“旧经济时期”主要奉行的自由放任的经济政策，到“新经济政策时期”为了实现既定的社会目标而加强干预，再到1985年为了改变金融危机造成的经济困境，又逐步放开对外资的限制，大步迈开了自由化的步伐。如今的马来西亚经济发达，走的是开放型经济发展道路，需要继续吸引外资，因此其外国投资法以鼓励投资为主，特别鼓励外资流向有助于其发展的行业领域。但与此同时，马来西亚对外资的限制依然存在，在投资准入、投资领域、持股比例等方面还是对外资作出了要求。总的来说，虽为契合社会经济发展目标对外国投资依然进行了适当限制，但是宽厚的鼓励及不断放开限制表明马来西亚大力吸引外资进入的决心。

2. 依行业和地区进行投资鼓励

马来西亚基于其奉行的经济政策以及国内产业发展的实际，主要依照地区和行业的发展需要对外国投资进行鼓励，引导外资流向这些地区和行业。

投资受到大力鼓励的地区主要是指马政府陆续划定的五大经济发展走廊[①],以及最近顺应马来西亚经济转型而提出的“大吉隆坡”计划[②]所涵盖的地区。受到鼓励的行业主要包括制造业、农业和旅游业、核准服务领域、研究开发、培训与环境保护等行业。这些鼓励政策以税收调节和投资补贴为主要手段,即在上述地区和行业进行投资的外国投资者能够获得慷慨的纳税优惠甚至是税收豁免以及客观的投资补贴。

3. 不区分内外资的法律适用

除了专门就外国投资进行规定的法律以及法律的相关部分之外,马来西亚国内法中有关投资的部分不区分内外资同等适用。马来西亚没有就对外国投资的范围和形式等以专门的立法进行规定,由此外国投资者在马投资时须遵守东道国国内法相关规定。专门对外资进行规定的条款有如《公司法》十一章第 329 条:“本章适用于在马来西亚拥有一个业务处或在马来西亚境内营业的一家外国公司。”在短标题的解释中,“公司”是指任何在马来西亚境内或者境外组建和成立的公司实体,也包括外国公司[③]。不区分内外资同等适用的条款有如《工业协调法》:“从事任何制造业者,得向执照官申请该制造业的执照。股本总额为马币 250 万元或以上,或雇佣专职员工 75 人以上之制造业公司,需要依 ICA 之规定申请执照。”“已领有执照的公司,如欲扩充生产能力或从事产品多样化计划以制造另外的产品,须向贸工部提出申请。”

二、马来西亚外国投资准入制度

投资准入制度是外资进入东道国的第一道门槛,东道国基于国家主权可

① 包括伊斯干达开发区,北部经济走廊,东海岸经济区,沙巴发展走廊,砂捞越再生能源走廊。

② 在经济转型计划下,政府将以 1720 亿令吉打造“大吉隆坡”,让吉隆坡在 2020 年跻身世界 20 个最适合居住的城市,同时成为世界首 20 个经济成长率最高的城市。

③ Companies Act 1965: “ corporation ” means any body corporate formed or incorporated or existing within Malaysia or outside Malaysia and includes any foreign company .”

以决定哪些行业对外国投资者开放，哪些行业有限制性地开放，哪些行业不开放。外资在获得准入资格之后又涉及到审批的问题，持完整手续的合格投资在获得主管机关的审核和批准之后才真正可以进入东道国。从东道国的角度看，准入的范围、准入门槛的高低以及审批严格与否、便利与否，都直接关系到其吸资能力以及投资自由化和便利化的程度。

(一)外国投资的范围

外国投资的范围指的是东道国允许外国进行投资的行业及领域。资本输入国往往会立法规定外国投资的范围，对其进行管制，以此来确保外国投资符合本国的发展目标，促进本国的经济发展。一方面，关切国家安全、社会重大利益、国计民生的行业部门要牢牢把握在本国政府和国民手中；另一方面，又要鼓励符合本国经济发展目标，能够带动产业发展、提高本国企业竞争力的外资的进入与发展。马来西亚对外国投资范围的规定主要采取肯定式清单的形式，早些年在《促进行动及产品列表》中明确了外资能够进入的行业领域，以及是否会受到限制，随后主要由政府制定和宣布逐渐开放的行业领域以及逐渐放宽限制或者取消限制的政策。为了国家和本地土著的利益，由马来西亚政府投资的基本项目不会对外资开放，政府在鼓励本国企业发展的领域对外资进入也持十分审慎的态度，严格控制营业执照和进口许可证的发放[①]。

1. 限制的领域

马来西亚限制外国投资者在金融业、电信业、法律服务业、保险业、直销及分销等行业的投资，具体表现为严格限制外资的持股比例，并且在一定程度上限制外籍人员的聘用。在这些行业中，一般外资持股比例不能超过50%或者30%，这样一来，外资无法掌控绝对的控制权。外籍人员的聘用也受到限制，比如外资银行在马来西亚设置的代表处最多只能有两名外籍人员。

关系到国家国计民生的重点产业和重要部门，或者是与公共利益有密切联系的行业，往往决定着一个国家经济发展的命脉，无论是发展中国家还是发

① 黄若君:《东盟国家投资法律环境分析》，载《广西财经学院学报》2006年6月第2期。

达国家，都要在这些行业里掌握主权。有的国家会在投资协定或者是在外国投资产业目录中以“否定式清单”的形式列明，马来西亚则是相关法律中对这些行业从持股比例和雇用外籍人员等方面直接进行了限制。

2. 鼓励的领域

马来西亚经济基础稳固，橡胶、棕榈、木材等原材料资源丰富，以农业、制造业、建筑业、采矿业、服务业为重点产业。马政府一直以来都鼓励外资进入其国内的高科技领域及出口导向型的生产企业，能够享受优厚政策的行业主要有：半导体相关产业、光电科技、医疗器材设备、纳米技术、农业生产和加工、橡胶制品、棕油产品、石油化工、医药、木材、纸浆制品、纺织、非金属矿物制品、钢铁业、有色金属、机械设备及零部件、交通设备及部件、电子电器、专业医学、科学测量仪器制造、相机及光学产品、塑料制品、酒店与旅游业、影视制作以及一些制造业相关的服务业[①]。在制造业领域，从 2003 年 6 月开始，外商投资新项目可以享有 100%的股权。

马来西亚政府在 1991 年提出了“2020 宏愿”（Vision 2020）[②]，计划到 2020 年发展成为先进的工业化国家。政府持续出台政策吸引外资，鼓励和引导外国投资投向其出口导向型生产企业、高科技领域以及一些新兴行业。2009 年 4 月，马政府又开放了八个服务业领域的 27 个分支行业，允许外商在这些领域进行投资，不再设股权限制，包括：(1)计算机相关服务领域；(2)保健与社会服务领域；(3)旅游服务领域；(4)运输服务领域；(5)体育及休闲服务领域；(6)商业服务领域；(7)租赁服务领域；(8)运输救援服务领域。

3. 新开放的领域

马政府为了更好地吸引外资，兑现其在国际协定中的承诺，在 2012 年又逐步开放了 17 个服务业分支领域的外资持股比例限制，允许外资拥有 100%股权，主要涉及电讯业如服务商执照申请，教育业如国际学校、特殊技术与职业教育、私立大学，医疗行业如私立医院、独立牙医门诊，服务业如会计与税务

---

① 商务部：《商务部对外投资合作国别（地区）指南（2013 版）》，http://fec.mofcom.gov.cn/gbzn/gobiezhinan.shtml，2013 年 11 月，p. 33。

② “2020 宏愿”是由马来西亚第四任首相马哈迪在 1991 年第六次马来西亚计划（大马计划）的会议上提出，以“在 2020 年成为先进国”做为国家的奋斗目标。

服务、工程服务、法律服务，以及百货行业。

1997年亚洲发生金融危机，马来西亚政府在危机之后不断调整多项政策，扩大开放，通过提高生产率和管理能力来提高竞争力和履行承诺。从总的趋势来看，马来西亚主要将外国投资向制造业和高科技行业引导，鼓励外资投向出口导向型的工业部门以及设立研发中心。近几年来，马来西亚不断推出新的政策，进一步扩大开放的力度，开始鼓励外资向物流、农业以及旅游等服务部门。虽然外资准入在某些领域依然受到限制，但是马政府的政策措施依然显示出其在外国投资自由化的道路上所作出的努力。马政府不断地在放开外资准入的领域，并且通过这种手段将外资引入到急需发展的行业中去，既有利于马来西亚社会和经济的发展，也为投资者带来了大量优良的投资机会。

(二)合格投资的审批

外资要进入东道国的前提条件是该投资在东道国的法律语境下是合格的投资，东道国通常会在本国的法律或者签订的国际投资协议中明确合格投资的含义和形式。东道国主管机关随后对这些合格的投资进行审批。

1. 投资形式

马来西亚同包括中国在内的数十个国家签订的投资保证协定中载明了"投资"[①]一词的含义，明确了"投资"的内涵和外延。从投资的形式来看，主要有以下二种形式，(1)直接投资。外国投资者依照马来西亚的有关法律，经过其批准，在其境内举办各类企业，独立经营，自负盈亏。直接投资也可以以现金投入、技术和设备入股和特许权等形式实现。(2)跨国并购。马来西亚允许外资通过股票市场或者资本市场收购本地企业的股份，对本地企业进行并购。一般来说，在制造业、采矿业等国家鼓励投资的行业以及在五大经济发展走廊等国家鼓励投资的地区，外资可以获得100%的股份。(3)股权收购。马来西

① "投资"一词，系指根据接受投资缔约一方的法律和法规在其领土内作为投资的各种资产，主要是：(1)动产和不动产及其他物权，如抵押权、留置权或质权；(2)公司的股份、股票和债券或在该公司的其他形式的利益；(3)金钱请求权或具有财政价值的行为请求权；(4)版权、工业产权、专有技术、工艺流程、商名和商誉；(五)法律授予的经营特许权，包括勘探或开发自然资源的特许权。

亚的股票市场面向外国投资者开放，外国企业和外国的投资者都可以通过收购本地企业进而上市。2009 年，马政府取消了外资公司在马来西亚上市必须有 30%股份分配给土著的股权限制，现在的限制变更为必须将 25%公众认购的股份中的 50%分配给土著，实际上强制分配给土著的股份降低到了 12.5%。

2. 投资审批

马来西亚目前并没有专门的政府机构对外国投资进行全面统一的管理，具体主管部门因投资行业和投资内容而异，详见下表。

投资领域	主管机关	主要职责
工业领域	国际贸易暨工业部下属的投资发展局(MIDA)	制定工业发展规划，促进制造业和相关服务业领域的国内外投资，协助企业落实和执行投资的项目，负责审批工业执照、外籍员工职位和企业税收优惠。
服务业领域	服务业发展理事会(MSDC)	审查服务业限制领域发展的有关规定，监督和协调各部门的相关工作
其他领域	总理府经济计划署(EPU)和有关的政府部门	EPU 负责审批涉及外资和土著持股比例变化的投资申请，有关政府部门负责与其他业务有关事项的审批
	国家投资委员会	负责实时审批投资项目

为了便利外国投资者进行投资，在激烈的国际资金竞争环境中成为投资者的优先选择，马来西亚还在投资发展局开设了一站式投资中心。马政府修订了投资和促进条例、所得税条例和投资发展条例，将几个相关部门如皇家海军及其执行机构、移民局及其他地方机构的相关权力向投资发展局派驻官员移交，明确了投资发展局的新职能，使得投资发展局的"一站式投资"功能得到最大的展现，在最短的时间内，甚至只需要一天，就能完成在马来西亚投资的

项目的审批[1]。

此外，在一些地区或者行业里面也存在有便利外国投资的一站式投资机构，比如纳闵金融服务局。作为一个法定机构纳闵金融中心负责发展和管理纳闵国际商业与金融中心，同时，它也负责发出执照和管制在纳闵做生意的个体。有意在纳闵设业的投资者直接与金融服务局进行接洽，可以方便、快捷地完成从申请投资到开设业务、经营业务的一系列过程。

(三)评析

1.国内法层面

从国内法的层面上来看，一个国家得依照其主权拥有禁止、限制或者允许外国投资进入该国领土的绝对权利。对于外国投资准入的国内法规定，一个为国际社会所普遍承认的规则是：对于东道国来说，它可以自主地决定是否允许或根据什么条件允许外国投资者进入本国投资[2]。换言之，外国投资的准入问题主要是由一国国内法所管辖的事情。受到本国经济发展状况、社会发展方向、政策指挥路径等实际情况的制约以及国际经济整体发展状况的影响，不同的国家会采取国内立法的形式对外国投资进行不同程度的管制。一般来讲，相较发展中国家，发达国家基于其强大的经济实力、领先的工业和技术发展、良好的基础设施以及相对稳定的法律环境，对外资的管制会相对宽松，相应地，这些国家外资准入的自由化程度也比较高。马来西亚对外资的态度总体上趋向自由化和便利化，但是依然存在限制。

各国国内法中对外资准入的管制主要体现在以下几个方面：是否允许某些行业或领域的外国投资；是否对某些行业或领域的外国投资的股权比例加以限制以及限制的程度；根据何种标准对外资进行审查以及审查是否严格。在投资领域方面，马政府投资的基本项目基本不对外资开放，关系国计民生和

① 中华人民共和国商务部：《马来西亚工业发展局更名，为投资者提供一站式服务》，http://www.mofcom.gov.cn/aarticle/i/jshz/new/201008/20100807056491.html，访问日期：2010年8月2日。

② 武斌等：《多边投资规则中的市场准入与投资自由化》，载《法学研究》2010年第6期。

重大社会利益的行业受到一定限制，进入鼓励本国企业发展的领域受到审慎的对待。在股权限制方面，马来西亚外资法对敏感行业如金融业、电信业、法律服务业的股权存在限制，以保护土著的利益以及确保国家的经济安全。马来西亚对外资的审查相对宽松，只要符合国家有关外资的法律法规，手续齐全，即易于获得批准。马政府还明确各外资主管部门的主管领域及职责，设立一站式投资中心，便利外资快速通过审查。

马来西亚的外资准入立法经历了一个变化的过程，在今天全球化投资趋势下朝着越发自由化的方向发展。近年来，马来西亚不断地拓宽允许外资进入的领域，特别是服务行业和基础设施行业。对股权的控制也逐渐弱化，或是加大允许外资持股比例或是直接取消对外资股权的限制。比如说对于必须遵守合资政策的产业部门而言，外资股权可达30%到60%，外资股权在出口项目中可以占到100%。国内股权政策在执行时也表现出了更大的灵活性。马来西亚设立了一站式投资中心，使得外资的进入马来西亚的审批程序变得更加简洁和高效。

2. 国际法层面

从国际法层面看，当一国签订了与投资相关的国际条约、双边或多边投资协定后，在有关外资的问题上就要接受这些条约、协定的限制和约束。乌拉圭回合一揽子协议中包含的GATS和《TRIMs协议》将国际贸易中的一些重要原则如国民待遇原则、透明度原则等引入到了国际投资的领域，使之成为了各缔约方应该遵守的义务。《TRIMs协议》的宗旨在于避免投资措施给贸易带来的限制和扭曲，协议规定，包括应当取消和贸易有关的投资措施，履行通知义务和透明度要求。GATS第三部分"具体承诺"包括了市场准入和国民待遇两个方面的义务，关系到服务类投资者能否进入市场和进入市场后受到何种待遇的问题，但是这种义务是以成员国提交的具体承诺为前提。[①] 马来西亚作为WTO的成员方，对《TRIMs协议》和GATS要依照协议规定给予外资的准入和待遇标准并没有全盘接受，在外资准入阶段并没有适用国民待遇，相反，还对某些行业的外资准入设置了较为严格的条款。比如对银行业的准

① 这里之所以把GATS纳入讨论范围，是考虑到服务贸易与外国投资有着密切联系，提供服务往往需要借助一定的场所或者机构进行（特别是商业存在的形式）。比如外商提供信贷、保险、通讯服务往往需要在东道国境内设立金融公司、保险公司、通讯公司。

入规定是:“外资银行中必须有30%的管理者是马来西亚公民。马来西亚不再批准新的外资银行到境内来设立分行。外资参股本地银行不得超过30%的股权。”

20世纪80年代,特别是进入90年代以来,随着经济全球化和区域经济一体化发展,各国特别是发展中国家逐渐开始了外资法的改革,外资政策逐渐从严格管制变为放松管制,外资立法逐渐从保守变得开放,外资准入呈自由化发展趋势[①]。其中比较引人注目的就是美式BIT,将国民待遇引入了外国投资的准入阶段,由此美式BIT的国民待遇从投资运营阶段的适用扩大到了运营前的准入阶段。这不得不说是投资准入自由化双边立法的典型代表,同时也符合世界银行《外国直接投资待遇指南》促进外国直接投资的性质和目的。

纵观马来西亚近几十年来有关外资准入的立法和政策变化,不论是在国内法层面还是国际法层面,虽总体上与整个投资自由化的趋势相符,但依然有可以进步的空间。美国、加拿大、日本等国家,本国经济发展成熟,已经在外资准入领域实行了国民待遇。马来西亚作为亚洲一个比较发达的国家,对外资准入门槛的设置在未来可以考虑继续降低。

三、马来西亚外国投资鼓励与保障制度

东道国吸引外资的数量和质量由一系列因素决定,包括外资待遇、鼓励政策以及对外资的保障。不同于本国内资,东道国得依国家主权对外国投资进行管理,按照国内法以及签订的国际条约或协议决定给予外资何种待遇,包含外资准入、设业、经营、退出等各个阶段的待遇。东道国同时也得依社会经济发展目标决定是否对外资进行鼓励、对哪些外资进行鼓励以及鼓励的程度等,由此吸引外资并且引导外资的流向。东道国还应当对进入本国外资的安全进行保障,包括保障的力度、周全度等。

① 联合国贸易与发展会议:《贸易和发展报告》,http://unctad.org/en/Pages/Publications/Meeting—Report.aspx,2013年。

(一)投资待遇

东道国在吸引外资的过程中,营造一个透明、稳定和可预见的法律环境十分重要。其中,明确外国投资的法律地位、清楚界定其权利义务是重中之重。

1. 国民待遇

马来西亚对外资的态度经历了一个逐渐开放到限制到再开放的过程,纵观其国内立法和所签订的国际条约,并没有明确的规定"国民待遇"的条款。事实的情况是,在特定的行业领域外资被准许进入并且持有100%的股权,与内资享有相同的权利承担相同的义务,可以看作是国民待遇的实现。但同时,其他的行业领域还是存在对外资的限制,或是准入受限,或是准入之后持股比例受限,形成了一种"次国民待遇"。而投资自由化的内涵则是减轻或者消除市场扭曲的影响,提高给予外国投资者的待遇标准。①

2. 最惠国待遇

马来西亚与外国签订的双边投资保证协定以及多边投资协定中则明确规定了互惠的最惠国待遇条款。以《中国和马来西亚政府关于相互鼓励和保护投资协定》为例,该协定的第三条规定了最惠国条款,即缔约一方投资者在缔约另一方领土内投资的待遇,不应低于任何来自第三国的投资所受到的待遇。该协定第四款规定了最惠国待遇的例外,这种最惠国待遇并不一定在特定的情况下比如关税同盟、自由贸易区、区域协议、有关边境贸易安排等适用。马来西亚同其他国家签订的双边或多边协定里面绝大部分都含有最惠国待遇的内容。

3. 发展方向

最惠国待遇是专属于条约法上的标准,特别是自20世纪90年代拉美国家逐渐开放外资政策之后,这一标准已经获得了世界范围内的普遍认可,几乎所有的双边投资条约都包含有最惠国待遇条款。而就国民待遇标准来说,给

① 汪智刚:《外资准入和投资自由化》,载《商业研究》2009年第21期。

外国投资以国民待遇是大势所趋。《中国与东盟投资协定》第四条有关国民待遇的协定是:“各方在其境内,应当给予另一方投资者以其投资,在管理、经营、运营、维护、使用、销售、清算或此类投资其它形式的处置方面,不低于其在同等条件下给予其本国投资者及其投资的待遇。”可以看到,在中国——东盟的投资框架之内,各缔约国“应当”适用国民待遇标准,且不论外资准入以及之后的争端解决,国民待遇至少应当涵盖外资进入东道国设业之后的其他各个阶段。马来西亚近年来虽逐步开放,但是对待外资还是持着很审慎的态度,无论就国际发展趋势还是从中国—东盟框架内来看,在给予外资以国民待遇上似乎还有一段路要走。在随后的国内立法、政策的制定或者双边条约的签订中,马来西亚可以兼顾经济全球化和自身经济发展状况循序渐进地推行国民待遇,决定实行国民待遇的阶段、方式以及例外,以契合整个国际社会对待外资的自由化趋势。

(二)投资优惠

马来西亚外国投资法的特点之一是基于其奉行的经济政策以及国内产业发展的实际,主要依照地区和行业对外国投资进行鼓励,引导外资流向这些地区和行业。同时以优厚的鼓励政策特别是税收优惠和投资补贴对外资进行调节和引导。投资优惠的内容充分地体现在马来西亚外资立法和国内法里,而又以《投资促进法》规定得最为详尽。

1.行业优惠

马来西亚对外国投资进行鼓励的行业及具体部门体现在政府发布的《促进行动及产品列表》中。基于目前马来西亚的发展政策,特别还有三类行业的投资将得到政府的鼓励和支持,分别是:(1)清真食品的加工及认证。生产、加工及认证清真食品的公司,自符合规定的第一笔资本支出之日起5年内所发生符合规定资本支出可以享受100%的投资税负抵减。(2)多媒体超级走廊公司(Multimedia Super Corridor 简称 MSC)。将发展信息通讯技术列入国家重要发展纲领,向知识型经济转型是马来西亚政府一贯工作重点。获得MSC营运地位的公司得享有多达十项优惠,包括聘请和引进国外的知识工人无数量限制,可自由在全球集资和借贷,可免除长达10年的盈利税等。(3)生物科技领域。2007年开始,马来西亚在财政预算报告里宣布一些列举措鼓励这类投资,推动生物科技的发展。大量的优惠包括所得税、印花税、不动产收益税的减少或者豁免,以及获得融资支持和相关补贴。

2011 年,马来西亚又在政府预算案下又列出了几大能够获投资鼓励的行业:(1)可再生能源行业;(2)石油天然气产业;(3)旅游业;(4)混合动力车辆生产行业。优惠的内容包括税务优惠申请期限的延展,减少或者豁免税收,获得多轮的投资税务补贴,政府提供资金支持等。

2. 地区优惠

近年来马来西亚不断加大对外资的鼓励,除了依行业还要依地区实施优惠。为了平衡区域经济的发展,利用地区优势,以地区辐射带动社会经济发展,马来西亚从 2006 年开始陆续划定了五大经济发展走廊,相当于特殊经济区域。五个区域具体如下:(1)伊斯干达开发区;(2)东海岸经济区;(3)北部经济走廊;(4))砂捞越再生能源走廊;(5)沙巴发展走廊。这些特殊经济区域基本涵盖了西马的大部分区域以及东马的两个州,凡是在这些区域内投资的公司都可以申请免缴 5—10 年的所得税,或者 5 年内的合格资本支出全额补贴。

此外,顺应马来西亚经济转型计划的"大吉隆坡"计划也已全线启动,在该计划区域内的合格外资也能享受优惠待遇。对于拥有特区地位的公司来说,在 2015 年前开业的,可以免税 10 年。就发展商来说,在区内出售土地的法定收入在 2015 年估税年前可以免税,商业建筑物租赁或买卖收入在 2020 年估税年前免税。就产业发展管理人来说,其法定收入在 2020 估税年前免税。其他的非财务优惠措施还有豁免遵守外国投资委员会条例,享有宽松的外汇管理政策,聘用外国专门人才没有限制,境外专门人才可以购买免税汽车自用等。

3. 税收优惠和投资补贴

马来西亚为鼓励外国投资制定的税收优惠措施主要以税收减免和投资补贴的形式出现。

(1)所得税减免

减少所得税:获得“新兴工业地位”[1]和投资东马以及“东部走廊”地区的企业,从生产之日起5年内只需分别就法定所得的30%和15%缴纳所得税。

豁免所得税:参与马来西亚工业发展计划的投资企业,高科技公司,从事科学研究与开发企业和处于“多媒体超级走廊”内的电子信息通讯科技企业,环保领域等企业5年或者10内免缴所得税。

马来西亚企业的免税期长短会受到投资地点、投资额、雇佣工人数等因素的影响,比较短的为两年,长的可以达到5—10年。

(2)国产税[2]、进口税和销售税减免

免征进口税和销售税:国内不能生产或者虽然能生产但是质量或标准不符合要求的机械设备,用于旅游服务和旅馆的进口材料和设备等。免征进口税:为产品出口而进口的原材料和零部件、处于“多媒体超级走廊”的企业所用相关设备等。免征国产税、进口税和销售税:经核准的外商投资教育培训设备等。免征国产税和销售税:在马来西亚本地采购的机械和设备。

(3)投资税务补贴

能够获得投资税务补贴条件的企业,以具备某方面优势为基础,包括较高的产品附加值、先进的技术水平及产业关联等,比如获“新兴工业地位”的企业和高科技外商投资企业,可以享受为期5年的用于其固定资产投资的60%的补贴,该补贴可以用于冲抵其所得税的70%,企业只需就剩余所得税的30%纳税。没有用完的补贴可以转至下一年度使用,用完为止。

在东马地区和“东部走廊”进行投资的企业,其投资额的80%可以在5年内冲抵公企业应缴所得税的85%。

(4)再投资补贴(Reinvestment Allowance, RA)[3]

再投资补贴主要适用于马来西亚的制造业和农业。在马政府鼓励的制造

---

① Promotion of Investments Act 1986:“pioneer company”means a company certified by a pioneer certificate to be a pioneer company in relation to a promoted activity or promoted product in respect of which the tax relief period has not ended or has not ceased.

② 马来西亚国内制造的一些产品要征收国内税,比如烟、烟草产品、酒类、纸牌、麻将牌以及机动车辆等。http://www.mida.gov.my/cn/index.php? page=duti-eksais,访问日期:2014年2月。

③ 再投资主要是指企业用以扩充产能,改进现代化设备、生产自动化设备和产品多样化设备的支出。

业行业或营运 1 年以上的制造类企业进行的再投资，其额度的 60%可以用来抵消该企业应纳所得税的 70%，优惠期间长至 15 年。在农业领域，用于修建灌溉和给排水系统、致力于土地开垦和改良、建造有关道路和桥梁等的再投资也可以享受上述补贴。

(5)加速资本补贴(Accelerated Capital Allowance，ACA)

外商企业享受了为期 15 年的再投资补贴之后，如果再就“促进产品”进行投资，可以申请为期三年的加速资本补贴。第一年享受合格资本支出的 40%的补贴，后两年均为 20%。

(三)投资保障

任何一个投资者都希望自己的合法投资能够获得东道国最大限度的保障，无论是经济上的风险还是政治上的风险能够最大化地得到避免，在不利的情形出现时，能够有尽量完备的措施来解决问题和减少损失。这种保障是多方位的，涉及投资前、中、后的各个阶段，涉及争端解决、投资保证、股权持有保障等内容，涉及劳工、知识产权、环境、土地等各个领域。马来西亚是一个相对外向和开放的经济实体，在尽力吸引外资的同时通过立法作好对外资的保障工作，解决了外资来马的后顾之忧。良好的投资保障与开放国内市场是一脉相承的，有利于外国投资的引入以及投资自由化的实现。

1. 投资争端解决

马来西亚政府在 1966 年核准了《解决国家和他国国民之间投资争议公约》条款，成为该投资争端公约的缔约国。虽然并不涉及实体的权利义务内容，但该公约对缔约国与其他缔约国国民之间关于投资争端的解决机制进行了规范，对有关最惠国待遇、透明化、货币自由兑换、征用补偿等程序和标准的内容均有规定。除了国际条约及国内司法途径之外马来西亚还于 1978 年依亚非法律咨询委员会的赞助设立了吉隆坡区域仲裁中心，该中心与马来西亚政府合作并受到马来西亚政府的支持，旨在为该地区内的贸易商、投资商提供一套争端解决制度，保障各方当事人的利益。

2. 投资保证协定

马来西亚随时都准备好与其他国家缔结投资保证协定，显示出了马来西亚吸引外资的决心和诚意。以《中国和马来西亚政府关于相互鼓励和保护投资协定》为例，协定里为外国投资者提供了如下保障：(1)不会被收归国有；若在特定条件下被收归国有，将能获得迅速而足够的补偿；(2)资本、利润及其他费用的自由转移；(3)缔约一方投资者在缔约另一方领土内的投资始终受到公平公正的待遇，享受充分安全和保护；(4)最惠国待遇；(5)代位权；(6)尽量通过外交途径或者仲裁庭解决投资的争端。

3. 股权持有保障

已经获准依照某一固定比例持有股权的公司，在继续保持原有投资案的特色以及符合原来获准时的各项条件的情形下，即使实施了产业扩充或者多元化经营，于任何时候都不会被要求重整其股权结构、调整其持股比例。

4. 利润汇回保障

马来西亚外汇管理条例对在马投资的资金没有限制性的条款，相反，外国投资者可以自由地将源于在马来西亚投资产生的盈利、股息或者任何收入汇出。

5. 国内法的保障

保障外资安全及利益最大化，还需要相关国内法的支持，劳工问题、知识产权、环境、土地使用权等都与外国投资息息相关。

劳工领域相关法律包括《外汇管理条例》《员工准备基金法》《劳工赔偿法》《聘雇法》《工会法》以及《劳工法》。外资企业在处理劳资关系的时候按照法律规定行事。有法可依可以相对减少劳资双方的矛盾，使得外商投资企业在马来西亚营运得和平、有秩序。知识产权领域的法律涵盖专利、商标、工业设计、版权、地理标记与集成电路的布局。环境领域的法律有《环境素质法》《马来西亚环境影响评估程序》和《环境法》。土地及地产权利领域，宪法和联邦土地法均规定马来西亚的土地可以作为私有财产受到法律保护，可以自由买卖，但属《马来人保留地法》所规定的应当由马来人享有的土地除外。外资在马购置产业事宜由《产业购置指南》进行规定，所预备购置的产业的不同价值、性质、面积和用途决定了购置该产业是否需要审批以及如何通过审批。

(五)评析

在1997年亚洲金融危机之前的10年里,马来西亚年均经济增长率一直保持在8%～9%以上,被誉为"亚洲虎"之一,被视作新兴工业化国家发展的典范①。马来西亚实行的是以出口型经济为主导的发展模式,本身具有成熟的基础设施和较高的科技水平以及一定数量的高素质劳动力,本身对外资具有较强的吸引力。1986年制定的《投资促进法》中对外资进行鼓励的内容以及优厚的税收优惠、大力度的投资保障更是从软实力上增强了对外资的吸引力,这些因素对马来西亚的经济增长和社会发展来说功不可没。

金融危机之后,于金融危机中撤出的外资开始大量回流,成为各国经济恢复的强劲动力。而如何运用立法和鼓励政策成功吸引并且长期留住回流的和新进入的外资,同其他国家争夺有限的国际市场资金,是马来西亚为应对金融危机和促进本国长远发展所要考虑的问题。处在金融危机时期的马来西亚国际收支严重不平衡,服务部门赤字增加,贸易盈余急剧下降,对外债务猛增。工业结构方面也发现了缺陷,三大产业发展不平衡,高科技人员缺乏,地区之间的发展也极为不平衡。马来西亚随后的国内外政策的制定主要围绕这些问题展开,为了适应世界经济和投资形势的变化,吸引更多外资,改善国内经济状况,平衡产业和区域的发展,不断地调整国内的税收和投资鼓励制度。马来西亚对外资鼓励的思路则是依照地区和行业进行划分,吸引外资流入需要外资支持的地区和行业,平衡区域发展,平衡三大产业发展,增强制造业、服务业以及高科技行业的实力。

马来西亚外资法从宏观的投资环境来考虑税收优惠的力度、种类、程序以及适用范围,这就能保证税收优惠制度的一致性和稳定性,有利于增强外国投资者进行投资的信心。将税收以及税收优惠政策纳入法制化的轨道,突出了税收优惠的权威性,也保障了税收优惠的成功实施。对不同类型的企业的税收优惠和投资补贴作出了详尽的规定,并且这些优惠和补贴同样也适用于内资企业,内外资享受同等的权利承担同等的义务,内资企业不会处于不利的竞争地位,有利于国内的良性竞争以及经济的健康发展。马来西亚外资法的税

① 何勤华、李秀清:《东南亚七国法律发达史》,法律出版社2002年版,第304页。

收优惠制度还同本国的产业政策以及地区发展政策密切联系了起来，以税收为杠杆吸引外资、刺激出口、利用国外先进的技术设备，带动国内产业和地区的均衡发展。

良好的投资待遇、优厚的投资鼓励政策以及有力的投资保障制度不但是吸引外国投资的利器，也是开放投资、走外国投资自由化道路的题中之意。马来西亚外国投资法中越来越多的行业和地区鼓励和越来越全面的投资保障也表明了马国跟随投资自由化的行动和决心。

四、马来西亚外国投资企业制度

一般来说，涉及私人的外国投资的基本方式是直接向东道国投资设立企业，或由投资各方合作设立一个新企业，或对东道国已经合法成立的公司进行收购、兼并，以获得被投资企业的经营管理权。由此，外国投资企业的各项制度就成为了研究一国外国投资法所必须进行探讨的内容，包括外国投资企业的设立，经营管理以及企业的退出。

(一)外国投资企业的设立

马来西亚外国投资法没有对外资企业的设立形式和程序进行规定的内容，同国内投资的企业一样，外国投资的企业主要遵循马来西亚《公司法》。

1.外资企业的形式

马来西亚准许的外国投资企业形式有四种：股份有限公司，担保有限公司，股份与保证有限公司，无限公司[①]。

在马来西亚通过直接投资设立的新企业可是以外商独资企业，也可以是合资企业。从国际实践的角度看，在外国投资者东道国内设立一个全新的企业往往会面临一系列的困难和挑战，比如东道国对设立的形式和程序上有要

① 马来西亚《公司法》第一章第 14 条："(1)根据本法规定，任何两名以上的人可以为任何合法目的而签署公司章程并遵照注册规定后成立公司法人。(2)一家公司可以是股份有限公司；担保有限公司；股份与保证有限公司；或无限公司。"

求，新企业进军和占领东道国市场比较困难等。因此，通过收购或者兼并东道国的目标企业来进行国际投资所占的比重日益加大。

2. 外资企业的设立程序

首先，外国投资者要在马来西亚境内设立公司，需要向其公司注册委员会或通过互联网提交法定形式的表格申请，缴纳 30 马币以查明拟申请公司名称能否使用。

然后，申请者在拟申请公司名称被保留的的三个月内依所申请设立公司的不同形式向注册官提交文件，主要包括：(1)拟注册公司的章程和规章；(2)宣誓书，说明遵守马来西亚《公司法》以及其他相关规定；(3)公司章程所载公司名称、宗旨、核定资本额，以及把资本转化为股份的方式；(4)公司章程规定的事业经营和对公司内部事务管理的条款。

之后由公司注册官审查申请的材料，对于符合法律规定的申请批准注册，发出同意公司注册文书和公司代码。若注册官认为有证据证明该拟注册公司可能被用作非法目的或者危害国家安全、社会公共利益，则有权拒绝该公司的注册。被拒绝注册的申请者可以向法院提起诉讼，交由法院作出裁决。

最后，被核准注册的公司在领取注册证书之后凭有关文件到当地银行开设公司银行账号。

成功设立的公司作为一个法人有权在马来西亚持有不动产，可依公司的印章享有永远的继承权，有权行使已成立的公司的所有职能，有权起诉和应诉。

(二)外国投资企业的管理

1. 经营管理

马来西亚的法律深受英美法的影响，其《公司法》借鉴了英国公司法重要和先进的企业制度，以澳大利亚的公司法为蓝本，结合本国实际对在本国设立企业的经营管理作出了规定。

(1)董事及高级职员

公司必须至少有两位居住地位于马来西亚的董事，一般年龄不超过 70 岁，但董事并不必然是股东。在每届年会上前三分之一进入的股份有限公司的董事必须退任，退任之后可以连选连任。公司还必须配备一名以上的秘书，同样也要求秘书的主要或唯一居住地在马来西亚境内，并且他/她已经获得公司注册官发出的秘书执照或属于某指定团体的会员。此外，公司还必须委任获核准的审计师负责该公司在马来西亚的审计事务。

(2)股东及股份

私人注册的股份有限公司股东人数最多为50人，且须在章程当中规定限制股东转让股份以及禁止邀请公众人士存款于公司。私人公司可以转变为公众公司，向证券监督委员会登记了招股计划书或将招股计划书提交注册官的公众公司可以向公众人士出售股票。公众公司还可以申请让其股票在吉隆坡股交所上市。

(3)会议

每一家设股本的公众有限公司必须在其有权开业的日期起不少过1个月及不超过3个月的期间召开公司股东大会，这是一项法定会议，违者将会受到处罚。除法定会议及其他任何会议之外，公司还必须在每一日历年召开“常年大会”，会期不得超过上届“常年大会”后的15个月，法院可以在任何股东的申请下训令召开应该开而未开的“常年大会”。此外，在特定的情形下，特定主体经由特别程序可以正式要求召开特别大会。

(4)外籍员工

马来西亚的政策是希望马来西亚人最后都能够获得训练，因此在外资企业在外籍员工的聘用上是受到一些限制的。但是，外国公司可以将所需要的外籍员工引进到缺乏熟练的马来西亚籍员工的地区，并且，外国公司可以将一些“主要职位”永久保留给外国人。实收外国资本额为200万美元以上的公司，自动获准聘用包括主要职位在内的五名外籍员工，如果还需要增加额外的外籍员工，可以向贸工部提出申请，符合一定条件的可以获得批准。实收外国资本额低于200万美元的公司，其外籍员工数可依是否主要职位、员工的专业资格及实际经验、公司所属的产业部门等因素进行酌情考虑。

马来西亚公司法在制度上与现代公司制度紧密结合，在内容上还是有大量保护土著利益的条文，符合其一向以来繁荣本地居民的社会和经济政策，但这些规定同时也会对投资自由化造成阻碍。

2. 股权管理

东道国对外资持股比例的规定实际上明确了外资在不同行业领域的参与

程度。从最基本的层面看，持股比例的不同只是涉及到合资企业的管理权和利益的分配问题，放到宏观的层面上看，这也是东道国对外资投资范围控制的延伸。

马来西亚外国投资法对外国投资企业持股比例要求主要如下：产品出口占其产值的80%以上者，不论其产品是否与本地产品的国内市场发生竞争，外资都可以拥有100%的股权；外国投资企业的产品出口比例分别为51%～79%或者20%～50%或20%以下的，可以视其投资规模、投资地点、工艺水平、产品增值、本地原料以及零部件的利用等因素，分别允许外资拥有51%～79%、20%～50%或最高20%的股权；生产高科技产品或是国内市场优先发展产品的企业，外资可以拥有51%的股权；开采非可再生资源和加工初级产品的企业，依据投资额、工艺水平、风险程度、增加价值、开采和加工的可行性等因素，外资可以拥有直到100%的股权。

东道国会以立法确定比例的形式控制外资的流向以及保证自己的控股权，既吸引了外资又能将外资的比例限制在一定范围之内。马来西亚先前对外资持股比例的规定多采用设定上限而不设下限的做法，比如不超过49%。近年来，马政府公布了一系列改革政策，提高一些行业特别是金融行业的外资持股比例，以吸引更多投资。比如说将证券业、经纪公司、单位信托公司的外资持股比例从49%提升至70%，意味着外国公司可以进行控股；放开大型基金管理领域，在马来西亚运作的合格基金管理公司可以拥有高达100%的股权；国内外公司在马来西亚上市时不用再受土著居民必须占股30%的限制等①。

3. 外汇管理

马来西亚国家银行（BNM）是国家货币与金融机构的最高机构，主要目的是稳定有助于马来西亚经济可持续增长的货币和金融，其受权监督货币和外汇市场，管理国家的外汇条规。马来西亚对外汇采用的是较为审慎的开放政策，既要维持财政和经济稳定，又要保障收支的平衡，支撑整体的宏观经济目标。1997年亚洲金融危机之后，马来西亚实行固定汇率制，对外汇流出实施

① 列春：《马来西亚出台进一步吸引外资政策》，载《工程机械》2010年1月第41卷。

严格的管制。[1] 2005年,政府随着经济状况的好转开始实施管理下的浮动汇率制。全球投资者的投资都可以轻易地进入马来西亚的市场,但对南非和以色列有较为严格的管制。

外国投资者在马来西亚进行直接或间接投资无需通过外汇管理当局的许可,用于在马投资的资金可以自由移动,外汇管理对此没有限制条款。非居民可以不受限制地通过领有执照的境内银行把外币兑换成马币或反过来兑换、购买马币资产或把出售这些马币投资的资金调回。[2] 非居民可以在境内开设外币账户和马币账户。外币账户需在领有执照的境内银行和国际伊斯兰银行开立,账户内资金可以自由汇出。马币账户在领有执照的境内银行开立,账户内的马币资金可以包括在马来西亚投资赚取的租金、利息、股息、盈利、出售外币或马币投资的收益,这些基金在向银行兑换成外币之后,可以自由地汇出。

外汇管理同一国投资自由化和便利化政策紧密相关。外汇的流入、使用、汇回的限制以及与之相关的程序都会深刻影响投资方的投资决策、投资方向。马来西亚对外汇的管理很宽松,外汇流动便利,对外国投资者而言十分有利。

(三)外国投资企业的退出

马来西亚的公司停止经营退出市场通过清盘实现,类似中国公司法中规定的公司解散和清算。与中国的公司法有所区别的是,公司在清盘时每一名股东(包括前任股东)都要以自己所持的公司股份比例或依照其所负的责任承担公司的债务、清盘费用。公司清盘主要有法院清盘和自动清盘两种形式。

1. 法院清盘

法院清盘也可以由法院依照职权在公司出现特定状况时主动对公司做出清盘训令而发起,这样的规定提升了对国家安全、公共利益以及对公司股东的保护力度。法院清盘可以由相关主体向法院提出申请,包括公司自身、公司的债权人或预期债权人、预算师、分管公司工作的部长、马来西亚国家银行和登

---

① 贺水金:《泰国与马来西亚汇率制度的比较研究》,载《上海经济研究》2005年第12期。

② 《马来西亚外汇管理条例》规定:"非居民可自由地直接或通过投资组合投资于任何马币资产。"

记官员。相比中国公司法,马来西亚公司所规定的申请法院对公司进行清盘的主体更加多元化。

2. 自动清盘

自动清盘主要是由于产生了法定的情形而发起[①]。

公司若决定了要自动清盘,需要在决议案通过的7天内将该决议案的印刷副本呈报给注册官,并且在10天内将该决议的通告发布在全马来西亚一般性发行的报纸上进行刊登。外国公司在马来西亚设立的分支机构或者业务处要停止其业务的,也应该在决议做出的7天之内向注册官进行呈报。由法庭委任的清算师邀请外国公司的债权人前来申报债权,并且可以优先取回或者套现在马来西亚的资产。注册官在收到代理人的有关该外国公司解散的通知时,或者已经确认该外国公司已经停止在马来西亚的业务时,将该公司从注册的名册上删除。

(四)评析

跨国公司总是会对东道国的资源进行评估后选择投资目的地,各国吸收投资表现不一主要原因之一就是由于输入国本身条件的差异。事实上,跨国公司对其投资行为的作用往往小于投资输入国本身的条件,因此资本输入国本身的因素对吸引外资起决定作用[②]。影响外资的因素包括硬件和软件环境,软件环境包括与外资有关的法律,这些法律制度包括企业成立和设立的流程、手续,企业设立之后的经营管理要求,外资的持股比例,外汇管理制度,企业的退出程序等,以及这些制度的透明度、连贯性、实施效率、自由化和便利化程度。

从外国企业设立的实践上来看,马来西亚有关制度的设计有不利的地方,

---

① 马来西亚《公司法》第254条:"(1)一家公司可以自动清盘——(a)公司章程或规章规定的公司期限已到,或章程或规章规定当发生一事件时公司必须解散的事件已发生,或公司大会已通过一项决议案规定公司自动清盘;或(b)如果公司的特别决议案如此决议。"

② 潘金娥:《"东亚的外国直接投资:经验与投资"国际研讨会综述》,载《国际经济评论》2008年第2期。

比如说注册外资公司、办理各种执照和公司退出的申请程序较为复杂,需要用到的文件较多,要交涉的事务纷杂,结果又导致审批的时间较长等。近年来,马政府在放宽对外资的限制的同时也意识到了这些在吸引外资过程中的不利因素,并且作出了有益的尝试。比如说建立一站式注册中心,明确各相关部门的权限和职责,出台投资指南等,便利外国投资者在马进行投资、设立企业。由此可见,促进投资的自由化和便利化也是一个相辅相成的过程,不光要拓宽外资的领域,放开对外资的限制,同时还要有相应的便利措施来尽量简化投资的程序以及方便投资者进行投资。

马来西亚对外资持股的态度和其整个外资法的自由趋势是一致的,外资能够持有股份的领域扩大,在特定领域的外资持股在原有范围内得以扩大甚至达到100%控股。如果说扩大投资准入的范围是实现投资自由化的第一步,作为东道国对外资投资范围控制的延伸,放开对持股比例的限制一定是接下来重要的一环。马来西亚政府缩短或是收回了对特定领域的管理触角,外国投资企业相应地获得了更大的经营管理权。

马来西亚的金融政策经历了一个开放——限制——开放的过程,今天的马来西亚投资环境相对轻松了很多。外国投资企业对东道国外汇管理的诉求包括减少审批环节、便利资金融通渠道、降低汇率风险。[①] 在马来西亚的外国投资受到外汇的管制较少,外汇流动较为自由,资本、股息、技术服务费、工业产权费等的汇出几乎不受限制。马来西亚是从本国的实际需求出发制定和设计金融政策的,在抓住关键环节的同时合理地界定管理的边界,在保证国家金融环境稳定的同时通过较少的管制来极大地促进了外国投资的自由化和便利化。

五、马来西亚外资法对投资者的影响

东道国所制定的的外国投资法对来自外国的投资者的影响是巨大的,其立法的技术,立法的价值,法律的内容,法律透明度、稳定度等因素都会左右投资者的决策。很难对一部法律或者一个法律体系进行笼统的好坏评价,但是

① 单强:《外汇管理促进贸易投资便利化研究》,载《北京金融评论》2013年第1期。

可以选取对法律遵守者的影响的视角来对其进行剖析。

(一)有利方面

1. 投资立法较为全面

马来西亚自独立以来,一直致力于国内经济的发展,并通过法律制度特别是经济方面的制度建设来为国家经济目标的实现保驾护航,有关投资的法律也逐渐发展起来。马来西亚先后颁布了一系列与投资相关的法律,包括《工业协调法》《投资促进法》《所得税法》《公司法》《土地法》《外汇法》等等,涵盖了投资的各个阶段和投资的各个方面的规定。外国投资进入马来西亚能够有章可循、有法可依,投资得到较大的保障,投资者的信心也从而增强。总体来说,马来西亚的投资立法较为全面。

2. 投资准入门槛较低

根据前文对投资准入和投资领域的分析不难看出外资进入马来西亚的门槛相对较低。外国投资者可以以各种形式的金钱或非金钱财产进行投资,可以以多种方式进行投资,可以对投资的方向进行比较自主的选择。外资进入马来西亚并无严格的限制,马政府还提供尽可能的便利措施方便外资进入。此外,马来西亚逐渐在放开准许外资进入的领域,特别是服务行业。投资准入门槛较低也是马来西亚吸引外资和发展国内经济政策使然,有利于外国投资者进行投资。

3. 投资保障制度比较完善

马来西亚外资法的保障是多层次的:包括外资进入时的公平公正待遇以及最惠国待遇,外商投资企业在营运阶段的股权持有保障、资金自由流动和汇出的保障,通过外交、仲裁、司法等途径妥善处理投资争议的保障等。马来西亚外资法的保障也是多方位的:除了投资促进法本身有所规定之外,还有国内其他立法如《环境法》《劳工法》《知识产权法》《反腐败法》等与投资相关的部分对外商投资进行保障。

4. 投资保护协定保障投资

与投资有关的协定和国际公法原则互为表里，国际法规范又与国内法紧密相连是当代国际投资法的特征之一。[①] 马来西亚已经和数十个国家签订了投资保护协定，并且随时准备好同其他国家签订这样的协议，对与之签订协议的国家的投资者而言，是一种有效的保障。马国法律中没有规定的内容可能在政府协议里面找到，法律中已经有的规定可能在政府协议里面得到加强。此外，马政府一直坚持睦邻友好的外交政策，与我国、周边国家以及东盟国家签订了一系列的协定。长期稳定的和谐外交关系对于改善投资环境而言，有十分重要的作用，政府间的协议为外国投资创造了良好的基础，提供了有力的保障。

(二)不利方面

1. 缺少"龙头式"的外国投资立法

马来西亚国内并没有一部全面而系统的基本投资法律，即使有一部《投资促进法》也主要仅就有关投资的税务优惠、补贴等方面做出了详尽的规定，并且这部法律也没有区分内外资，不论是来自国内的投资还是来自国外的投资都同等适用。各个国家为了适应国际经济发展的潮流，制定一部具有稳定性的外国投资基本法律是一大趋势，这样的基本法律在阶段上包含了外资从进入到经营直至退出的整个过程，内容上包括了投资的待遇、保护、投资争端解决等与投资密切相关的问题，制度上则包括投资、公司经营、税务、外汇、财会等制度，明确外国投资及投资者在东道国进行投资的权利和义务。这样的基本投资法律具有稳定、透明、易于操作的特点，避免因为不同法律对相同问题的不一致规定而造成困扰。马来西亚没有这样一部"龙头式"的基本外资立法，因此外资在进入马来西亚的时候需要多方寻得相关的国内法律，首先加大了外国投资方的工作量，不符合便利投资的要求。其次纷繁的国内法之间可能就相同的问题作出不同的规定，容易造成困扰。再者外资法律、政策的分散

① 王贵国：《略论晚近国际投资法的几个特点》，载《比较法研究》2010 年第 1 期。

和凌乱状态也不利于明确、集中、稳定地体现外资政策。

2. 稳定性较差

马来西亚的立法在很高程度上受到英美法的影响，在经济方面的成文法制定上比较自由，法律条文的灵活度比较高。现在适用的法律很多是从数十年前沿用下来的，一方面，法律规范本身不够详尽和具体；另一方面，国内外的形势随时处在变化之中，法律条文本身很落后于时代的变化而不适于社会和经济的发展。马来西亚为了适应国内的发展目标需要克服成文法的不足，往往会不停地出台修正案来对法律条文进行修改，1986 年投资促进法从颁布开始到 2002 年 16 年间就有近 100 条被修改过。此外，政府还往往通过出台政策的形式或者由总统发布总统令的形式来调解经济活动和外商投资的活动。现在的马来西亚正处于经济转型时期，政府推出了经济转型计划(ETP)，在法律和政策上很可能出现变动。法律的稳定性较差，对于投资者而言也就存在着不稳定的因素，长期以往，投资者的投资信心可能会受到影响，而这对于马来西亚自身的发展也是不利的。

3. 系统化的缺陷

法律的规范化和系统化之间是相互联系的，法律规范化为法律系统化奠定良好的基础，法律系统化又在一定程度上弥补法律规范化的不足，两者相辅相成，最终的目的都是为了使法律成为统一的有机整体，减少或者避免法律体系内部相互重叠、交叉、矛盾、冲突等，使法律得以有效实施[①]。马来西亚是联邦制国家，联邦有立法权，各州也有自己的立法权，若是联邦和州对同样的问题做出了不同的规定，那么在不同的效力层级上可能会引发法律适用的冲突，在法律的规范化上就会存在欠缺。马来西亚自独立之后颁布了很多涉及经

① 王玉梅：《中国的外国直接投资法律制度研究》，法律出版社 2003 年版，第 43 页。

济、投资的法律法规,仅是适用于公司领域的法律法规包含修订版就有接近10部之多①。由于对外国投资法律体系认识的不足,多层级多方位的立法,造成了有关外国投资法律体系的庞大与纷繁,缺乏系统化。

① 包括 Companies Commission of Malaysia Act 2001 (Act 614), Companies Act 1965 (Act 125) (to be read together with the Federal Government Gazette — Companies (Amendment of Schedule) Order 2013 dated 26 March 2013), Registration of Businesses Act 1956 (Act 197) Trust Companies Act 1949 (Act 100), Kootu Funds (Prohibition) Act 1971 (Act 28), Act A1299 COMPANIES (AMENDMENT) ACT 2007, Limited Liability Partnerships Act 2012, Companies Regulations 1966; Registration of Businesses Rules 1957, Limited Liability Partnership Regulations 2012, Public Consultation on the New Companies Bill, Public Consultation on the Interest Schemes Bill. 13 Marc0

第七章

缅甸外国投资法

缅甸地处亚洲中南半岛西北部，地理位置重要，自然资源丰富，发展潜力巨大。自 2011 年民选政府执政后，缅甸政府大力推进政治转型、经济改革和对外开放，欢迎外国企业到缅甸投资，并大力支持以资源为基础的外国投资项目、出口项目，以及以出口为导向的劳动密集型项目。允许投资的范围广泛，包括农业、畜牧水产业、林业、矿业、能源、制造业、建筑业、交通运输业和贸易等。

中缅两国于 1950 年建交。经过双方多年的努力，中缅两国在各领域的友好交流与合作取得了长足的发展。2011 年两国宣布建立全面战略合作伙伴关系。中国多年保持着缅甸第一大贸易伙伴和第一大外资来源地的地位。缅甸支持“一带一路”倡议。新形势下，中资企业在缅甸投资既面临前所未有的挑战，也迎来了全新的发展机遇。

一、缅甸外国投资法概述

由于国内政治、民族、历史等多方面因素的影响，缅甸长期实行封闭政策。得益于中缅双方源远流长的友好关系，中国投资者一直是能够赴缅投资并获益的少数投资者之一。为进一步吸引外资，缅甸曾于 2012 年颁布新《外国投资法》，2013 年颁布外国投资法实施条例。2016 年下半年缅甸废止了先前的立法,重新制定了外国投资法。

(一)缅甸外国投资立法背景

1.国内背景

法律作为规范社会秩序,维持社会良好运转的重要手段,缅甸外国投资法的制订及修改都要受到其所在环境中的经济、政治、社会等多种因素的影响。

(1)缅甸政治、经济领域大力推行民主化改革

1948年缅甸脱离英联邦宣布独立,多党竞选下产生的民选吴努政府未能解决英国殖民遗留下的民族问题,国内政局不稳,国家面临四分五裂的危险。1962年奈温将军发动政变并废除了民选制度和联邦宪法,缅甸从此进入了长达几十年的军人独裁统治时期。[①] 军人政府虽然在1988年颁布了《缅甸联邦外国投资法》,但在其政治上压迫抗议经济不振的异见人士、腐败横行,经济上实施的计划经济体制效率低下的背景下,该外国投资法的规定不仅存在可行性问题,而且也无法吸引外国投资者赴缅投资。而2011年以吴登盛为首的民选政府上台后的一系列大刀阔斧的改革,保障言论自由、允许劳工组建工会与享有合法罢工权、召开企业家、学者参与的国家改革座谈会等措施为外国投资法的出台提供了氛围和人才保障。

(2)常年政局动荡,国民经济发展水平低下

军人政府曾于1988年同果敢同盟军、克钦独立军等26支少数民族地方武装达成停火协议,结束内战。[②] 但政府与少数民族武装的停火成效不大,武装割据与冲突影响社会稳定。政府无心经营经济导致经济结构单一,过度依赖生产率较低的农业;基础设施薄弱,电力、通讯、医疗、交通等基础设施建设严重滞后,且水平极其落后等。

2013年联合国贸易和发展会议最不发达国家报告公布,缅甸仍在名单之

---

① 贺圣达、李晨阳:《缅甸》,社会科学文献出版社2009年版,第162~163页。

② Martin Smith, *State of Strife: The Dynamics of Ethnic Conflict in Burma*, Washington, D.C.: East-West Center, 2007, p. 2.

中。①其经济发展水平较低，仍未从农业向制造业和服务业转变，国民经济很高程度上依赖农业。2010年缅甸农业为GDP贡献了44%。而亚洲其他国家如泰国农业占GDP比重2010年已低于15%，工业及服务业占GDP比重上升，多年的政局动荡使缅甸经济远落后亚洲其他国家。（参见图7-1）

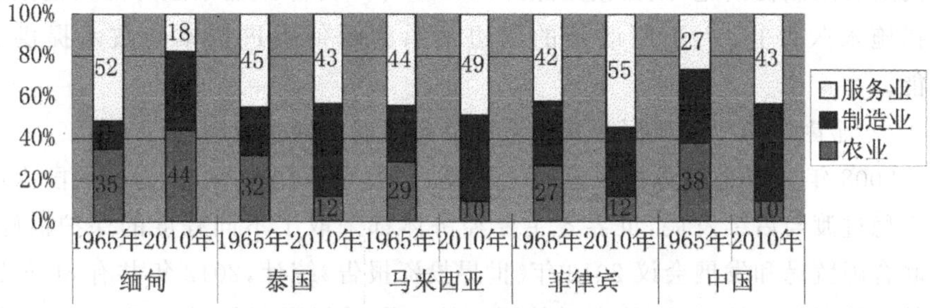

图7-1　农业、制造业与服务业占GDP比重图

（资料来源：McKinsey Global Institute）

（3）1988年版的《缅甸联邦外国投资法》操作性不强

1988年外国投资法的规定较为模糊，不利于吸引与引导外国投资，同时至新法规出台之日，旧外国投资法已运行25年，面对新时期的新情况颇具滞后与局限性，如要求在"限制性领域的合资只能由国营企业运营"等。

国内政治经济方面的诸多因素导致缅甸经济难有起色，而2010年缅甸举行全国大选，取代军人政府的是具有良好社会基础的民选政府，其为改善民生、制造经济新增长点的大刀阔斧的改革也急需大批资金与先进技术，这些为新外国投资法及其实施细则的出台提出了要求。

2. 国际背景

缅甸颁布外国投资法及其实施细则除受国内因素影响外，国际某些情势的变化也为缅甸新法的颁布提供了机遇。

（1）与以美国为首的西方国家的国际关系改善显著

1988年军人政府上台后，以美国为首的西方国家以缅甸军政府的人权状况较差，践踏法制，政府腐败任由毒品泛滥等理由对其实施制裁，如美国于

① *The least developed countries report* 2013, UNCTAD/PRESS/PR/2013/47, p. 1.

1997 年、2003 年、2007 年、2008 年及 2010 年多次对缅甸进行经济制裁，禁止美国企业到缅甸进行投资。[①] 而民选政府上台后，美国政府多名高管访问缅甸商讨关系正常化及经济援助计划，奥巴马于 2012 年 11 月 19 日历史性访问缅甸并宣布将提供一笔 1.7 亿美元的援助。[②] 2012 年 4 月，欧盟暂停其对缅甸的所有限制性措施（武器禁运除外），2013 年 4 月除武器禁运外的其他限制性措施永久停止。[③] 不断改善的双边关系为缅甸引进资本与技术提供了可能。

(2)金融危机引发国际投资资金主要向发展中国家流动

2008 年全球金融危机虽已过去 5 年，但其余波仍未平息，为保护国内产业平稳过渡与后续发展，世界各主要经济体都采取了不同程度的保护措施。据联合国贸易和发展会议 2013 年《世界投资报告》统计，2012 年共有 86 项针对外国投资的政策通过，其中对外国直接投资进行限制的增长至 25%，与促进投资自由化、便利化相关的措施降至 75%，而 11 年前，限制外国投资与促进外国投资便利化的二者比重为 6%与 94%。[④] 面对各国较为缩紧的投资产业政策，直接外资流量纷纷选择发展与管制水平较低的发展中经济体。据统计资料，2012 年全球外国直接投资向经济结构脆弱和易受冲击的经济体流入量持续增长。2012 年发展中经济体以 7030 亿美元直接外资流入量首次超过发达经济体，占到全球直接外资总量的 52%，其中经济结构脆弱、易受冲击的经济体直接外资流量达到 600 亿美元，而最不发达国家创历史记录收入直接外资 260 亿美元，较 2011 年增长近 20%，强劲的资金流入为缅甸新外国投资法的颁布提供了外部动力。（参见表 7-1）

---

① 肖建明：《缅甸新政府面临的挑战与机遇》，载《东南亚南亚研究》2011 年第 2 期。

② 《奥巴马"历史性访问"为缅甸送 1.7 亿美元援助》，http://world.huanqiu.com/exclusive/2012－11/3290477.html，访问日期：2014－02－19。

③ Victoria Bruce, Easing of sanctions offers mixed encouragement for investors, *A Myanmar Times Special Feature*, September 2012, p. 14.

④ *World Investment Report* 2013, *Global Value Chains: Investment and Trade for Development*, UNCTAD/WIR/2013, June 26, 2013, p. 19.

表 7-1　2011—2012 年按区域列出的直接外资流量表

（10 亿美元和百分比）

年　份	年　份			
	发达经济体	发展中经济体	结构脆弱经济体[①]	最不发达国家
2011	820	735	56	21
2012	561	703	60	26
涨幅/降幅	降 32%	降 4%	涨 7%	涨 19.2%

注：由最不发达国家、内陆发展中国家及小岛屿发展中国家构成。

资料来源：unctad world investment report 2013 global value chains: investment and trade for development。

(3)逐步增强同周边国家联系与合作

缅甸要对外开放以发展国民经济其必须适应区域地缘政治及社会经济环境的变化，全球经济复苏缓慢，而亚太地区则逆势而行，东盟及中国、印度经济的较强劲发展为缅甸提供了独特的发展机会。

缅甸自上世纪 50 年代以来就与中国保持着睦邻友好、良好合作的关系，2010 年民选政府上台后采取了较为灵活与务实的策略，积极维护与改善缅甸与中国的关系，双方高层关于互访，签订多项合作协议等。得益于中国常年较为稳健的经济增长，缅甸从中缅贸易中收获颇丰。在全球经济普遍衰退的 2009 年，双边贸易增长率仍然达到了 10.6%，2011 年中缅贸易继续增长，缅甸向中国出口额约 16.8 亿美元，较 2010 年增长了 73.6%，而 2011 年中国更成为缅甸最大贸易伙伴。[①]

除中国外，作为东盟成员之一的缅甸也不容忽视东盟这一有力的经济合作对象。缅甸一如既往的获得来自东盟的大力支持，其与东盟各成员国合作保持良好态势。作为东盟共同体构成之一的东盟经济共同体（ASEAN Economic Community）自由贸易区将按照计划于 2015 年建成，东盟经济共同体所要求的增强区域协作与服务、投资自由化既要求缅甸修改现有与之不符的制度，而东盟内部逐年增长的直接外资投资市场又为缅甸获取经济改革与

① 中国出口信用保险公司：《缅甸投资与经贸风险分析报告》，载《国际融资》2013 年第 2 期。

发展所需的资金提供了途径。[1]其内部外国直接投资额由 2000 年 85.3 亿美元增长到 2011 年的 2627 亿美元，占世界其他国家和地区向东盟投资额比重由 3.9%增长到 23%。(参见表 7-2)

表 7-2　2000—2011 东盟外国投资流量额及比重表

目　录	2000	2005	2008	2009	2010	2011
总额	21808.5	42556.4	49289.7	46896.7	92278.6	114110.6
东盟内部	853.0	4210.6	9728.9	6300.2	14322.7	26270.7
比重	3.9%	9.9%	19.7%	13.4%	15.5%	23%

资料来源：ASEAN COMMUNITY IN FIGURES 2012。

(二)缅甸外国投资法的国际法渊源

缅甸在国内经济发展的实际需求、国际不断改善的双边多边关系的双重因素下颁布了外国投资法。虽然新法是在国际投资自由化不断向纵深推进的背景下制订，但从投资者角度而言，该法能否有效吸引外资、公平对待外国投资还有待商榷。就理论性层面，在现今国际投资中，评判缅甸外国投资法的依据主要包括但不限于缅甸参与的国际组织的规范性文件、缅甸与其他国家签订的双边投资协定、避免双重税收协议等。

1.国际规范性文件：《东盟全面投资协定》(ASEAN Comprehensive Investment Agreement，ACIA)，作为 2015 年建成东盟经济共同体(ASEAN Economic Community，AEC)的重要步骤之一，为适应新的区域化发展趋势及国际投资特点，创造一个自由、公平与开放的投资环境，其于 2009 年签订并

① Myanmar Directorate of Investment and Company Administration，*Myanmar Investment Guide Book*，https://www.mnped.gov.mm/index.php?option=com_content&view=article&id=2595%3Am-i-g-b&catid=11&Itemid=122&lang=en，访问日期：2014-02-19.

已于 2012 年生效。[①] 2002 年 11 月签订的《中华人民共和国与东南亚国家联盟全面经济合作框架协议》，及依照其第五条、第八条所要求的尽快建立自由、便利透明与竞争的投资体制，于 2009 年 8 月签订《中华人民共和国与东南亚联盟成员国政府全面经济合作框架协议投资协议》，就区域内投资的待遇、范围、征收与补偿等事项作出规定。

与之相关还有《与贸易有关的投资措施协定》(TRIMs)、《承认及执行外国仲裁裁决公约》(《纽约公约》，The New York Convention on Arbitration，缅甸于 2013 年 4 月 16 日正式加入，7 月 15 日加入议定书正式生效)。[②]此外，缅甸还于 2013 年 12 月 17 日正式成为多边投资担保机构(The Multilateral Investment Guarantee Agency，MIGA)的第 180 名成员[③]，自此以后符合条件的外国投资来缅投资将可获得 MIGA 的保险，包括但不限于征收、战争及民乱、合同违反、外汇转移限制等风险保险，这将大力吸引外资入缅。

2. 双边投资协定，据联合国贸发会议数据统计，截至 2013 年 6 月 1 日，缅甸共签订的双边投资协议共有 6 份，分别同中国、印度、老挝、菲律宾、泰国及越南所签订。另据美国贸易代表办公室(Office of the U. S. Trade Representative)消息，美国和缅甸于 2013 年 5 月 21 日签订新《贸易和投资框架协定》(Trade and Investment Framework Agreement)，为两国政府之间建立了一个有关贸易和投资事务的对话与合作平台。[④]日本也与缅甸于 2013 年 12 月 15 日签署了投资协定。[⑤] (参见表 7-3)

---

① 该协定取代了 1987 年的《东盟投资保证协定》(ASEAN Investment Guarantee Agreement，IGA)和 1998 年的《东盟投资区框架协议》(Framework Agreement on ASEAN Investment Area，AIA Agreement)，其中 IGA 主要涵盖投资的保护与促进规定，AIA 主要涉及投资自由化、便利化及促进规定。

② http://www.newyorkconvention.org/contracting－states/list－of－contracting－states，访问日期：2014－02－19.

③ "MIGA Welcomes Myanmar as a New Member Country," http://www.worldbank.org/en/news/press－release/2013/12/17/miga－myanmar－member－country，访问日期：2014 年 2 月 19 日.

④ "Burma，U. S. Sign Trade and Investment Framework Agreement," http://iipdigital.usembassy.gov/st/english/article/2013/05/20130522147780.html#axzz2qCXZ7mXP，访问日期：2014 年 2 月 1 日。

⑤《日本与缅甸签署投资协定》，http://finance.ifeng.com/a/20131216/11282379_0.shtml，访问日期：2014 年 2 月 19 日。

表 7-3　缅甸缔结的双边投资协定清单表

缔结方	缔结方	签署日期	生效日期
缅甸	中国	2001—12—12	2002—05—21
	印度	2008—06—24	2009—02—08
	老挝	2003—05—05	\\
	菲律宾	1998—02—17	1998—09—11
	泰国	2008—03—14	\\
	越南	2000—02—15	\\

资料来源：UNCTAD。

3. 避免双重税收协定，缔结双方为避免对同一纳税人的同一所得和财产双重征税而签订。[①]目前缅甸所签订的双重税收协定主要由 6 个，分别为同马来西亚、印度、英国、新加坡、泰国及越南签订。[②]

(三)缅甸外国投资法立法模式及其框架

1. 缅甸外国投资法的立法模式

缅甸国会 2012 年新通过的《缅甸外国投资法》(2012 年第 21 号命令)就属于统一法典规范模式，同时又通过依据其第五十六条由国民计划与经济发展部颁布的《缅甸外国投资法实施细则》(2013 第 11 号命令)及依据实施细则第五条由缅甸投资委员会公布的《外国投资经济活动类型规定》(2013 第 1 号

① 陈安：《国际经济法学》，北京大学出版社 2011 年第 5 版，第 340 页。

② ASEAN BRIEFING Business Intelligence From Dezan Shira & Associates, http://www.aseanbriefing.com/regions/myanmar.html，访问日期：2014 年 2 月 19 日。

命令），加上其他国内有关投资的法规、法令等制度共同构成了缅甸的外国投资法体系。[①]

2. 缅甸外国投资法的框架

缅甸《外国投资法》全文共二十章、五十七条，包括定义，主要用以明确条文中所使用术语的独特含义，清晰的术语定义有助于法律的准确适用；基本原则及宗旨，主要用以确定引进外资的目的及产业审批导向，通过设置宏观标准能够灵活的引进符合本国发展目标的外资；投资领域、投资方式、审批机构及审批程序，此四部分主要对赴缅投资活动进行细化以便利外国投资者开展投资活动；劳动用工、土地获取及使用、税收减免、外汇事项等部分主要涉及关系外国投资能否顺利开展及长远经营问题；争端解决作为定争止分、保障外国投资者合法利益、增强投资安全所不可缺少的重要部分。为了便于理解与把握外国投资法及其实施细则等内容，根据条文的内容与功能可将其分为外国投资准入制度、外国投资鼓励与优惠制度和东道国外国投资保护制度三个方面。

二、缅甸外国投资准入制度

（一）外国投资准入制度概述

1. 外资准入的内涵

外资准入，为东道国制定措施将不符合其本国利益的外国投资拒之门

① 缅甸因受英国殖民，其法律体系受英国习惯法与惯例法影响较深，除近期修改的法律外，其法律部分为仍为英国在印度殖民时所制定的法律（英国殖民缅甸时将其划入印度区域）。国内立法分为统一法典及各部门法：《缅甸外国投资法》（2012）、《缅甸外国投资法实施细则》（2013）、《中央银行法》（2013）、《缅甸公民投资法》（2013）、《外资监管法》（2012）、《特殊经济区法》（2011）、《土瓦特殊经济区法》（2011）、《环境保护法》（2012）、《劳动组织法》（2011）、《商业税法修正法》（2011）、《国有经济企业法》（1989）、《缅甸公司法》（1914）、《缅甸金融机构法》（1990）等。

外。[①] 具体而言为东道国允许外国投资者在其国内从事经济活动的形式、范围、条件及审批等内容。外资准入的实质是东道国根据自身实际情况来决定是否允许外国投资者投资及其相应条件,其目的在于对外资经济活动进行合理引导与限制,以达到利用外国先进技术及资金发展本国国民经济、提升本国实力进而维护国家独立自主的能力。

在传统国际投资法理论中,外资准入属于东道国行使经济主权对外国投资活动进行有序化管理的重要手段,1974 年联合国大会通过的《各国经济权利和义务宪章》旗帜鲜明地表达了各国行使经济主权对国家管辖范围内的外国投资活动加以管理的权利。[②] 因而是否允许外资进入及外资在何种程度及条件下在东道国活动当然属于东道国外国投资法的重要组成部分,东道国可根据本国利益与自身实际作出规制。

2. 外资准入的主要内容

(1)准入领域与比例

东道国为确保外资的经济活动符合本国经济发展的公共政策及国家安全考虑,对外资准入领域进行了限制。一般而言,各国限制的方法为制订禁止、限制、允许和鼓励领域清单。[③] 一般体现为对涉及国民经济命脉、国家安全及重大利益的领域进行禁止,如国防工业、军事工业、新闻媒介、政治团体等;对具有一定基础、需要国家扶持和保护的幼稚产业和部门,设置相关条件进行限制;通过提供优惠待遇鼓励外资流向国民经济可持续发展、提升经济发展层次的领域,如高新技术产业等。相比较而言,拥有丰富技术、资金、经验的发达国家较处于相对弱势的发展中国家而言,其在外资活动领域管制较少、领域较宽。

(2)准入条件

根据学者定义,东道国设置的准入条件可称为履行要求,外资只有满足东

① M. Sornarajah, *The International Law on Foreign Investment* (*Third Edition*), Cambridge: Cambridge University Press, p. 104.

② United Nations General Assembly, *Chapter of Economic Rights and Duties of States*, http://www.un.org/ga/search/view_doc.asp? symbol=A/RES/3281(XXIX),访问日期:2014 年 2 月 19 日。

③ 刘倩:《投资自由化》,载《中国国际经济法学会年会论文集》(2006 年下卷)。

道国预先制订的条件才能获准进入、经营和获得特殊优惠。[①]履行要求通常体现为有当地雇佣要求、本国股权要求、出口数量要求、当地成分要求、贸易平衡要求等。通过履行要求的限制能够起到筛选外资质量、提高投资效率、维护本国利益的作用,但是在全球化、区域化背景下,各国及地区经济联系日益紧密,不恰当的履行要求则可能会对贸易构成扭曲或阻碍。

(二)缅甸外国投资准入制度的特点

缅甸外国投资法在外资准入领域的管制较1988年版投资法要宽松,也更加具体便于操作,其特点主要体现在如下几个方面。

1. 审批原则扩展化

外国投资法第四章第八条规定的审批原则由原来的7款变更为18款,新增加了如能够增加就业机会、替代进口物资的制造业、国家及国民财力技术无力实施的项目、高水平银行及金融业、现代服务业等。外国投资法是着实从缅甸经济实际情况出发而修改,适应了当下经济发展趋势,既扩大了入缅外资投资范围,有利于提高投资吸引力,又在一定程度上保障国民经济根基的国内企业一同成长,尽最大努力维护自身经济独立性。

2. 项目管制明确化

1988年版投资法并没有明确外资许可、限制或禁止活动的领域,当时外资来缅投资须依照《国有经济企业法》第3章所规定的12类国有保留领域来确定投资活动。[②] 外国投资法第4条共11款就外资所限制或禁止的项目进行了概括,如农业、种植业、海洋捕鱼项目等仅为国民可从事;影响民族传统及习俗、影响民众健康的项目视情况限制或禁止等。值得注意的是,上述项目的限制或禁止并不绝对,第5条允许对国家和人民有利的项目可获得例外豁免,但在对此类项目审查时,投资项目所在地民众或社会团体的对该项目的意见十分重要。外国投资法通过禁止或限制的规定将国民经济命脉及现阶段缅甸

---

① 陈辉萍:《"多边投资协定"与国际投资自由化》,载陈安主编:《国际经济法论丛》第3卷,法律出版社2000年版,第258页。

② 如珍珠、珍贵石料的采掘、银行及保险业、航空与铁路运输业等。

无力同外国竞争却又至关重要的经济领域牢牢掌握在手中，这种开放措施是量体裁衣的最佳体现，不会出现为急于改善国家整体状况而不区分地引进外资最终导致丧失独立性后果的发生。

3. 投资活动具体化

依据新投资实施细则第5条的规定，缅甸外国投资委员会（以下简称“投资委”）所颁布的《外国投资经济活动类型规定》涉及的经济活动领域主要有制造业、房地产及基础设施建设、贸易与服务业。[①] 具体外资经济活动分为四大类：

（1）外资禁止投资的活动。此部分主要为国家安全、军事、电力贸易、航空航海等涉及国家重大利益与安全，此部分关乎国家的独立自主及安全，因而不允许外国投资。

（2）只允许与缅甸国民合资的活动。此部分主要为农副产品制造销售、日常消费品制造销售、高档休闲、客货运输服务等涉及人民日常生活的活动。此部分因关乎缅甸国民日常生活必需品，基于缅甸经济仍处于农业为主且劳作手段低级阶段，日需品的制造销售要求合资进行，不仅有利于提高缅甸经济发展水平，也有利于缅甸国民就业与共享经济发展成果。

（3）须满足特定条件的活动。此部分划分较为细致，针对不同产业规定不同条件，如制造业中，香水及化妆品的生产在工厂完工后的5年内必须使用至少50%的当地原材料、香烟制造中须至少使用50%本地烟叶；房地产和基础设施建设领域中，水力和燃煤火力发电厂项目只允许外资与缅甸政府缔结BOT合同进行等。这部分涉及的领域较为专业且投资规模不是一般个体能够承受，因而缅甸政府此时作为合同主体参与其中，这一规定是缅甸外国投资法的亮点之一。

（4）须进行环境影响评估的活动。此部分对影响环境和社会较大的经济活动要求事先进行环境与社会评估才能继续项目后续部分。缅甸外国投资法与时俱进借鉴各国发展经验，在大力引进外资的同时也极力注重保护环境，坚持走可持续发展道路。

---

① KPMG, *Foreign Investment Law and Investment Procedures in Myanmar*, http://www.kpmg.com/MM/en/IssuesAndInsights/ArticlesPublications/Pages/Investing-in-Myanmar-2012.aspx，访问日期：2013年2月19日。

通过统一化明确投资管制措施，有助于提升投资效率，也符合 WTO 对其成员所要求的“透明度”要求。

(三)缅甸外国投资准入制度涉嫌不当歧视

缅甸虽然可自主决定外资准入的领域及条件来引导、管理外国投资活动，但该能力并不是无限制的。根据国际法理论中的“有约必守”，也即“条约必须遵守”原则，如果一个条约的内容和通过该条约的程序都合法且有效，那么该条约的缔约方或参加方则须善意履行义务，认真行使权利。[①] 缅甸所缔结或参加的全球性或区域性的协议都以国民待遇原则对缅甸的管理行为进行了限制，目的在于在缅甸内部提供一个公平的竞争环境。而在国际投资领域，国民待遇要求东道国在其国内法律、法规等其他规范性文件及其执行方面对本国人和外国人不得区别对待，不论前述规范的性质或所涉及的领域。[②] 联合国贸发会议的 1999 年关于国民待遇的报告中指出，国民待遇原则要求的是如果外国投资者与东道国内国投资者的条件情形相同之下，两类投资者在东道国所享受到的待遇至少应当等同。[③]

缅甸外国投资法中对外国投资提出了许多条件，这些条件可称之为履行要求，虽然这种做法能使外资经济活动符合本国经济发展要求，但不恰当的履行要求可能会导致不公平竞争，扭曲贸易。乌拉圭回合谈判所确定的《与贸易有关的投资措施协议》(Agreement on Trade — Related Investment Measures，以下简称《TRIMs 协议》)为多边协议中最重要的规范贸易与投资关系的国际性协议。根据《TRIMs 协议》规定，其适用范围限制在那些只与货物贸易相关的投资措施，具体而言针对的是那些违反国民待遇和普遍取消数量限制，且可能会对货物贸易产生扭曲作用的投资措施。[④]此外协议的附录列出了不符合国民待遇和普遍取消数量限制的 TRIMs 示例清单，可概括为：与国民待遇不符的为当地成分要求和贸易平衡要求；与普遍取消数量限制不符

① 古祖雪：《论国际法的理念》，载《法学评论》(双月刊)2005 年第 1 期。

② 王贵国：《国际投资法》，法律出版社 2008 年第 2 版。

③ *National Treatment*, UNCTAD/ITE/IIT/11(Vol. IV), 1999, p. 1.

④ 慕亚平、黄勇：《论《TRIMs》对国际投资法和我国外国投资法的影响》，载《中山大学学报(社会科学版)》2001 年第 1 期第 41 卷。

的为贸易平衡要求、进口用汇限制和国内销售要求。

1.《TRIMs 协议》构成要件

缅甸投资委所颁布的《外国投资经济活动类型规定》中部分履行要求体现为当地成分要求，如在需要满足特定条件的活动中，香烟的制造须最低使用50%的国内烟叶、饮料和汽水的生产中须至少使用20%国内原材料等。这种履行要求是否违反了《TRIMs 协议》需要对协定所定义的禁止措施从以下三个要件进行分析[①]：

(1)投资措施

根据协议示例清单的规定，其所禁止的 TRIMs 措施主要为两类，第一类为根据国内法律或者行政裁定其属于强制性或可执行的措施。这类措施为东道国政府在法律框架内要求投资者必须履行的措施，如不符合则不能投资或者进行与投资相关的其他活动。第二类为为获得一定利益而必须遵守的措施。此类措施并不强制投资者的行为，但若要获得政府在诸如税收、土地使用等方面的优惠，则必须遵守的措施。

(2)与货物贸易有关

并不是所有的属于前述两类定义的投资措施都要被禁止实施，同时投资措施还必须同货物贸易相关，因此服务贸易、技术知识产权贸易不包括在内。而一项投资措施是否同货物贸易相关需要考察该措施是否具有固化倾向，即该投资措施的实施将始终导致在东道国领域内，进口产品在与东道国内国产品的竞争中处于不利地位，在此种不利地位情形下，进口产品的贸易受到了影响。[②]

(3)违反了国民待遇或普遍取消数量限制原则

该要件为确定一项与货物贸易有关的投资措施是否属于《TRIMs 协议》所禁止的决定性要件。《TRIMs 协议》中所提及的国民待遇及普遍取消数量

---

① 余劲松:《TRIMs 协议研究》，载《法学评论》(双月刊)2001 年第 2 期。

② 刘笋:《国际投资保护的国际法制若干重要法律问题研究》，法律出版社，2002 年版，第 312 页。

限制原则均为引用GATT1994中的规定，其并没有另外制定新的国民待遇标准。[①] GATT1994第3条所提及的国民待遇，其背后蕴含的法理在于一缔约方的产品能以平等的条件在另一缔约方内部市场与其国内同类产品进行公平竞争，而不受到歧视性待遇。[②]违反《TRIMs协议》中的国民待遇的投资措施只有对货物贸易造成了扭曲，涉嫌歧视，才会被禁止。

2. 缅甸外资准入部分履行要求与《TRIMs协议》不符

缅甸通过制定清单来对外资经济活动进行引导与管理，其规定实质上是对外资的准入划定了条件。缅甸《外国投资经济活动类型规定》如前文所述，为投资委根据外国投资法实施细则第5条的授权而制定，直接规制外国投资的活动，其工业部所要求的香烟制造国内原材料比例直接影响了投资活动，投资者要从事香烟制造则必须遵守其法令规定，如外国公司预备赴缅从事香烟制造需要获得工业部的审批意见，而根据规定，中国公司若要获得工业部的同意，则必须遵守其规定的当地原材料使用的硬性要求，不合符此条件者难以确保获得审批，因而属于第一类TRIMs措施。

此外，缅甸工业部所要求的外资从事香烟制造须至少使用50%国内烟叶、饮料汽水的生产须最低使用20%国内原材料等类似规定在外国相关原材料与缅甸境内原材料间造成了不平等，虽然有利于保护国内原材料开采、运输、销售等，但直接影响了第三国同类货物的进口。

缅甸工业部所要求的50%国内烟叶最低使用要求这类当地成分要求使得国内国外烟叶的使用不平等，因为该措施要求多用国货、少用进口货，扭曲了进口贸易，涉嫌贸易保护主义，而这不符合WTO自由贸易的宗旨，也在一定程度上损害投资者合法利益。如前述外国公司被迫采购当地烟叶，进口烟叶无法出售，此时拥有质量较优的进口烟叶无法在缅甸市场与缅甸烟叶公平竞争，进口烟叶受到不合理的歧视性待遇。但需要注意的是，那些虽然使外国投资者享受的待遇低于本国投资者，如缅甸工业部针对油漆、清漆和染料的生产与销售项目，规定外国资本最多可持股至总股份的70%的国内股权要求，

① John S. Mo, China the World Trade Organization and the Agreement on Trade—Related Investment Measures, *Journal of World Trade*, Vol. 30, No. 5, 1996, pp. 96-97.

② 曾令良：《世界贸易组织法》，武汉大学出版社1996年版，第159页。

因没有对进口产品造成歧视，所以不属于《TRIMs 协议》的所禁止的措施。

因此，综上所述，缅甸外资准入领域的管制虽然通过明示准入条件方式有利于提高外资活动效率，但是其中存在的当地成分要求等规定却违背了其作为 WTO 成员所应承担的义务，因而在外国投资法之后的实践中可能会引发贸易争端，影响外国投资的积极性。

三、缅甸外国投资鼓励和优惠制度

(一)鼓励和优惠制度概述

在当代国际投资的全面流动过程中，通过法律、政策等形式给予外国投资以不同程度的鼓励和优惠成为发达国家和发展中国家吸引外资的重要手段。相比较而言，发展中国家较发达国家更需要先进技术及资金，因而通过较有吸引力的鼓励措施来吸引外国投资，以正确引导外资流向，发展本国经济，因此其有关外国投资的鼓励和优惠措施范围更广、力度更大。

东道国给予外国投资优惠的方式可分为 5 种。[①] 1、协议给予为东道国政府与外国投资者双方通过投资协议协商确定前者所给予的优惠；2、特许给予为投资者通过东道国政府的特别批准而获得的超过现行立法规定的优惠；3、普遍给了与特许给予相反，为东道国政府依据本国外资立法中所规定的优惠条件、种类而给予投资者的优惠方式，外国投资只要符合现有法律规定即可获得优惠；4、自动给予为东道国外国投资法列举可获得优惠的项目，符合一定条件的项目可自动获得优惠待遇；5、逐项给予为外国投资虽然符合东道国法律所规定的给予优惠的一般标准，但还需获得政府的逐项审批才能享受优惠。

就鼓励和优惠措施的种类而言也可分为 5 种。1、投资领域及区域的鼓励，一般此种鼓励措施有利于建立合理的国内产业结构，重点发展特定区域经济，以点促面带动全面的发展；2、税收减免优惠，此种措施为吸引外资的最常用方法，主要体现为关税、企业和个人所得税以及其他税种的减免。3、简化行

① 赵学清、邓瑞平主编：《国际经济法学》，法律出版社 2005 年版，第 125 页。

政管理环节，简便明了的行政审批管理为外资活动效率的提升提供可能；4、加速固定资产折旧，此种方法通过增加固定资产消耗价值或做超过实际损耗的折旧而使外国投资纯利润增加，有利于投资者提前收回成本；5、资助，东道国通过向外国投资者或企业提供低息或无息贷款及其他补贴方式实施。

(二)缅甸外国投资鼓励和优惠制度的特点

就 1988 年版投资法而言，缅甸外国投资法给予外国投资的优惠和鼓励措施有较大改变，其主要体现如下几个方面。

1.投资载体可选择性增加。外国投资者除依然可组建独资公司经营外，外国投资法有两处修改，其一为允许投资者与缅甸公民或缅甸当局进行合资，但取消了外资持股最低比例要求，具体比例由双方协商确定，而 1988 年版中要求外资比例不得低于 35%，这有利于吸收各种规模外资发展经济，然而需要注意的是，在限制或禁止领域，外资比例不得超过总投资的 80%。其二在于外国投资法增加第三个选择，外资和缅方可以根据合同来合作，投资形式更加丰富。[①] 投资比例至少 20%的强制性保留给缅甸国民、其他组织体现了外国投资法关注民众是否能实际参与、享受到发展的成果，而投资形式的不限制性又为民众参与投资活动提供了可行的途径。

2.税收减免力度加大。1988 年投资法只规定了自经营之日起 3 年免税期，外国投资法第 27 条共有 11 款可减免税收事项，就税收减免的改变主要为：

(1)制造业及服务业的免税期自运营之日起延伸为 5 年，并可根据情况适当延长。

(2)出口产品可享受 50%所得税的减免优惠。

(3)删除了 1988 年投资法关于投资者企业的外国雇员所得税强制缴纳义务，统一规定为外国人缴纳所得税享受国民待遇。

(4)如果投资者的商业活动研发新技术、提高产品质量、增加产量或减少环境影响，其可向投资委申请更加优惠的减免待遇。

---

① 2012 年外国投资法第 9 条规定了 3 种投资形式：外国投资者全资，与缅甸的国民、组织或者政府合资，依据合同合作。另外对于合资形式中，具体资本比例双方可自由约定，另有规定的除外，如禁止或限制领域最高外资比例不能超过 80%。

这些税收优惠措施是为开放吸引外资的重要举措，且着重强调投资项目的技术含量和环境保护，与外国投资法的投资项目管理措施共同形成完整体系来实现其长远发展目标。但是需要注意的是税收减免与否仍然取决于投资委的自由裁量权。

3.土地使用优惠。1988年版投资法没有就土地使用作出规定，然而根据2011年9月30日的《关于缅甸外国投资法的土地使用权命令》，经投资委批准，外国投资者可从国家和私人手中租赁土地长达30年，并附有两个15年的展期。[①]外国投资法第31－36条特别明确投资者可从国家或私人手中租赁土地，首次租期可达50年并有两个为期10年的展期。实施细则第110条鼓励投资者往经济落后、交通不便地区投资，投资委可给予投资者额外最长10年的期限。

土地权利对于外国投资者不论是在现阶段还是在未来，都是营业的重要基础，其是否稳定关系着投资者的长久投资意愿。外国投资法进一步阐明土地的获得及使用规则，并延长使用期有助于引进那些投资规模大、利润回报周期较长的项目，对于投资便利化有促进作用。但同样需要注意的是，新投资法重视民众在土地使用中的意见，除未经投资委批准，外国投资者不得在租赁土地上开展与投资无关的活动外，如因项目建设或运营情况而需要对租赁的土地地形地貌进行改变，外国投资者需要获得相关联邦部委和具有土地租赁或使用权者共同同意才得进行改造活动。

(三)缅甸外国投资鼓励和优惠制度吸引力不足

外资待遇指的是投资者及其投资在东道国所享受的权利和其承担的义务的集合。[②]缅甸政府为吸引外资所提供的各种鼓励和优惠措施实质为外资入缅所能享受的权利，属于外资待遇的一部分。而外资待遇主要涉及的是投资者及其投资活动的非歧视问题，对此主要涉及的是国民待遇原则。缅甸外国投资法中虽然新增加了一些优惠措施，赋予外国投资者与本国投资者相同甚

① Alistair Duffield, ed., “Myanmar: The New Foreign Investment Law — An analysis,” http://www.blplaw.com/expert－legal－insights/articles/myanmar－the－new－foreign－investment－law－an－analysis/，访问日期：2014年2月19日。

② 张丽英：《国际经济法》，浙江大学出版社2009年版，第369页。

至程度更高的投资待遇，但是其在国际投资理论及实践的最新发展中稍显力度不足。

1.国际投资自由化背景下的国民待遇原则

国民待遇原则中的“至少等同”表述又可理解为“不低于”，即东道国给予外国投资的待遇既可以与其本国投资享受的待遇相同，还可以给予超过本国投资所享受的待遇。而后一种待遇即为“超国民待遇”，东道国给予外国投资的许多优惠政策如税收、经营管理等方面就属于这一类。资本输出国的逐利性使其要求东道国提供更多保护，因而对“超国民待遇”乐见其成。东道国需要资本技术的输入来发展本国经济，因而纷纷推出更为优惠措施来吸引外资。

国民待遇原则的适用因关系到东道国自身的经济利益与安全，因而在具体操作时各国尤其是发展中国家都持有非常谨慎的态度。外资在东道国的活动涉及到两个阶段，即准入阶段和经营阶段。外国投资者进入东道国的最终目的乃是进行投资经营获利，而只有获批准入后才涉及到后续的经营阶段。[①]准入后的国民待遇意见现已较为一致，主要争议在于准入前的国民待遇问题。准入前国民待遇按照是否受到限制可分为有限的准入前国民待遇(limited pre—establishment national treatment)和全面的准入前国民待遇(full pre—establishment national treatment)。前者将国民待遇适用区间扩展到准入前阶段，一般有两种形式：其一是采取GATS中的具体义务形式，即只有承诺承担此种义务才受约束，因为GATS中的国民待遇不是普遍性义务，而是一种东道国自身做出的具体承诺，其与开放的部门相联系；其二是使用“尽最大努力”的表述，此种方式具有较大的弹性，东道国是否给予国民待遇有一定的操作空间。[②] 全面的准入前国民待遇与前者不同的是，其采用的是“负面清单”的管理模式，除东道国在其国内法律、法令或条约中明确排除或限制的经济活动和领域外，其他部分原则上获得全面的东道国国民待遇。全面的国民待遇准入对东道国的产业实力提出了相当高的要求，弊处在于东道国对外资活动的管理权力受到限制，而益处在于更加开放和激烈的竞争环境为东道国国内

① 杨慧芳：《外资待遇法律制度研究》，中国人民大学出版社2012年版，第106页。

② UNCTAD, supra note 31, pp. 67-68.

相关产业从“鲶鱼效应”[①]中获益。

国民待遇不仅涉及到投资者所享有的权利，而且还关系到东道国的外资管辖权。准入前国民待遇的给予意味着东道国完全开放国内市场，重要的是东道国对国民经济管理和引导的权利受到削弱。一国是否允许外资进入本国以及进入的程度及规模的权利属于该国经济主权的范畴，对外资的审查批准权涉及到国民经济命脉的掌握能力，而这又关乎国家独立自主的基础，因而东道国中尤其是经济实力处于弱势的发展中国家对于准入前的国民待遇十分谨慎。

2.缅甸还需进一步加大现有鼓励和优惠措施力度

(1)缅甸外国投资法中给予了外国投资者在税收、土地使用、公司设立等多方面优惠，这些超过缅甸国内投资者享受部分构成“超国民待遇”。但另一方面，在缅甸近期法律体制改革中正在逐步改变“超国民待遇”的存在，如2013年新颁布的《缅甸公民投资法》中同样给予缅甸公民的投资以5年免税期、出口产品的贸易税减免等，这些措施虽然目的在于为国内脆弱产业尽量提供公平竞争平台，但却削弱了外国投资法优惠措施的外资吸引力，尤其是在外国投资较缅甸国内投资而言，前者在设立、建设、经营阶段受到更为严格的审批监管的情形下。

(2)国际投资自由化趋势要求缅甸实施更为开放的鼓励和优惠措施。据数据统计，截止世界投资便利化措施仍占所有有关投资措施的75%。[②] 在多边投资条约中，北美自由贸易区的《北美自由贸易协定》(North American Free Trade Agreement，以下简称NAFTA)堪称高度自由化的区域投资规则代表。NAFTA中最引人注目的数将国民待遇和最惠国待遇引入到外资准入

---

① 沙丁鱼不爱动，被捕上来不久就会死。于是渔民将一条鲶鱼装进了装沙丁鱼的鱼舱，沙丁鱼要想躲过被吃的噩运，就必须在鱼槽内拼命不停地游动。现代管理学将其应用到企业管理中，在企业中通过引进外来优秀人才，增加内部人才竞争程度，从而促进企业内部血液循环的良性发展，其实质是一种负激励，是启动员工队伍之奥秘。(参见赵健：《鲶鱼效应》，中国纺织出版社2006年版。)

② UNCTAD, supra note 9.

前这一阶段,国民待遇适用于投资的设立、收购、经营等。[①]

缅甸的经济实力与美国自然不能相比,因而其不可能达到美国的开放水平。但缅甸作为东南亚国家联盟(Association of Southeast Asian Nations,以下简称东盟)的成员之一,东盟内部共同制定并签署有关投资自由化的协议必然对其有约束力。2007 年 11 月 20 日,东盟国家于第 13 届东盟首脑会议通过了《东盟经济共同体蓝图》[ASEAN Economic Community (AEC) Blueprint,以下简称"蓝图"]。[②] "蓝图"作为总体规划文件,既在宏观上对东盟一体化融合中的东盟经济一体化起指导作用,又有具体的达到目标的可行步骤。其意图在 2015 时间节点统一东盟市场,构造完善的生产基地,以达到在经济一体化框架下货物、服务、投资和技术工人的更加自由的流动。根据"蓝图"的要求,在 2015 年实现投资自由化,减少和尽可能取消涉及货物的优先融合部门的以及包括履行要求在内的限制性投资措施,扩展国民待遇、最惠国待遇的适用范围,并减少和取消对前者的例外要求。

2009 年制定并于生效的《东盟全面投资协定》(ACIA)是对"蓝图"中投资行动要求的具体展开,目的在于实现投资的自由化、保护、促进及便利化目标。ACIA 中的国民待遇原则要求各缔约国将国民待遇延展至投资的许可及设立阶段。[③] 虽然 ACIA 允许缔约国对国民待遇做出保留,并且缅甸也于 1 月提交了最终版本的保留清单。[④] 但此清单存在一个问题,即该清单中涉及国民待遇的保留项目及领域是依据 1988 年版本的投资法及其他相关法律提出的,而缅甸于同年 10 个月后颁布了外国投资法,对外资的开放领域较之前有了较

---

① Article 1102: National Treatment 1. Each Party shall accord to investors of another Party treatment no less favorable than that it accords, in like circumstances, to its own investors with respect to the establishment, acquisition, expansion, management, conduct, operation, and sale or other disposition of investments.

② ASEAN Secretariat, http://www.asean.org/communities/asean-economic-community,访问日期:2014 年 2 月 19 日。

③ Article 5 National Treatment 1. Each Member State shall accord to investors of any other Member State treatment no less favourable than that itaccords, in like circumstances, to its own investors with respect to the admission, establishment, acquisition, expansion, management, conduct, operation and sale or other disposition of investments in its territory.

④ Myanmar Directorate of Investment and Company Administration, http://www.dica.gov.mm/Asean.htm,访问日期:2014 年 2 月 19 日。

大的修改并且还允许基于国家和人民利益可以例外批准，因而这份保留清单同外国投资法有了冲突，其效力值得商榷。另外，2015 年建成高水平的单一市场，实现互联互通、投资自由化的时间已剩不多，缅甸现有的优惠水平距离目标仍有一定差距。

综上所述，缅甸的优惠措施虽然较 1988 年版有了长足的发展，但是对于国际投资自由化，区域一体化建设不断加深的趋势要求，其外国投资法在吸引外资的力度上稍显乏力。进一步开放国内市场，有序引进准入前国民待遇并不绝对导致国家利益受损，国民经济命脉掌握权的丧失。相反缅甸可以在国内产业不具备某些能力的阶段，通过准入前国民待遇的巨大诱惑力吸引国内所需要的高新技术及改革资金发展自身，同时在现有法律框架内，民间利用股份制优势，国家层面利用国家安全审查、反垄断审查等工具来实现对外资的合理控制来维护国家、人民利益。

四、缅甸外国投资保护制度

（一）外资保护制度概述

保护外国投资者的合法投资及其利益，是东道国应尽的义务，同时保护的范围与程度也反映了东道国的外资吸引力。按照保护措施的性质，东道国对外国投资的保护可分为：

1.单边性质：主要为（1）保证合法利益的转移。外购投资的目的在于将其投资或再投资后的利润所得安全转移到东道国外，东道国开放、稳定的外汇、金融法规有助于外资利益的保护；（2）国有化风险保证及其补偿。此类保护为东道国对外资保护的核心措施，主权国家根据国民经济及社会发展的需要，依照国内法律将外国投资者的财产收归国有的单方面行为，并不以投资者的意志为转移。但国有化权利并不能随意行使，其滥用的后果就是破坏东道国的投资环境，外国投资者因投资所获合法利益无法得到安全保障而资本回撤或投资前望而却步。因此各国都在法律中明确国有化条件、程序及补偿措施来保障外国投资者利益。（3）争端解决机制。作为对投资者利益保护的最后一种手段，一般可分为法律方法和非法律方法。前者主要为东道国国内诉讼或仲裁,后者主要为争端方友好协商、调解、调停、斡旋等。

2.双边及多边性质:主要为(1)代位求偿权。代位求偿权涉及的对外投资保证制度,对外投资保证机构就承保范围内的政治风险赔偿后,取代投资者地位向东道国索取损失赔偿金。主要表现为双边投资协议中的对外投资保证机构的代位索赔权,普遍性投资条约中主要以《建立多边投资担保机构公约》(Convention Establishing the Multilateral Investment Guarantee Agency, MIGA)为代表,主要承保向发展中国家会员国的合格投资。(2)争端解决机制。双边及多边性质下的争端解决机制的非法律方法与单边一样,只是参与主体更加复杂。法律方法主要为国际民事诉讼和国际商事仲裁,后者中争端解决重要公约为《解决国家与他国国民间投资争端公约》(Convention on the Settlement of Investment Disputes Between States and Nationals of Other States,《华盛顿公约》)与前文提及的涉及外国仲裁承认与执行的《纽约公约》,此外还有各大区域组织提供的仲裁制度、WTO的争端解决机构等。

(二)缅甸外国投资保护制度的特点

缅甸外国投资法及其实施细则对外国投资提供保护的措施有如下几类。

第一,国有化保证。联邦政府保证在项目合同期限内包括延期期限内,不会对依法成立的企业实施国有化。

第二,搁置保证。这是新增加的内容,如果没有充足的理由,政府在投资许可期限内保证不搁置项目。

第三,纠纷解决。1988年版没有提及,外国投资法增加了三种纠纷解决方式。1.友好协商解决;2.协商不成,按协议约定的方式解决;3.协议没有约定纠纷解决方式的,按照缅甸国内法规办理,实施细则中还规定经投资委批准,可申请投资委职员向法庭作证。[1]

第四,收益汇出保障。新投资法允许外国投资者按照官方汇率通过缅甸境内具有对外经营权的银行将其收益兑换成其他货币并汇出。此前,缅甸不允许外国投资者将其在缅投资所获收益在银行兑换成美元或其他币种并汇

[1] 中华人民共和国驻缅甸联邦共和国大使馆经济商务参赞处,http://mm.mofcom.gov.cn/article/ddfg/tzzhch/,访问日期:2014年2月19日。

出，投资者只能进行再投资或购买缅甸物资再行运出，这导致地下钱庄、外汇黑市盛行，投资者利益无存保证。

(三)缅甸外国投资保护制度缺乏可操作性

缅甸外国投资法及其实施细则关于外国投资保护的规定较为原则性，缺少细化规定，而将具体的适用问题交给投资者与缅方的自由意志及缅甸国内法律规定。这种安排好处在于尊重当事人的意志，顺应市场经济发展的要求，减少政府干预，但另一方面过于原则化的规定在实践操作中又会产生诸多问题。

1. 缅甸搁置保证措施缺乏正当程序保证

外国投资法的规定可以理解为如有充足理由，可以对在许可期限内的项目进行搁置，这一条文十分空洞，且存在三个问题：一是何为充足的理由，没有对该概念进行定义这导致这一规定被滥用；二是搁置项目前所必须的正当程序缺乏，不透明的程序难以保护投资者利益；三是项目搁置期限没有限制，且对搁置期间的损失补偿问题没有涉及。

2. 友好协商难以达成

商业往来没有永远的敌人，只有永恒的利益。友好协商有利于在双方共同的妥协中达到双赢而又不必破坏正常经贸关系。缅甸新政府虽为民选政府并主张政治民主化与经济市场化改革，但军人政府长期执政所带来的人治影响短期难以消除，国内政策变动频繁或依法不严问题严重。曾有中资公司在面对缅甸国内对环境保护质疑时，曾提交了环境评估报告，采用国际先进项目开发技术与设备，公布项目建设信息等举措，但缅甸政府的处理方式却为内部独立会议直接作出项目暂停决定，友好协商难以实现。

3. 协议约定纠纷解决方式实现存在困难

外国投资法允许投资双方在协议内约定纠纷解决方式，一般当事人选择的不外乎诉讼或仲裁。

诉讼方式难以确保公正结果。依照缅甸国内程序，而缅甸诉讼方式的公正性存在问题。在缅甸，其总检察长办公室（the Attorney General's Office)

和最高法院(the Supreme Court)共同负责缅甸的司法体制,但二者却不是独立的政府机构。[①] 缅甸之前的民刑法都来源于英国殖民地时期,每一个区、邦都有自己的检察官和法官。直到 2011 年平民政府上台,司法权回收中央政府,地区军事长官及军事当局不再对其所在地拥有司法权,但他们仍具有相当的影响力。此外,根据 2013 年全球清廉指数报告,满分 100,低于 50 分的国家为重度腐败,缅甸在 177 个国家中评估排名 157,得分 21 分。[②] 不独立的机构、内部严重的腐败难以保证投资者在缅甸国内诉讼中获得公平待遇及合理的结果。

仲裁方式可操作性不强。缅甸于 2013 年 7 月加入《纽约公约》,该公约在缅甸的适用有利于投资者利益的保护,但缅甸现行仲裁体制及与其相关的制度存在问题。

(1)缅甸现行仲裁体制的依据是《1944 年仲裁法》,在这部法律框架下,依据仲裁法提交仲裁的协议并不具有排除法院管辖的效力,缅甸法院可以行使自由裁量权来获得对仲裁行为及仲裁执行的监管。此种原因是因为《1944 年仲裁法》没有对仲裁员的资质认定作出规定,仲裁员并不需要是职业律师或经验丰富人士,仲裁员的选任首先由当事双方选择,这就导致选任的仲裁员可能并不完全具备解决相应纠纷的能力,此时法院的介入权就尤为必要。这种不独立的仲裁体制的仲裁不仅不能解决纠纷,反而会耽误纠纷解决时机,增加解决成本。

(2)《纽约公约》的执行存在问题。缅甸正式加入《纽约公约》至今时间很短,对公约的执行存在两个问题。第一个问题是,虽然涉及缅甸一方的争端在理论上可在缅甸领域之外仲裁,但困难的是,缅甸法律目前并没有提供一套承认与执行外国仲裁裁决的制度。投资者只能选择有限的执行与保护机制来实现。例如,缅甸为 1927 年缔结的日内瓦《关于执行外国仲裁裁决的公约》(Convention on the Execution of Foreign Arbitral Award,1927 日内瓦公约)签字国,但该公约存在两个障碍:签字国十分有限;即使 1927 日内瓦公约可以

---

① United States of America Department of Commerce, *Doing Business in Burma: 2013 Country Commercial Guide for U. S. Companies*, http://www.state.gov/e/eb/rls/othr/ics/2013/204612.htm,访问日期:2014 年 2 月 19 日。

② *Corruption Perceptions Index* 2013, Transparency International, December 3, 2013, p. 2.

适用，申请执行方在进一步作出执行地法院承认裁决的申请之前，其必须先获得其原籍国法院对裁决的承认。繁琐复杂的规定使得执行基本无法开展。[①]

第二个问题为，体制已改，观念难变。《纽约公约》允许国内法庭以违反该国公共政策为由拒绝承认与执行外国裁决。[②] 缅甸经受过数十年军政府时期的相对封闭管制，其国内法庭如何针对公共政策这一例外进行解释将会影响《纽约公约》在缅甸的实际执行效果。

(3)私人投资者与缅甸政府间仲裁存在一定困难

缅甸是一个主权国家，属于国际法主体，私人投资者属于国内法主体，不具有国家主权特性，解决二者间的投资争端须涉及到管辖权、适用法律、方法、执行等问题，因而二者之间的由投资所产生的争端具有相当复杂性。1965 年 3 月 18 日在华盛顿签署的《解决国家和他国国民之间投资争端公约》(Convention on the Settlement of Investment Disputes Between States and Nationals of Other States,《华盛顿公约》)是发达国家与发展中国家关于外国投资者与东道国之间的投资争端解决问题讨价还价的结果，其设立的"解决投资争端国际中心"(International Centre for Settlement Of Investment Disputes,ICSID)通过排斥 ICSID 以外的其他救济以及缔约国承认与执行裁决义务来保障外国投资者合法利益。

但《华盛顿公约》规定其管辖权限制于公约缔约国(或缔约国向中心指定的该国任何组成部分或机构)和另一缔约国国民。[③] 根据《华盛顿公约》第 25 条第 2 款的规定，其采取了较为宽松的身份条件，即只要在双方同意将投资争端提交调解或仲裁之日以及在调解或仲裁申请登记之日具有缔约国国籍，但是自然人和法人的国籍不能属于争端当事国国籍范围，法人虽然可以根据"外

---

① Mae Shan Chong，ed.，"Myanmar accedes to New York Convention，" http://www.whitecase.com/alerts－08012013/#.UuqMg_mSzgM，访问日期：2014 年 2 月 19 日。

② United Nations Commission on International Trade Law，*Convention on the Recognition and Enforcement of Foreign Arbitral Awards*（*New York*，1958），http://www.uncitral.org/uncitral/en/uncitral_texts/arbitration/NYConvention.html，访问日期：2014 年 2 月 19 日。

③ *ICSID CONVENTION，REGULATIONS AND RULESICSID*，/15/Rev. 1，January 2003，https://icsid.worldbank.org/ICSID/StaticFiles/basicdoc_en－archive/ICSID_English.pdf，访问日期：2014 年 2 月 19 日。

来控制”标准享有争端当事国国籍，当应视为争端当事国之外的其他缔约国国籍。从中可以看出，ICSID受理案件的条件之一要求争端双方在以上任一时间点时都有缔约国国籍身份。然而根据ICSID缔约国最新数据显示，缅甸仍未加入《华盛顿公约》。[①] 虽然缅甸存在在未来加入《华盛顿公约》的可能性与可行性，但其未来加入还需依据国内法定程序履行批准或同意等，国内法的不确定状态以及官僚机构的腐败低效率将会导致此类纠纷产生后，缅甸仍未正式加入《华盛顿公约》，外国投资者无法提交ICSID这一极为有效的组织解决纠纷，其合法利益无从保障。

在现有体制框架内，以上问题的存在确实会影响外资及其收益的安全，但并不绝对，外国投资者还可以通过《东盟全面投资协定》中的争端解决机制来保护自身。《东盟全面投资协定》所保护的投资者范围由东盟成员国自然人、法人扩展至东盟以外的投资者，只要该投资者在东盟任一成员国境内开设法人或是虽然法人为东盟成员国设立，但由第三国国民或法人对其享有所有权或控制权并且在该东盟成员国内开展实质性经营活动。[②] 虽然依据国际法要求的“有约必守”，依据东盟内部设立的仲裁机制的裁决缅甸必须执行，但此条路径仍存在一定局限性，因为并不是所有赴缅投资的投资者都在东盟任一成员国有经营实体和开展实质性经营活动，依据东盟之外的投资者想依据东盟的争端解决机制来保护合法利益将需要耗费更多人力、财力，不经济的程序使得投资者选择仲裁的经济性考虑失去了意义。

---

① https://icsid.worldbank.org/ICSID/FrontServlet?requestType=ICSIDDocRH&actionVal=ShowDocument&language=English，访问日期：2014年2月19日。

② Jakarta：ASEAN Secretariat，*ASEAN Comprehensive Investment Agreement (ACIA)— A Guidebook for Business and Investors*，March 2013，p. 5.

五、缅甸外国投资法视野下的中方对缅投资

(一)中方对缅投资的现状及困境

中国与缅甸良好关系源远流长,中国也是在缅的最大投资国。2008 年到 2011 年,中国在缅累计投资由 10 亿美元爆发性增长至 130 亿美元。[①] 这其中 80 亿美元大幅度增加的投资是因为 2010 年中国在缅甸"密松大坝项目"(the Myitsone Dam project),"中缅油气管道项目"(the Sino－Myanmar oil and gas pipelines)和"蒙育瓦莱比塘铜矿项目"(the Letpadaung Copper Mine project)三大主要投资拉动。[②] 但 2011 年缅甸政府开始的政治改革等举措导致中国在缅项目受到重大影响,而使赴缅投资剧降。2011/2012 财年,中国对缅投资额约为 43 亿美元,2012/2013 财年约为 4 亿美元,2013/2014 财年约为 1300 万美元。[③]

由于缅甸国内政治及公众情绪的影响,导致中国投资者在缅投资遭遇极大的不确定性与问题。2011 年吴登盛政府执政后,中国在缅三个最大专案遇到了严重困难。密松大坝项目自 2011 年 9 月起暂停,并且至少持续到 2015 年吴登盛总统任期结束,目前该项目的复工遥遥无期。蒙育瓦莱比塘铜矿项目在受到大规模当地抗议和示威下于 9 月暂停,目前复工困难重重。同时,中缅油气管道项目受到的阻力较小,尽管招致了当地不少的批评与抗议,但于 2013 年完工正式启用。[④]

---

① "China Now No. 1 Investor in Burma," http://www. mizzima. com/business/6436－china－now－no－1－investor－in－burma. html,访问日期:2014 年 2 月 19 日。

② New Chinese Foreign Investment Commitment Exceed $8 billion, *The Myanmar Times*, August 16－20, 2010..

③ Myanmar National Planning & Economic Development, https://www. mnped. gov. mm/index. php? option＝com_content&view＝article&id＝99&Itemid＝116&lang＝en,访问日期:2014 年 2 月 19 日。

④ "Chinese Investment in Myanmar: What Lies Ahead?," http://www. stimson. org/images/uploads/Yun_Issue_Brief1. pdf,访问日期:2014 年 2 月 19 日。

前两大项目在建设伊始就不断受到当地非政府组织(NGO)的抗议,“污染环境”、“民众没有收益”等是主要理由。在国内越来越盛的抗议行动中,总统吴登盛仅通过一纸命令就下令暂停密松大坝项目,没有经过正当程序,也没有给中国投资者发表意见的机会,并且至今缅甸政府也没有对中国投资者遭受的损失提出补偿。[①] 而蒙育瓦莱比塘铜矿项目自奠基以来经历停工、复工、再停工的折腾,矿区附近居民甚至干扰项目建设现场,使得项目无法正常进行。缅甸政府于组建了独立调查委员会,就莱比塘铜矿项目可行性进行调查,2013年3月调查报告提交,报告支持莱比塘铜矿复工,中国企业的环保没有问题,工艺先进,但同时指出须对原有投资协议进行新的修改。修改后的投资协议中利润分配中,中方所获得的利润有原来的51%降至为30%,缅甸政府份额增加最多,获得51%的利润分配比例,存在军队背景的控股公司只获得19%的份额。[②] 尽管报告支持复工,但是目前难以开工的现状导致中方公司每月损失高达300万美元。[③]

(二)缅甸外国投资法对中方赴缅投资的影响

缅甸新颁布的《外国投资法》较1988年版投资法有了较大的改动,在投资项目可行性研究、投资形式、投资领域及条件、投资审批、土地使用、员工雇佣等多方面更加规范与明确化,并且环保和项目所在地民众或NGO的意见对投资项目的顺利审批有着不可忽视的影响。

1. 中方须规范投资与经营。在外国投资法中,外国投资的审批权被收归中央政府,同时更加注重民众等与项目存在切实利益关联方的意见。虽然外国投资法明确承认依据1988年版批准的投资项目的继续进行,但此前中方赴缅投资多习惯与项目所在地军政府高层沟通达成协议即可开展,无规范程序、

① 前期投入的近70亿元人民币、电源电站、水泥产等附属设备、建设机械设备等投入,以及投入资金每日不停的所产生的利息、人员工资等。

② 中华人民共和国驻缅甸联邦共和国大使馆经济商务参赞处,http://mm.mofcom.gov.cn/article/jmxw/201308/20130800224493.shtml,访问日期:2014年2月19日。

③ 孙广勇:《迫切希望重新开工(第一现场)——走访寂静的缅甸莱比塘铜矿》,http://world.people.com.cn/n/2013/0819/c1002－22606685.html,访问日期:2014年2月19日。

没有考虑第三方利益，项目存在设立、运营不尽规范等问题。一旦发生纠纷，中方在缅利益难以得到有力的保护。

2.中方面临着更为激烈的竞争。缅甸颁布的外国投资法所针对的对象为所有外国的投资者，缅甸国内外投资环境的改善将会吸引技术较为先进、资金更为雄厚的西方逐利资本前来投资，中资面临更激烈的同行竞争。

3.中方获得更充足的投资机会。缅甸的矿产、石油和天然气、林业、水力及人力等资源十分丰富，国内政治、殖民历史、外界制裁等因素影响而导致发展程度较低。同时民选政府一系列的民主化、市场化改革背景下，外国投资法开放和优惠程度前所未有。丰富的资源、巨大的潜在投资机会、较低的成本三大优势，无疑为中资提供了极为有力的投资基础。此外，外国投资法对外国投资较为严格的管理规定也为中资企业规范化经营、做大做强提供了动力。

(三)中方的应对

面对缅甸外国投资法，为维护与扩大中方投资者在缅的重要利益，有必要从国家和企业两个层面来共同应对。

1.国家层面

国家层面所涉及的主要为从宏观上为赴缅投资提供便利及安全保障。这又可分为两个方面：

(1)国内方面

第一，适应缅甸投资政策，转型国内对外投资方向[①]

缅甸虽然作为资源丰富型国家，但资源的开采对该国的生态环境及社会造成较大影响，缅甸外国投资法中就明确将保护环境作为外资准入的审批原则之一。但这并不意味着不欢迎能源投资，新能源开发及保障中长期能源内需仍是其重点发展对象，除单纯能源投资，与能源相配套的基础设施如电网设施需求量大。此外，缅甸作为旅游国家，其对酒店、饭店、交通运输的需求将带来丰厚利润。另外，2013 年新颁布的《中央银行法》允许有控制地开放银行

① 祝湘辉：《缅甸新政府的经济政策调整及对我国投资的影响》，载《东南亚南亚研究》2013 年第 2 期。

业。以上这些新的投资领域既能减少非议又具有巨大投资潜力，因此国家可以通过政策倾斜来鼓励赴缅进行新项目的投资。

第二，简化对外投资审核程序，推进投资便利化

国内企业赴外投资按照现行法律牵涉到发改委、商务部、外汇局、国资委等多个中央级地方政府部门，申报材料及程序复杂耗时可能会耽误投资时机、增加投资成本。以商务部为例，某地方企业欲赴缅甸投资，其必须先将各类申报材料提交至省级商务主管部门，该部门依据权限在 10 个工作日内初审，其后如法律权限有限制，则前者还需上报至商务部，后者在 5 个工作日内决定受理，并且商务部审批时须向我国驻项目所在国的使（领）馆征求意见，然后在 15 个工作日批准并颁发《企业境外投资证书》。企业赴外投资在商务部环节就需 30 个工作日，如若加上驻外使（领）馆征求意见时间及其他部门依次审批时间，赴外投资程序太过复杂。

第三，完善重大风险防范机制[①]

政府应当进一步完善现有有关国家信息收集平台，以国家（地区）为类建立风险评估与预警机制，同时通过自身或经认可的第三方中介机构渠道实现目标国家（地区）信息动态更新与筛选，以便及时发布风险提示与制定应对方案。

（2）中缅方面

第一，重新修正中缅双方于 2001 年签署的《中华人民共和国政府和缅甸联邦政府关于鼓励促进和保护投资协定》（以下简称《中缅投资协定》）

《中缅投资协定》中规定了国有化（或征收）保证及其补偿、投资收益汇回、代位权，还有较为细致的投资争端解决条款，但是当中资在缅投资利益受到损害时却从来没有起过作用。[②] 如前第四部分所述，缅甸长期封闭的思维惯性、人治甚于法治、国内腐败严重等问题导致好的制度无法得到执行；缅甸虽然新加入了几个重要公约，但其国内法缺乏配套机制，公约的可执行性存在问题。因此，中国政府需要针对缅甸法制水平较低的实际情况，重修《中缅投资协定》，在为我国投资争取更为优惠的投资待遇外，还需明确关于投资保障条款的具体实现程序，这样既具备实际操作性，又能在出现纠纷时，快速落实责任

① 中华人民共和国国家发展和改革委员会：《关于印发鼓励和引导民营企业积极开展境外投资的实施意见的通知》，发改委外资[2012]1905 号。

② 见《中缅投资协定》第 4 条至第 9 条。

主体。

第二,尽快与缅甸签署避免双重税收协定

避免双重税收协定的实质在于避免或减少对同一纳税人的同一所得重复征税,该协定通常以互惠的方式缔结。中缅避免双重税收协定的签署有利于进一步降低我国赴外投资企业的资金负担,提高企业竞争力。

第三,进一步完善中缅双边高层交往及对话磋商机制

缅甸民选政府虽然进行了民主化改革,但基于殖民历史遗留问题、少数民族武装冲突等问题造成了对投资环境和安全的破坏。中国政府可妥善加强利用灵活的对话磋商、高层交往机制来保持双方重大信息的持续稳定交换,为中资提供稳定的政治环境。

第四,推动中缅跨境人民币结算体系的建立

缅甸外国投资法允许外国投资者以约定的货币直接向缅甸汇入投资,将可出税收后的投资收益、转让股权的股金、根据法律获得的赔款等在指定银行汇出。由于缅甸经济等原因导致缅币币值不稳,建立中缅跨境人民币结算体系有助于因减少外汇转换间汇率损失及手续费支出而降低企业交易成本,也有利于提高人民币国际地位,降低我国外汇风险。

2. 企业层面

第一,做好投资尽职调查以规避风险,获得优惠待遇。中资企业赴缅投资前应当派遣人员或聘请专业律师对缅甸的政治风险、商业风险、社会风险进行调查分析和规避;其次针对缅甸外国投资法开放的领域及优惠待遇对项目进行综合可行性分析,以便利项目未来的审批及优惠待遇的获得。此外,认真研究缅甸外国投资法及其相关法律法规,找出其中违规之处,在签订投资合同时以有理、有据的方式尽最大努力获取及维护自身利益。

第二,选择正规途径开展合作,尽量避免与中央政府之外的地方政府、少数民族控制区合作。[①] 如克钦民族解放军与中央政府的军事对抗,意外事件一旦产生,投资利益很难得到保障。此外,中央政府开始回收外资管理权力,地方当局的审批没有权限,结果是与其协议的投资将得不到官方的认可与保证。

---

① 商务部国际贸易经济合作研究院,商务部投资促进事务局,中国驻缅甸大使馆经济商务参赞处:《对外投资合作国别(地区)指南:缅甸》(2013 年),第 63 页。

第三，改变投资策略，多走“民间道路”。中国历来对外投资只注重同投资地的军方高层搞好关系，忽视了投资的直接利益方——项目所在地民众。据统计，截至2010年7月31日，中国对缅甸的投资主要集中在电力领域约53亿美元，石油和天然气领域约50亿美元，矿业领域约19亿美元，三大领域综合占各国同行业投资总额之比达到了43.2%。[①] 而这些领域由于技术的专业性、投资额的规模性，普通民众无法直接参与收益。因此多走“民间道路”中资可以拓宽投资领域，更多进入到关系缅甸普通民众生活的医疗、食品、日常生活消费品等领域，物美价廉的中国商品既容易打开缅甸市场为企业赚取更多利润，而外国投资法在这些领域所要求的合资经营又能为缅甸当地民众带来切实利益，有益于增强中国在民间的影响。在经营的同时注重环保，采用高效节能技术能够赢得更多民众的支持。

第四，合理利用媒体工具，树立良好社会形象。缅甸新投资法将民众或NGO的意见以法定形式列为外国投资项目审批及运营暂停的原因，因此民众对于投资项目的了解程度关乎项目能否正常顺利开展。军政府时期的贪污腐化专断已经被民众深恶痛绝，而中国目前在缅甸的投资项目大都是与军政府签订，民众没有收益自然抵触。据了解，中资在缅甸投入了数额到千万美元开展公益事业，但几乎没有对外宣传，信息的不对称导致中资企业大都被误解。因此，中资企业应当与当地人民和睦相处，在履行企业社会责任的同时大力开展宣传活动，将中资企业在当地的施利措施广布人心，塑造正面企业形象，创造与当地民众良好的互动关系。

第五，进行外资投保以保证合法利益，降低损失。中国出口信用保险公司是由国家出资设立的、针对中国对外投资风险保证的保险公司，企业最好在投资以前，尽职调查期间同该公司进行联系了解相关业务。一旦发生承保范围内的损失，企业通过保险机构的补偿能有效降低损失。

第六，组建赴缅投资企业行会。缅甸外国投资法中的部分规定已经涉嫌歧视或扭曲贸易，组建企业行会便于将原本各自为政的企业联合起来，在面对企业利益受损时有助于共同发出统一的声音，将共同的诉求让政府知晓，迫使政府积极去解决问题。

---

① 李家真：《对外投资面临的政治风险及其对策研究——以中国对缅甸投资为例》，载《今日中国论坛》2013年01期。

第八章

菲律宾外国投资法

菲律宾位于亚洲东南部，拥有数量众多、廉价的劳动力。菲律宾积极与各国发展互利关系，参与、推动和促进东盟内部的各项合作及经济一体化进程。近年来，菲律宾政局稳定，经济快速发展，近 5 年平均增长率超过 6%。外资纷纷看好菲律宾经济和市场前景。

中国与菲律宾经济互补性很强，两国都有发展经济、削减贫困的共同目标，双方在农业、能源、制造业、基础设施建设、旅游等领域有很大的合作空间。中菲于 1975 年建交。经过多年的发展，两国关系取得了长足发展，经贸合作成果丰硕。自 2011 年秋开始，菲律宾与中国因南海部分岛屿主权问题关系紧张，双边关系跌入低谷。目前虽中菲关系出现一些困难，但相比两国近千年的友好交往，困难只是暂时的，中菲之间合作远大于分歧，友好合作、互利共赢符合两国的共同利益。2016 年 6 月菲律宾新总统杜特尔特上台后，中菲两国关系也随之升温，必将会加强“一带一路”框架内的合作。

一、菲律宾外国投资法概述

菲律宾的外国投资法律是以《外国投资法》和《综合投资法》为核心，由多部法律共同组成。

(一)菲律宾外国投资法的历史沿革

1. 独立初期的菲律宾(1946 年至 1967 年)

第二次世界大战给菲律宾造成直接经济损失高达 12.95 亿美元,所遭受的损失在东南亚地区排首位,这也使得菲律宾的经济恢复缓慢,政府的工作重心放在了战后重建和经济发展上。同时,美国加紧对菲律宾经济的控制和掠夺,强迫菲律宾签署了《美菲关于菲律宾独立后过渡时期中的贸易和有关事项的协定》(1946 年 7 月 4 日),要求延长自由贸易时期,给予美国人最优惠的贸易待遇。[①] 之后,在美国的施压下,菲政府不断妥协,被迫全部撤销外汇和进口统制,放开了一系列的外资待遇,制订了相关的外国投资政策。但是,这一系列投资规定都是在美国政府的强权下制定的,不是菲政府自由意志的表达,所以谈不上合格的外国投资制度。

2. 发展中期的菲律宾(1967 年至 1996 年)

这一时期,菲律宾政府面临国库枯竭,经济秩序紊乱,经济发展停滞的现状。因此,菲政府将施政重点放在了经济发展上,采取各种政策措施和制定外国投资法律制度,对外资的限制逐步放宽,以期通过吸引外国资本,改善国内的经济状况,使政府摆脱困境。

1967 年 9 月制订了《投资奖励法》,该部法律宣布鼓励外国投资是菲律宾的基本国策,正式拉开了菲律宾吸引外资的序幕。受这一法律的刺激和影响,外国资本在菲律宾的投资总额比重逐年增大,在 1969 年达到了 54.9%,而 1971 年则高达 64.7%,菲律宾的经济在外资的推动下开始缓慢复苏。但这一法律也有其不足之处,其规定外国资本只能是民族资本的补充,不能取代民族资本的地位,不能占据国民经济的主导地位。

1987 年颁布了《综合投资法》,该法出台的背景是科・阿基诺就任总统后,开始对旧的发展模式进行调整,在经济领域进行自由化改革,调整发展战

① 李涛、陈丙先:《菲律宾概论》,世界图书出版广东有限公司,2012 年版,第 139～132 页。

略，其中之一就是扩大外资的引进，放宽投资领域，引入出口导向型工业化发展战略，菲律宾经济由此开始迈向转型期。该法对菲律宾国内外投资者都具有约束力，将投资的各个方面做了原则性规定，特点是自由化、私有化和非制度化，吸取了外国投资的新理论，让菲律宾的投资制度迈向了开放和自由的方向，推动其国民经济朝着健康良性有序发展。①

1991 年 6 月颁布了《外资投资法》，给予了外资较大的鼓励和活动空间，进一步放宽了对外国投资者的限制，引导外资向劳动密集型行业和落后地区投资，并给予了更多更优惠的鼓励政策，以期更多的外国资本进入菲律宾，刺激菲律宾的经济发展，稳定菲律宾的经济秩序。但是，由于时任总统的政权并非完全稳固，连续发生了 7 次军人政变，政局不稳定使得外国投资者不敢将资本投入菲律宾，因此并没有迎来外资抢占菲律宾市场的新高潮。②

1992 年拉莫斯上台后，便出台了《1993—1998 年中期发展计划》，加大经济改革的力度和注重经济的协调发展，并采取了一系列的政策措施，取消外汇管制，加快经济区建设，促进外向型的经济发展，改善投资环境，为外资引进和扩大外贸创造良好的运行条件。

3. 金触危机后的菲律宾(1997 年后)

为了改变金融危机所带来了经济衰退和经济动荡，菲律宾政府进一步改革贸易政策，放宽贸易限制，实行更加自由的贸易政策，先后出台了“投资优先计划”、“负面清单”等贸易制度，这种更加开放、自由的贸易政策使菲律宾的经济结构发生改变，其竞争力得到提升。③

(二)菲律宾外国投资法的立法模式

菲律宾制定了关于外国投资的基本法，并通过其他法律对其进行细化。其颁布的《综合投资法》(共和国第 226 号法令和第 7189 号法令修正)和《外国投资法》(共和国第 7042 号和第 8179 号法令修正)就属于对于外商投资做出原则性规定的法典。而其他关于外商投资的法律法规，主要集中在《BOT 法》

① 林丽玉：《现行菲律宾外国直接投资政策的分析》，厦门大学 2008 年硕士论文。

② 林丽玉：《现行菲律宾外国直接投资政策的分析》，厦门大学 2008 年硕士论文。

③ 李涛、陈丙先：《菲律宾概论》，世界图书出版广东有限公司 2012 年版，第 231 页。

《投资者租赁法》《金融公司法》《经济特区法案》《出口发展案法》《基地转型及发展案法》等法律法规,这些构成了菲律宾的外资立法制度。

(三)菲律宾外国投资法的立法体系

1.国内立法

(1)宪法

菲律宾宪法对外国投资做了一些原则性规定(主要集中在第12章的第2条、第3条、第11条、第12条、第21条,第16章的第11条),政府根据本年度的发展计划和经济目标,依据法律的规定管理和规范外国投资,限制外资进入有关国家安全和经济安全的行业,保证国民经济秩序平稳有序发展。同时,菲律宾宪法为菲律宾加入自由贸易协定提供了四项重要指引,包括菲律宾发展战略的参数、处理对外关系的一般准则、外商参与菲律宾经济活动的宪法性限制、对自由贸易区协商和承诺的制度框架。[①] 此外,需要特别说明的是,宪法规定禁止外国投资者在菲律宾拥有土地,但在后来的《投资者租赁法》中将这一限制予以放开,允许外国投资者可租赁土地50年。[②]

(2)基本的投资法律

菲律宾的基本投资法主要包括《综合投资法》《外国投资法》以及《经济特区法》。第一,《综合投资法》是赴菲投资的原则性法律,是对菲律宾基本投资政策的归纳,对国内外投资者都具有约束力。具体包括本国投资的发展目标,投资委员会职权,企业注册登记程序,投资者的基本权利和保障措施,吸引外国公司的优惠政策,跨国公司在菲设立总部的相关规定,特别签证的签发等制度。第二,《外国投资法》是对前者的修正,旨在吸引和促进外商投资菲律宾以补充菲律宾的资本和技术,制定了在菲律宾投资的登记注册程序,规定除法律禁止、限制投资的领域外,允许外国资本在菲律宾绝大部分的经济活动中投资

---

① Barcenas, Lai－Lynn Angelica, Analysis of Specific Legal and Trade－Related Issues in a Possible PH－EU Economic Partnership: *The Philippine Constitution, Competition Policy, Government Procurement, Intellectual Property Rights, Dispute Settlement and Trade Remedies*, October 10, 2013, p. 13.

② 李涛、陈丙先:《菲律宾概论》,世界图书出版广东有限公司2012版,第236页。

经营,还明确了跨国公司可享受的基本权利。第三,《经济特区法》(第8748号法案修订)将经济区分为经济特区、工业园区、出口加工区,根据不同类别享受不同的优惠待遇,以吸引国内外资本进入经济区,推动经济区的建设和发展。[①]

2.缔结或加入的国际投资条约

基于国际投资的跨国性因素,促进和保护国际投资,仅依靠各国的国内法是难以实现此目的的。同时,东道国的国内投资法律需要其他国家给予相应的配合才能实现吸引外资的目的。[②] 因此,为创造良好的投资环境,努力吸引外国投资者赴菲投资发展其经济,菲律宾政府缔结和加入了诸多双边和多边国际条约,从制度层面为外国投资者保驾护航。

(1)双边投资条约

双边投资条约是两国为了促进和保护投资而缔结的条约,是调整两国间投资关系最为有效的手段,在促进国际经贸往来上具有重要作用。[③] 双边投资条约的具体规定,因国别而异,但其基本内容包括外国投资者的待遇标准、投资项目和内容、政治风险的保证、代位权的规定、投资争议的解决等事项,其主要优势就在于能够平衡双方各国的利益需求,是国际法上具有约束力的法律手段,因此为资本输出国与资本输入国所乐于接受。[④] 双边投资条约因其具有权利义务的实体性规则和争端解决的程序性规则,而有利于解决双方的投资争议。菲律宾为促进外资的引进,与中国、澳大利亚、奥地利、加拿大、韩国、新西兰、德国等国签订了双边协定,与日本建立经济伙伴关系(EPA: Economic Partnership Agreement)。[⑤] 菲律宾与我国签订了《中菲关于鼓励和相互保护投资协定》(1992年7月)、《中菲关于对所得避免双重征税和防止偷漏税的协定》(1999年11月)等条约,为保护中菲两国的投资者提供了制度

---

① 王红晓:《新加坡、马来西亚及菲律宾三国税收征管的特色及借鉴》,载《特区经济》2010年9月。

② 余劲松:《国际投资法》,法律出版社2007年版,第211页。

③ 金成华:《国际投资立法发展现状与展望》,中国法制出版社2009年版,第23页。

④ 姚梅镇:《国际投资法》,武汉大学出版社2011年版,第245～259页。

⑤ Wignaraja ,Ganeshan, Dorothea Lazaro and Genevieve De Guzman, *FTAs And Philippine Business : Evidence from Transport, Food, and Electronic Firms*, ADBI Working Series, January 2010(NO. 185), p. 131.

上的保障和政策上的支持，促进了两国的经济友好往来。菲律宾所签订的双边投资条约有利于改善菲律宾的投资法律环境，更好地保障外国投资者的权益。

（2）多边条约

条约必须信守是国际社会必须共同遵守的原则，因此东道国也必须遵守国际法，保障加入的条约在国内能够得到有效的执行。多边投资条约是国际组织为了促进投资而制定的投资规则。[①] 多边投资条约根据签署和参加条约的国家的分布，可以分为全球性多边投资条约和区域性投资条约。

一方面，全球性的多边投资条约主要是指由世界银行制定和通过的《解决国家与他国国民间投资争议公约》（以下简称《华盛顿公约》）和《多边投资担保机构公约》（以下简称《汉城公约》）。这两个公约都是在国际投资领域发挥着重要作用的多边投资条约，前者主要是通过设立"解决投资争议国际中心"（International Centre for Settlement of Investment Disputes，以下简称ICSID）提供调停和仲裁的便利，以解决缔约国和其他缔约国国民之间的投资争议，鼓励资本的国际流动；而后者是通过设立多边投资担保机构（MIGA），旨在促进会员国资本向发展中国家流动，并为其可能产生的政治风险提供担保。菲律宾加入这两个公约，以期通过公约的约束力改善本国的投资环境，增加外国投资者赴菲投资的信心，促使资源向菲律宾流动。

另一方面，作为东盟的创始成员国之一，菲律宾积极推动区域一体化，促进区域内的贸易自由化、服务自由化、投资自由化，从而实现更高程度的经济一体化，可以说东盟是一体化程度较高的区域性组织。以中国为例，中国于1996年与东盟成为全面对话伙伴，之后签署了一系列的合作协议，如《全面经济合作框架协议》（2002年）、《全面经济合作框架协议争端解决机制协议》（2004年）、《中国—东盟全面经济合作框架协议投资协议》（以下简称《经济合作框架协议》，2008年）。这些协议都有利于促进中国与东盟国家之间的贸易畅通，有利于推动中国—东盟自贸区升级版建设，有利于更好地服务"一带一路"战略。菲律宾是东盟的成员国，因此要遵守东盟内部的关于投资的协定，同时也要遵守东盟与其他国家签订的协定。

① 金成华：《国际投资立法发展现状与展望》，中国法制出版社2009年版，第20页。

二、菲律宾外资准入制度

外资准入，是东道国制定措施将不符合其本国利益的外国投资拒之门外。[①] 具体而言是指外国投资者可以在东道国投资的领域、投资申请和审批程序、投资条件和范围等。[②] 菲律宾 2015 年的 GDP 总量为 132852.40 亿比索，属于发展中国家，因此还需要利用外国资本来改善本国的经济状况，发展自身经济，但考虑到国家安全和经济稳定的因素，同时也需要对外资进行合理规范和引导。[③] 故菲政府既鼓励外资赴菲，又对其进行必要的限制。

（一）投资管理机构

为方便管理，优化投资流程，菲律宾政府设立了多个不同的政府机构来管理外国投资，主要有以下几个机构：

1. 外资政策制定机构

贸易与工业部（DTI：Department of Trade and Industry，简称“贸工部”）是菲律宾外资政策的制定机构，负责主管菲律宾的商业经济和贸易，制定国内外投资的管理、促进和保护政策，规范其经济秩序，支持中小企业的发展，负责对外经贸合作谈判，致力于创造有利于公平透明的竞争环境，以促使工业发展和投资贸易稳中有序。而菲律宾外资管理的另外两大机构——投资署（BOI）、经济区管理署（PEZA）则属于其下属机构。

2. 外资法律政策实施机构

作为贸工部的两大下属机构，投资署和经济区管理署是贸工部制定的外

---

① M. Sornarajah, *The International Law on Foreign Investment* (*Third Edition*), Cambridge University Press, p. 104.

② 姚梅镇：《国际投资法》，武汉大学出版社 2011 年版，第 105～107 页。

③ 2015 年菲律宾经济发展基本情况：http://ph.mofcom.gov.cn/article/ddgk/zwjingji/201608/20160801382491.shtml，访问日期：2016 年 11 月 5 日。。

资法律的执行机构，受贸工部的监督和指导。

投资署是外资法律的主要执行机构，其任务是负责管理本国外国投资者、创造有利的投资环境、促进菲律宾经济发展。该投资署的主席由贸易及工业部部长兼任，其他6名副主席分别来自贸工部副部长和政府机构、私营部门代表。其一方面要负责本国经济政策的制定，管理本国的投资秩序，协调和促进外国投资，另一方面还要负责审批投资优先计划中规定的项目。投资署的主要职权是制定年度投资优先计划，编写实行鼓励政策的经济领域清单，完善法典实施细则，负责投资者的优惠申请、管理、奖励、惩处，解决投资者之间和投资者与政府间有关法典相关条款实施的争议，检查企业的账簿以确定菲国民所占比例，实施投资者的免税抵扣等优惠鼓励措施。菲律宾设立专门机构负责统筹管理菲律宾的外国投资，这样的设置清晰明确、定位准确，能够给外国投资者提供较为完善的、精确的投资服务。

经济区管理署是根据《1995年经济特区法》规定管理外国投资者在经济特区投资的机构，是投资署的职能补充机构，只负责经济特区的管理和发展。其主要职权是推动经济特区的发展，吸引外国投资，制定和完善《经济特区法》的实施条例，执行相关条例管理和规定外国投资者。

3.外资登记注册机构

证券交易委员会（SEC：the Securities and Exchange Commission）和贸易管理与消费者保护局（BTRCP：the Bureau of Trade Regulation and Consumer Protection）都是外资企业的登记注册机构。二者分别负责不同性质的企业的登记注册，管理外资企业的日常经营活动。[①] 同时，证券交易委员会还负有对外资企业在菲设立区域总部、地区总部、区域运营总部的许可权。

（二）投资领域

东道国政府基于国家安全、重大利益和引导投资的目的，通常都会通过限制外资的出资比例，以对外国投资的参与程度予以规制，因此，外国投资者需遵循东道国的要求和限制进行投资。这也是世界各国的通行做法，即在外资

① *the Securities Regulation Code*（Act. 8799），section 5.

立法制度中对投资的范围予以明确规定。菲律宾也遵循这一通行做法，将外资可以进入的范围通过法律和规章的形式确定下来。总体来说，菲政府对外国投资者持较为开放的态度，鼓励外国投资者来菲律宾投资，允许其进入菲律宾的大多数领域，禁止其进入的行业都是关乎国计民生和国家安全的领域。根据外资是否申请优惠待遇，是否按照菲政府的引导将资本投入特定领域，外资所享有的股权和待遇是不尽相同的。

1.鼓励投资领域

为引导外资投向特定的行业，利用外资推动特定领域的发展，菲政府鼓励外资向这些领域投资，并给予税收、财政等方面的政策支持。菲律宾将鼓励投资的领域以《投资优先计划》的形式公布出来，由投资署负责制定和公布，列出政府鼓励和支持的投资项目以及可享受的优惠待遇，最新版的是《2014——2016投资优先计划》①，将7大类、22个产业列为优先发展领域，主要分为以下几类：(1)先锋领域(Pioneer Areas)，在该领域内，外资企业可100%拥有股权。但投资署对其有特别限制，即该类企业应在30年之内或投资署所确定的更长时间内，将该企业过渡为菲律宾人所有，即菲人持股达到60%，若企业产品100%用于出口，则不受此限制。(2)优先领域(Preferred Non－Pioneer Areas)，如果不满足先锋领域的界定条件，则该项目属于优先领域。外资企业的持股比例一般情况下不超过40%，但如果其出口量达到产量的70%，则可以相应放宽持股比例的要求。②

2.限制和禁止投资领域

自由化是国际投资的发展趋势，各国对外资大都采取以开放为主的政策，只是开放的程度有所不同。但是对外资的开放是国家经济主权事务，各国有权对外资准入进行限制，并且大都是基于国家安全、反垄断、保护和发展本国经济等目的。在各国的外资准入制度中，对于限制外资进入的行业，各国主要通过确定外资的持股比例予以限制；对于禁止外资进入的行业，各国通常采取

① 《2014－2016投资优先计划》的主题是“以产业发展促进包容性增长”，该计划将7大类、22个产业列为优先发展领域，包括汽车、化工、农机、废弃物处理、环保节能建筑、能源以及公私合营建设项目等等。

② Proposed 2014 IPP：http://www.boi.gov.ph/，访问日期：2015年2月1日。

行业保留或法定垄断的手段。

菲律宾限制和禁止投资领域的规定主要是根据《外国投资法》而制定“外商投资限制清单”(即“投资负面清单”),2012 年 10 月 31 日菲律宾总统通过签署第 98 号总统令颁布了现行的“外商投资限制清单”,列举了禁止和限制外商进入的领域。对于限制类行业,菲政府主要是通过限制外国投资者的股权比例来达到相应的目的。在这些行业中,外资的持股比例原则上不超过 40%,最多不得超过 60%。以在菲律宾勘探、开发、利用其自然资源为例,菲政府允许外国投资者进行投资,但是又对其投资的比例有所限制,最多只能达 40%。对于禁止类行业,目前菲政府禁止外国投资进入的行业有十一种:(1)除了录音录像制品外的大众传媒业;(2)所有需要执照的行业:工程业、医药业、会计业;(3)实缴资本少于 250 万美元的零售企业;(4)供电社;(5)私人安保企业;(6)小规模的采矿企业;(7)开发群岛水域、领海、专属经济区的海洋资源,小规模地开发利用河流、湖泊、海湾、泻湖的资源;(8)斗鸡业的所有、经营、管理;(9)制造、维修、储存、销售核武器;(10)制造、维修、储存、销售生化武器和放射性武器以及反人类武器;(11)制造烟花和其他烟火类设备。[①]

(三)投资审批程序

菲律宾政府不断简化投资注册和审批程序,提高投资便利化程度,保护投资者赴菲投资的积极性,贸工部出台了一系列的改革政策以达到此目的。而对于欲在菲律宾投资的外国投资者,根据其是否申请优惠,所涉及的审批机关和审批程序都有所不同。不申请优惠待遇的外国投资者可以直接登记注册,没有审查批准手续,而申请优惠待遇的外国投资者则要向相关机构申请审批,获得批准后才能办理登记注册手续。具体而言,外资在菲律宾投资应遵循以下程序:

1. 申请

菲律宾的优惠政策主要有两类,一类是经济区内的优惠,另一类是投资优

---

① Executive Order 98 – “Promulgating the Ninth Regular Foreign Investment Negative List”, Board of Investment, Philippines, http://www.boi.gov.ph/files/laws/eo/9th%20FINL.pdf,访问日期:2015 年 2 月 10 日。

先计划内的优惠。这两种优惠的审批都由投资署负责,投资署经过制定的评估标准进行实质或形式审查,如果符合政策要求,则颁发相应的优惠证明文件。外国投资者再凭优惠证明文件到登记注册机构办理营业所需手续。[①] 投资署在碧瑶、宿务、达沃、莱加斯皮等地设有代表处和分支机构,方便投资者提交优惠申请文件,投资者可以根据具体情况选择一个部门提交申请。如果是申请经济区的优惠,投资者只能通过经济区管理署向投资署递交。

外国投资者申请新建企业需提交以下文件:(1)在SEC领取并填写申请表格,一式6份;(2)经SEC确认,不与其他公司重复的注册企业名称;(3)公司章程(英文);(4)菲移民局出具的外方股东常驻身份证明;(5)菲银行出具的申办企业到位资金(总额)证明;(6)菲银行出具的外方到位资金(汇入汇款)证明;(7)如为合资企业,还需提交菲方董事会决议。

2. 批准

投资署对于提交优惠申请的外国投资者的登记申请,应当备案并记录在登记簿上,并且以在申请书上盖章的日期为申请正式受理之日。投资署的审批标准主要是投资者的法人资格是否符合、是否在合理时间内提交申请、是否具有良好的经营能力、是否有完备的会计体系。无论是否符合评估标准,投资署应当在受理之日起20日内做出决定,否则视为符合标准,获得优惠批准。此外,为促进出口贸易的发展,投资署特别为出口商提供快速批准通道,从申请到批准最多不超过10日即可完成。同时,如果对投资署的决定不服的,可以在决定之日起30日内向总统办公室提起上诉。

3. 注册

无论是否申请优惠待遇,外国投资者都要完成的是登记注册这一步骤。根据投资形式的不同,分别向证券交易委员会、贸易管理与消费者保护局申请注册。前者专门负责在菲律宾进行合资的本国与外国企业的注册,而后者负责在菲律宾进行独资的外国与本国企业的注册。登记注册机构主要是进行形式审查,审查其公司章程、营业地址、经营范围、公司高管、资本证明等情况,如

---

① 陈发桂:《从菲律宾外国投资法看我国外资法律制度的完善》,载《桂海论丛》2005年第21期。

果符合,则允许外国投资者完成登记注册手续。

前文所述企业在完成证券交易委员会的注册手续后,需取得相应的纳税编号和经营许可才能开始正式开业。同时,如果要申请企业名称的注册保护,还需向当地的贸工部办事处申请办理。

菲政府设立了“一站式服务中心”(OSCA: One Stop Action For Investment),对国内外企业都提供登记注册服务。该中心集合了证券交易委员会、投资署、经济区管理署等部门,方便企业一次性完成所有的登记注册手续。在一般情况下,若手续齐全符合政策规定,一站式服务中心自受理之日起1—3个工作日内完成审批,而要经过投资署审查批准的则还需要20个工作日。自2012年3月起,菲政府启动“在线一站式企业注册系统”,将原来的“一站式服务中心”网络化,申请者可以直接在线完成注册申请,无需亲自到中心提交相关文件,优化了企业注册流程,降低企业的注册成本和手续,为投资者提供了更为便利快捷的投资环境。①

(四)菲律宾外资准入制度评析

菲律宾政府为了吸引外资赴菲,促进资源向菲律宾流动,作了极大的努力和改革。但是,由于其国内的政治、经济、历史等多种因素的影响,其投资准入制度仍然存在着不足之处,仍需改进和完善。

1. 行业本身的限制

行业本身的限制是各国外资准入制度中对外资最为直接的限制,对外国投资者而言,它直接决定着投资的范围和领域。各国在具体行业开放的设计上,存在着肯定式清单和否定式清单两种做法。否定式清单是指一个国家列出一个禁止或限制外资开放的行业清单,而肯定式清单则是列出允许外资进入的行业。菲律宾的“负面清单”列出了禁止或限制外资进入的领域,单从这一点而言,菲律宾采取的是否定式清单的做法,这表明菲政府对外开放的决心。但是由于清单限制或禁止的行业本身数量众多,并且还通过其他法律对

① 《菲律宾贸工部启动“一站式”企业注册程序》:http://www.mofcom.gov.cn/aarticle/i/jyjl/j/201203/20120308014896.html,访问日期:2015年3月13日。

其加以限制，所以菲政府采取的是有限定的"负面清单"。菲政府对外资的限制比东盟其他国家都更为严格，虽然负面清单是基于保护国内经济安全和民族产业的考虑，但是限制过多对外资引进造成了限制和障碍，外资可以进入的领域较少，并且面临较大的风险。如果新的负面清单将其投资的领域确定为禁止或限制投资领域，外资企业无论是撤资还是转卖，都会承受不可预估的风险。

2. 投资比例的限制

菲律宾对外资投资比例的限制，没有采取针对所有行业的统一比例，而是与大多数国家相同，对不同的行业规定了不同的比例。菲政府一共设置了六档限制性比例：20%、25%、30%、40%、49%、60%。在这六档限制比例中，一共有五档行业的外资股权比例都没有达到控股比例，即不得控制该公司的经营活动。显然，菲政府虽放开了对这些行业的限制，但仍然限制了外国投资者的决策权和控制权。而股权比例至多达到60%的行业只有两个：一是证券交易委员会监管的金融公司，另一个是证券交易委员会监管投资机构。可以看到，这两类公司都必须在证券交易委员会的严格监督管理之下运行，其经营行为、资金流动、高管人员等都必须按照证券交易委员会的规定办理，否则会被警告、罚款乃至取消经营资格。总之，虽然从表面上看，菲政府已经放开了较多的投资限制，拓宽了投资领域，但实质上仍然对外资有不少的限制，这不利于外资向菲律宾流动。

3. 管理混乱和审批繁杂

菲政府设立了投资署和经济区管理署，作为管理投资的专门机构，设立专门的网站公开投资的流程和审批程序，并设立"一站式服务中心"，简化相关投资程序。这不仅有利于提高投资者的投资效率，节省审批的中间环节，更是从机构和制度层面为投资者奠定了基础，增进了投资者对菲投资的信心，推动了菲律宾公开透明的竞争环境的建立，有力地促进菲律宾的经济发展。同时，这也符合了《中国—东盟投资协议》的相关要求。[①] 但是其同样存在不足之处，

① 《中国—东盟全面经济合作框架协议投资协议》第十九条对缔约方投资法律法规的透明度提出了要求。该条要求缔约方公布关于或影响投资的所有相关法律、法规、政策和普遍使用的行政指南并及时通报它们的变化。

虽朝着简化审批程序和提高行政效能的方向改革，但是仍然过于繁杂，并且涉及多个部门多种程序。以外国投资者投资于经济区为例，光是审批一项就要经过经济区管理署、投资署、证券交易委员会三个部门，还不包括审批通过后注册所需的手续，可以看出菲律宾的投资程序是较为繁琐的，给投资者赴菲投资造成了一定的阻碍，这与菲政府吸引外资以改善国内经济状况的目的是相违背的。

因此，综上所述，菲律宾外资准入领域的管制虽然通过明示准入条件方式有利于提高外资活动效率，但是由于其“政出多门”、管理机构过多、审批复杂、对外资准入限制过多，存在着其不足之处，影响外国投资者的积极性。

三、菲律宾外资促进制度

东道国吸引外资进入本国的一个重要措施就是给予投资者相当的优惠政策。菲律宾现行外资法对于外国投资者的优惠和鼓励措施政策主要体现在以下几个方面：

(一)投资待遇

1. 国民待遇

所谓国民待遇，是指东道国所给予外国投资和外国投资者的待遇应当不低于其给予本国投资和投资者的待遇，一般而言，国民待遇规定于国内法或者国际条约中。总之，国民待遇原则的内容要求，东道国应当保证其国内法的制定和执行对本国人和外国人都应当提供相同待遇，无论法律性质如何或者属于何种投资领域。[①] 根据对外资的限制程度不同，国民待遇可以分为准入前的国民待遇和准入后的国民待遇。准入前的国民待遇主要是指东道国在外资的准入阶段就给予外国投资者国民待遇，而准入后的国民待遇是指除基于保护弱小产业和特定行业的需要外，在外资准入后实行较为彻底的国民待遇。

① 王贵国：《国际投资法》，北京大学出版社 2008 年版，第 161 页。

菲律宾对某些特定行业予以保留、限制，正是基于保护国民产业和幼稚产业的考虑，故菲律宾实行的是准入后的国民待遇。《外国投资法》第三条规定，无需事先的批准，向证券交易委员会登记或贸易管理与消费者保护局登记之后，可以从事经商活动，但申请投资优惠的还需经过投资署批准。这也表明，除了需要审批优惠待遇的行业，菲律宾的国内市场对外国投资者是持开放态度的，菲政府给外国投资者提供了与其本国国民相同的待遇。

由于菲律宾是发展中国家，经济、社会发展程度相对较低，需要吸引外资来推动本国经济发展，但同时出于国家经济安全的考虑，所以菲律宾目前提供给外国投资者的待遇是符合其经济发展状况和吸引外资的需求的。当然，随着经济全球化进程的不断加深，提高外国投资所享有的国民待遇标准是势不可挡，但基于各国经济发展的不平衡，提高也必须是逐步的，有步骤有计划地提高外资的国民待遇。

2. 最惠国待遇与公平公正待遇

作为多边贸易体制的“基石”，最惠国待遇在国际贸易和投资中赋予了外国投资者在东道国平等的竞争机会，而公平公正待遇则是对国民待遇和最惠国待遇的补充和修正。菲律宾为创造更为良好的投资环境，吸引更多的投资者赴菲投资，在签订双边多边条约时，都会将最惠国待遇和公平公正待遇写入条约①。如《中华人民共和国政府和菲律宾共和国政府关于鼓励和相互保护投资协定》（以下简称《中菲双边投资协定》）的第三条，《经济合作框架协议》第五条和第七条都明文规定了投资者享有最惠国待遇和公平公正待遇。

总之，为了最大限度地吸引外资，发展本国的经济，菲律宾政府给予外国投资者国民待遇、最惠国待遇和公平公正待遇。

（二）投资优惠

1. 关于税收减免

给予外国投资者税费上的部分或全部豁免是发展中国家吸引外资的重要

---

① 张丽英：《国际经济法》，浙江大学出版社 2009 年版，第 275 页。

举措。菲律宾政府通过免征所得税、减免关税和地方营业税等税收优惠政策能够在最大限度上吸引外资。如其《综合投资法》第三章规定的是对于企业的鼓励和优惠政策，通过立法的形式保障政府承诺的优惠，以更大的透明度吸引外资。所提供的优惠政策，以《综合投资法》第三十九条①规定的为例，新注册登记的属于投资优先计划内的企业，可以减免 6 年的所得税，而传统企业的减免期为 4 年。为有力推进经济市场化的转型发展，菲律宾投资法应将重点放在如何更好地吸引、利用、管理、鼓励及保护外国投资上来，积极引导和规范外国投资行为，提供自由化和便利化的条件鼓励外国投资进入那些能够大大促进本国经济发展的投资类型和投资地区。因此，在有利于维护国家安全和实现公共政策目标的前提下，菲律宾投资法应不断提高其立法水准，以进一步适应市场化经济的发展需求。

2. 关于地区优惠

菲律宾贸工部下属的经济区管理署负责经济特区的申请、建设和管理工作，其负责管辖 96 个各类经济区和独立经营的自由港。② 菲律宾政府将各类经济区分为工业园区、出口加工区、自由贸易区、旅游经济区、IT 园区，从而不同经济区类的企业从事不同性质的活动，并依其性质享受不同的优惠政策。依照《综合投资法》的相关规定③，这些经济特区享有比其他地区更为优惠的鼓励政策，如其可以免缴码头税费和出口税费，而其他地区只能相应减少有关税费，并不能直接免缴。

同时，菲律宾政府为了拉动落后地区的经济发展，平衡区域经济，将菲律

① 《综合投资法》第 39 条的税收优惠政策：(1)免所得税。新注册的优先项目企业将免除 6 年的所得税，传统企业免交 4 年所得税。扩建和升级改造项目免税期为 3 年，如项目位于欠发达地区，免税期为 6 年。新注册的企业如满足下列其中一个条件，还将多享有 1 年的免税奖励：①本地生产的原材料至少占总原材料的 50%；②进口和本地生产的固定设备价值与工人的比例不超过每人 1 万美元；③营业前 3 年，年外汇存款或收入达到 50 万美元以上。(2)可征税收入中减去人工费用。(3)减免用于制造、加工或生产出口商品的原材料的赋税。(4)可征税收入中减去必要和主要的基建费用。(5)进口设备的相关材料和零部件减免关税。(6)减免码头费用以及出口关税。(7)自投资署注册其免除 4—6 年地方营业税。

② 独立经营的自由港包括：苏比克、卡加延、三宝颜、克拉克自由港。

③ 《综合投资法》第 76 条、第 77 条、第 78 条。

宾的棉老等地区专门列入投资优先计划，如属于该地区的先进企业，自开始经营之日起免除该公司6年内的全部所得税，对其给予较为优越的优惠鼓励及额外的税收减免政策。

(三)菲律宾外资促进制度评析

菲律宾政府为了吸引外资来发展本国经济制定较为优惠的投资政策，在尽可能的条件下为投资者提供与本国投资者同等或更好的待遇，但是在一定程度上仍有不足之处。

1. 准入部分履行要求与《TRIMs 协议》不符

菲律宾政府大力改革，试图建立一个公平、透明的竞争环境，努力使外国投资者的待遇不低于其给予本国投资者的待遇，而作为《TRIMs 协议》的缔约国之一，从这一角度看菲律宾的准入待遇，仍有不如意的地方。《TRIMs 协议》中规定的与国民待遇义务不相符的措施有：当地成分要求、贸易平衡要求。具体地说，外商投资在菲律宾遭受的"低国民待遇"主要体现在以下方面：第一，外商投资领域和部门的限制。菲律宾政府的负面清单，其中规定了禁止和限制外商投资的领域，并限制其股权比例。第二，出口实绩要求。菲律宾外商投资企业的审批机关通常把外商投资企业的产品是否具有一定比例的出口作为审批条件。这些都是与《TRIMs 协议》明显抵触的。

2. 现有鼓励和优惠措施力度不强

菲律宾现有的投资优惠政策包括税收减免、地区优惠和土地使用优惠。多种形式的投资优惠措施是菲政府吸引外资的重要举措，以期吸引外国资本进入菲律宾，利用外资以推动国内经济发展。总的来说，菲律宾现有的外资促进制度都在一定程度上吸引了外国投资者，但是由于其优惠力度不够强，幅度不够大，并且仅针对"投资优先计划"的投资领域或指定地区才能享受菲政府提供的优惠。虽然这样是出于合理引导外资的考虑，但是这样不利于外国投资者赴除优惠地区以外的地方投资。所以菲政府应当扩大优惠范围，加强优惠力度，以更大的吸引力促使外国投资者赴非投资。

四、菲律宾外资保护制度

东道国在吸引外国投资者赴本国投资时，都会用法律明文规定的形式将投资者的权益确定下来，这是东道国的义务和责任。依据各国的立法理论和时间，东道国所采取的外资保护措施可分为：

第一，单边性质：1. 自由汇出投资收益。东道国可能出于政治方面的原因或其他原因会限制投资者将其当地所得收益兑换成自由兑换货币而汇出东道国，但外国投资者投资的目的就是要获得收益并自由汇出，这一限制就与投资者的目的相违背。2. 国有化风险保证及其补偿。有学者将国有化问题划分为违法的国有化与合法的国有化，其界限为是否是基于公共利益而征收、征收过程是否无歧视、是否给予投资者公正补偿。[①] 虽然国有化会在事后给予投资者相应补偿，但是由于国有化的实质是对投资者权益的侵害和剥夺，如果滥用会影响投资者对东道国投资的信心，不利于东道国的外资引进，所以各国一般都会慎用国有化措施。3. 争端解决机制。主要包括(1)双方协商或谈判解决；(2)东道国当地救济，即国内仲裁或诉讼。

第二，双边及多边性质。1. 代位求偿权。在海外投资保险制度中，承保人理赔后，代为取得投保人向东道国索赔的权利。实践中主要涉及的机构是多边投资担保机构，该机构负责承保向发展中国家会员国的合格投资。2. 争端解决机制。该机制主要涉及《华盛顿公约》、关于承认及执行外国仲裁裁决的公约(以下简称《纽约公约》)、联合国国际贸易法委员会(以下简称"贸易法委员会")以及区域性的争端解决机制。

(一)外国投资收益汇出问题

外汇管制是一国政府对本国的外汇买卖、国际结算、资本自由流动和外汇汇率进行管理和管制的法律、法令、规章、制度的总和，是国家管理和保护国际收支平衡的重要手段。外国投资收益汇出主要涉及收益能否自由兑换和能否

① 姚梅镇：《国际投资法》，武汉大学出版社 2011 年版，第 324～325 页。

自由汇出两个方面。《综合投资法》第三十八条 b 款规定，对于外国投资，外国投资者有权从货币投资中汇回利润，并且汇率按照汇回时进行结算。菲律宾对外汇的管制是较为宽松的，外国投资者转移或汇出利润是比较容易的，菲律宾货币可自由兑换外币，外国投资者所得利润在没有法律责任和争议问题未处理的条件下，完税后即可自由汇出。

不仅菲律宾的国内法规定了外汇转移的问题，在菲律宾所签订的双边和多边条约中也都有所涉及。以中国与菲律宾签署的《中菲双边投资保护协议》(1999 年 11 月)为例，中菲对外汇转移做了如下规定：第一，外国投资者有权将其资本以及所取得的收益汇出东道国；第二，外国投资者可转移的投资收益的界定范围；第三，以可自由汇兑时的汇率计算；第四，实行非歧视待遇。总之，中菲两国之间对投资收益汇出达成了较为一致的共识，确立了明确的规则。

(二)征收征用问题

所谓征收征用，是东道国政府使用强制性措施取得原本不属于政府的财产，并予以处分或使用。在《综合投资法典》第 38 条 d、e 款中规定了投资的征收、征用问题。菲律宾政府保证“除非基于国家利益、公共利益等原因”，不得征收企业财产，并且给予企业相应的补偿，同时可以将补偿款兑换成初始投资时所使用的货币以即时汇率汇出。同样，菲政府只能是基于战争或是在紧急状态的情况下，才能征用企业财产。菲律宾不仅在投资法典中有相应的征收征用规定，在一般法律中也有相关规定。以《菲律宾矿业法》为例，规定了政府不得擅自征用外国投资者的财产和企业，如基于国家利益和公共利益征用的，投资者有权按照当日汇价等值索赔。

(三)争端解决机制

除了投资环境和投资优惠待遇外，投资者也相当关心东道国的投资纠纷解决机制。毕竟在投资的过程中，发生投资纠纷是难以避免的。菲律宾的相关投资法律中都规定了投资纠纷解决的问题。由于受到了中国—东盟自贸区和相关国际条约的影响，菲律宾的投资纠纷解决机制不断与国际接轨，不断迎合着国际和国内民众对于其司法体制的诉求。目前，在菲律宾解决外国投资

争端的方式主要有以下几种：[①]

1. 国内法层面

菲律宾外国投资法律规定，如果是私人主体之间的争端，则可以寻求菲律宾国内司法的诉求，根据菲律宾的国内立法来解决当事人双方的纠纷。得益于菲律宾完善的司法审判体制，司法审判体制在解决外国投资争议中起到了巨大的作用。根据《1980年司法重组法》，菲律宾的司法系统一共分为四级，由以下法院组成：最高一级是菲律宾最高法院，第三级是上诉法院，第二级是地区法院，第一级法院有大城市法院、市法院、各城市法院、市巡回法院。从诉讼的层面建立了诉讼解决纠纷的渠道，但由于诉讼案件的数量日益增加，菲政府开始推动非讼纠纷解决机制，通过仲裁、调解和调停等措施，以加速案件的解决，提高司法效率和司法有效性。第一，菲律宾现行的仲裁法规定了民事纠纷的仲裁程序，对仲裁的采用和仲裁协议的提交进行了授权，规定了仲裁员的任命和组成。第二，最高法院指定菲律宾司法学会作为处理诉讼调停案件和其他非讼纠纷的组成机构，并建立了菲律宾调停中心。第三，关于非讼纠纷解决的最新立法是《第9285号共和国法案》(R. A. 9285，又被称为《2004年非讼纠纷解决法》)，同时根据此法建立了"非讼纠纷解决办事处(OADR)"，在司法部的直接监督下运行，负责监督菲律宾公私领域非讼纠纷的解决。

2. 国际法层面

菲律宾已认可、利用了下属的模式来解决其管辖权范围内的国际贸易和投资争端，详见表1。[②]（参见表8-1）

---

① 杨丽艳：《试论中国—东盟自由贸易区争端解决机制》，载《安徽大学学报》2008年第4期。

② *Toward the Formulation of a Philippine Position in Resolving Trade and Investment Disputes in APEC* by now Supreme Court Chief Justice Ma. Lourdes P. A. Sereno, PASCN Discussion Paper No. 2001－15, December 2001, p. 24.

表 8-1 菲律宾采取的国际争端解决模式

争端类型	争端解决模式
政府间的	国际贸易法委员会(以下简称“贸法会”) 菲律宾——日本经济合作协定中的争端解决机制 中国——东盟自由贸易协定中的争端解决机制
政府和私人间的	国际投资争端解决中心 《纽约公约》

作为东盟成员国之一的菲律宾,以菲律宾与中国为例,中国与东盟签署的《中国—东盟自由贸易区投资协定》《中国—东盟全面经济合作框架协议争端解决机制协议》都有关于投资争端解决的相关规定。[①] 根据其规定,投资者在东道国产生纠纷时,可以采取多种途径救济其权利,鼓励双方尽量磋商处理投资纠纷,既有利于节省诉讼成本,又有利于加强双方进一步合作的可行性。而当双方磋商未果时,可以通过东道国救济或提交国际仲裁方式解决投资纠纷。对于国际仲裁而言,投资者有较多选择,或提交国际投资争端解决中心调解或仲裁,或根据《联合国国际贸易法委员会的规则》提交仲裁或根据争端当事双方一致同意的其他仲裁机构根据其他仲裁规则仲裁。

(四)菲律宾外资保护制度评析

菲律宾外资保护制度的规定虽在一定程度上保护了投资者的权益,与国际通行理论大致相符合,但其规定仍然过于原则性,不够细化。其比较明显的优势是提供了相对完善的争端解决机制,使外国投资者进入菲律宾投资在面临问题时能运用法律维护自身利益。同时,作为东盟成员国和《华盛顿公约》和《汉城公约》的缔约国,其国际法层面的规定能够在一定程度上保护投资者利益。多元的投资纠纷解决方式既能够促进菲律宾公开透明的竞争环境的建

① 《投资协定》第十四条就缔约方与另一缔约方的争端解决做了详细规定,对于一缔约方违反该协议第四条(国民待遇)、第五条(最惠国待遇)、第七条(投资待遇)、第八条(征收)、第九条(损失补偿)、第十条(转移和利润汇回),通过对某一投资的管理、经营、销售或其他处置等行为给投资者造成损失或损害的投资争端。

立,也能够增强外国投资者赴菲投资的信心,吸引更多的资源进入菲律宾,有力促进了菲律宾外国投资的稳步发展。虽然菲律宾对于外国投资者在国际法层面的保护足够完善,但是由于其国内的保护规定过于原则,不够细化,其争端解决机制存在不足,可以说菲律宾是一个投资风险较高的国家。

1. 腐败现象严重抑制了纠纷的公平解决

根据"透明国际"公布的 2015 年清廉指数榜中,菲律宾在全部 168 个国家和地区中排名第 95 位,获得 35 分的评分(满分 100 分,分值越高越清廉),较 2014 年的第 85 位和 38 分略为下降。[①] 这说明菲律宾政府贪污腐败现象较为严重,缺乏有效有利的反腐机制,对社会稳定和经济发展产生了威胁。这一问题的产生不仅是由于菲律宾出于社会转型阶段,更是因为其特有的政治关系私人化而带来的裙带关系、主从关系特性,因此也为菲律宾政府、法制等领域的腐败提供了温床。腐败问题的突出使外国投资者在寻求东道国政府救济时,难以获得公平公正的处理结果。

2. 法律环境便利程度不高限制了投资者的权利救济

在世界银行和国际金融公司对全球 189 个国家以及区域内所选城市的营商法规及其执行情况进行了客观度量而做出的《2017 年全球营商环境报告》中,菲律宾排名第 99 位,与 2016 年相比没有变化。[②] 虽然这份报告的排名只分析一国的商业法规,并不能涵盖一国投资的全部情况,但是如果一国在全球商业环境便利程度中排名靠前,可以说明该国已营造了一个有利于经商的法律环境。[③] 在该报告的主要参考指标中,菲律宾除了获得电力(22)、办理破产(56)属于偏上外,其他指标都较为靠后。(参见表 8-2)

① 透明国际:https://www.transparency.org/cpi2015,访问日期:2016 年 11 月 5 日。

② 在《2017 年全球营商环境报告》中,与之相比较的其他部分东盟国家中,新加坡的排名是第 2 位,泰国的排名是第 46 位,马来西来的排名是第 23 位,印度尼西亚的排名是 91。

③ World Bank Group: Ease of Doing Business in Philippines :http://chinese.doingbusiness.org/data/exploreeconomies/philippines,访问日期:2016 年 11 月 5 日。

表 8-2 2016 年与 2017 年经商环境排名对比

	菲律宾经商环境 2016	菲律宾经商环境 2017	排名变化
开办企业	164	171	7
办理施工许可证	103	85	—18
获得电力	30	22	—8
登记财产	109	112	3
获得信贷	109	118	9
保护少数投资者	136	137	1
纳税	120	115	—5
跨境贸易	93	95	2
执行合同	136	136	0
办理破产	54	56	—2

资料来源：World Bank Group：Ease of Doing Business in Philippines

五、菲律宾外国投资法对中国企业在菲投资的影响及对策

(一)中国企业在菲投资的现状

1. 投资概况

中国在菲律宾的对外经贸关系中占据比较重要的地位，是在菲的前十大投资国之一，中菲经贸往来日益密切。随着中菲《促进贸易和投资合作的谅解备忘录》(2005 年 4 月)、《关于扩大和深化双边经济贸易合作的框架协定》(2006 年 6 月)等协定的签订，中菲经贸合作发展进程加快，合作领域不断拓宽。据商务部统计，在 2015 年中国对菲律宾直接投资流量为 3142 万美元，截

止到2015年末，中国对菲律宾直接投资存量为4.32亿美元。[①] 中菲之间相互投资日益增多，但由于菲律宾本国经济实力有限，目前总体而言是以中国企业到菲律宾投资为主，中国投资者赴菲的投资合作项目不断增多，主要集中于服务业、通讯业、制造业等行业。[②] 据统计，2014年中菲双边贸易总额为444.42亿美元，较上年增长16.75%；2014年我国对菲律宾非金融类投资5769万美元。截至当年底，我国对菲累计非金融类投资4.58亿美元。[③] 作为中国—东盟自贸区重要成员国，中菲两国不断加强经济联系，深化合作领域。

随着经济全球化的进程不断加快，中国企业赴海外投资的情况越来越多，但风险与机遇并存，虽然海外市场机会多、资源广，却存在着不小的风险和危机。中国能源企业海外投资的最大单——中国国家电网公司（以下简称“国家电网”）以与菲当地企业合资的形式，获得了菲律宾电网未来25年的经营权。[④] 但是在2015年年初，菲政府基于“国家安全的担忧”，决定中止与国家电网的合作，于2015年7月将中方技术人员送回中国。[⑤] 菲政府这一决定，不仅使国家电网在菲律宾的投资项目陷入尴尬，更是给中国赴菲投资者敲响了警钟。

2. 投资行业

越来越多的中国投资者到菲律宾进行投资，投资领域和投资行业被不断地拓宽，同时投资的形式也变得多元化。菲律宾作为一个发展中的农业国，资源较为丰富，蕴藏着巨大的商机，但也包括了基础设施建设薄弱、商业风险较高、政局不稳、贪腐等问题。中国投资者赴菲投资时，一般从菲律宾的资源着

---

① 2015年中国对菲投资和工程承包概况：http://ph.mofcom.gov.cn/article/zxhz/hzjj/201608/20160801382510.shtml，访问日期：2016年11月7日。

② 中国驻菲律宾大使馆经济商务参赞处网站：http://ph.mofcom.gov.cn/index.shtml，访问日期：2014年11月27日。。

③ 《2014年中菲经贸合作概况》：http://ph.mofcom.gov.cn/article/zxhz/hzjj/201509/20150901114521.shtml，访问日期：2016年11月16日。

④ 2007年，国家电网与菲律宾两家当地公司——菲律宾蒙特罗电网资源公司（Monte Oro Grid Resources Corporation）和开拉卡公司（Calaca High Power Corporation）组成联合体，以39.5亿美元的竞标价，中标菲律宾国家电网公司特许经营权项目，赢得了菲律宾电网未来25年的经营权。

⑤ 《菲律宾结束与中国国家电网合作，称“技术已学到手”》：http://www.chinadaily.com.cn/hqcj/xfly/2015－02－26/content_13279213.html，访问日期：2015年3月1日。

手,主要包括:

(1)农业开发。菲律宾目前的农业发展仍处于粗犷型经营阶段,机械程度低,农业基建不完善,而我国作为传统的农业大国,在栽培技术、种子培育上都具有较为先进的经验,中菲双方企业可以通过合资方式,开发菲律宾的农业资源。

(2)矿产资源开发。菲律宾拥有较为丰富的矿藏资源,特别是富有铜矿资源,并且具有与中国临近的地理优势。中国投资者参与开发菲律宾的矿产资源,不仅能推动菲律宾的经济发展,更是对中国具有极为重要的战略意义。

(3)基础设施建设。菲律宾的基础设施建设落后,菲政府极力想改善这一状况,但又由于政府资金缺乏,故在中期发展计划中列出六项基础设施建设作为对外招商的特别项目,以通过利用外资推动国内的公路、机场、港口、通信等基础设施建设。

3. 投资风险

(1)法律风险

第一,立法层面的风险。菲律宾现在的立法技术较为不成熟,存在着许多不足和不完善之处,没有构建一个完备的投资法律体系。虽然菲政府在改善投资环境方面做了很大的努力,但是其法律制度仍然有稳定性差和随意性大两个问题,这使得计划长期赴菲投资的外国投资者望而却步,成为菲律宾经济发展的一大阻力。第二,执法层面的风险。法律的生命在于执行,但菲律宾法律却存在着难以执行的问题。由于菲律宾存在着政局不稳、腐败严重、官僚主义风行等问题,法律法规在菲律宾难以得到执行,外资若想通过菲律宾的司法体系解决投资争端具有相当大的困难,投资者的权益难以得到保障。第三,司法层面的风险。由于菲律宾的法律法规不完善,法官可以有较大的自由裁量权,裁判也具有随意性,对当事人获取公正判决有很大负面影响。

(2)运营成本高

运营成本高带来的是投资的风险增大和不确定性增强,致使外国投资者的投资信心降低,不利于东道国吸引外资。而菲律宾运营成本高的两大原因是高税率和落后的基础设施建设。一方面,菲律宾的税率在东盟地区排名前列,以企业所得税为例,菲律宾的企业所得税税率为30%,是东盟地区中最高的。高额的税收会在一定程度上阻挡外国投资者赴菲投资的脚步,影响其赴菲投资的热情,不符合菲律宾政府通过引进外资改善国内经济状况的目的。另一方面,菲律宾的公路、机场、港口、通信等基础设施建设较为落后,如果投资于交通不便的落后地区，势必拉高投资者的运营成本，给企业造成不小的风险。高税率、薄弱设施都加大了企业的经营成本，使企业的经营难度增大，都构成了外国投资者的投资风险。

(3)政治风险

所谓政治风险，是指在国际经贸往来中，因不可预见的政治因素而有可能给投资活动带来经济损失的风险。中国投资者赴菲有着较高的政治风险，起因是中菲两国之间围绕着中国南海部分岛屿的主权问题发生争端，菲律宾一直声称拥有对黄岩岛、仁爱礁等岛屿的主权。近几年来，菲政府改变处理问题的态度和方式，故意制造事端，动用军舰袭扰平民，频频挑衅中国，激化中菲之间的矛盾，给两国关系带来危害。同时，菲律宾的反华情绪因外部势力的煽动也再次高涨，反华游行和事件频发。如 2015 年 7 月，菲律宾反华团体“争取善政美籍菲律宾裔组织”煽动示威游行，组织 300 多人在位于马卡蒂市的中国大陆驻菲国领事馆前展开示威流行。[①] “黄岩岛”之争等事件使中菲关系不断恶化，也使中国投资者在菲律宾面临更为恶劣的投资环境和更大的政治风险。

(二)菲律宾外国投资法对中国企业在菲投资的影响

随着菲律宾政府对外资制度开始大刀阔斧的改革，菲律宾的外资制度不断建立健全，使得投资领域更加明确、投资审批程序更加规范、投资政策更加优惠、保护制度更加完善，对中国投资者赴菲投资产生了相应的影响。

第一，随着菲律宾政府不断深化改革，完善相关外资法律制度，提出更多更优惠的鼓励措施，建立更为公平公开透明的竞争环境，将吸引更多的外国资本进入菲律宾，抢占菲律宾市场。届时，中国企业将面临更大的挑战和更激烈的竞争。[②]

第二，中国企业需规范自己的经营行为。此前中国企业赴菲投资无规范程序、没有考虑第三方利益，项目存在着设立、运营不尽规范等问题。一旦发生纠纷，中国企业在菲利益难以得到有力的保护。

第三，中国企业获得更丰富的投资机会。一方面，菲律宾的自然资源、人

① 菲律宾爆反华游行 妄称中国“侵占”领土：http://news.ifeng.com/a/20150725/44249616_0.shtml，访问日期：2016 年 11 月 3 日。

② 舒朝普：《外资抢进菲律宾》，载《中国外资》2008 年第 2 期。

力资源等较为丰富，为投资者提供了充足的资源储备和较低的成本优势；另一方面，在市场化改革背景下，菲政府对投资者的开放和优惠程度前所未有。

(三)中国企业的对策

中国投资者赴海外投资会面临不小的风险，应尽量降低风险发生的可能性，以尽可能减少企业的损失。赴菲投资也不例外，投资者面临着菲律宾不健全的法律制度和执法不严的困境，这使得赴菲的中国投资者得不到有效的保障。因此，中国企业赴菲投资需要从多角度、全方位的做好法律风险防范体系，尽可能降低企业风险。

第一，赴菲投资首先要做好投资的前期调查，以达到规避和降低风险的目的。菲律宾外资法的外资准入，其较广阔的投资领域为中国企业提供了众多投资机会。但是，针对菲律宾投资中可能存在的风险和不稳定因素，在赴菲投资前应当做好前期的尽职调查，尽量分析和规避可能存在的政治风险、法律风险、商业风险。同时，在投资接洽过程中，保存好协商谈判的文件材料，以备在发生投资纠纷时，能够用强有力的证据保护好自身权益。

第二，做好实地调研，精确定位投资领域和谨慎选择投资地点。投向鼓励投资领域的企业，更容易享受各种优惠待遇，突破对外资持股的限制，减免部分税费。菲律宾外资法的外资促进制度一方面是为了吸引外资，另一方面是为了合理引导外资进入特定行业和特定地区，借外资来推动该行业、该地区的发展，如投资吕宋岛中部地区，只征收总收入5%的税费，以代替其他所有国家和地方税。此外，慎重选择投资地点，优先考虑首都和几个经济特区。由于基础设施落后，菲律宾很多地区尽管具备投资价值，但代价高昂。中国企业到该国投资设厂，应优先考虑条件较为成熟的大马尼拉市和苏比克、卡加延、克拉克等经济特区。

第三，积极应对纠纷，通过各种途径保护自身权益。赴海外投资，发生纠纷是不可避免的，所以应当积极应对，尽可能地保护自身的合法权益。中国投资者可以利用菲律宾国内法途径和国际法的方式来解决投资争端。首先，双方尽可能的协商，友好地谈判解决投资纠纷。其次，当协商失败时，可以通过菲律宾国内救济方式，将纠纷诉至法院或提交仲裁，亦可通过 ICSID 来解决争端。总之，在遭遇投资纠纷时，中国投资者利用各种合法合理的方式，以期尽可能地保护好自己的权益。

第九章

新加坡外国投资法

新加坡位于马来半岛最南端、马六甲海峡出入口。虽然资源比较匮乏，主要工业原料、生活必需品需进口，但新加坡却是全球最富裕的国家之一，是亚洲最重要的金融、服务和航运中心之一。2009 年以来，新加坡经济实现持续增长。由于地理位置优越、基础设施完善、政治社会稳定、商业网络广泛、融资渠道多样、法律体系健全、政府廉洁高效等原因，新加坡连续多年被世界银行发布的《全球经商环境报告》列为榜首。

中国与新加坡于 1990 年正式建交。2008 年 10 月，中新两国签署了《中国—新加坡自由贸易区协定》，新加坡成为首个同中国签署全面自由贸易区协定的东盟国家。近年来，中国企业开始将新加坡作为重要的海外投资目的地，投资增长较快，在承包劳务、运输、建筑、能源等领域，一大批中资企业落户新加坡。“一带一路”倡议重新开启了海上丝绸之路的新契机，为新加坡带来新机遇，也将有利于进一步促进中新关系发展。

一、新加坡外国投资法概述

(一)新加坡外国投资法历史沿革

由于新加坡曾是英国的殖民地，其法律制度受英国法律制度的影响，判例法是其法律的主要渊源，因此，属英美法系国家。同时，新加坡也制定有大量的成文法，它们共同形成了新加坡相对完善的法律体系。从制定第一部含有外国投资规定的立法开始到现在拥有比较完备的外国投资法体系，新加坡的外国投资法总的来说经历了如下两个发展阶段：

1. 第一阶段(1959—1966 年)

1959 年，由于新加坡从英国的殖民统治中进一步取得了自治地位，自治政府开始着手发展经济，制定了新加坡第一部与外国投资有关的法律——《经济扩展法令》，对一些企业给予一定期限的税收减免和贷款优惠政策。虽然这部法律并不是完全意义上的外国投资立法，但由于其中含有与投资有关的规定并且不区分内外资适用，因此，这部法律标志着新加坡外国投资法的兴起。在这一阶段，新加坡为了发展进口替代工业，解决失业问题，先后制定了《先锋工业法令》和《工业扩展法令》以鼓励外资投向劳动密集型产业。这一阶段也是新加坡经济发展的工业化初期阶段。

2. 第二阶段(1967 年至今)

1965 年，新加坡脱离马来西亚正式独立。由于国土面积狭小，自然资源极其匮乏，新加坡亟需外国投资来发展经济。因此，1967 年，新加坡制定了《经济扩张奖励(减轻所得税)法令》以取代 1959 年颁布的《经济扩展法令》，并且在接下来的经济扩展期两次修正该法，使其与《所得税法令》一并成为这一阶段鼓励、促进和引导外国投资的重要法律，辅之以《公司法令》《商业注册登记法令》和《外汇管理法令》等其他法律，一并构成了新加坡外国投资法律体系。

(二)新加坡外国投资法的立法模式

由于新加坡在 1965 年才成为真正的主权国家，因此 1967 年制定的《经济扩张奖励(减轻所得税)法令》才算得上是新加坡第一部与外国投资有关的专项法律。从立法模式上看，尽管新加坡对于外国投资的限制较少，外国投资的自由化程度较高，内外资投资在很高程度上均由国内法进行调整，但仍有相应法律鼓励、促进和引导外国投资。该立法模式的优势在于资本输入国政府可以灵活地干预经济，有效地按照其构想引导外资发展，进行针对性立法，以减少外资涌入的负面影响。但是其劣势在于分散立法的稳定性较差，某些内容重复甚至矛盾，为执法也带来一定难度，缺乏稳定的法律保障，影响外国投资者信心。

从中国外国投资法30多年来的发展历程来看，其立法模式很显然属于该种，[①]即以《中外合资经营企业法》《外资企业法》和《中外合作经营企业法》这三部法律及其实施细则为调整外国投资关系的基础性法律，辅之以《公司法》《民事诉讼法》等国内立法的有关规定，同时配以与外国投资相关的行政法规、地方性法规和行政规章以及国内法中涉及外国投资的有关条款，[②]共同形成了当今中国外国投资法律体系。

(三)比较评析及中国外资立法的借鉴

通过对中国和新加坡外国投资法的立法演进过程的宏观梳理，在立法模式上，两国的外国投资法既有相同之处也有不同之处。

1. 相同之处

(1)中新两国均没有统一的外国投资法法典，两国的外国投资法均是由几部有关外国投资的专门法律、法令作为基础性法律，并辅之以其他相关的国内立法构成其外国投资法律体系；(2)两国均有既适用于外资企业，又适用于内资企业的国内单行立法，如中国的《公司法》和新加坡的《公司法令》；(3)两国政府每年的财政预算案中都会出台一些有关外国投资的优惠措施。

2. 不同之处

(1)立法的完善程度不同。虽然中新两国外国投资法在大体上立法模式相同，但是新加坡早在1959年就开始了外国投资立法，而中国的外国投资立法则是在改革开放以后才开始起步的，在法律的完备程度上不及新加坡。例如，我国目前还没有外汇管理法，只有国务院出台的外汇管理条例，不能与现行的外国投资法配套；(2)法律渊源的种类不同。我国的外国投资法律，除了

① 曾文革：《论我国外资立法发展方向的几个问题》，载《现代法学》1998年第2期。

② 如国务院发布的《外汇管理条例》；国务院批准，由国家发改委、商务部发布的《外商投资产业指导目录》等。

单项立法外，还有数量庞大的行政法规、地方性法规以及行政规章等，而新加坡外国投资法则没有诸如地方性法规这样的法律渊源。

3. 中国外资立法模式的重新选择

对于外国投资法的立法模式，如前文所述，世界上目前主要有三种，即(1)将内外资置于同等法律地位进而得以公平竞争的内外资统一由国内法进行调整的立法模式，并不制定专门的外国投资法；(2)不单独制定统一的、系统的外国投资法，而是以一个或几个关于外国投资的专门法律或特别法规、法令作为外国投资的基本法或法群，辅之以其它相关的法律构成外国投资法律体系；(3)制定一部统一的外国投资法法典，辅之以其它法律中有关外国投资的部分，对外国投资的有关法律关系进行调整。

一个国家外国投资法的立法模式并不是一尘不变的，而是由3个方面因素共同决定的：(1)本国的经济体制和经济发展水平；(2)本国的法律环境和投资政策；(3)本国利用外资的实际情况。改革开放近40年来，中国不断地改善外国投资的法律环境，使中国成为世界第二大、发展中国家第一大外国投资对象国。在此过程中，以《中外合资经营企业法》《外资企业法》和《中外合作经营企业法》为首的三部基础性法律发挥了极其重要的作用。但是，这三部法律均颁布于改革开放之初，是计划经济体制下的法律。如今，中国的经济体制转型，已经从计划经济转变为社会主义市场经济；同时，中国的法制体系也在不断完善，外国投资的法律环境和投资政策也已发生了很大的变化；并且，中国利用外资的实际情况也与改革开放初期有了很大的不同。

综合上述3种因素，中国目前外国投资法所采取的第二种立法模式已经不适合我国外国投资的发展，并且也与经济全球化的总趋势相背离。然而对于第一种立法模式，需要本国有很高的市场经济发展水平，并且法制体系也高度完善。采用此种立法模式的国家多为西方发达国家，美国就是其中的代表性国家。这样看来，在第二种立法模式已经不能完全适应我国外国投资法律发展的需要和第一种立法模式需要高度发达的市场化经济水平的情况下，我国外国投资法的重构选择第三种立法模式，即制定一部统一的外国投资法，是最符合我国当前经济体制、法律环境和利用外资实际情况的。

中国商务部于2015年1月19日在其官方网站上公布了《中华人民共和国外国投资法(草案征求意见稿)》(以下简称《外国投资法(草案)》)，向社会公众公开征求意见，标志着中国外国投资法的改革真正进入了实施阶段。《外国投资法(草案)》的公布,无论是从可行性还是必要性来看,都是中国外国投资法探索和发展的必由之路。

二、新加坡外国投资准入制度

投资准入是外资进入东道国的第一道门槛,东道国基于国家主权可以决定哪些行业对外国投资者开放,哪些行业有限制性地开放,哪些行业不开放。[①] 而外资在获得准入资格之后又涉及到审批问题,只有持完整手续的合格投资在获得主管机关的审核和批准之后才能真正进入东道国。从东道国的角度看,准入的范围、准入门槛的高低以及审批程序的严格性和便利性,都直接关系到其吸引外资的能力以及投资自由化和便利化的实现。

目前与外资准入制度相关的国际公约只有 WTO 协定中《与贸易有关的投资措施协定》(TRIMs)和《服务贸易总协定》(GATS)。TRIMs 规定了与贸易有关的投资措施,禁止实施与国民待遇不相符的措施,包括当地成分要求、贸易平衡要求、国内销售等。GATS 要求在服务市场准入方面,每个成员给予其他任何成员的服务和服务提供者的待遇,不得低于其承诺表中所同意和明确的规定、限制和条件,包括一般义务和具体承诺义务。除了上述多边协定,国际投资领域也存在一些区域性协定或双边投资协定,如北美自由贸易区的投资协定、欧盟投资协定等。因此,与国际贸易相比,对外国投资的规制还是基于国内法的调整范围,国家对外资进行管理和限制的权利基本上还是属于一个国家的经济主权。

(一)外国投资的准入范围

虽然新加坡的投资环境比较宽松,法律对于外国投资准入的行业和领域没有太多的限制,但根据相关的法律和新加坡政府每年出台的优惠政策来看,其对于外国投资的准入范围可以分为鼓励、允许和限制三大类。

由于新加坡国内市场狭小,政府会根据经济发展状况和国情不断调整鼓

① 史晓丽、祁欢:《国际投资法》,中国政法大学出版社 2009 年版,第 67 页。

励、引导外国投资的投向范围。在其经济扩展期(1968 年—1978 年),政府鼓励外资投向出口导向型产业,以充分利用其港口的地理位置优势和低廉的劳动力成本以克服国内市场狭小的劣势;在经济重建期(1979 年—1985 年)和经济重整期(1986—1996 年),则侧重鼓励外资投向技术密集型、知识密集型工业,并且鼓励外资投向国际经济服务业;1997 年之后,新加坡经济进入了知识经济导向期,其鼓励外国投资的重点又放在了生命科学和信息产业等知识密集型产业。根据新加坡政府公布的 2010 年长期战略发展计划,电子、石油化工、生命科学、工程、物流等 9 个行业被列为奖励投资领域。[①]

新加坡对于外国投资的准入领域限制很小,主要是在涉及国家安全、公共利益等行业对外资有一定限制。其采用"负面清单"的方式,[②]列出对于外国投资准入范围的限制。从行业分类来看,新加坡目前限制外资准入的领域主要有三大类:公用事业、[③]新闻传播业和武器制造业。另外,对于投向金融和保险行业的外国投资实行许可证制度。

新加坡几乎没有行业禁止外国投资,除了上述限制行业,其他的行业均属于允许外国投资准入的范围。并且,其限制外资准入的范围在不断地缩小。例如,曾经属于限制外国投资领域的通信行业于 2000 年 4 月起已经完全开放,而电力行业也于 2001 年 4 月起部分允许外资进入。

(二)外国投资的审批制度

1. 审批管理机关

一般情况下,外资在新加坡设立企业的程序直接适用其国内《公司法》的相关规定,无须经过逐案审批审查获得准入许可,只需要注意一些额外的管制许可要求。因此,在审批主管机关方面,新加坡并没有统一专门的政府机构作为审批机关。有关外国投资的管理机关主要有以下几个:

---

① 商务部:《对外投资合作国别(地区)指南,新加坡》(2014 年)。

② "负面清单管理模式"是指政府规定哪些经济领域不开放,除了清单上的禁区,其他行业、领域和经济活动都许可,凡是与外资的国民待遇、最惠国待遇不符的管理措施,或业绩要求、高管要求等方面的管理措施均以清单方式列明。

③ 如公共交通行业、电力、煤气行业和供水行业。

(1)新加坡经济发展局(Singapore Economic Development Board, EDB)。[①] 该机构成立于1961年,成立之初的目的是集中协调解决外国投资问题。现在,该机构隶属于新加坡贸工部,是专门负责吸引、鼓励和引导外国投资活动的机构。同时,负责具体制定和实施各种有关外国投资的优惠政策并提供咨询和培训服务。

(2)新加坡会计与企业管理局(Accounting and Corporate Regulatory Authority, ACRA)。[②] 在新加坡,除了某些可以豁免登记的个人、专业人员和机构,其余无论是新设的独资经营小商行或是规模庞大的跨国公司,均必须向ACRA注册登记备案。

(3)新加坡金融管理局(Monetary Authority of Singapore, MAS)。[③] 对于限制领域的金融和保险行业的外国投资,该机构负责审批并发放许可执照。

2. 审批和设立程序

新加坡对于外国投资设立的企业采取注册登记制度,任何外国投资企业,无论是新设的独资经营小商行或是规模庞大的跨国公司,均必须向ACRA注册登记备案。对于属于限制领域内的行业如金融、保险和公共交通行业,在通过审批机关的审核并获得营业许可执照后,才能通过ACRA的注册登记。

对于外国投资在新加坡设立企业的形式,主要有三种,即设立具有独立法人资格的公司、设立外国公司的分公司和设立办事处。三种设立形式在设立程序上和手续上基本相同。不同之处在于,对于设立分公司,外资公司必须雇佣一家专业的公司代为注册;对于设立外资银行和保险机构的办事处,必须向MAS申请注册,而其他非限制行业的办事处则须在新加坡国际发展局注册。ACRA审核预注册公司的申请法定时间为14个工作日,但通常3—5个工作日就可以获得批准。以设立普通行业的具有独立法人资格的公司的流程为例,如下图:

① http://www.edb.gov.sg/content/edb/en.html,访问日期:2016年11月20日。
② https://www.acra.gov.sg/home/,访问日期:2016年11月22日。
③ http://www.mas.gov.sg/,访问日期:2016年11月25日。

填写注册申请表格

↓

向 ACRA 提交预注册的公司名称，等待批准。此步骤审批时间通常为 1 个工作日

↓

预注册公司的名字被批准

↓

依据该名字，起草相关签字文件

↓

向 ACRA 提交签字文件，并支付注册费用，等待审批。

审批时间(包括上述步骤在内)通常为 3—5 个工作日

↓

获得批准，公司成立

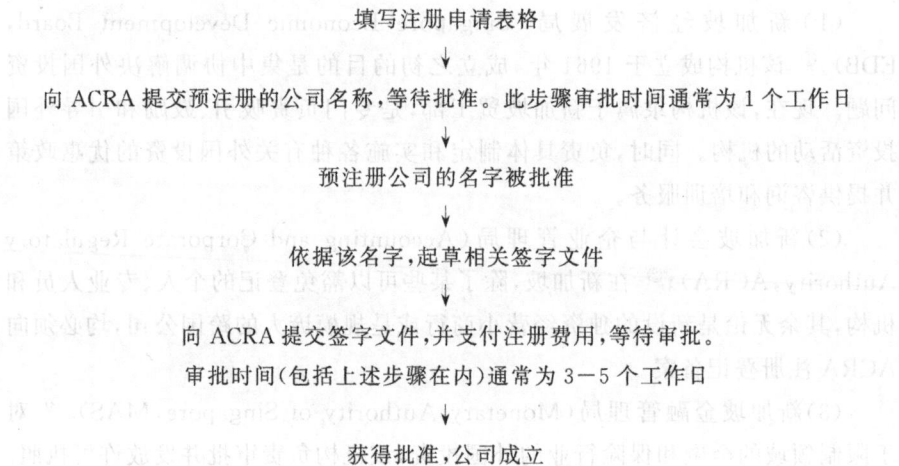

(三)比较评析及中国外资立法的借鉴

1. 外国投资的准入范围比较

在投资准入范围方面，中新两国外国投资法既有相同之处也有不同之处。相同之处在于：(1)两国均有鼓励类和限制类投资行业。例如，两国均鼓励外国投资投向高科技电子产业和有机药品的制造等；近年来，更是积极引导外商投资服务业以推动产业结构的调整。同时，对于金融业如设立银行和保险公司等又有诸多的限制；(2)在限制方式上，均有对外资股权比例进行限制。例如，根据中国《外商投资产业指导目录》的规定，对于寿险公司外资的持股比例不能超过 50%。对于证券投资基金管理公司，外资持股比例不得超过 49%。而根据新加坡《广播产业法》的规定，外国资本在其电视广播行业持股比例不得超过 50%，对于限制极其严格的本地报刊业，其外资股权比例不得超过 5%。不过近些年来，在全球投资自由化趋势下，中新两国在其不同行业都逐步放宽了对于外资持股比例的限制以营造更为宽松的法律投资环境。

中新两国在外资准入范围上的不同之处则主要体现在中国对于外国投资的限制范围比新加坡更加广泛。新加坡对于外资采取“负面清单”管理模式，除了清单以外的行业领域现在基本都对外资开放。而根据 2015 年修订的中国《外商投资产业指导目录》规定，外国投资的限制目录共 38 条，禁止目录 36 条，虽然分别比原来减少了 41 条和 3 条，但是仍然包含了 13 大产业。

2. 外国投资的审批制度比较

对于外资准入的审批，我国目前仍是实行“复合制分级审批制度”。对于审批机关，纵向来看，有中央和地方部门两级机构组成。横向来看，审批机关数量众多，被委托的国务院各部门和地方对应机关均可作为审批机关。因此，造成目前我国审批机关权力分散，审批程序相对复杂，审批实践中有拖沓之虞。而新加坡由于其外国投资限制领域较小，因而审批机关数量少，权力更为集中。

在外资准入的方式上，中新两国外国投资法也既有相同之处又有不同之处。相同之处在于：1. 两国均允许设立合资经营企业、外资企业和合作经营企业。2. 经登记注册的企业，都具有东道国的法人资格。不同之处在于，由于中国的基础设施建设相对新加坡而言比较落后，因此中国允许外国投资以 BOT 的方式进入，而新加坡没有 BOT 投资方式。

3. 中国外国投资法的借鉴

新加坡对于外资采取“负面清单”的管理模式，其外资开放程度较高，除了清单以外的行业领域现在基本都对外资开放。该模式的好处是可以提高外资准入的效率，外国投资者可以参照“负面清单”，对其投资在投资前进行自我评估，对于其中不符合要求的部分可在投资前进行整改。然而目前，我国对于外资准入依然实行逐案审批的管理制度，在审批过程中，外国投资者与审批机关常常因为复杂的审批流程和长时间的等待许可而发生争议，降低了外资准入的效率。因此，中国外国投资法有必要参照新加坡外国投资法的有关先进制度，引入“负面清单”的准入管理模式。

从《外国投资法(草案)》有关规定可以看出，[①]中国将全面引入“负面清单”的准入管理模式，即只对特别管理措施目录(禁止实施目录和限制实施目录)内的外资准入实行准入许可制度，从而彻底取代外资准入逐案审批的管理制度，对外资采取准入前国民待遇。这将大量减少外资准入时的行政审批数量，极大的提高外资准入时的效率。

---

① 《外国投资法(草案)》第二十六条：外国投资涉及限制实施目录所列情形的，应符合限制实施目录规定的条件，并依照本法向外国投资主管部门申请外国投资准入许可。未在限制实施目录中列明的，无需申请准入许可。

三、新加坡外国投资待遇

东道国在吸引外资的过程中，营造一个透明、稳定和可预见的法律环境十分重要。其中包括明确外国投资和外国投资者的法律地位以及清楚界定其权利义务。[①] 外资待遇指的是投资者及其投资在东道国所享受的权利和其承担的义务的集合。[②] 各国的外国投资法给予投资者的待遇不尽相同，主要有国民待遇、最惠国待遇以及公平公正待遇。从国际投资法实践来看，发达国家一般给予外国投资者国民待遇而发展中国家较少给予外国投资者国民待遇。从国际投资法的发展趋势看，越来越多的国家采用了国民待遇标准。投资自由化的内涵是减轻或者消除市场扭曲的影响，提高给予外国投资者的待遇标准。[③]

一国给予外国投资和外国投资者的投资待遇主要体现在以下几个方面，即税收和优惠措施、国有化及征收和利润的汇出管理上。在这些不同方面，东道国有可能根据其外资立法和对于外资的实际需要而给予外国投资和外国投资者不同的待遇。

新加坡由于其较高的投资自由化程度，在税收问题上内外资企业基本一视同仁，在利润汇出问题上也没有对外资作出限制。因此，其对于外国投资普遍实行国民待遇。

（一）税收和优惠措施

税收问题永远都是外国投资者最关心的投资待遇之一，也是东道国能否吸引外国投资的重要因素。因此，多数发展中国家为了更好地吸引外资，都对外商投资企业实行税收优惠政策。

由于对外国投资者实行国民待遇，新加坡对内外资企业实行统一的企业

① 杨慧芳：《外资待遇法律制度研究》，中国人民大学出版社 2012 年版，第 48 页。
② 张丽英：《国际经济法》，浙江大学出版社 2009 年版，第 369 页。
③ 汪智刚：《外资准入和投资自由化》，载《商业研究》2009 年第 21 期。

所得税征收制度。根据新加坡《所得税法令》第43条(1)款(a)项的规定,[①]企业所得税税率为17%。并且,所有企业可以享受前30万新元应税所得的部分免税待遇,具体如下:对于一般企业,前1万新元税率为4.25%,后29万新元税率为8.5%;对于符合条件的起步企业(公司成立三年以内),其前10万新元所得全部免税,后20万新元税率为8.5%。和世界上大多数国家相比,新加坡的企业所得税税率较低,因此,这是其吸引外国投资的一个重要优势。

此外,以经济发展局为首的众多部门为外国投资者制定了一系列优惠激励措施,如:(1)经济发展局推出的国际/区域总部计划。外国投资企业将国际总部(IHQ)或区域总部(RHQ)设在新加坡将享受较低的企业税率。区域总部税率为15%,享受期限为3—5年;国际总部为10%或更低,期限为5—20年;(2)经济发展局推出的并购(M&A)计划。并购(M&A)计划提供相等于收购价值5%的免税额,每个估税年的免税额以500万新元为上限。另外,该计划还可以减免印花税和扣除交易成本,附带条件是集团的最高控股公司必须在新加坡注册和纳税且该条件豁免须得到经济发展局的批准;(3)国际企业发展局(IE Singapore)推出的易商计划(Global TradingProgramme, GTP)。GTP是新加坡企发局于2001年6月推出的,为鼓励在当地注册的公司以新加坡为基地进行全球贸易的一项公司税收优惠政策。对所有合同的贸易收入提供10%的优惠税率。在现有计划下,获准的全球贸易企业也将能获得5%的优惠税率和10%的合同岸外贸易收入税率。

(二)国有化及征收

国有化是主权国家为了社会公共利益的需要而采取的将其本国或外国的公民或法人拥有的企业全部或部分收归国家所有的措施,其实质是变企业的私有制为国家公有制。[②]

新加坡把不实行国有化作为大力吸引外资,保障外资企业资产所有权的

---

① *Income Tax Act*: 43. —(1) Subject to section 40, there shall be levied and paid for each year of assessment upon the chargeable income of —(*a*) every company or body of persons, tax at the rate of 17% on every dollar of the chargeable income thereof.

② 陶斌智:《中新直接投资法律比较研究及我国之借鉴》,载《商情》2010年6月第6卷。

一项重要内容。如,根据中新两国 1985 年签订的《中新双边投资协定》第六条的规定,新加坡不对中国投资者的资本和其他财产采取行政的手段征用或征收,不会采取国有化措施。对于确因法律所准许的征收、国有化外商资产的,新加坡将在非歧视的基础上予以合理补偿。

(三)利润的汇出管理

外国投资者到东道国投资最主要的目的就是为了获取利润,利润是否能够从东道国向投资者本国实现自由地汇出,无疑是保障外国投资者利益的关键。外资企业的汇出管理必然是包含在一个国家的外汇管理制度之中的,也是一个国家的金融制度的一部分。从国家的角度出发,外汇管理制度是基于本国国情的需要,为了本国的金融体系服务,保障本国的国际和国内的收支平衡的同时,能够提升本国在国际金融市场的地位。从外资企业的角度出发,对于外资企业的外汇管理是随着东道国的经济、政治、文化等各方面因素的发展而决定的,不单单是对外资企业的企业管理,还涉及整个国家对于行业的管理。这不是一个国家的某一部外汇法律可以涵盖其所有内容的,还包括了部门制定的关于外资企业的规定。[①]

新加坡的外汇管理机关是新加坡金融管理局。该机构负责固定收入和外汇流动性管理,目的是在必要时干预外汇市场和作为外汇监督机构发行货币。

根据新加坡《外汇管理法令》相关规定,新加坡几乎没有外汇管制,外国投资者基本上可以自由地将源于在新加坡投资产生的盈利、股息或者任何收入汇出。银行允许非居民开户和借款,外资企业在新加坡开立外汇账户应按要求向主管部门提供公司注册文件、法定代表人护照复印件等相关材料,个人及公司外汇经说明原因后可以自由汇出。

(四)比较评析及中国外资立法的借鉴

1. 税收及优惠措施的比较

目前而言,中国的外国投资税收优惠制度正在逐步削减,外资企业在税收

① 陶广峰:《金融法》,法律出版社 2009 年版,第 331 页。

上享受的超国民待遇正在逐步减少。根据中国《企业所得税法》的规定，[①]外资企业不再适用单独的所得税法，其与内资企业均实行一致的税收优惠制度，实现准入后内外资企业的公平竞争。

在外国投资企业的税收问题尤其是最重要的企业所得税征收问题上，中新两国既有相同之处又有不同之处。

相同之处在于：(1)根据中国《企业所得税法》和新加坡《所得税法令》的一般性规定，中新两国是相似的，即对内外资企业适用统一的企业所得税制度；(2)同时，两国又根据国内经济发展的需要，推出一系列税收优惠措施，鼓励和引导外资投向高技术产业和高附加值产业等以优化调整产业结构。

不同之处在于，由于我国地域辽阔，改革开放之后东西部经济发展不平衡，因此，我国目前仍有对外商投资的地区性优惠措施，如 2013 年修订的《中西部地区外商投资优势产业目录》即有相关规定。而新加坡由于国土面积狭小，没有地域上的差别待遇。

2. 国有化及征收比较

对于外国投资的国有化征收问题，中新两国均实行温和的外资国有化政策，因此外国投资企业在中新两国投资被国有化或者征收的风险很低。作为鼓励外国投资和保障外国投资者在东道国利益的重要措施，中新两国不论是在国内立法上还是在两国与他国签订的双边投资协定中，均对该问题作出相关规定或者承诺。

3. 利润的汇出管理比较

对于外国投资企业的利润的汇出，中新两国有不同之处，体现了两国对于外汇管理的严格程度。新加坡已经于 1978 年 6 月取消了外汇管制，新加坡货币可自由兑换外币，外国投资者转移或汇出利润几乎没有限制，其所得利润在没有法律责任、争端问题未处理条件下完税后即可自由汇出，也不缴纳利润税。而中国对于外汇管制的程度要明显强于新加坡，对于外国投资所得利润，

---

① 《企业所得税法》第六十条：本法自 2008 年 1 月 1 日起施行。1991 年 4 月 9 日第七届全国人民代表大会第四次会议通过的《中华人民共和国外商投资企业和外国企业所得税法》和 1993 年 12 月 13 日国务院发布的《中华人民共和国企业所得税暂行条例》同时废止。

必须经审核机关审核后通过指定银行才能汇出。并且，对于在中国投资的外资企业，其在利润汇出时，需要按照《企业所得税法》规定再缴纳10%的利润税。

4. 中国外国投资法的借鉴

新加坡在其各个经济时期对于外国投资进入何种领域的引导是卓有成效的，其通过实施有利于其经济结构调整和产业结构转移的一些列优惠措施，来达到正确引导外资进入其需要外资的行业领域。我国长期以来也是以国务院有关部门或者地方政府出台的外国投资优惠措施来引导外资进入相关的行业领域或者地区，但是这些政策并不是法律，不具有法律的公信力，因此有时并不能很好地发挥作用，投资者如果对于我国的某些地方政府没有信心，便不敢贸然进行投资。而在短时间内，我国的地方政府也无法明显提高其公信力，因此，需要法律作出相关规定确认某些行业或者区域政策的公信力。而根据《外国投资法（草案）》的规定，[①]其保障了行业区域政策的自身合法性，使外国投资者进行投资活动时更为放心。而对于利润汇出的管理，中国可以借鉴新加坡逐步放宽对于利润汇出的诸多限制，如取消必须在外汇管理机关指定的银行进行利润汇出的限制。对利润汇出的限制越少，投资自由化程度越高，则越能吸引更多的外国投资者。

四、新加坡外国投资争端解决机制

投资争端解决机制也是一国外国投资法的有机组成部分。投资者到外国投资除了关心投资环境和投资优惠措施外，东道国的投资争端解决机制也是他们决定投资与否以及投资程度的重要因素。毕竟，外国投资是一项复杂的活动，涉及财税、法律等多方面问题，发生争端也是不可避免的。总的来说，外国投资企业可能遇到的投资争端类型有如下3种：

第一种，外国投资企业与东道国政府之间的争端。比如因东道国政府的

① 《外国投资法（草案）》第一百〇二条：国家根据国内经济社会发展和产业转移形势需要，促进外国投资者在国家鼓励的行业领域，以及特殊经济区域、民族自治地方和经济不发达地区投资，举办产品、服务或者技术先进的外国投资企业。

行政管理行为而引起的争议，东道国政府依其经济主权而享有管理外国投资、管理和监督外国投资者的权利，行政机关在行使这些权利时，有可能会与外国投资者发生争议。这种争议可能是由于行政机关行使职权而引起的，也可能是国家公务员在执行公务时引起的。

第二种，外国投资者和东道国投资者之间的争议。此种争议主要出现在合资企业或者合作企业中的投资双方，双方可能就其权利义务和利益的分配产生争议。对于此类争议，应依其投资契约解决。

第三种，外国投资企业与东道国国内其他企业之间的争议。由于外国投资企业是依照东道国法律设立的企业，因此具有东道国法人资格。其与东道国国内其他企业的争议在性质上属于东道国企业之间的争议，一般适用东道国国内法调整。

(一)争端解决的法律渊源

目前，新加坡有关外国投资的争端解决主要由国内法、与他国签订的双边投资协定和区域性协定以及加入的国际条约来调整。

1. 国内法

新加坡国内法调整与外国投资有关的争议主要是上述第三种争议，即外国投资企业与东道国国内其他企业之间的争议。外国投资企业依照新加坡《公司法令》和《商业注册登记法令》设立并登记注册，无论是何种类型的公司，均属新加坡法人。此种争端，一般使用新加坡国内法解决即可。在程序法上，新加坡与民事诉讼有关的法律渊源主要有《最高法院司法制度法令》《初等法院司法制度法令》和一些涉及民事诉讼的其他法律法规、诉讼指引和法庭规则等。

2. 双边或区域性协定

双边投资条约是两国为了促进和保护投资而缔结的条约，是调整两国间投资关系最为有效的手段，在促进国际经贸往来上具有重要的作用。[①] 双边

① 金成华：《国际投资立法发展现状与展望》，中国法制出版社 2009 年版，第 23 页。

投资协定主要是针对上述第一种争议作出一般性规定，尽量通过外交途径或者仲裁程序解决投资争端。

新加坡作为优质的外国投资东道国，一直努力地完善和提高外国投资的法律环境，不仅国内外国投资法律制度良好，同时也与世界多个国家和地区签订双边或多边协定促进和保护外国投资，这些协定中均有关于外国投资争端解决的规定。

例如，根据1985年中国与新加坡签订的双边《促进和保护投资协定》中有关投资争议的规定，[①]争议双方可以就争议进行友好磋商，在六个月内或者未能协商解决后任何当事方均可将争议提交有管辖权的法院进行诉讼或者提交国际仲裁。

同时，作为东盟重要成员国，新加坡还积极促进东盟与很多国家签订区域性协定，这不仅仅是为了鼓励和保护外国投资，也是为了在发生投资争端时有一个良好的解决机制进行解决。例如，在2004年和2009年，东盟与中国分别签订了《中国—东盟自由贸易区争端解决机制协定》和《中国—东盟自由贸易区投资协定》(简称《投资协定》)。

以《投资协定》为例，新加坡作为东盟成员国，也是《投资协定》的签署国，其中就有关于投资争端解决机制的相关规定。[②] 该协定规定，如果争议当事双方磋商未果，外国投资者可以寻求东道国救济或将该争议提交国际仲裁。并且，在涉及国际仲裁方面，该协议为外国投资者提供了许多选择：(a)提交解决投资争端国际中心(International Center for Settlement of investment Disputes，简称ICSID)，根据联合国国际贸易法委员会规则进行仲裁；(b)根

① 中新双边《促进和保护投资协定》第十三条：一、缔约一方的国民或公司与缔约另一方之间就在缔约另一方领土内的投资产生的争议应尽量由当事方友好协商解决。二、如果争议在六个月内未能协商解决，当事任何一方有权将争议提交接受投资的缔约一方有管辖权的法院。三、第六条关于由征收、国有化或其效果相当于征收、国有化的其他措施发生的补偿款额的争议，有关的国民或公司在诉诸本条第一款的程序后六个月内仍未能解决，可将争议提交双方组成的国际仲裁庭。如果有关的国民或公司诉诸了本条第二款所规定的程序，本款规定不应适用。

② 《投资协定》第十四条就缔约方与另一缔约方的争端解决做了详细规定，对于一缔约方违反该协议第四条(国民待遇)、第五条(最惠国待遇)、第七条(投资待遇)、第八条(征收)、第九条(损失补偿)、第十条(转移和利润汇回)，通过对某一投资的管理、经营、销售或其他处置等行为给投资者造成损失或损害的投资争端。

据争议当事双方一致同意的其他仲裁机构或根据其他仲裁规则仲裁。(c)即使投资者已将争端提交缔约方国内法院，如果投资者在最终裁决做出前从国内法院撤回申请，投资者仍可提交国际争端解决机制。

《投资协定》的上述规定既体现了对国际仲裁的重视，又更利于保护投资者利益。外国投资者不仅要熟知新加坡国内投资法对投资争端的解决机制，更要了解并能熟练运用相关区域性协定对投资争端解决的规定。

3. 国际条约

在国际条约方面，新加坡作为《关于解决国家与其他国家国民之间投资争端公约》(简称《华盛顿公约》)的成员国，必须遵守其加入承诺。依据其所设立的解决投资争端国际中心(ICSID)是一个专门处理国际投资争议的国际性常设仲裁机构，在与他国投资者发生投资争端时，除了中心无管辖权和新加坡加入时所做的保留这两种情况，只要争端双方均为公约缔约国，即可将争端交由ICSID仲裁。[①]

(二)争端解决的方式

新加坡的法制体系相当完备，虽然其法律制度深受英国法律影响，是典型的英美法系国家，但是新加坡仍然有400多部成文法。在良好的法律制度下，必然存在着一套运行完善的争端解决机制。

在新加坡，有关外国投资的争端解决，一般有如下三种方式：

1. 调解协商

作为非司法性质的争端解决方式，调解协商制度在新加坡各类争端解决方式中一直扮演着重要的角色。

① “中心”可以受理的争端必须满足三个条件：仅限于一缔约国政府(东道国)与另一缔约国国民(外国投资者)直接因国际投资而引起的法律争端；争端当事人适格，争端当事人分别是《公约》缔约国和另一缔约国国民；争端当事人书面同意将争端提交“中心”管辖。对一些虽具有东道国国籍，但事实上却归外国投资者控制的法人，经争端双方同意，也可视同另一缔约国国民，享受“外国投资者”的同等待遇。

2. 提交仲裁

作为一种准司法性质的争端解决方式，仲裁已广泛被世界大多数国家承认和采用，新加坡现在已形成了一套较为完备的仲裁制度，在解决有关外国投资的争端时，仲裁方式使用频繁，是新加坡解决外国投资争端的一大特色。

新加坡国际仲裁中心是该国唯一的仲裁机构，成立于1991年。该机构受理的案件范围非常广泛，除了刑事案件和家庭纠纷，包括海上保险和航运、银行金融业务和国际投资争端等案件均可提交该机构仲裁。

除了仲裁相对于司法程序更为高效的一般优势以外，新加坡国际仲裁中心对于解决投资争端有其独有的3大优势：

(1)仲裁机构具有高公信力。新加坡国际仲裁中心是一个非营利性质的独立机构，是在世界范围内享有盛名的仲裁机构。其作出的仲裁裁决在《纽约公约》的140余个成员国均能得到执行。

(2)高度国际化。新加坡国际仲裁中心目前在册的国际仲裁员有320多人，来自31个不同的国家和地区，有丰富的英美法系和大陆法系的国际仲裁经验。

(3)优越的外部环境。根据非政府组织"透明国际"公布的全球清廉指数报告，新加坡常年位居世界前十，亚洲之首。新加坡法院对于仲裁裁决的承认和执行一贯采取高度的支持原则。

3. 提起诉讼

作为司法解决方式，能够有效地解决争端。

争端解决方式作为法律中的必备条款，其彰显了法律最基本的精髓，维护权利，保障法律得以贯彻实施。因此，外国投资者进入新加坡投资，只有全面了解和掌握新加坡外国投资法争端解决机制，才能在面临问题时能随时运用法律维护自身利益。新加坡广泛与世界各国和地区签订双边或区域性投资协定以及加入有关国际条约，表明了新加坡保护外国投资的立场。

(三)比较评析及中国外资立法的借鉴

1.争端解决的法律渊源比较

中新两国对于外国投资的争端解决的法律渊源的相同之处有:(1)在法律渊源的层级上,两国均有3个层级的不同法律渊源,形成了从国内立法到国际条约的全方位多层次解决外国投资争端的法律依据。(2)在具体的法律渊源上,两国还签订有共同的双边协定和区域性多边协定。[①] 同时,中国和新加坡也都是《关于解决国家与其他国家国民之间投资争端公约》的成员国。

中新两国对于外国投资的争端解决的法律渊源的不同之处,主要是体现在有关仲裁的法律渊源上。新加坡目前与仲裁有关的主要法律渊源是2002年的《新加坡国际仲裁法》和2010年的《新加坡国际仲裁中心仲裁规则》。新加坡国际仲裁中心作为新加坡国内唯一的仲裁机构,有着极高的公信力,其发布的《新加坡国际仲裁中心仲裁规则》也具有很强的权威性和认可度。而中国目前仲裁机构数量众多,且每个机构都有自己的仲裁规则,因此,从这一方面的法律渊源来看,新加坡的仲裁法律渊源权威性更强。

2.争端解决的方式比较

在外国投资争端解决的方式上,中新两国的相同之处都在于在立法上大力推行非司法性质的解决方式,尤其是仲裁。实践中,争端当事人也更愿意选择仲裁而非诉讼。仲裁之所以被争端当事人选择,很高程度上就是为了规避政府对于司法机构作出裁决时的干预从而产生不公正的裁决结果。新加坡国际仲裁中心现已成为世界上重要的国际商事仲裁机构之一,而中国国际经济贸易仲裁委员会也经过近六十年的不懈努力,开拓进取,励精图治,以其独立、公正、高效的仲裁工作在国内外享有了广泛的声誉,赢得了中外当事人的普遍信赖。

对于中新两国外国投资争端解决的不同之处,主要体现在对于临时仲裁

---

① 如中新双边《促进和保护投资协定》《中国—东盟自由贸易区争端解决机制协定》和《中国—东盟自由贸易区投资协定》等。

的承认上。新加坡承认临时仲裁的形式,而中国目前并不承认临时仲裁的形式。在中国加入的联合国《承认及执行外国仲裁裁决公约》第一条第三款中规定有临时仲裁制度,中国既然认可该条约中的约定,却在现行制度中并无体现,不能不说是一个重要的缺漏。其他的不同之处更多地是体现在双方法制体系的完备程度上的不同。新加坡作为东南亚最发达的国家,国内法制体系高度完备。从立法、司法和法律执行与监督各个方面均体现了法治国家的特点。中国改革开放以来也在大力推行法制体系建设,取得了很多显著的效果,但是与新加坡相比,法制体系还并不完善。在解决外国投资争端的法律实践中,还不能完全做到法治,例如我国的法律执行环节就与新加坡还有较大的差距。

3. 中国外国投资法的借鉴

相比于中国,新加坡对于投资争端的解决主要有两点值得借鉴。第一点是仲裁方式在新加坡使用频繁。新加坡现在已形成了一套较为完备的仲裁制度,在解决有关外国投资的争端时,争端双方首要采用的争端解决方式就是仲裁,这是新加坡解决外国投资争端的一大特色。仲裁机构的高公信力、高度国际化以及优越的外部环境均使得仲裁成为争端双方的首选争议解决方式;第二点是新加坡对于临时仲裁形式的承认,如前所述,中国目前并不承认临时仲裁的形式。中国加入的联合国《承认及执行外国仲裁裁决公约》第一条第三款中规定有临时仲裁制度,中国既然认可该条约中的约定,却在实践中并不承认临时仲裁的形式,也是中国外国投资法立法值得借鉴之处。

第十章

泰国外国投资法

泰国地处中南半岛中部,位于东盟的中心位置,是东盟的物流、贸易和金融中心。作为东盟的创始国之一,泰国积极参与东盟一体化建设,强调经济外交,推动双、多边自贸安排。近几年来,受全球金融危机影响,泰国经济发生波动,2010 年和 2012 年分别出现 7.8%和 6.4%的高增长率。2013 年后,受政治动荡和全球经济复苏乏力影响,经济增长有所回落。

泰国与中国于 1975 年建交。建交以来,两国各领域友好合作关系全面、顺利发展。2012 年 4 月,中泰建立全面战略合作伙伴关系。随着中国"走出去"战略的实施,越来越多的中国企业进入泰国,已逐步形成多层次、多渠道、全方位的合作格局,中国成为泰国第 6 大投资来源地。作为"一带一路"建设的重要节点,泰国欢迎并推动国内经济发展战略对接"一带一路"倡议,现正积极设立边境经济特区。

一、泰国外国投资法概述

泰国对于东盟其他国家来说,属于较早取得国家独立的国家。自从国家独立以来,一直奉行自由市场经济的政策,同时推行经济私有化及贸易自由化,实施经济自由化战略和对外开放政策。早在 20 世纪 50 年代就开始制定有关外国投资的法律规范。随着泰国经济的发展和国民生活生活水平的提高，从20世纪70年代开始，泰国继续改善本国的外国投资环境，并且在完善外国投资法律制度上也做了极大的努力。现行的投资法是1977年颁布并实施的《投资鼓励法》，泰国政府先后在1991年和2001年对《投资鼓励法》进行了两次增补和修改，为外国投资者提供了更加优惠的政策和投资保障。该法统一适用于泰国人和外国投资者。

（一）泰国外国投资法的发展历程

泰国是外国对中南半岛进行投资的重要国家。长期以来，泰国政府非常注重利用外资来促进国内经济发展，较早制定了外资法，形成了较为完备的外国投资法律体系。在泰国外国投资法中最具有特点的就是其工业园区法律制度。近年来，泰国根据实际情况对外资法作了不少修改，投资法律制度也不断趋于完善。

泰国是一个较为重视投资立法的国家，从20世纪50年代至今，已先后颁布过四部投资法。最新的泰国投资法，即现行的1977年颁布并实施的《投资鼓励法》，可以说是泰国关于投资的最主要的一部法律，不仅是泰国吸引外国投资的重要法律工具，也给外国投资者提供了到泰国投资参考的法律指南。

除《投资鼓励法》之外，在1972年泰国颁布了《外国人经营法》。该法律把外国投资者分为三种：第一种是不具有泰国籍的自然人；其二是至少有一半以上的资产为外国人所有或该法人的股东及合伙人的一半以上为外国人；其三是注册的有限或普通合伙公司中有担任管理工作人员或经理为外国人。该法同样在禁止外国人从事的行业方面，作出了相应的规定。①

1978年，为了更大限度地让外国投资者参与投资，泰国对《外国人经营法》的相关内容进行了修改。1998年，泰国内阁在原则上通过了经过修订后的《外商企业经营法》，该法于1999年11月开始正式实施。此后，在泰国，《外商企业经营法》逐步取代了《外国人经营法》的地位。② 在法律地位方面，该法鲜明地列举了禁止、限制和鼓励外国投资者经营的项目，类似于我国的《外商投资方向暂行规定》及《外商投资产业指导目录》。该法把限制或禁止外国投

① 王志刚：《在泰国投资的相关政策规定》，载《西部资源》2005年第2期。
② 王志刚：《在泰国投资的相关政策规定》，载《西部资源》2005年第2期。

资者从事的行业明确地区分为三类：第一类为禁止外国投资者从事的行业，第二类为只有得到泰国投资促进委员会同意才准予外国投资者经营的行业，第三类是在投资促进委员会鼓励措施下或者是在商业部的许可下，外国投资者才可以投资并经营的行业。除了上述内容以外，该法还进一步放开了对于商品的批发和零售、建筑工程、非丝质的纺织品、证券代理、服装和鞋的生产。①

在2000年的8月份，泰国投资促进委员会陆续颁布并实施了一系列新的投资政策，泰国投资区域分为三类，并对以前的划分进行了更新，在第二类投资区域中增加了两个府（泰国的一种行政区划）；对于外国投资企业的管理标准和环境保护的水平有所提高，同时对以前许诺的外商的优惠条件进行了相应的保留；限制了一些享受外商优惠待遇的企业，例如在泰国投资1000万铢以上的被泰国政府给予投资优惠的企业，如果在获得优惠审批的2年时间以内没有通过ISO9000检查和认证或相同等级的其他国际组织的相应的检查和认证，将会减少该外国企业所得税免税期一年时间。②

在最近几年，泰国当局的不稳定导致泰国政府又增补和修订了一系列新的外资法律规范，主要是逐步减少对外国投资者股票持有比例的限制，拓宽允许外国人投资的范围（例如电子业）、通过政策需要重点扶持的行业（例如医药业）、进口原料和生产设施的进口关税及外资企业所得税的进一步减免、外国投资者经过投资促进委员会批准的工业园区内购买不动产和鼓励和保护产品出口的措施的准许等方面。2007年上半年，泰国再次对《外商企业经营法》加以增补和修订。修改的主要内容主要包括：限定外国投资者在企业中所持股权比例（不得让外国投资者在企业中的股份超过一半）、外国投资市场准入业务的三大目录、股东在股东大会中投票权利的相应限制以及修改有关不遵守相应法条的罚则等方面。③

---

① ［英］艾米·卡兹明：《泰国强调将坚持修改外国投资法》，载《金融时报》2007年1月11日第6版。

② 《泰国强调将坚持修改外国投资法》http://finance.sina.com.cn/stock/t/20070111/08081148830.shtml，访问日期：2007年1月11日。

③ 漆思剑：《泰国外国投资优惠法律政策研究》，载《河北法学》2007年第12期。

(二)泰国外国投资法的立法模式

泰国作为发展中国家,具有发展中国家的共性,同时也具有自身的特性。它与其他发展中国家一样给予了外国投资者更多的优惠政策和条件,同时结合自己的国情,为了保护本国的产业也给予外国投资一些限制。总体来说,相对于其他东南亚的发展中国家,泰国已经构建了比较完备的投资法律体系。有学者认为泰国在投资法结构体系上并未制定统一外国投资法典。其实泰国早在 1954 年就制定过第一部《投资鼓励法》,经过多年的发展与演变,现行的《投资鼓励法》(1977 年)也是一部相对统一的投资法,但是《投资鼓励法》比较笼统,没有区分内地投资还是外国投资,对于外国投资的许多关键部分也没有涉及。泰国政府为了方便外国投资,先后制订了很多关于外国投资的专门法律。因此笔者以为泰国的外国投资法立法模式采用了一种折衷方式,不仅很早就颁布一部投资法典——《投资鼓励法》,还制定了一些关于外国投资的专门法律法规,例如《外国人经营法》《外商企业经营法》《工厂法》等法律来辅助《投资鼓励法》的实施。同时还在公司法、民法、矿业法、石油法、商法、技术转让法等相关法律中制定了关于外国投资的法律规定。泰国采用的这种立法模式,从理论角度上,是立法模式的一种创新,丰富了泰国的立法理论体系;从实践角度上看,在日新月异的国际投资市场,不仅有一部专门的投资法典可以透明地给予外国投资者以优惠,同样的有相应的专门投资法律和想过国内法律法规的相关内容规定可以保持外国投资方面的法律内容的不断更新,有效的保护外国投资者的利益,更多的吸引外国资本。

1977 年的《投资鼓励法》经过 1991 年第一次修正和 2001 年第二次修正,主要由投资负责机构、申请和审批、权益、机械设备和必需物品、保护保证原则、优惠待遇取消、附则等七部分构成。同样的在《外国人经营法》《外商企业经营法》《工厂法》等外国投资专门法律中也对外国投资作出了详细的规定。

(三)泰国外国投资法的特点

由于各个国家国情的不同,发达国家、发展中国家的外国投资立法模式和外国投资立法的特点也有较大的差异。发达国家的外资立法的特点一般是对于外国投资的准入和经营比较自由开放,不会过多的限制和干涉。发展中国家都会对外国投资做出审批规定,限制外资的范围和方向[①]。当然,发展中国家相较发达国家对外资的鼓励措施较多,更多的给予外国投资者优惠措施。泰国作为发展中国家,其特点有发展中国家的共性,也有自己本国立法的独有的特性。

1.赋予审批投资机构较大的权力

泰国政府给予了审批投资机构极大的权力,认为它是保护和实施大力吸引外国资本进入的经济政策的重要部门。从这个角度出发,泰国将其投资审批机构的行政权力设定为高于部级(例如工业部)的投资促进委员会,而且规定投资促进委员会主任必须由政府总理来担任,副主任的其中之一必须为政府的工业部长[②]。政府总理有权直接任命投资促进委员会的其他成员。泰国政府通过提高审批投资机构的行政权力的手段,提高了对外国资本的吸引力,同时也是对于外国投资和经营的一种保障。在行政职能上是本国的大力吸引外国资本进入的经济政策的延续。

2.清晰的规定外国投资的事项

规定了外国投资者申请投资鼓励的要求、投资促进委员会审批投资项目的程序、投资审批机构的权利和义务、外国投资者的权利和义务等各方面的内容。在泰国政府看来,在法律中明确规定外国投资事项比给予外国投资者优惠还要重要,如果在法律中对于投资的审批标准和程序规定不完备,甚至会造成投资鼓励措施的无法实行,从而影响外国投资者到泰国来进行投资的决定。因此,在《投资鼓励法》中清晰的规定了外国投资的事项和投资的范围方向等内容。[③] 在外资法律中清晰的规定投资事项,为来泰国进行投资的意向者提供了具体的参考依据,也同时吸引更多的外商到泰国投资。

3.明确的规定投资者的权利

对于投资者权利的规定在《鼓励投资法》中占有较大篇幅,是它最大的一个特点。其实从泰国外国投资法的发展历程中可以看出,自从 20 世纪 50 年

① 余劲松、吴志攀:《国际经济法》,北京大学出版社 2009 年版,第 256 页。

② 泰国《投资奖励法》第 6 条。

③ 泰国《投资奖励法》第 16 条

代泰国政府制定的第一部《产业奖励法》以来，先后四部关于投资的专门法律中，都专章规定了投资者的权利。专门设立投资者的权利保证一章的目的，是能够在保障外国投资者的权益的同时能够吸引更多的外国投资者。《投资鼓励法》中保护外国投资者权利主要体现在第 5 章的 6 个法条中。主要是规定了投资者的市场占有权、所有权、生产与销售权、价格权、商品出口权等权利。可以发现投资者的权利其实是贯穿在从生产、流通到分配整个一系列的投资经营活动过程中的，可以说是全面规定了投资的权利。有了法律中关于投资者权利的规定，外国投资者就会认为到泰国进行投资更有保障，泰国政府就实现了大量吸收外资的方针政策。[①]

4. 法律结构体系明确具体

《投资鼓励法》总共包括 7 章的内容。分别为投资促进委员会、投资奖励的审批、投资者的权利、生产设备和原料、保证和保护、保证和保护的撤销、惩罚性规则和最后规定。纵览整部法律，可以发现它不仅包括了实体性规范，还包括了组织性规范和补充性规范。可以说这个布局是十分合理的，在以实体性规范为主的第 4 章中，有些法条是奖励性规范，有些法条则是惩罚性规范。在同一章内容中奖惩结合是科学合理布局的。在有些国家的统一专门投资法中，为了更好的吸引外国资本的进入，只在法律中规定奖励性的规范，而从不涉及惩罚性规范，这是不严谨的。如果投资法是这样规定，就会造成对于外国投资者的过度鼓励和保护，而在本国利益受到威胁时，则没有法律规定来制裁运用不道德手段来损害本国利益的外国投资者。泰国投资法就会比这些国家的投资法更值得学习和借鉴。

我国在日后制定统一的专门投资法时，可以借鉴泰国投资立法中的这几大特点，这将会使得我国在立法上较之他国有先进之处，也更能够吸引外国资本的进入。

二、外国投资的准入制度

外国投资立法理论中，一般包括了外国投资准入阶段和外国投资经营阶

① 谭家才：《泰国投资法律制度概况》，载《中国外资》2013 年第 20 期。

段这两个阶段，前者是后者的前置条件，后者是前者的必然结果。① 在 WTO 的相关协定中对外资准入的规定也有提交，可见在一个国家的外国投资和经营一系列活动中，准入问题是重点问题之一。② 从法学理论出发，外国资本准入是指东道国允许他国的资本、货物、服务、知识产权等进入东道国市场运作的程度。从外国投资者的实践角度出发，外国投资者在向他国投资时首先需要考虑的是，该国哪些产业可以投资，投资领域中接受什么样的投资，这些投资的标准是什么。各个国家的外国投资法一般都对这些问题作了明确的规定。泰国的外国投资法律也需要考虑以上这些问题，即外资准入的范围、外资准入的审批制度、外资准入的形式等相关问题。

(一)外资准入的范围

所谓投资准入的范围，即指东道国法律规定的外国投资者可以在东道国投资的领域。③“在投资方向上，东道国政府与外国投资者之间是有利益冲突的，外国投资者总是力图将其资本投入到利润丰厚、收益较快、风险较低的领域；而东道国则希望外国投资者能将其资本投入到新兴产业部门、能采用先进技术的部门和其他东道国急需发展的产业部门。有时候东道国会直接禁止外国资本进入本国的涉及到国际重大安全利益的产业和行业。”。④ 各个国家对外国资本进入的领域的限制有其自身的考量，有些涉及到资源和公共利益的投资行业不会对私人投资者开放，而有些禁止进入的领域是适用于所有私人投资者的。在一些涉及到国家和公共利益的行业，例如能源、基础设施、金融机构等行业部门，许多国家要求外国投资企业必须要得到本国政府的特殊经营许可才可以进入该领域。泰国与我国外商投资项目分为鼓励、允许、限制和禁止 4 类不同，其将外商投资行业分为禁止、鼓励和限制 3 类。

1. 禁止外资进入的行业

各个国家都有些行业是禁止外资进入的，这些产业部门是不对外开放的，

① 姚天冲：《国际投资法教程》，对外经贸大学出版社 2010 年版，第 120 页。

② 姚天冲：《国际投资法教程》，对外经贸大学出版社 2010 年版，第 121 页。

③ 余劲松：《国际投资法》，法律出版社 2003 年版，第 136 页。

④ 车丕照：《国际经济法概要》，清华大学出版社 2003 年版，第 307 页。

这些内容在WTO的相关协定都有提及。这些行业都是关系到国家利益和公共利益的命脉的行业,让外资自由进入这些行业,将可能损害国家安全和人民的根本利益。例如在土库曼斯坦的《外国投资法》中,就对涉及到国家安全的武器生产和销售等领域是绝对的不允许外国资本进入的[①]。同样在泰国《外商经营企业法》中也有相应的行业是不允许外国资本进入的,主要包括新闻媒体业、农业粮食生产业、畜牧业、林业、在领海水域和专属经济区内的渔业、中草药加工业、泰国文物和股东拍卖业、制作或铸造佛像业及土地交易等相关行业。在这些行业中,不仅外国投资者不能投资该行业,也不允许向投资促进委员会申请经营资格和投资鼓励申请。

2. 限制外资进入的行业

从各国立法实践来看,即使是投资最自由的国家也会在某些领域限定外国投资者的投资。发达国家同样不能例外,为了保护本国的企业不过度受到外国企业的冲击,在一些涉及到人民生活的公共利益的部门,会采取多样的措施限制外国投资者的投资。这些部门包括金融机构、电信与网络服务、快递业务、大宗资源的开发等行业。发展中国家相较发达国家限制的行业有所不同,相对限制的行业部门会更多,为了保护本国刚刚起步的新兴行业以及对于国民经济起到巨大作用的行业,会对外国投资进行一定限制。[②] 在泰国,为了本国国民经济发展和产业发展的需要,同样对一些行业限制外国投资的进入,主要包括了下面这些行业:外国投资者需要经过泰国政府内阁的最终裁定,商业部部长根据内阁的最终裁定后做出相应的批准后才可以进入投资的行业,这些行业一般都是有可能会损害泰国的文化传统和影响环境保护方面的要求,甚至是涉及泰国的国家安全,主要是指地下盐、枪械弹药、军用交通工具等11种行业部门;[③]外国投资者还须经过外籍人经商营业委员会的最终裁定,商业部注册厅长根据裁定做出相应的批准后才可以进入投资的行业部门,这主要是从保护部门的新兴产业角度出发的,包括水产养殖、艺术品加工等10种行

① 嘎娃:《外商投资市场准入法律制度比较研究》,北京交通大学2010年硕士学位论文。

② 余劲松:《国际投资法》,法律出版社2003年版,第141页。

③ 泰国泰华农民银行主编:《泰国投资经营指南(上)》(2011年),第33页。

业部门。[①]

3. 鼓励外资进入的行业

为了有效的利用外国资本，促进本国经济水平的提高，许多国家的外国投资法都规定了鼓励外国投资进入的重点行业部门。发展中国家的做法较为简单，一是圈定重点行业部门的大概的范围，不去罗列详细的行业目录和名单，只要是按照法律规定的刺激经济发展的行业，均属受鼓励的行业。二是按照本国的经济发展的政策方针，明确规定鼓励外国投资的产业目录和行业部门。如我国就允许和鼓励外国投资者向农林牧渔业、制造行业、采矿业等行业进行相应的投资。发达国家因为其自由市场经济的特性，在投资法律法规中根本没有关于鼓励重点投资领域的法律内容，不干涉外国投资进入的领域和方向，而是主张外国投资者自由选择自己想进入的行业部门和领域。[②] 泰国作为发展中国家，采取的是明确列举鼓励外国资本进入的领域的产业目录的形式，规定在泰国《外商经营企业法》中，涵盖农产品加工业、采矿业、化工业、服务业、制造业等六个行业部门。[③]

(二)外资准入审批程序

外国投资准入的审批程序是指东道国政府为了鉴别进入本国的外国投资是否有价值，是否按照本国法律规定的相关程序，并最终裁定是否准予进入的一种法律程序。[④] 外国投资符合本国法律规定的准入条件并不是唯一的标准，还需要经过贸易投资管理机构的审查和批准，才能进入外资企业的登记注册环节，可以说最关键的程序就是贸易投资管理机构的审批程序。外国投资者向贸易投资管理机构提出申请之后，由该机构依照外资法律规定的程序和标准，审查核准是否允许该外国投资者的外资进入。[⑤]

---

① 泰国泰华农民银行主编:《泰国投资经营指南(上)》(2011 年)，第 33 页。

② 余劲松:《国际投资法》，法律出版社 2003 年版，第 142 页。

③ 泰国泰华农民银行主编:《泰国投资经营指南(上)》(2011 年)，第 32 页。

④ 余劲松、吴志攀:《国际经济法》，北京大学出版社 2009 年版，第 233 页。

⑤ 李满枝:《中国与东盟国家外资准入制度比较研究》，载《东南亚纵横》2007 年第 2 期。

1. 贸易投资管理机构

泰国政府工业部下属的工业厅负责管理全部外国投资的实施，工业部专门成立一个投资案例调查委员会，由三个在投资领域具有权威性地位的专家组成。政府在近期还准备成立一个由政府派出的人员和私有企业的人员共同组成的外国投资指导委员会。该部门是为了与泰国经济水平提高的标准相匹配，在规定时间段讨论和决定禁止和限制外国投资者进入的行业部门。

投资促进委员会是泰国主要负责投资鼓励的部门，在行政编制上是工业部的下属组成机构，但它的主任却是由总理担任，而且副主任之一必须是工业部部长，其他成员由总理任命，在泰国政府各经济部门的部长、副部长及其他各级政府高级官员、教授、经济分析师中挑选。投资促进委员会下属的办事部门为投资促进局，是属于泰国国务院事务部管辖。该局内设秘书室、泰国海外事务部、国际投资业务处、计划与发展处、区域促进投资处、投资服务中心、泰国内地事务部等十几个职能部门。①

投资促进委员会全面制定和修改关于投资促进鼓励的政策和具体实施措施，总揽关于鼓励外国投资的工作，同时为外国投资者提供相应的关于投资的指导，便于投资者顺利找准投资意向。同时工业园区的优惠措施也需要该委员会的审批。如果工业园区内外资企业需要政府提供优惠条件，也需要向该委员会申请。当然，并不需要工业园区内的投资企业到委员会的办公地点提出申请，在工业园区内提供了便捷申请服务，可以直接在工业园区内申请投资促进政策，之后各个工业园区统一向委员会申报，并有委员会作出最终的批准决定。②

2. 申请批准程序

在泰国申请外资准入一般分为两种情况，一是设立外资企业和工厂，二是申请外资鼓励。申请在泰国设立外资企业和工厂程序较为简单。在泰国工业园区中主要包括不需申请经营许可证的工厂、在设立工厂前只需通知有关管理部门（主要指工业部）的工厂，以及在设立工厂前需得到工业部许可的工厂。

---

① 泰国《投资鼓励法》第 6 条。

② 漆思剑：《泰国外国投资优惠法律政策研究》，载《河北法学》2007 年第 12 期。

泰国的工业部法令中也要求了,外国投资者在工业部给予其许可之前,如果有必须要求要先设立厂房,可以向工业部申请先建设厂房。除非当地环保部门有特殊要求,否则政府的工业部门不过多管制。

外国投资者在向投资促进委员会提出投资鼓励申请时,需要按照以下程序办理:投资者提交文件向委员会下属部门促进投资管理部和投资服务中心提出申请,之后投资促进管理部安排官员对投资者进行面谈,递交文件申请后的 60 到 90 个工作日内由投资促进委员会作出予以核准或者拒绝的决定。批准后的 7 个工作日内,投资促进委员会将会告知投资者将会享有的详细优惠条件,投资者需要在 30 个工作日内向投资促进委员会书面告知接受优惠条件,投资者必须在接受投资优惠条件的 6 个月内设立公司,投资促进委员会将会向投资者颁发投资优惠证书,之后在公司运营阶段投资者将可凭借该证书享有进口原材料、生产设备、引进外籍专家及工作人员等方面的优惠。①

(三)外资准入的形式

外资准入的形式一般可以理解为是外商投资的形式,是外资准入后的最先要考量的问题,外国投资者的权利义务会根据他们所选择的不同投资方式而不同。各国外资法和相关公司法律法规一般都作了明确规定。外国投资者到泰国选择投资的形式,无外乎为以下几种:有限责任公司、合资企业、分支机构、代表处、区域办事处、分销处等方式。外国投资者需要根据自己的投入资本、预期计划等因素来决定采取哪种投资形式。

1. 有限责任公司

在泰国,有限责任公司的形式及性质与中国的有限责任公司相似。无论中国还是泰国都是将公司的资本进行平均的分配,由股份来代表公司的资本构成。股东只是根据自身所持有的公司的股份来承担责任和义务。有限责任公司根据不同法律规定,分为私人公司(结合了中国的一人公司理论在其中)和上市公司两种。

① 商务部主编:《对外投资合作国别(地区)指南——泰国》(2013 年),第 26 页。

2. 合伙企业

在泰国，合伙企业是两方或多方为了共同的商业利益缔结合伙协议并共享利润、承担责任的组织形式。合伙企业又分为普通合伙和有限合伙。同样的和中国的合伙企业理论类似，普通合伙企业是指，所有的发起人均是对企业所造成的风险负有无限连带责任。普通合伙人可以以资本、实物或劳动力的形式参与合伙。普通合伙企业在泰国法律中规定是既可以注册，也可不注册而直接成立的。[①] 有限合伙企业跟我国的规定类似，有限合伙人只是对合伙企业的债务和风险承担有限责任和义务。有限责任合伙人不可以通过劳动力和知识产权的形式加入合伙，只能够通过投入资金或其他实物的形式合作。如果采用了以劳动力或是个人为企业冠名等方式入伙，合伙人将会从有限合伙人转变为普通合伙人，与普通合伙人一起承担无限连带责任和义务。[②]

3. 分支机构

外国投资者还可以在泰国采用设立分支机构的投资形式。分支机构和海外总部在泰国法律上被视为相同的法律实体，具有同等的法律地位。分支机构经过总部的许可，在经营事项内可以开展部分或全部的经营活动。[③] 分支机构一样属于"外国人"的范畴，和其本国总部机构一样。分支机构同样须遵守《外商经营企业法》中列明的禁止或限制的产业部门目录，并需要向工业部申请并取得外企企业分支结构的营业执照。法律上还要求分支机构须同其在本国内的总部公司一样，获取纳税人登记证，并向当地税务部门注册为增值税纳税人。

4. 代表处

外国投资者也可以在泰国采用设立代表处的投资形式，向其本国的总部公司提供相应的服务。代表机构是被限定了相应的投资经营活动的，只能够向其本国总部公司提供以下协助：为总部寻找可以购买泰国境内的产品及服务的渠道、对总部在泰国境内所购买的或雇用制造的产品的数量及质量进行

① 泰国泰华农民银行主编：《泰国投资经营指南（下）》（2011 年），第 8 页。
② 泰国泰华农民银行主编：《泰国投资经营指南（下）》（2011 年），第 9 页。
③ 泰国泰华农民银行主编：《泰国投资经营指南（下）》（2011 年），第 10 页。

检查及控制、对总部向分销商或客户所销售的产品从多方面提供建议、对于泰国国内的业务发展及时向总部进行汇报等。虽然泰国《外商经营企业法》没有明确规定代表机构的业务，但商务部曾下发过一个声明通知，规定代表机构适用于泰国《外商经营企业法》附录三第 21 款(服务行业)。因此，“外国人”在必须申请外资营业执照后方可建立代表机构。[①]

5. 区域办事处

外国投资者是属于跨国公司的，在根据外国法律登记注册成立企业后，开始向他国投资并经营相应业务，并且在亚洲(包括泰国)至少有一家分支机构，该外国企业可以在泰国设立区域办事处。

在泰国境内设立的区域办事处不得通过其活动获取利润，不可向其他泰国境内的个人及法人接受订单、销售产品或进行商务谈判。此外，区域办事处的费用仅可由其总部承担。区域办事处被允许开展的活动如下：代表总部对在同一区域的分支机构执行沟通、协调、指导的职责，并代表总部提供诸如咨询、培训、财务管理、产品开发等服务。[②]

6. 合资企业

一般情况下，当两个或多个合作方共同参与某个项目或某系列项目，或进行长期持续的合作，即可设立合资企业。合资企业可以采取多种形式设立：合作方可以保留其自身的独立法律地位，也可以组建新的法律实体，与原合资各方相独立。合资企业的合作协议无须进行政府注册，因为这类协议被视为是私人合同。大部分情况下，公司制的合资企业由一家泰国公司和一家外国公司组成。通常，由泰方提供本地知识、生产技能，并由外方提供资本、技术、专有技术，以及专利或商标许可。非公司制的合资企业通常针对某个特定的、有限时间内的项目而设立。为开展业务，非公司制合资企业的各方均须独立进行注册并获得执照。这些包括商业注册、增值税注册、工厂执照等。

7. 外国投资企业设立的程序

泰国对外国投资企业设立的管理实行“单轨制”，无论是外国投资企业还

① 泰国泰华农民银行主编：《泰国投资经营指南(下)》(2011 年)，第 10 页。

② 泰国《外商经营企业法》附录三第 21 款。

是内资企业都受泰国《公司法》和《合伙企业法》平等管辖，外国投资企业的注册按泰国企业法人注册程序进行。[①] 在泰国注册所有的外国投资企业形式，特别是设立有限责任公司等，均要到泰国商业部商业厅企业注册处注册。基于在泰国的外国投资企业主要是以有限责任公司的企业形式存在，本部分主要讲述外资有限责任公司的设立程序。外国投资者必须向泰国商务部下属的商业发展厅申请有限责任公司的名称预先核准，核准的公司名称有效期为30个工作日。投资者须向商业部下属的商业发展厅企业注册处提交企业组织大纲。之后就组织召开成立公司的法定会议，确定股东结构，必须在会上通过公司章程。召开法定会议的3个月内，公司法定会议上成立的董事会必须向商业发展厅企业注册处提出注册申请，并向其提交股东名单、公司章程、股东的股本缴付证明、公司经营业务范围的说明书等相应文件。商业发展厅企业注册处在30个工作日内作出予以批准或不予以批准的决定。批准成立并登记注册的公司必须在60个工作日内到当地税务部门进行税务登记并到其他相应部门办理相应证件。

（四）评析

在分析了泰国外国投资准入范围、外资准入审批以及外资准入的形式的基础上，以下将从而找出其值得借鉴的地方和需要改进的地方。

1. 有利方面

泰国外国投资法在投资准入方面的规定有力地促进了外国投资者到泰国投资。从投资管理机构来看，泰国设立了专门管理外国投资的机构以及投资鼓励的专门机构，同时对投资程序和投资手续进行了不断的简化，提高了外国投资者的投资效率，促进了投资的高效便利。从投资准入的审批程序看，泰国外国投资法对外国投资者进行投资流程做了详尽的规定，提升了对于外国投资者的透明度和公开度。[②] 在投资范围方面，不断放开投资领域，只有较少领域不对外国投资者开放，其余领域都鼓励外国投资者进入，同时给予外国投资

① 冯建昆：《泰国经济贸易法律指南》，中国法制出版社2006年版，第118页。

② 邱房贵、陶智斌：《中泰外商投资法若干问题的比较》，载《梧州学院学报》2008年第4期。

者优惠。泰国市场对外有较大程度的开放，外国投资者也具有较大的自主权。

2. 不足之处

泰国外国投资法涉及到投资准入法律规定较多，依然有其不足之处。虽然泰国政府已经在投资的申请和审批方面简化了很多程序和手续，但是总体来说流程还是比较复杂，项目的申请和审批的的环节拖得很长，这些繁杂的手续不利于外国投资者到泰国投资，这也与泰国政府的吸引外资的立法目的相违背。由于泰国外国投资法比较杂乱，在有些领域没有规定现有法律问题冲突时的法律效力，这会导致冲突时不知适用何种法律的情况，例如1977年的《泰国投资鼓励法》和1999年的《外商经营企业法》在外国投资者所能够享有的投资优惠措施就有一定冲突。

三、外国投资的管理制度

由于各个国家的政治体制和经济基础的不同，外国投资者在资本输入国的投资和经营活动，涉及到生产、流通、销售等一系列环节，各国对外国投资者在经营活动条件所作出的管理的规定也不相同。[①] 外国投资者在东道国投资，大多采取企业的形式，而以个人形式的投资毕竟为极少数，在此笔者将探讨的外国投资者的经营自主权问题。大多数发达国家由于其自由市场经济的政策，对外国投资者适用国民待遇和最惠国待遇。发展中国家因为国家经济相对落后、文化传统等原因一般在待遇方面会有着某些限制，如在投资过程中外汇管制、外资资本构成等方面的问题[②]。

(一)经营自主权

经营自主权问题涉及外资企业投资准入阶段后的经营阶段的方方面面的

① 余劲松：《国际投资法》，法律出版社2003年版，第151页。

② 余劲松，吴志攀：《国际经济法》，北京大学出版社2009年版，第264页。

自主权问题，对于外国投资者在东道国的生产、销售、流通等环节的利润产出都有直接影响。因此，外国投资者在企业的运营阶段考虑的最多的就是经营自主权问题。经营自主权的权利主体是很广泛的，它包括了各种不同性质的企业、经济组织、个体工商户、专业户等，在这里主要探讨的是外商投资企业的经营自主权问题。外商投资企业的经营自主权应当要包括生产经营决策权、物资采购权、自主销售权等多项权利。

1. 生产经营决策权

泰国是自由市场经济国家，企业可以按照自己既定的经营范围和计划制定适宜自己未来发展的生产经营计划，泰国政府不会对计划进行干涉。泰国政府对于市场的调控力度并不大，因此也不会影响到企业的生产经营计划。泰国政府也不会要求在泰国国内的外国企业上报企业的未来半年的生产经营计划。

2. 物质采购权

泰国的外国投资法律并没有强制性要求外资企业必须在当地或泰国境内购买生产设备或者原材料，外国投资者可以自由选择是在泰国境内或者是境外购买生产的必需品。企业如何对所需物质进行采购，都由外资企业自行决定，泰国政府不会通过行政手段干预外资企业的采买计划。

3. 自主销售权

在泰国，政府不会强制性干预外资企业的销售去向，外资企业生产的产品到底是向泰国境外销售还是在泰国境内销售，根据企业自身的经营情况，综合考量作出自主决定，泰国政府在一定程度上鼓励在外国境内的外国投资企业向外出口，可以向投资促进委员会申请相应的投资优惠条件。外资企业和泰国的本国企业一样享有平等的自主销售权。

当然，在泰国的外资企业还享有诸如自主运用资金权、转移定价权等相关的权利，在此不做过多讨论，需要强调的是，在泰国的外国投资企业享有充分的经营自主权，这对于其他国家的投资者继续来泰投资提供了便利的条件。

(二)外国投资利润的汇出管理

外国投资者到东道国投资最主要的目的就是为了获取利润,利润是否能够在东道国和投资者本国实现自由的汇出汇入,无疑是保障外国投资者利益的关键。外资企业的汇出管理必然是包含在一个国家的外汇管理制度之中的,也是一个国家的金融制度的一部分。外汇管理制度指的是一国通过制定法律规范的手段对外国资金的控制,控制本国货币和外国货币的兑换,从而形成的一种资金和货币上的管理制度。[①] 从国家的角度出发,外汇管理制度是基于本国国情的需要,为本国的金融体系服务,保障本国的国际和国内的收支平衡的同时,能够提升本国在国际金融市场的地位。从外资企业的角度出发,对于外资企业的外汇管理是随着东道国的经济、政治、文化等各方面因素的发展而决定的,不单单是对外资企业的企业管理,还涉及整个国家对于行业的管理。这不是一个国家的某一部外汇法律可以涵盖其所有内容的,还包括了部门制定的关于外资企业的规定。[②]

泰国是发展中国家,必然是有着发展中国家的共性。为了保护本国企业的地位和竞争力,防止资金外流,其对于外汇管制采用相对宽松的管制形式。在泰国,一般情况下,所有与外汇相关的事宜均由泰国银行来规定。为了加大力度吸引外资,保障外国投资的利益,泰国的外汇管制在20世纪90年代初开始逐步放宽。目前泰铢可以不受限制地和其他国际货币进行兑换,尤其对于中国投资者而言,在泰国可以不受限制地使用人民币进行某些交易,而无需经过审批。外国企业在每个缴税季度向泰国税务部门缴纳了规定的税务之后,可以自由将企业的利润和收益向投资者本国汇出,不会受到泰国银行的外汇上的任何限制[③]。外国投资者为了在泰国进行投资,可以在设立外资企业之前向泰国银行提出基金和贷款的申请,这些资金的运用是以外汇的形式,但在泰国的法律中没有对此行为进行过多限制,只要外国投资者符合银行规定的条件,即可以向银行提出申请。但是在得到泰国银行的基金和贷款之后,必须要遵守银行的外汇兑换的时间规定,而且一定要在泰国的有指定权利的银行

---

① 陶广峰:《金融法》,法律出版社2009年版,第328页。

② 陶广峰:《金融法》,法律出版社2009年版,第331页。

③ 商务部主编:《对外投资合作国别(地区)指南——泰国》(2015年),第30页。

开立外汇账户。当然在泰国的外汇管理不是无限制自由的，当外国投资者的一笔外汇超过了5000美金，必须要向泰国银行提出申请，只有泰国银行通过之后，这笔资金才能够正常的在泰国汇入或汇出。如果没有向泰国银行申请，外国投资者的这笔外汇业务则不能办理。

(三)外国投资资本及出资管理

一般而言，为了满足东道国自身经济发展水平提高所提出的要求，对于外资企业的投资资本有一定的管理方面的要求。资本构成是指外国投资准入东道国国内的资本物质形态[①]。外国投资者要想在东道国国内从事投资经营活动，就是必须遵守相关法律法规中关于外国投资资本构成及出资比例的要求，以法律规定的资本形式从事外商投资经营活动，这其中资本既包括有形资产，也包括无形资产。不同国家对于外国资本的流出流入都会有所不同，因此在各国的理论中关于外国资本构成并没有一个明确的规定，各国可以根据本国的国情设定不同的关于外国资本构成的标准。

1. 投资资金

泰国的《投资鼓励法》没有对外国投资和外国投资的资本构成作出专门定义和规定，只在1999年的《泰国外商经营企业法》中，对资本和投资资金作出定义。该法第4条中对投资的定义为：资本指的是有限公司的注册资本，或者大众有限公司已缴纳的资本，或者合伙企业或法人的股东或成员在其合伙企业或法人投资的款额或投资的资产价款。在该法附录中对投资资金作出如下定义：经投资促进委员会确认且不必计入应纳税所得额的投资资金(不包括土地费和流动资金)包括如下费用：建筑费、机器费、安装费、营业前的费用和其他财产的价值[②]。由此可以看出，泰国采用的是法定注册资本制度，也即是说所有的股东必须依法全部缴纳公司章程中所规定的注册资本，外资企业才能够注册登记，最终设立成功。

---

① 余劲松，吴志攀：《国际经济法》，北京大学出版社2009年版，第265页。

② 《泰国优惠政策》，http://th.mofcom.gov.cn/aarticle/ddgk/zwdili/201202/20120207950969.html，访问日期：2012年2月20日。

2. 出资方式

外资企业的出资方式决定了企业的投入产出和规模，对于利润分配也有直接影响。在泰国的外资法律中并没有明确规定，但是根据泰国政府给予外国投资者的待遇以及泰国《公司法》的相关规定，在泰国可以采用货币、实物、专有技术、知识产权、土地使用权等方式出资，出资方式十分广泛，没有给予特定的限制，与泰国的国内企业要求一致，这样保证了外国投资者在投资过程中有效降低投资风险，能够扩大投资的规模。

3. 出资比例

在泰国可以运用多种出资形式进行出资，外国投资者要考虑的问题自然是出资比例的问题，这决定了企业利润的分配和经营决定权等问题。在泰国《外商经营企业法》中有明确规定，投资于《外商经营企业法》目录一中所包括的农林牧副渔等行业，泰籍投资者在出资中所占的比例不得少于51%，也就是外国投资者的出资比例不得高于49%。在工业部门中，外国投资者可以在该外资企业中占有高于51%比例的资本。在特殊情况下，投资促进委员会可以根据具体情况对法律规定的出资比例作出调整，允许外国投资占有更多的出资比例[①]。

（四）评析

在阐述第三部分泰国外国投资法关于外国投资的管理制度的基础上，结合其在实践中的效果和作用，笔者就泰国外国投资法中关于外国投资的管理的有利方面及不足之处做一些简要分析。

1. 有利方面

泰国外国投资法律关于外国投资管理的规定十分细致，大到外国投资企业的经营自主权问题，小到外资企业的出资比例的问题，在法律中均有明确的

① 《泰国优惠政策》，http://th. mofcom. gov. cn/aarticle/ddgk/zwdili/201202/20120207950969. html，访问日期：2012年2月20日。

规定。例如在《外商企业经营法》中规定了外资企业的持股比例问题。从总体上而言，泰国始终秉持着自由市场经济政策，在对于外国投资企业的经营管理环节，基本不采取行政手段对其进行干涉，企业能够根据自身的情况，作出相应的判断，来实现自己的预期收益。可以说，泰国市场对外有较大程度的开放，外国投资者也具有较大的自主权。

2. 不足之处

泰国的外国投资法律中关于外国投资的管理制度的规定还是很多的，但是可以看出多却不精，很多法律规定不能落到实处，没有从实践的角度出发去看问题，均是由各个独立的专门法律来规定外国投资的投资管制问题，例如在直接与外国投资相关的《投资鼓励法》和《外商经营企业法》中并没有关于外资企业出资形式的问题，也同样的没有关于外汇方面的内容，这都需要外国投资者到相关的专门法律中去寻找，无形之中加大了外国投资者的投资成本及风险。在实践当中，会造成外国投资者在投资过程中因不了解相应的管理内容，而导致无法在泰国开展正常的经营活动。希望在未来的泰国《外商经营企业法》的修订中，可以重视外资管理方面的内容。

四、外国投资的保护和鼓励制度

在吸引和利用外资发展本国经济同时，许多国家通过在宪法和其他基本法律中制定相应的规定来保护外国投资者的合法权益，而且给予外国投资者优厚的待遇和鼓励措施，以起到激励他国投资者来本国进行投资的目的。在各国的立法理论和实践中，所经常采取的保护与鼓励措施有如下几种：保证非国有化、自由汇出投资收益、给予国民待遇或最惠国待遇以及专门提供给外国投资者在生产经营各环节的税收优惠政策。[①]

① 余劲松：《国际投资法》，法律出版社 2003 年版，第 161 页。

(一)对外国投资的保护

1. 关于征收和国有化问题保证

关于外国投资的权益保护的核心问题,即是对于外国投资者的资产的征收或国有化问题。可以说这个问题涉及到了东道国的国家主权,同时也会影响到当地人民的生活水平,还牵扯到了外国投资的投资回笼和合法权益保障等问题。①

许多国家通过在宪法或相关的外资立法对国有化风险提供保证从而达到实现保护外国投资者的权益的目的,一般都会在宪法和相关基本法律中作出只有在法律所严格限定的情形下,东道国政府才能够对外国投资者的资产进行征收或国有化,而且必须要按照法律规定的标准给予外国投资者相适应的补偿,从而能够让外国投资者虽然资产被征收,仍能通过政府的补偿回收自己的投入资金,保障外国投资者的利益,进一步提升东道国的外资吸引力,从而发展经济和提高国民生活水平②。例如:巴西、越南、刚果等国都在其宪法中规定征收外国投资者的资产必须是要从维护国家利益和大多数人的利益的角度出发,必须要经过法律规定的措施和程序,并予以"公平""公正"的补偿。印度尼西亚的《外国投资法》也要求只有在为了国家的角度出发,在符合法律规定的情形下,政府不得出于其他方面的原因剥夺外国投资者对外资企业所享有的所有权,不得干预外资企业的自主经营。如果采取了国有化外国资产的措施,政府有义务进行补偿。补偿按照国际间的大多数国家的补偿标准执行③。

《投资鼓励法》中对国有化和征购做出了保证,在其第 5 章中,第 43 条规定,"国家不将受鼓励投资企业转化为国有企业"。第 44 条规定,"国家将不再设立与受鼓励投资企业相竞争的另一经营企业"。第 45 条规定,"国家不垄断对与受鼓励投资人所生产或组装产品同类或相似产品的售卖"。从这些法律

① 余劲松:《国际投资法》,法律出版社 2003 年版,第 162 页。

② 《国有化风险》,http://wenku.baidu.com/view/d76e1017f18583d049645965,访问日期:2012 年 12 月 9 日。

③ 余劲松:《国际投资法》,法律出版社 2003 年版,第 166 页。

条文可以看出，泰国和中国为了大力吸收外国资本流入本国，都保证不把外国投资者的资产进行国有化，都在相关的外国投资法律中制定了关于保证外资企业能够实现自主控制及处分其资产所有权的重要法律内容。泰国政府作出承诺，保证不将外国投资者投资的产业进行国有化，并主动维护其产业的合法权益。[①] 在征收资产后如何补偿及补偿多少的问题上，发展中国家多主张“适当的补偿”。[②]

2. 其他保证和对保证的保留

除关于征收和国有化问题保证外，泰国《投资促进法》还规定了其他保证措施。

(1)对产品的竞争的保证。泰国《投资促进法》第四十八条规定，“国家不允许政府机关、政府机构或国营企业享有委员会认为与受鼓励投资人所生产或加工相同，其质量相近又有足够供应量的产品之进口减免关税优惠待遇”。[③]

(2)关于投资者需求帮助的保证。泰国《投资促进法》第四十八条规定，“受鼓励投资人在经营受鼓励投资业务中存有困难问题请求委员会帮助解决时，委员会主席有权决定给以适当的帮助，或者指令有关政府部门、政府机关或国营企业单位及时为其提供帮助”。

3. 外国投资者的待遇

外国投资者的投资待遇指资本输入国对外国投资者给予的法律上的待遇标准。[④] 外国投资者的待遇问题包括许多方面，外国投资者的法律地位、外资企业的法律地位、投资者财产的保护等等。在此要讨论的是外国投资者将会被东道国给予什么标准的待遇问题。这一问题是几乎所有投资者关注的焦点

① 冯建昆：《泰国经济贸易法律指南》，中国法制出版社 2006 年版，第 215 页。

② 邱房贵、陶智斌：《中泰外商投资法若干问题的比较》，载《梧州学院学报》2008 年第 4 期。

③ 本法条第一段规定不适用国防部依照有关军用物资控制法律按国家需要进口的军用物资。

④ 慕亚平、代中现：《论〈多边投资协定〉的外资待遇制度对国际投资法和我国外资法的影响》，载《学术研究》2002 年第 4 期。

问题，也是各国法律及双边投资条约的核心议题。投资者在东道国享有什么待遇也决定了该外资企业处于什么法律地位，它的投资和收益也会有直接影响。在泰国的外资法律中，没有明确规定给予外国投资者以什么待遇。因此，需要将研究的角度转向泰国与他国签订的国际条约方面，中国与泰国签订的《促进和保护投资协定》以及中国—东盟自由贸易区签订的《投资协议》中，都明确规定要给予双方投资者国民待遇、最惠国待遇、公平公正待遇。也就是说在泰国的外国投资者所享有的待遇是全面的，国际上主流的三种待遇都包含在其中，这给予了外国投资极大便利的同时，也吸引了他国资本进入泰国。

(二)对外国投资的优惠

泰国一直秉持自由市场经济政策，倡导最大限度地开放市场，刺激本国经济的发展，在20世纪60年代初泰国政府颁布和实施了一系列的外国投资优惠政策和具体实施措施。在这些优惠政策和具体实施措施中对外国投资者益处最大的就是允许外国投资企业在泰国国内拥有土地，在一定程度上解除外国投资企业的外汇管制，外国投资者可以将企业的分红和获得利润还有相关的利息汇往国外。这些措施只是其中的代表。随着泰国本国经济的不断发展和人民生活水平的不断提高，泰国政府也不断更新对于外国投资者的优惠政策和具体实施措施。[①] 泰国政府现在实施的是2001年最新增补和修订的《投资鼓励法》，虽然在法条中有些问题仍然是20世纪70年代规定的，但在很多关于投资的权利和投资鼓励的申请等方面的内容都相应的作出了巨大的改动。在泰国政府的优惠政策中主要是分为税收优惠政策和非税收优惠政策两个大块的内容。税收优惠政策主要是降低外国投资者在企业生产销售运营过程中的初始投入资本。而非税收优惠政策则是泰国政府的相关部门为了给投资者以鼓励措施，降低外国投资者在本国的经营风险，为外国投资者提供便捷的服务而采取的一系列政策和具体实施措施。[②] 在此，笔者主要阐述税收优惠政策和泰国工业园区法律制度中的各项优惠投资政策。

① 古小松：《中国—东盟知识读本》，广西师范大学出版社2004版，第121页。

② 王志刚：《在泰国投资的相关政策规定西部资源》，载《西部资源》2005年第2期。

1.《投资鼓励法》中的优惠

泰国《投资鼓励法》中将投资鼓励分为税收激励和非税激励两部分的内容。税收激励措施主要由一些税收方面的优惠组成，包括减低生产设备和原料的进口关税，在特殊产业中设立的外资企业从成立起一到八年内相应减免该企业的所得税，同时在交通运输费、电费等方面的应税收入都可以达到双倍扣减的效果，在免税期间的利润的分红同样是可以减免税收的，著作权费用或是通过向投资促进委员会申请的其他鼓励行为所获得的权利同样免税，这可以大大减轻外国投资者的投资压力，使其能够更自主的生产经营。在《投资鼓励法》规定的对投资者的其他的非税激励措施主要是指允许鼓励企业驻外职员中的家属带人来到泰国，同时员工和家属都可以在泰国拥有土地和签证、工作证的优惠。①

2.泰国工业园区的特别优惠

泰国工业区的对于区域划分和给予相应鼓励的政策，一般都是边远地区享受更多的投资优惠政策，越是在经济水平较高地区的投资优惠条件就越少。对于位于第一区的外资企业，泰国政府一般给的优惠条件不多，仅仅是减低一些特定的产品的生产设备的进口税，免缴 1 年的原材料进口税和 3 年的企业所得税。② 第二区较之于第一区就多了许多优惠政策，在第二区设立的企业通过向投资促进委员申请并获批到投资鼓励优惠的工业区内的企业，从企业正式设立以来的 7 年中可以免缴生产设备的进口税及企业所得税，免缴用于企业产品的生产出口所需的原材料进口税 1 年。在第三区的企业所获得的优惠条件是最多的，在第三区设立的企业通过向投资促进委员申请并获批到投资鼓励优惠的工业区内的企业，从企业正式设立以来的 8 年中可以免缴生产设备的进口税及企业所得税，免缴用于企业产品的生产出口所需的原材料进口税 5 年。③

---

① 泰国《投资鼓励法》第 28 条。

② 泰国政府把“适足经济”作为治国理念。“适足经济”理念的核心是提高泰国经济对于复杂多变的全球经济体系的应变能力。正因为如此，在不同区域才有不同的优惠政策。

③ 商务部主编：《对外投资合作国别（地区）指南（泰国）》（2013 年），第 35 页。

投资促进委员会全面制定和修改关于投资促进鼓励的政策和具体实施措施在近几年还特别制订了奖励外国投资企业的产业目录。[①] 随着泰国国家经济的发展，投资促进委员会将根据当时的具体情况和人民的需求进行及时的调整。[②]

在工业区内设立的企业，除了通过向投资促进委员会申请并获得相应的投资鼓励优惠条件外，工业园区管理当局还对这些投资者给予在本工业园区内的相应的优惠条件，诸如允许外国投资者及其带来的家属在泰国国内顺利办理签证事项、延长外国投资者及其员工的居留期限以及便捷快速的对企业的利润进行汇出等优惠措施。[③]

(三)有关投资争议的解决

外国投资争议是指外国私人直接投资关系中的争议，具体说就是外国私人投资者(个人或公司)同东道国政府(或其机构)或企业、个人因外国私人直接投资问题而发生的争议[④]。

通常都是因为政治经济方面的原因造成外国投资者与本国主体或本国行政机关之间产生关于外国投资的争议，根据产生争议是否基于双方签订了协议，将外国投资争议分为协议引起的争议和非基于契约引起的争议。“前者指投资契约双方当事人因对契约的解释、执行、修改或废除而产生的争议[⑤]。”主要是因为在东道国国内所发生的外国投资者和东道国国内投资者之间产生的争议，也有一部分情况是因为东道国政府的行政干涉或者是不作为导致的外国投资者同东道国政府之间的争议，即所谓国家和投资者协议或特许协议争议。后者是指东道国和外国投资者在签订了投资协议关系之外发生的争议，或者两者根本没有签订协议。一般由于东道国施行国有化或者是发生了特殊的武装冲突事件或政治事件导致了外国投资者遭受损失所引起的争议，一般

---

① 主要包括农业、矿业、金属工业，轻工业，金属产品制造业、机械设备制造业、电器工业、化工业、服务及公用行业等7个行业。

② 商务部主编:《对外投资合作国别(地区)指南(泰国)》(2013年)，第36页。

③ 泰国《投资鼓励法》第26条。

④ 余劲松:《国际投资法》，法律出版社2003年版，第300页。

⑤ 余劲松:《国际投资法》，法律出版社2003年版，第301页。

这种争议的焦点都是在事后的赔偿问题上。[①]

泰国的相关投资法律中都规定了投资纠纷解决的问题。由于受到了中国—东盟和 WTO 等自贸区和国际组织的相关协定的影响,其投资法律中投资纠纷解决机制不断与国际接轨,符合了国际和国内民众对于其司法体制的诉求。目前,在泰国解决外国投资的主要方式需要从国内法和国际法两个层面出发进行研究。[②]

1.国内法方面

得益于泰国完善的司法审判体制,在解决外国投资争议中司法审判体制起到了巨大的作用。[③] 泰国的司法独立于行政机关,政府下属的司法部向国家各级法院只是提供行政上的指导和帮助,不会干涉法官的独立审判。国王任命各级法院的法官,但是必须要经过国家司法委员会的推荐,从推荐的名单中才可以挑选并任命各级法官。泰国包括了司法法院和行政法院两个法院系统。各级普通法院和特别法院构成了泰国的各级司法法院,普通法院设有民庭和刑庭。五个特别法院分别是青少年法院、劳动法院、税法法院、国际贸易法院及破产法院。主要管辖外国投资争议的法院为普通法院、中央知识产权和国际贸易法院。[④]

2.国际条约方面

中国与东盟先后签订的《中国—东盟自贸区争端解决机制协议》《中国—东盟自贸区全面经济合作框架协议》,是处理中国—东盟自贸区内部国家之间的投资争端的基本法律文本,泰国作为东盟国家之一,也必须遵守这两个协议的具体规定。[⑤] 在这两个协议中,都对贸易争端解决做出了规定,尤其是在《争端解决机制协议》中,规定了多种解决形式,例如和解、磋商、仲裁等

① 余劲松:《国际投资法》,法律出版社 2003 年版,第 302 页。

② 杨丽艳:《试论中国—东盟自由贸易区争端解决机制》,载《安徽大学学报》2008 年第 4 期。

③ 邹龙妹:《泰国司法审判体制研究》,载《河北法学》2008 年第 3 期。

④ 谭家才:《泰国投资法律制度概况》,载《中国外资》2013 年第 20 期。

⑤ 周方冶:《泰缅关系现状与泰国对缅甸政策评析》,载《中国战略观察》2005 年第 9 期。

方式。①

(四)评析

以下将探讨泰国外国投资保护制度的利弊之处。

1. 有利方面

泰国外国投资法在投资鼓励和保护方面的规定是符合《中国—东盟投资协议》的,在某些方面还高于投资协议的要求。就投资待遇而言,泰国外国投资法在投资准入前和投资过程中实行国民待遇,同时在条约中实行最惠国待遇和公平公正待遇。这与国际通行的做法是接轨的,同时促进了外国投资的引进。在投资保障方面,泰国规定了国有化的严格条件,同时不对外资进行商品和服务价格的管制和不对外汇进行管制,这些规定有力地消除了外国投资者到泰国投资的后顾之忧,增加了泰国吸引外国投资的竞争力。在投资优惠方面,泰国既规定了税收优惠也同时规定了地区优惠,双管齐下的优惠政策是泰国吸引外国投资的砝码,有力促进了泰国外国投资的稳步向前发展。

2. 不足之处

关于外资投资企业注册的申请方面所需要提供的文件较多,而在外国投资法律中却没有详细列明文件如何获取,这将给外资向泰国工业部申请设立外资企业造成诸多不便,在办理设立企业的手续过程中遭遇繁琐的程序。如果没有外力帮助很难实现外资企业在泰国注册成功。对于上文所提到的包括协商、调解、仲裁、诉讼等几种纠纷解决方式比较少的包含在泰国国内的几部专门法律和几部国际条约中,在国内法和国际法相冲突时,一旦发生投资争议,对于法律适用问题有值得商榷之处,对外国投资者来说,存在着很大的法律风险。

---

① 赵维田:《世贸组织(WTO)的法律制度》,吉林人民出版社 2002 年版,第 430 页。

五、中国企业在泰国投资的法律风险及法律建议

2013年中国已成为了泰国第一大贸易伙伴和投资国，随着泰中战略合作第二阶段的联合行动计划（2012—2016年）的延续实施，更会继续扩大中泰双方的经贸合作。泰国政府为了吸引外资和先进技术来发展本国经济，不断制定和修订与外国发展经贸合作的规章和具体措施，给外来投资者越来越优惠的条件，不断改善泰国国内投资环境，在投资法方面也形成了较为完善的投资法体系。中泰两国的携手并进是中国企业在泰国投资经营的前提条件，中国企业要充分利用这一历史机遇，在了解泰国外国投资法的基础上，对泰国鼓励投资的产业进行考察，对当地合适开发的项目进行全面的考量。①

（一）中国企业在泰国的投资现状

1. 产业结构方面

纵观近几年中国在泰国投资企业的相关数据，不难发现，中国在泰国都是以投资和经营初级产品为主，尤其是投资在农林牧副渔产业方面。这和泰国的产业结构是相符合的，将会进一步刺激中国农林牧副渔产业的发展，同时也会造成在农林牧副渔产业两国存在一定范围内的竞争。中国在泰国较少对高技术含量产业的投资，这不利于中国技术上的创新，难以改善我国的产业结构。中国在泰国投资的企业的技术水平仍然不高，许多生产的产品还是主要销往发展中国家，不能够在国际市场中占有一席之地。②

---

① 汤国富：《中国企业在泰国直接投资研究》，哈尔滨工程大学2008年硕士学位论文。

② 中华人民共和国商务部、中华人民共和国国家统计局、国家外汇管理局2010年度中国对外直接投资统计公报，http://www. fdi. gov. cri/pub/FDI/wztj/lnIjsj'/default. jsp.。

2.投资方式方面

前文也提到泰国法律中对外国投资方式有多种形式，中国在泰国投资的企业的投资方式主要采用合资企业形式，这也是由于我国当初在改革开放阶段吸引外资采取的投资形式有直接影响。中国企业较少和泰国当地原著居民投资者合作，多是与在泰国的海外华侨合作。在中方和泰国双方投资者共同设立的有限责任公司中，中方一般占少数股权。中方在有限责任公司的投资中，设备、技术、劳务占较大比重，一般以抵押中国国产设备和向泰国银行贷款为主要投资方式。[①]

3.地区结构方面

在工业园区的划分第一区中，只有以TCL公司为主的二十多家企业在此地区投资。泰国政府在规划工业园区的三大区分类时，一区主要是比较发达的靠近首都曼谷的地区，经济比较发达，给该地区的优惠措施最少，也造成这一地区对中国企业缺乏吸引力。投资在第二区的中国企业包括了以海尔集团等公司为主的总共有五十多家企业，主要投资重型工业产品生产方面。由于该区优惠措施较一区为多，地理区位和基础设施较三区为好，这一区最是吸引中国企业进入投资。第三区是泰国最欠发达地区，经济发展缓慢，人民生活水平较差，但是自然资源丰富以及泰国政府给予该区的优惠措施最多，中国的多数天然资源企业在该区投资最多。

(二)中国企业投资泰国的法律风险

1.行业准入风险

在泰国，为了本国国民经济发展和产业发展的需要，同样对一些行业做出了限制外国投资的进入的规定，主要包括了下面这些行业：外国投资者需要经过泰国政府内阁的最终裁定，商业部部长根据内阁的最终裁定后做出相应的

① 杨纬球、丁启洪：《中国对外直接投资决定因素实证分析》，载《现代商贸工业》2011年第7期。

批准后才可以进入投资的行业，这些行业一般都是有可能会损害泰国的文化传统和影响环境保护方面的要求，甚至是涉及泰国的国家安全，主要是指地下盐、枪械弹药、军用交通工具等11种行业部门；[①]外国投资者还须经过外籍人经商营业委员会的最终裁定，商业部注册厅长根据裁定做出相应的批准后才可以进入投资的行业部门[②]。泰国外国投资法律对外国资本进入相关产业部门所做的限制，会对中国企业去泰国投资产生一定风险，当中国企业在考虑自身的经营范围时，还需要先分清在泰国可以进入的产业，而且必须经过审批手续。关于行业准入禁止和限制的法律条文比较复杂，审批手续的繁琐会给中国企业在泰国投资的入门环节造成极大困扰。

2. 生产经营风险

泰国《劳工法》和《外籍劳动者工作法》的相关规定，严格限制中国企业只能雇佣当地人，给中国企业的经营活动起了消极的影响，造成中国企业的投资成本的上升，员工之间难以形成默契，在生产效率上也是造成事倍功半，影响到厂商的质量和稳定性。[③] 同时，在泰国的《土地法》中也限制了外国投资者的土地所有权和买卖权中的部分权利。这会造成中国企业在投资准入之后的投资经营阶段，在用工、产品销售和土地使用等环节产生一定的风险，大大增加企业的经营成本。

(三)中国企业投资泰国的法律建议

前文提及中国企业到泰国投资会遭遇到诸多法律问题，从根本上来说，还是因为泰国本身的外资法律体系不完备，又由于执法不严和司法上设置等问题引起的。中国企业亟需深入了解泰国外资法律制度，找准中国企业在投资中的定位。因此，提出如下法律建议。

① 泰国泰华农民银行主编：《泰国投资经营指南(下)》，第11页。

② 这主要是从保护部门的新兴产业角度出发的，包括水产养殖、艺术品加工等10种行业部门。

③ 张培正：《中国企业对泰国直接投资研究》，华东师范大学2012年硕士学位论文。

1. 了解泰国外资法律制度

中国企业到泰国进行投资之前，要做到知法、依法，要准确把握泰国关于外国投资的相关法律和政策。要对泰国外国投资法中的投资准入问题、投资保障问题、投资优惠问题、外汇问题、税收问题、投资争端解决等问题有全面透彻的了解。在实务操作中，中国企业在准备进入泰国投资时，应主动联系到中华人民共和国驻泰国大使馆经济商务参赞处并从其处取得帮助，这可以从正规渠道获取投资信息，并进一步对泰国的国情的市场环境做调研，在做出投资决策之前对投资风险有全面准确的了解和把握，防止错误决策。

2. 充分运用优惠政策开展投资

泰国外国投资法中关于投资优惠政策的相关规定（具体内容请参见本文第四部分的相关介绍）在中国企业投资泰国的过程中起到积极的推动作用，如何运用好《投资促进法》和《外商经营企业法》中规定的税收优惠和非税优惠，灵活运用泰国工业区管理制度中关于地区和产业鼓励政策都是决定企业在泰国投资成败的重要因素，这就需要中国企业及时关注泰国政府的最新外资投资优惠政策，并及时运用到企业的经营活动中。

3. 运用法律解决投资纠纷

中国企业到泰国进行投资，不可避免地会发生投资方面的纠纷。必须运用法律的武器维护自身的合法利益，需要在发生纠纷的第一时间，一方面自身懂得运用投资争端的解决机制，另一方面也可以寻求法律服务机构和中国驻泰国大使馆方面的帮助，更好的解决纠纷。如果是中国企业和当地政府发生投资纠纷，中国企业需要懂得运用《中国—东盟自贸区争端解决机制协议》中的磋商、调解、仲裁等方式解决纠纷。如果是中国企业和泰国法人或者泰国自然人之间发生争端，可以根据双方签订的协议中的争端解决的内容解决纠纷。如果没有签订相应的有关争端解决的协议，可以寻求当地司法机关的救济，采用诉讼的方式解决双方的争端。

随着中国—东盟自由贸易区的建立，中国企业越来越频繁地到泰国进行投资，因此准确把握泰国的外国投资法律制度非常有必要。泰国外国投资法是一部鼓励外国投资者到泰国投资的法律，无论是投资准入制度，还是投资鼓励和保护制度，都体现了泰国政府吸引外资而做出的努力。中国企业到泰国进行投资要把握好泰国的投资环境，精准了解泰国的外资法律制度，从而进行准确的投资定位。总体上来说，随着泰国投资环境的改善，中国企业到泰国投资会得到越来多的收益。

第十一章

越南外国投资法

越南位于中南半岛东部，资源丰富。越南是传统农业国，工业基础较薄弱，主要依靠投资拉动增长。1986 年，越南推行革新开放路线，经济实现较快发展。进入 21 世纪以来，由于劳动力成本相对较低、地理位置优越以及加入世界贸易组织等原因，越南经济连续增长，投资环境不断改善，吸引外资日益增加。

中越两国山水相连、文化相通，互为重要的经贸伙伴。近年来，中越双边贸易持续快速增长。中国连续 11 年是越南第一大贸易伙伴，越南是中国在东盟第二大贸易伙伴。越南也是中资企业海外直接投资的重要目的地之一。中资企业在越南投资多集中在加工制造、基础设施和建筑服务等领域。目前，越南正在实施经济社会发展战略规划（2010－2020 年）。虽然海上问题对双边关系存在一定的干扰，但越南与中国的领导人同意共同推进各领域友好合作向前发展，对接两国发展战略，共同建设“一带一路”和“两廊一圈”。

一、越南外国投资法概述

1975 年战争结束，越南实现了国家统一。从 1976 年到 1985 年的 10 年间，越南与其他国家的经济交往极少，基本上只维持了与前苏联的经济交流。自 1986 年越南开始改革开放以来，越南实行了市场经济，推行了经济私有化及贸易自由化，实施了经济自由化战略和对外开放政策。同时，越南在改善投资环境和完善投资法律制度上也做了极大的努力。

(一)越南外国投资法的历史沿革

1. 越南外国投资法的产生

早在1977年4月，越南政府便作出15/CP号决定。该决定是越南第一个鼓励并调整外国直接投资(FDI)活动的规范性文件。1986年越南实施全面革新改革后，越南按照内外有别的原则，分别就内资和外资进行了立法。

内资立法始于1987年部长会议做出的《关于国营企业实行经济核算的第127号决定》以及1988年3月22日做出的《关于国营工业企业条例的50/HDBT号决定》。上述文本是关于调整与管理国内投资活动的初始文本。之后，越南政府继续建立并完善了一些调整国内投资的法律，如：1990年《公司法》、1994年《私营企业法》、1999年《企业法》及其2005年修订案、尤其是1994年《国内投资鼓励法》及其1998年修订案。越南国会于1994年6月22日通过的《国内投资鼓励法》是第一部全面规定越南国内投资鼓励的法律文件。在实行《国内投资鼓励法》的过程中暴露出一系列不足：如大量投资领域不予开放、对投资者资格要求过高、投资手续极其繁琐、鼓励及优惠政策不太令人满意等等。因此，越南国会于1998年5月20号通过了新修订的《国内投资鼓励法》。越南政府通过该法明确表明，越南政府希望通过吸引投资、合理使用国家资源，推动越南工业化、现代化事业，最终实现民富国强、社会公平、民主文明的目标。

外资法主要是1987年12月越南国会颁布的《外国投资法》。这部法律是真正意义上的外国投资法，它对建立及完善投资法律框架、调整不同经济成分的经济活动具有很大影响。然而，经过一段时间的施行，该法的具体内容显露出一些缺点与不足。为创造一个完善的法律框架、给外国投资者一个良好的法律环境，越南共产党与政府于1990年、1992年、1996年与2000年对《外国投资法》进行了数次修订。

2. 越南外国投资法的发展

为与全球经济接轨、加快经济发展，越南政府在符合党和国家的路线，并考虑国家现实国情的前提下，颁布及修改了多个与投资相关的法律文件，如《企业法》《国有企业法》《合作社法》《贸易法》《土地法》等。上述法律的有机组合，构建了一个形式上较完整的投资法律体系。

然而，在实际运行中，上述法律体系表现出了一些不足和缺陷。首先，由于大量有关投资的法律都是单行法律，缺乏体系性，造成了投资者之间、投资资金来源之间及经济成分之间的差别待遇。这些缺陷已经对加快吸引投资、扩大经营环境起到了一定的阻碍作用。其次，自从越南改革开放以来，签订了许多涉及投资的双边与多边协议，这就要求越南遵守国际贸易规则。而越南对国内投资与国外投资分别立法、差别待遇的做法不符合国际规则。为了融入全球经济，越南必须遵守国际"游戏"规则，按照国际规则办事。因此，摒弃内外有别的立法模式，构建统一的《投资法》，成为越南改革事业和国家工业化、现代化的需要，同时也是主动融入国际经济的客观需求。

制定新的投资法旨在实现以下目的：

(1)符合党和国家的经济改革路线，即继续制定并完善社会主义特色的市场经济体制，加快工业化、现代化进程，主动积极融入国际经济。

(2)改善投资法律环境、增强投资者信心。为各种经济成分及各种类型的投资者设立一套具有共同性、统一性及平等性的法律框架。新改正及完善以往两种不同的投资法律体系并行所造成的缺陷及不足。

(3)满足国际经济一体化的要求。越南政府参加了多个有关投资的国际协议，例如：在AFTA框架下有关投资的承诺书、有关东盟投资区(AIA)的框架协议、越美贸易协议、世界贸易组织(WTO)协议的承诺等等。签订并实施上述国际条约，一方面要求越南开放市场，取消关税与非关税壁垒或者不符合国际惯例的补贴；另一方面越南仍然需要有条件地保持一些国内生产保护政策，有计划、分步骤的开放市场。因此，亟需制定及完善法律满足国际经济一体化的要求。

(4)提升越南对资金，特别是外国投资的吸引力。目前区域内各国家与地区对投资的争夺异常激烈，各国都在致力于改善投资环境，努力实现投资与贸易的自由化。旧的投资法律制度导致相比区内其他国家，越南对投资的吸引力下降，竞争力缺乏。新的《投资法》肩负着改善投资法律环境、增强国家对外资吸引力的使命。

为此，越南政府指示计划与投资部成立一个由相关部门参加的草拟委员会。经过多方论证、数易其稿，最终由越南国会于2005年11月29日通过了新的《投资法》,并于2006年7月1日生效施行,同时《外国投资法》和《国内投资鼓励法》终止生效。

3.越南外国投资法的进一步发展

为了提升越南对投资资金的吸引力、满足越南签订的国际条约的要求,2005年《投资法》应运而生。在刚实施的时候,2005年《投资法》曾经被视为"在制定、完善越南投资法律体系进程中的一个重要进展"。通过这部法律,国内外企业"免于面对一系列不符合市场经济惯例和越南的一体化承诺书的投资壁垒,在投资、经营活动中可扩大自主权"。但经过九年的实施,2005年《投资法》表现出若干限制与不足,未能起到预想的效果,需要修改、补充。

第一,2005年《投资法》出台后,越南政府于2006年9月22日作出第108/2006/ND-CP号决定,作为该法的实施细则。然而两部法规之间配合效果不佳,未能发挥较好的协同效应:

(1)鼓励投资领域与投资地域仍"漫无边际",缺乏统一性。这一缺陷导致始终没有实现立法时设想的吸引更高质量投资、改善越南对外资吸引力的目的,尤其是在给国家工业化、现代化事业集中资源方面。

(2)投资条件与投资手续协同不力,并且相关规定均模糊不清及缺乏可实现性。其结果是没有为国内外投资者创造一个平等的法律环境,同时缺乏一套可靠的监督机制,确保越南政府可以一贯地、有效地履行有关投资、经营条件的国际承诺。

(3)核发投资许可手续繁琐、投资进入执行阶段后仍面临复杂的法律监管,不符合该法简政放权、方便投资者的主张。

第二,越南与其他国家及地区的竞争日趋激烈,包括外资吸引力在内的国家竞争力多有不足。此外,虽然政府积极改善投资环境,尤其是大力简化行政手续,但仍不能让一些大额投资者满意。

因此,为了吸引国际大型经济集团对越南投资,政府需要进一步修改并完善2005年《投资法》以保证投资法律制度的明确与稳定。越南社会主义共和国第十三届国会第八次会议于2014年11月26日通过了2014年《投资法》,该法于2015年7月1日正式生效。59/2005/QH11号《投资法》和国会《关于呈国会决定投资主张的国家重要项目、工程的49/2010/QH12号决议》从新法生效之日起停止实施。

(二)越南外国投资法的立法模式及其特点

由上可知,越南外国投资法的立法模式主要经历了两个阶段。在产生初期,越南按照内外有别的原则,分别就内资和外资进行了立法。其中,越南外国投资法在1987年颁布后,分别于1990年6月、1992年12月、1996年11月、2000年5月进行修订。2000年5月外国投资法修改法实施细则于2000年7月31日公布(政府第24/2000/ND-CP号议定书)。2003年3月19日又颁布了关于修改第24/2000/ND-CP号议定书的第27/2003/ND-CP号议定书。

随着国内经济发展,为了吸引更多外国资本,越南政府选择放弃了内资和外资分别立法的模式,采纳了与美国、英国、法国、德国、荷兰、意大利等发达国家相同的内、外资合并立法的模式。甚至,外国资本还享有比本国资本更广的投资领域。如2005年《投资法》第二十九条规定,通常的限制投资领域包括:(1)对国防、国家安全,社会秩序、安宁有影响的领域;(2)财政、金融;(3)影响大众健康的领域;(4)文化、通信、报纸、出版;(5)娱乐;(6)房地产经营;(7)自然资源的考察、寻找、勘探、开采,生态环境;(8)教育和培训;(9)法律规定的其他领域。但对于外国投资商,除了前述限制投资领域外,还包括根据越南作为成员的国际条约的国际承诺实施进程的投资领域。如果外商投资企业投资的领域原不属于限制投资的领域,如在经营过程中,该领域被列为限制投资的领域,则投资商仍可继续在该领域开展活动。

同时,在内、外资合并立法的基础上,越南政府仍然专门针对外商直接投资制定和出台实施细则或特殊政策。如针对2005年《投资法》出台后吸引外商直接投资不足,越南计划投资部提出了多个应对之策,完善吸收外商直接投资方面的法律体系,向一致、公开、透明、可预见的方向迈进。这种方式与传统的第二种不同,即不单独制定统一的、系统的外国投资法,而是以一个或几个关于外国投资的专门法律或特别法规、法令作为外国投资的基本法或法群,辅之以其他相关的法律构成外国投资法律体系。因为2005年《投资法》明确适用于内外投资商,只是在该统一立法下分别针对内、外资制定或出台实施细则或特殊政策。

越南外国投资立法的另一特点在于,将在越南领土进行投资和越南对海外投资进行合并立法,明确规定适用于在越南领土进行投资和越南对海外投资。如2005年《投资法》设"第八章对外投资",分别从对外投资的总体原则、对外投资、鼓励对外投资的领域和禁止对外投资的领域、对外投资的条件、对外投资商的权利、对外投资的手续等方面进行了规定。2014年《投资法》设"第五章对外投资活动",内容更加具体,包括开展对外投资活动的原则、对外投资形式、对外投资资金来源、决定对外投资的手续、开设对外投资资金账户等。

二、越南外国投资准入制度

(一)投资管理机构

越南政府对在越投资活动进行统一管理。管理的内容包括:(1)颁布、普及和组织执行投资方面的法律规范文件;(2)编制和组织实施在越投资和在越对外投资方面的战略、规划、计划、政策;(3)汇总投资形势,评估投资活动对宏观经济的作用和效果;(4)编制、管理和运行国家投资信息系统;(5)按照法律规定,审核投资项目,颁发、调整和收回投资证书、对外投资证书;(6)工业区、加工出口区、高科技园区和经济区方面的国家管理;(7)组织和开展投资促进活动;(8)对投资活动进行检查、清查和监督;管理和配合管理投资活动;(9)指导、协助、解决投资商在开展投资活动中的问题、要求;解决投诉、控告;嘉奖和处理投资活动中的违规行为;(10)谈判、签署与投资活动有关的国际条约。

计划投资部协助越南政府对在越投资活动和对外投资活动进行统一管理。其职责主要有:(1)呈越南政府、政府总理批准在越投资的战略、规划、计划、政策;(2)颁布或呈职能管理部门颁布在越投资的规范文件;(3)发布办理在越投资手续的表格样本;(4)指导、普及、组织实施、跟踪、检查、评估投资方面的法律法规文件的执行工作;(5)汇总、评估、报告在越投资的情况;(6)编制、管理和运行国家投资信息系统;(7)主持、配合有关部门对在越投资活动进行监督、评估、清查;(8)呈具有审定权限的上级决定停止实施已获批的投资项目,调整违反权限、违反投资方面法律规定的投资项目;(9)工业区、加工出口区、经济区方面的国家管理;(10)促进投资和协调越南国内外投资促进活动方面的国家管理;(11)谈判、签署与投资活动有关的国际条约;(12)按越南政府和政府总理的分工，落实投资活动管理方面的其他任务、权限。

各部委、部级单位的职责主要有：(1)配合计划投资部、各部、部级机关制定与投资活动有关的法律、政策；(2)主持、配合各部、部级机关编制和颁布法律、政策、标准、技术基准及指导执行；(3)按职能权限呈越南政府法律规定的行业、领域的投资条件；(4) 主持、配合计划投资部编制行业规划、计划、吸收投资的项目目录；组织活动，促进行业投资；(5) 按法律规定参与审定投资项目；(6)就投资条件要求和国家管理对管辖权限内的投资项目进行业务监督、评估、清查；(7)主持、配合省级人民委员会、各部、部级机关解决投资项目在国家管理范围内的困难、问题；指导分级、授权工业区、加工出口区、高科技园区、经济区的管理委员落实工业区、加工出口区、高科技园区、经济区的国家管理任务；(8) 定期评估属于国家管理范围投资项目的经济社会效益并向计划投资部通报；(9) 按分工范围维护、更新国家投资管理信息系统，并分析、录入国家投资信息系统。

省级人民委员会、计划投资厅和工业区、加工出口区、高科技园区、经济区的管理委员有义务：(1) 配合各部、部级机关编制和公布地方引资项目目录；(2)主持办理颁发、调整和收回投资证书手续；(3) 对管辖权限范围内的投资项目行使国家管理职能；(4)按管辖权限解决或报有管辖权限上级解决投资商的困难、问题；(5)定期评估本地区投资活动效果并报计划投资部；(6)按领域分工，维护、更新国家投资信息系统；(7)指导组织、监督和评估投资报告制度落实工作。

(二)投资领域

2014 年《投资法》明确规定，投资商可以在法律不禁止的行业和领域进行投资。投资商可根据法律及其他有关法律的规定自主决定进行投资，可根据法律规定接触和使用信贷资金、扶持基金，使用土地和其他资源。国家承认和保护投资商的财产所有权、投资资金、收入及其他合法权益。

禁止投资的行业、领域有：(1)法律规定的有关毒品；(2)法律规定的有关化学品、矿物质；(3)法律规定的有关野生动植物标本、自然濒危野生动植物标本、一类稀缺动植物标本；(4)经营卖淫活动；(5)贩卖和购买人口、人体标本、肢体；(6)与人类无性繁殖有关的投资活动。

进行投资必须满足国防、国家安全、社会安全秩序、社会道德、公共健康等条件的行业、领域属于有条件准入投资行业、领域。附录中载明的有条件准入投资行业、领域共 267 项[①]。越南政府具体规定发布和审查投资准入条件。除非各类法律、法令、议定及越南作为成员的国际条约中已做明确规定,各部委、部级机关、各级人民会议、各级人民委员会、单位、组织、其他个人不得颁布关于投资准入条件方面的规定。投资准入条件的设置,必须保证公开、透明、客观,减少投资商的时间、遵守成本,并在国家企业信息登记网站上发布。

(三)投资形式

1.投资设立经济组织

投资商可按法律规定成立经济组织。外国投资商对经济组织的出资形式为:(1)购买股份公司的首次发行股票或增发股票;(2)出资参与责任有限公司、合营公司;(3)出资参与不属于前述规定的其他经济组织。购买经济组织的股份、入股出资额的形式包括:(1)从公司或股东处购买股份公司的股份;(2)为成为责任有限公司成员购买责任有限公司的入股出资额;(3)为成为合营公司的出资成员购买合营公司里出资成员的入股出资额;(4)购买不属于前述规定的其他经济组织成员的入股出资额。

成立经济组织之前,外国投资商必须有投资项目,并按规定办理投资登记确认书且须满足持有注册资金的比例要求,或者越南作为成员的国际条约规定的其他条件。除其他法律有明确规定外,外国投资商在经济组织里持有的注册资金不受限制。如:外国投资商在上市公司、普通公司、证券经营机构和证券投资基金中的持有的资金比例按证券方面的法律规定实施,外国投资商在以股份化或其他形式改变所有权的国有企业中持有的资金比例按国有企业

① 2016 年 10 月 29 日,越南政府向国会提交了《关于修改和补充“投资法”附录 4 的附条件经营业务清单》的法案。政府建议废除 27 项,新增 15 项,将有重复内容的 29 项合并成 19 项,更新 18 项的准确名称。调整后,附条件经营的业务合计为 226 项,比现有清单减少 41 项。越南国会 11 月 22 日通过了《关于修改和补充〈投资法〉第 6 条和附录 4 附条件经营的业务清单》的法案。该法案于 2017 年 1 月 1 日生效,但关于伪装设备和记录图像、声音和导航软件贸易以及汽车生产、装配和进口的有关规定将于 2017 年 7 月 1 日生效。

股份化和改变方面的法律规定实施。

2. PPP合同形式投资

为实施新建投资项目或改造、升级、扩大、管理和运行基础设施工程或提供公共服务，投资商、项目企业可以与国家职能部门签署PPP合同。

3. 合作经营合同形式投资

合作经营合同包括以下主要内容：(1)签署合同各方授权代表的姓名、住址；交易地址或实施项目的地址；(2)投资经营活动的目标和范围；(3)签署合同各方的出资比例和各方分配投资经营利润的比例；(4)履行合同的进度和期限；(5)签署合同各方的权利、义务；(6)修改、转让、停止合同；(7)违反合同的责任、解决纠纷的方式。

合作经营合同各方可协商使用合作经营中形成的财产按企业方面法律的规定成立企业，也可在不违反法律规定的前提下协商其他内容。外国投资商持有资金比例在51%以上或多数合营成员是外国人的经济组织，属于合营企业。为履行合作经营合同，签署合同的各方成立协调委员会。协调委员会的职能、任务、权限由各方协商。与国内投资商之间的合作经营合同适用越南普通民事法律不同，国内投资商与国外投资商之间或外国投资商之间签署的合作经营合同，须按法律规定办理投资许可证手续。

三、越南外国投资管理与监督制度

(一)投资证书

对于符合法律规定的外国投资项目，必须经政府或其他授权机构审核后方可获颁投资证书。投资证书的主要内容，包括：(1)投资项目代码；(2)投资商名称、地址；(3)投资项目名称；(4)投资项目实施地点、土地使用面积；(5)投资项目目标、规模；(6)项目投资资金(包括投资商的出资金额和融资金额)，出资和其他资金融资进度；(7)项目活动期限；(8)投资项目实施进度：建设基本进度和工程运行时间(若有)；项目的活动目标、主要工程的实施进度；按不同阶段实施的项目，应规定不同阶段的目标、期限、活动内容；(9)投资优惠、扶持和使用依据、条件；(10)对于投资商实施项目的其他条件。

在有需求改变投资证书内容之时，投资商需要办理投资证书调整手续。对于属于须经政府或授权机构核准的投资项目，在调整与投资项目有关的目标、投资地点、主要技术、增加或减少投资资金超过投资总额的10%以上、实施期限、改变投资商或改变投资商条件(若有)之时，投资登记机关在核准之后调整投资证书。对于因投资商提出调整投资证书内容而导致投资项目须核准的场合，投资登记机关须在调整投资证书之前进行审核。如果该投资项目停止，登记机关将收回投资证书。

(二)保证金

投资商须缴纳保证金以保证实施项目获得国家移交土地、出租土地、获准变更土地使用目的。根据不同具体项目的规模、性质和实施进度，用来保障项目实施的保证金额度占项目投资资金的1%－3%不等。按投资项目实施进度，保障项目实施的保证金将归还投资商，不允许归还的场合除外。

(三)投资期限

经济区内投资项目的活动期限不超过70年。经济区外投资项目的活动期限不超过50年。在社会经济条件困难地区、社会经济条件特别困难地区实施的投资项目或投资金额大且资金回收慢的项目则期限可以更长一些但不得超过70年。对于获准国家移交土地、出租土地但投资商获得移交土地较晚的投资项目，则国家晚移交土地的时间不计算在投资项目活动期限之内。

(四)机械、设备、技术生产线鉴定

投资商有义务保证机械、设备、技术生产线的质量，以实施投资项目。为保证国家在科学、技术方面的管理或为明确计税依据的必要场合，国家管理部门有权要求对机械、设备、技术生产线的质量和价值进行独立鉴定。

(五)投资项目转让

投资商有权向满足以下条件的其他投资商转让全部或部分投资项目:(1)不属于法律规定的停止实施投资活动的情况;(2)如受让项目属于外国投资商有条件准入的行业、领域的场合,受让方也须满足相关的条件;(3)在转让项目与转让土地使用权密切相关的场合,须遵守土地、不动产方面法律规定的条件;(4)在投资证书中规定的或有关法律规定的条件。

(六)投资进度

如果投资项目涉及间断投资,在间断投资资金进度、建设和主要工程运行进度(若有)、实施投资项目各项活动目标进度之时,投资商须以书面形式向投资登记机关提出申请。

间断进度申请书的内容,包括:(1)从获得投资证书或投资主张决定书之时至间断进度时,投资项目的活动情况和履行对国家财税义务的情况;(2)间断实施项目进度的理由和期限说明;(3)继续实施项目的计划,包括出资计划、基本建设和项目运行进度;(4)投资商对继续实施项目的承诺。间断投资进度总期限不得超过24个月。不可抗的场合,则克服不可抗后果的时间不计算到间断投资进度的时间内。

(七)投资项目暂停或停止

投资商暂停投资项目活动须以书面形式向投资登记机关通报。投资商因不可抗原因暂停投资项目活动的场合,则投资商可免暂停活动期间的土地租金,以克服不可抗原因造成的后果。

出现下列情形时,国家投资管理部门有权决定停止或部分停止投资项目的活动:(1)按文化遗产法的规定,为保护国家遗迹、遗物、古董、贵重物品;(2)按国家环境管理部门的提议,为克服环境污染后果;(3)按国家劳动部门的提议,为实施保证劳动安全的措施;(4)按法院、仲裁的决定、判决;(5)投资商不正确履行投资证书内容并已被行政处罚但继续违反的。

出现下列情形时,投资项目将被终止:(1)投资商决定终止投资项目的活动；(2) 按合同、企业条例中规定的终止活动的条件；(3)投资项目的活动期限结束；(4 投资项目属于法律规定的项目停止情形，而投资商无法克服停止活动的条件；(5) 投资商被国家收回实施项目的土地或不允许继续使用投资地点且在被决定收回土地或不允许继续使用投资地点之日起 6 个月之内不办理调整投资地点手续；(6) 投资项目已停止活动且从停止活动之日起超过 12 个月期限，投资登记机关联系不上投资商或投资商合法代表；(7) 投资商不实施或没有能力按在投资登记机关登记的进度实施项目超过 12 个月且不属于本法律第四十六条中规定的投资项目实施进度间断的场合；(8) 按法院、仲裁的判决、决定。一旦投资项目被终止活动，投资商将自行按财产清算方面的法律对投资项目进行清算。

四、越南外国投资保障制度

(一)财产所有权保障

投资商的合法财产不被国有化或者不以行政手段没收。由于国防安全或国家利益、紧急状态、预防及对抗自然灾害的理由征购、征用财产时，国家将按征购、征用财产的法律以及其他相关法律的规定进行结算、赔偿。

(二)投资经营活动保障

国家不强迫投资商必须履行以下要求：(1)优先购买、使用国内商品、服务或必须购买、使用国内生产者、服务供应商的商品、服务；(2)商品或服务出口必须达到一定的比例；限制出口商品和服务或在国内生产商品，提供服务的种类、数量和价值；(3)商品进口的数量和价值与商品出口的数量和价值相当或必须以自己出口来平衡进口所需的外汇；(4)商品生产要达到一定的国产化比例；(5)国内研究开发要达到一定的水平或价值；(6)在国内外某一具体地点提供商品及服务；(7)按越南国家职能部门的要求在某一具体地点设立总部。

同时，根据不同时期的社会经济发展定向、外汇管理政策和外汇平衡能力，越南政府保障属于国会、政府总理职权范围的投资项目和其他重要基础设施发展投资项目的外汇供应。

(三)转移财产保障

外国投资商在完全履行了对越南国家财政义务后,可以将以下财产转移往国外:(1)投资资金、投资结算款项;(2)从投资活动中取得的收入;(3)投资商的合法金钱和其他财产。

(四)政府对部分重要项目的担保

政府总理决定参与实施属于国会、政府总理权限决定投资主张的项目和其他重要基础设施发展投资项目的国家职能管理部门或国有企业执行合同的义务。

(五)法律改变时的保障

如新颁布法律文件的优惠比投资商已享有的优惠更大时,则投资商可从新颁布法律文件生效之日起按新规定享有该优惠。如新颁布法律文件的优惠小于投资商正在享受的优惠时,投资商在项目剩余时间内继续享受之前所颁布法律文件规定的优惠,除非因国防、国家安全、社会安全秩序、社会道德、公共健康、保护环境等原因导致的法律改变。

如因国防、国家安全、社会安全秩序、社会道德、公共健康、保护环境等原因导致的法律改变,投资商无法继续享受投资优惠,但在新法生效后3天内以书面形式提出赔偿要求的,政府可以考虑通过以下某项或某些措施进行解决:(1)在投资商的应税收入中扣除损失;(2)调整投资项目的活动目标;(3)扶持投资商克服损失。

(六)投资纠纷解决

与在越投资活动有关的纠纷可以协商、调解。对于无法协商、调解的场合,如果纠纷是国内投资商与合资经济组织之间或国内投资商、合资经济组织与国家职能部门之间发生的,与在越南领土范围内投资活动有关的纠纷,可通过在越南仲裁、法院解决。如果发生纠纷的投资商中至少有一方为法律规定的外国投资商或外国经济组织，可以通过以下其中之一的单位、组织解决：(a)越南法院；(b)越南仲裁；(c)外国仲裁；(d)国际仲裁；(e)由纠纷各方协商成立的仲裁。国外投资商与国家职能管理部门之间发生的，与在越南领土上的投资活动相关的纠纷，可通过越南仲裁或越南法院解决。国家职能管理部门与外国投资商之间签订的合同或越南作为成员的国际条约中另有规定的场合除外。

五、越南外国投资优惠与扶持制度

(一)投资优惠

享受投资优惠政策的形式，包括：(1)在实施投资项目的某个期限或全部期限内实行低于普通税率水平的企业所得税税率，减免企业所得税；(2)对用于建设固定资产的进口货物，为实施投资项目所进口的原料、物资、零件免除进口税；(3)减免土地租金、土地使用费、土地使用税。

享受投资优惠的对象，包括：(1)法律规定的属于优先投资行业、领域的投资项目；(2)法律规定的属于优先投资地区的投资项目；(3)投资规模在6万亿越南盾以上的，从获得投资登记确认书或投资主张决定之日始3年内最少到位资金在6万亿越南盾的投资项目；(4)位于农村地区且使用500名劳动力以上的投资项目；(5)高技术企业、科学技术企业、科学技术组织。

法律规定的属于享受投资优惠的行业、领域有：(1)高技术生产、高技术辅助工业产品；研究和发展活动；(2)生产新材料、新能源、清洁能源、再生能源；生产附加值在价值的30%以上的产品；生产节能产品；(3)生产电子产品、重点机械产品、农业机械、汽车、汽车零配件；造船；(4)生产纺织、制鞋行业所需的辅助工业产品；(5)生产科学通讯、软件、数据内容等产品；(6)养殖、加工农林水产品；种植和保护森林；制盐；捕捞海产品及渔业后勤服务；生产植物种子、动物种苗、生物科技产品；(7)回收、处理、再生产或再使用废弃物；(8)投资发展和运行、管理基础设施工程；城市运输公共旅客；(9)幼儿教育；基础教育；职业教育；(10)诊疗；生产药品、制药原料、主要药品、关键药品、社会病防治药、疫苗、医疗生物、原料药、中药；研究炮制科学技术、生物技术以生产各类新药；(11)投资集训基地、残疾人或者专业选手体育场馆；保护和发展文化遗产价值；(12)投资老人中心、精神中心、橙化剂皮肤病调治中心；老年人、残疾人、孤儿、流浪儿童照料中心；(13)民间信贷基金；微型金融机构。

法律规定的属于优先投资地区有：(1)社会经济条件困难地区；社会经济条件特别困难地区；(2)工业区；加工出口区；高科技区；经济区。

为进一步落实2015年《投资法》，越南政府发布118/2015/ND－CP号政府令，出台相关配套优惠措施。主要内容如下：

第一，核定优惠措施程序方面，根据《投资法》规定，企业在申请项目投资许可证时，主管部门应将给予该项目的优惠措施在许可证上进行确认和登记。

第二，明确了需申请投资许可证的项目：(1)外国投资商投资的项目。(2)有外资股份的经济组织投资的项目：(a)外资占经济组织注册资金比例51%(含)以上，或合伙经营形式中大部分合伙人为外国人；(b)符合a款规定的经济组织占投资项目协议金额51%(含)以上；(c)符合a款规定的外购投资商和经济组织占投资项目协议金额51%(含)以上。

第三，除《投资法》中"投资优惠适用于新投项目和增资项目"的规定，下列项目亦可享受投资优惠：(1)注册资金为6万亿越南盾(含，约合2.66亿美元)以上，且自获得投资登记证书或关于无需申领投资登记证书的投资政策决定作出之日起三年内实际到位资金至少为6万亿越南盾的投资项目。此类项目如在经济和社会困难地区开展，将获得法律规定的相应的投资优惠。(2)在农村地区，且雇佣500名(含)以上劳动力的投资项目(不包括临时工或劳动合同少于12个月的员工)。此类项目如在经济和社会困难地区开展，将有权获得法律规定的相应的投资优惠。(3)法律法规规定的高技术企业、科学技术企业、科学技术组织。

第四，除《投资法》中的相应规定，给予投资优惠的行业及地区还包括：(1)有特殊优惠的行业：2015年1月15日生效的66/2014/QD－TTg号总理决定列出的高技术产品扩大生产、高新技术创新；其他新列出的行业，如废物循环利用用于生产能源、福利房和安置房建设、美沙酮等药物生产等。(2)民间信用基金，小微金融机构。(3)增加的投资优惠地区：北江省、高平省、山萝省。

(二)投资扶持

政府扶持投资的形式,包括:(1)扶持发展在项目围墙内外的技术基础设施、社会基础设施系统;(2)扶持培训、发展人力资源;(3)扶持贷款;(4)扶持接近生产、经营平台;扶持生产基地从市区转移出去;(5)扶持科学、技术、转移工艺;(6)扶持发展市场,提供信息;(7)扶持研究和发展。

同时,为吸引高度外国资本,政府积极扶持发展工业区、加工出口区、高科技工业区、经济区的基础设施系统,并为工业区、高科技工业区、经济区内劳动者建设住宅和公共服务、便利设施。

六、越南外国投资法的评析

(一)2014年《投资法》带来的积极变化

相比2005年《投资法》,新修订的2014年《投资法》有许多重要变化,尤其是负面清单、有条件投资领域与行政手续改革等方面的规定。

1.外商投资法准入制度——关于负面清单与有条件投资领域的规定

2014年《投资法》的一项重要变化是将越南《宪法》第33条“人人均有权在法律不禁止的领域自由经商”的规定具体化,明确规定每一个越南公民均享有合法投资经营的权利。

2014年《投资法》的另一项重要变化是对投资的管理由正面清单模式转为负面清单模式。除该法附录中禁止投资以及有条件投资的领域外,全部对投资者开放。

禁止投资的6个行业:(i)毒品行业;(ii)有毒化学物质与矿物;(iii)《濒危野生动植物种国际贸易公约》附件1规定的野生动植物标本经营以及附件3规定的濒危野生动植物标本经营;(iv)卖淫活动;(v)贩卖人口以及人类器官;(vi)人类无性繁殖活动。

2005年《投资法》以及其他390部法律法规共规定了386个有条件投资

的行业，新法对所能投资行业进行了新的规制，具体如下：

(1)减少投资的限制领域、降低投资准入标准。设置有条件投资领域是出于国防与国家安全、社会秩序与安全、社会道德以及公共健康等方面的考虑。① 通过对以往的法规进行清理，凡与上述目的无关的有条件的领域，一律对外资开放。对不合理、不明确、给投资者造成不便的投资条件，进行修改、完善或删除。

其次，修改投资条件审查程序。对于有条件投资领域，政府公布相关标准、条件。投资管理部门接受投资者的投资申请并登记发放投资许可，不再就是否满足相关标准、条件做实质审查。政府对投资条件的审查由事前审查转变为事后审查。

再次，为准确描述相关行业、避免互相重叠、为法律实施创造有利条件，对有条件投资行业的名称与体系进行整理。

根据上述原则清理之后，2014 年《投资法》附录 4 规定了 267 个有条件经营投资行业。由此，以往散见于各单行法规中的关于有条件投资领域的规定，统一于 2014 年《投资法》中。而具体每一行业的准入条件，规定于相关法律、法令、决定以及越南加入的国际条约中。自 2015 年 7 月 1 日新《投资法》生效之日起，其他法律中关于负面清单以及有条件投资领域之规定即行废止，而相关投资准入条件继续生效至 2016 年 7 月 1 日。

2. 外商投资保障制度——巩固完善符合越南《宪法》与国际条约的投资保障机制

2014 年《投资法》在继承 2005 年《投资法》中投资保障原则的同时，对相关的规则进行了修改与完善：

首先，在不违背越南《宪法》的前提下，越南政府保障投资者对其投资的所有权，并承诺在国有化及征收时，将会妥当、公平的赔偿投资者。

其次，遵守越南缔结的国际条约，授予外国投资者相应的国民待遇。

最后，2014 年《投资法》完善了 2005 年《投资法》规定的关于投资激励的不溯及既往原则。即在未来法律规则进行修改的情况下，如果相较原先的法律提供了较少的投资激励，则投资者可以在该激励的剩余期间内，继续享受该投资激励。

---

① 2014 年越南《投资法》第 6 条。

3.外商投资促进制度

(1)简化投资者在实施投资项目方面的行政手续

2014年《投资法》中规定的行政手续尽量明确、简单,具体包括:

第一,对于越南国内投资者,取消申请与核发投资许可程序[①]。

第二,对于外国投资者,减少申请投资许可所需文件并简化申请程序,将发放投资许可的时间由以往的45天缩短为15天[②]。

在简化行政手续的同时,为了提高投资项目实施的效果,对2005年《投资法》中的一些规定进行了补充。如:如果项目使用的土地是来自于国家出让或出租,或者是由国家允许改变土地用途,投资者应交纳投标保证金以保证项目执行;为确保投资项目能够顺利实施,政府可以鉴定相关机械设备质量、进口技术;完善转让投资项目、延长项目进度、暂停投资活动、收回投资许可、终止投资项目活动等方面的规定。

第三,放松对外资的管制。外国投资者在取得投资许可后,在登记成立企业时,享有国民待遇。

此外,只有外资占总资本51%以上的企业才被认定为外国企业。这样的企业再投资其他越南企业,若其资本在新企业中也占51%以上,仍将被认定为外国企业。只有这样的企业才需要适用关于外国投资者的条件与手续。其余企业适用国内企业的投资条件与手续[③]。

(2)完善投资激励政策

2014年《投资法》进一步完善了2005年《投资法》的投资激励政策,在激励措施、条件以及实施投资激励的行业等方面均进行了完善,希望能够吸引到高质量的投资,并希望这些投资集中于使用高科技、现代技术、有大规模的生产项目、在农村地区投资的项目中使用更多的劳动力、生产工业产品项目、实施社会化投资项目(健康,教育,培训,文化等)的行业。

---

① 2014年越南《投资法》第36条。

② 2014年越南《投资法》第37条。

③ 2014年越南《投资法》第23条。

4. 外商投资和对外投资活动开展

(1)完善投资审批制度

为了确保国家对重要、大型投资项目的高效管理，2014 年《投资法》规定国会、政府总理、省、直辖市人民委员会有责任对有关项目进行审批，并规定了相应的权力划分与审批手续。

2014 年《投资法》在国会 2010 年 6 月 19 日通过的第 49/2010/QH12 号决定与政府 2006 年 9 月 22 日通过的第 108/2006/ND－CP 号决定的基础上，规定了国会与政府总理对有关项目的投资政策做出决定的权力。

国会有权对以下项目的投资政策作出决定①：

(1)对环境有显著或潜在严重影响的项目，如建设核电站；改变国家公园、野生动物保护区等区域的土地用途；

(2)改变 500 公顷或以上水稻种植区的土地用途；

(3)需要在山区迁移两万人以上，或者在其他地区迁移 5 万人以上的项目；

(4)需要国会作出决定的其他特别项目。

政府总理有权对以下项目的投资事项作出决定：②

(1)需要在山区迁移一万人以上，或者在其他地区迁移两万人以上的项目；

(2)建设机场、港口、石油开采与精炼；开展赌博服务；开展烟草业经营；

(4)在工业园区、出口加工区以及经济开发区的特定区域进行基础设施建设；

(5)投资超过 50 亿越南盾的项目；

(6)外商从事以下行为：投资海运；提供通信服务与建设网络基础基础设施；植树造林；投资出版业、新闻业；设立外商独资的科学技术组织或公司；

(7)其他法律规定的应由政府总理作出投资政策决定的投资计划。

同时，在国会与总理之外，2014 年《投资法》补充规定了省、直辖市人民委员会对有关项目的投资政策作出决定的权力。③

---

① 2014 年越南《投资法》第 30 条。

② 2014 年越南《投资法》第 31 条。

③ 2014 年越南《投资法》第 32 条。

(1)若项目所用土地系国家出让、出租,或需改变土地用途,省、直辖市人民委员会应对该项目的投资政策作出决定。

(2)若相关项目需要使用技术转让法明确规定禁止转让的技术,那么省、直辖市人民委员会应对该项目的投资政策作出决定。

此外,2014 年《投资法》把原属省、直辖市人民委员会的核发投资许可的权力授予了各省、直辖市的计划与投资厅①;对政府、政府总理、各部委、省、直辖市人民委员会对工业区、出口加工区、高科技区、经济区管理的责任进行了补充②;完善了关于投资报告制度③、监督与评估投资活动的规定④。

(2)改革跨国投资手续

关于跨国投资问题,2014 年《投资法》一方面完善、补充了 2005 年《投资法》的有关内容;另一方面也吸收融合了越南政府于 2006 年 8 月 9 号通过的第 78/2006/ND - CP 号决定的内容。

2014 年《投资法》明确规定投资者有权以发展经济、开拓市场、增强出口创汇能力、引进先进技术、提高管理能力、补充国家经济资源等目的,进行跨国投资活动。在进行跨国投资活动时要遵守本法的规定,并遵守投资国的法律以及越南已签署并实施的国际条约。对于投资活动的后果,投资者要自己承担责任。

2014 年《投资法》还规定,投资者有权吸收各种资金(包括外币)以实施在国外的投资活动。明确了投资者以及管理、审批对外投资活动的有关机关的责任与职权。同时补充了一些关于对外投资执行的规定,建立了一个完善的资本转移监督机制。

此外,本法也补充了一些对外投资形式,为普通民众不参与具体管理,仅通过买卖有价证券、购买投资基金等形式参与对外投资活动创造了法律基础。

---

① 2014 年越南《投资法》第 38 条。

② 2014 年越南《投资法》第 67 条、第 68 条。

③ 2014 年越南《投资法》第 71 条、第 72 条。

④ 2014 年越南《投资法》第 69 条。

(二)2014 年《投资法》的若干局限

1. 外国投资者认定

在外国投资者的确定方面，目前采取的是国籍确定法，即凡没有越南国籍的投资者，均属外国投资者。然而有观点认为，应按资金来源界定外国投资者。即越南企业有从外国投资的资金，那么此企业就被视为外国投资者。两种方案比较，第一种方案较好，即按国籍确定外国投资者。然而 2014 年《投资法》选择了中间方案。

2014 年《投资法》将外国投资者分为 3 组：(i)具有外国国籍的投资者；(ii)外国资金占比超过 51% 的越南企业；(iii)外国资金占比少于 51%的越南企业。第(i)和(ii)组在投资范围与投资手续等方面完全一致，被归类为外国投资者。而第(iii)组被认定为国内投资者，适用与国内投资者一样的条件与手续。

上述做法并不合理。首先，就外资公司之间而言，一家外国资金占比为 51%的企业和一家外国资金占比为 50.9%的企业，所适用的条件与手续差别巨大。而两家企业事实上都是外资控股，实际效果没有什么不同。这造成了巨大的法律漏洞。其次，就外资公司和内资公司之间而言，一家外国资金占比为 51%的企业(称为 F1)在越南成立一家新的企业(称为 F2)，则 F2 仍属外国企业，适用法律与越南本国企业不同。而事实上 F1 与 F2 均为越南国籍的法人。两个越南国籍的法人竟被视为外国投资者。此外，如果从资金比例来看，在 F2 内的外国资金有可能很低。例如：如果在 F1 内的外国资金为 52%且 F1 持有 F2 法定资本的 55%，那么，在 F2 内的外国资金占比仅为 28.6%(52%×55%)。一个越南国籍的法人，仅仅因为其资本构成中有 28.6%的外国资金而被认定为外国企业，不得享有国民待遇；而一个拥有 50.9%外资的越南企业却被视为本国企业，享受国民待遇，这似乎不公平。

2. 外国投资准入

2014 年《投资法》第 30 条、第 31 条和第 32 条规定，重要、大型的投资项目，如核电站、变更国家公园的土地用途等，必须由国会、政府总理或省级人民委员会就相关投资政策做出决定。但该制度存在漏洞。

虽然目前《投资法》规定只有重要、大型的项目才需要由相关部门进行审批。但国会与政府总理的权限规定中均含有兜底条款，难以排除这样一种可能性：即随着时间流逝，兜底条款的内涵不断增加，越来越多本不需要审批的项目不得不申请政府的批准。这与2014年《投资法》简化手续、鼓励投资的思想背道而驰。此外，相关审批手续缺乏监督机制，容易滋生腐败，使资质不达标的投资者设法取得批准。

2014年《投资法》是越南针对外商投资首次采取负面清单做法。对于禁止投资以及有条件投资的领域，越南本地企业投资无需再申请投资许可证，但外商投资项目则需申领投资许可证。按照有关“外国投资者”的定义，外国投资者包括51%以上的注册资本由外国个人或外国组织持有的企业，以及至少51%的成员是外国个人、外国组织或外国企业（含有限责任公司和股份有限公司）的企业。因此，外资在注册资本中占49%的合资企业仍被视为越南本土企业，这样外资可以通过参股而不控股参与此前禁止外资进入的行业。据统计，越南2016年吸引外资总额同比增长7.1%。实际到位资金158亿美元，同比增长9%[①]。在对外出口下降的背景下，得益于2014年《投资法》的修改，吸引外资成为越南经济的亮点、当然，2014年《投资法》尚需要进一步完善配套实施细则，尤其是推动各地方政府投资管理职能优化，既要遵守越南在国际条约中做出的开放承诺，又要确保实现立法的预期目的。

① http://WWW.mofcom.gov.cn/article/i/jyjl/j/201612/20161202417829.shtml，访问日期：2015年2月25日。